사례관리론

곽미정·홍희석

창지사

머리말

최근 사례관리의 동향이 변화하면서 민관이 협력하여 지역사회를 중심으로 주민의 욕구에 한층 가깝게 아웃리치 방식으로 찾아가는 서비스를 실시하고 있습니다. 사례관리는 개인의 다양한 대한 욕구에 보다 효과적인 사회복지실천 서비스를 제공하기 위한 노력으로 현대사회에서 중요한 개입영역으로 자리 잡고 있습니다.

본 교재의 특징은 사회복지학도로서의 기본을 익히기 위하여 사례관리의 역사와 철학 등 기초 이론에 대한 내용을 담았으며, 최근 연구 동향과 사회복지기관을 통하여 실시되고 있는 사례접근, 그리고 실제 현장의 상담 사례를 담아 사례관리의 가치와 중요성에 대해 알고 실무로서의 적용 또한 가능하게 했습니다.

또한, 사례관리에서 중요하게 활용될 수 있는 위기개입 모델, 내담자 이론, 임파워먼트 이론, 강점관점 이론뿐 아니라 긍정심리 이론을 통하여 현대인으로서 우리의 시대를 살아감에 있어서, 사회복지를 공부하는 사람으로서, 혹은 사회복지를 현장에서 실천하는 사람으로서 배우고 익혀야 하는 기본기에 관하여 폭넓게 다루고자 노력하였습니다.

더욱 중요한 사실은 인간을 중심으로 연구하는 학문은 인권과 인류애에 대한 사회진화와 공존의 개념이 중심에 자리 잡고 있다는 것이며, 비단 인간 대 인간뿐 아니라 환경과 인간을 생각하는 정신이 면면히 흐르고 있다는 점이라 할 것입니다.

사회복지실천과 사례관리의 실천가는 바로 이러한 가치를 커다란 중심의 축으로 하여 사회복지학을 공부해 나가야 할 것입니다. 또한, 현대사회의 사회복지학은 이제 사회복지학 단독으로서가 아니라 의학, 간호학, 사회학, 심리학, 교육학 등 다양한 학문이 어우러지는 폭넓은 학문으로 거듭나고 있음을 깨달아야 할 것입니다.

이러한 실천적 학문은 정책적으로 수렴되어 더 살기 좋은 사회, 함께 성장하는 사회로의 발돋움이 가능하리라 생각됩니다. 이에 본 교재를 통하여 사회에 대한 관심이 학문으로만 머무는 것이 아니라 삶의 다양한 계층이 경험할 수 있는 다양한 일들에 대해 사회복지사로서 어떠한 입장으로 설 수 있는지를 간접적이나마 함께 생각해보는 시간이 되었으면 합니다. 이제 사회복지실천현장은 더 멀리 바라보고 더 넓은 분야를 향해 더 따뜻한 마음으로 삶과 함께하는 학문이 될 것입니다. 그리고 그 시작에 여러분이 있습니다.

본 교재를 통해 함께 학습하는 가운데 책을 마칠 즈음에는 나와 이웃을 이해하고 사랑할 수 있는 귀중한 만남들이 이 책 안에 있었음을 깨달을 수 있을 것입니다. 특히 사례관리 현장의 최근의 동향과 함께 현장에서 활용하는 서식 및 실제 사례에 대한 유형을 제시하여 그룹 토의를 중심으로 하는 학습이 가능하도록 하였습니다. 부족하나마 이와 같은 시간들이 여러분들이 사회복지학도로, 실천하고 함께 "working with" 하는 소중한 시간들이 되기를 바랍니다.

이 책이 있기까지 함께해 주신 많은 분들께 감사의 인사를 올립니다.

저자올림

차 례

PART 1 사례관리의 기초

PART 2 사례관리의 실천

PART 1

사례관리의 기초

chapter 1

사례관리에 대한 이해

1 사례관리의 개념

1) 사례관리의 정의

사례관리란 복합적 욕구가 있는 클라이언트나 가족의 사회적 기능 회복을 위해 운영체계를 확립하고, 이를 기반으로 체계적 사정을 통해 지역사회의 다양한 자원을 활용하여 지속적이고 효과적인 사회복지 서비스를 제공하도록 하는 통합적 실천 방법이다. 사례관리는 미국에서 1970년대 후반부터 사회복지 실천 방법으로 인정받기 시작한 이래 한국에서 2000년대 이후부터 주요한 실천 방법으로 부각되었다. 그러나 사례관리의 개념은 보호관리(care management), 보호조정(care coordination), 서비스 조정(service coordination) 등의 개념과 혼용하여 사용되고 있다. 사례관리는 때로 보호관리, 사례 조정, 자원 조정으로 불리우기도 한다. 오늘날 사례관리는 보건 및 사회 서비스 분야에서 다양하고 복잡한 문제에 대한 해답을 제시하면서 폭넓게 적용되고 있다. 정신 장애인이나 만성 질환을 가진 노인 및 그 가족들은 다차원적이고 장기적인 서비스 욕구를 가지고 있으므로 이들이 필요로 하는 다양한 서비스에 대한 정보와 서비스가 필요하고, 더욱이 서비스 전달 체계가 복잡하여 다양하고 지속적인 서비스나 재원의 부재로 인하여 결과적으로는 클라이언트에게 제공되는 서비스가 적절히 연결되지 못하는 문제들이 흔하게 발생하게 된다. 이러한 문제를 해결하는 유용한 방법으로 사례관리 방안이 개발되는 배경이 되었다. 결국, 사례관리기법은 다양한 욕구를 가지고 있는 클라이언트에게 그들의 욕구에 맞는 개별적인 원조계획을 통하여 여러 가지 자원을 연결하고 동원하여 적절한 서비스를 제공함으로써 클라이언트의 문제에 대하여 개입하고 도움을 주며 클라이언트의 기능 회복 및 복지 증진을 도모하는 서비스 전달 체계를 뜻한다.

(1) 환경 속의 인간을 강조

환경속의 인간이라는 체계론적 관점에서 사례관리는 다른 어떤 영역보다 클라이언트와 환경 간의 상호교류적 차원에서 양자 간의 조화를 목적으로 업무를 수행한다. 특히 환경이 클라이언트의 문제에 어떠한 방식으로 영향을 주게 되는가에 대한 중요성을 강조한다. 사례관리는 환경과 적절한 상호작용을 하지 못하는 취약한 클라이언트에 대하여 이들에게 필요한 자원과 서비스를 제공함에 있어 중추적 역할을 강조하는 실천 방법이기도 하다.

(2) 클라이언트 중심의 소비자를 중심한 방법론

특히 사례관리가 사회복지 실천 영역에 있어서 중요성을 갖는 이유는 무엇보다도 클라이언트에 대한 면밀한 사정을 바탕으로 하는 적절한 서비스 계획을 수립하고, 서비스에 대한 클라이언트의 접근 가능성을 증대하며 서비스 전달의 점검과 결과의 평가 및 클라이언트의 옹호 등을 그 주된 강조점으로 하고 있기 때문이다. 이는 활용 가능한 자원에 대하여 알지 못하고 있는 대상자들의 권익을 옹호한다는 점에서 임파워먼트가 중요한 개념으로 활용되고 있다. 결국 사회복지의 궁극적인 목적은 다양한 클라이언트들이 사회적으로 적응적 접합성을 높이고 그들의 권익을 증대시켜 개인이 대인관계와 사회와 환경 안에서 그들의 역량을 발휘해 가도록 한다는 점에서 임파워먼트의 개념은 이를 설명해 주는 중요한 개념으로 자리 잡고 있다. 또한, 효과적인 운영을 위하여 클라이언트의 의료 및 여타 형태의 케어에 드는 비용절감을 위해 사례관리가 기존의 사회복지 방법에서 사용하던 클라이언트라는 용어를 대신해서 소비자라는 용어를 사용하고 있는 것에서도 알 수 있듯이 대상자 중심의 대상자가 원하는 서비스를 강조하고 있다. 오늘날 교정사회복지의 추세 역시 서비스 수혜자를 소비자의 개념으로 보다 격상하여 이들에게 서비스를 제공하고자 하는 움직임이 일어나고 있다.

(3) 문제 해결을 위한 서비스 전달체계의 방법 개발

사례관리는 주로 지역사회에서 공식적 자원과 비공식적 체계 간의 조화로운 통합에 보다 초점을 두고 이루어지게 된다. 따라서 사례관리자는 지역사회 내의 자원에 대한 충분한 지식을 갖추어야 할 뿐 아니라, 클라이언트가 이용할 수 있는 비공식적 원조체계와 전체적 구도 안에서 상호 연계하여 보완적으로 클라이언트의 최대한의 기능의 향상을 도모해야 한다. 특히 비공식적 원조체계를 활용 가능한 자원으로 연계하도록 이끌어 내는 능력과 기술을 요청받는다.

2) 사례관리의 기능

Rothman(1992)에 의하면 사례관리는 정신보건, 노인, 아동 그리고 보건 및 장애와 같은 대인 서비스 분야에서 중요한 실천 방법으로 지역사회 내에 있는 클라이언트에 대해 개별적인 조언, 상담, 치료 등의 서비스를 제공해 주고, 클라이언트와 지역사회의 기관 간의 연결 그리고 클라이언트와 비공식적 원조망을 상호 연계하는 기능을 수행한다고 하였다. 또한, Moxley(1989)에 의하면 복합적 욕구를 가진 사람들의 기능의 향상과 복지를 위해 총체적이고 통합적 서비스를 제공하는 것으로, 공식적 및 비공식적 지원과 활동의 네트워크를 조직 및 조정하고 유지하도록 하는 기능을 한다고 주장하였다.

이에 대하여 우리나라 한국사회복지협의회(KCSW)에서 사례관리는 복합적 원인으로 요보호 상태에 있는 클라이언트에게 다양한 지역사회의 자원을 연결시켜 관리하도록 하는 원조대책으로 여러 가지 욕구를 조기에 적절하게 대응하는 지역사회의 보호체계라고 정의하였다. 또한, 전미사회복지사협회(NASW)에 의하면 사례관리는 전문적인 사회복지사가 클라이언트 및 가족의 욕구를 사정하고 클라이언트의 보다 다양하고 복잡한 욕구를 충족시키고자 각종 서비스를 확보, 조정, 평가 및 옹호하여 서비스를 제공하는 방법이라고 정의하고 있다. 결론적으로 사례관리란 복합적인 욕구를 가진 사람들의 기능화와 복지를 위해 공식적 및 비공식적 자원과 활동의 네트워크를 조직하고 조정 및 유지하는 활동이라고 할 수 있다. 즉, 사례관리는 사회 기능상의 문제를 가진 클라이언트의 기능 회복 및 증진을 할 수 있도록 개인과 주변 환경을 변화시키는 데 지속적이고 통합적인 방법으로 개입하는 접근방식이다.

3) 사례관리의 목적 및 목표

사례관리가 Richmond(1917)가 제시한 사회사업의 주요한 부분이었다고 몇몇 학자들이 주장하면서, 사례관리의 기원을 지역사회운동인 19세기의 인보관(Settlement House)과 개별 사업의 차원으로 자선조직협회(COS)의 활동에서 찾기도 하였다. 사례관리에 있어서 사회복지사의 주요 활동인 정보수집, 체계적 사정과 자원 분배에 관한 형평성의 가치, 사례 조정에 대한 활동은 사례관리에서 중시되는 요인들이다. 사회복지 실천이 점차 의료 모델의 영향을 받아들이면서 클라이언트의 문제(problem) 해결과 치료에 초점을 두고 발전해 온 것과 달리, 사례관리는 클라이언트의 욕구(need)에 보다 초점을 두고 다양한 자원과 서비스를 효율적으로 연계하는 접근을 통하여 사회복지사가 제공하는 기본적인 서비스로 자리를 잡게 되었다. 이에 따라 사례관리의 목적은 다음과 같이 요약할 수 있다. 첫째, 사례관리의 목적은 클라이언트의 역량강화이다. 둘째, 사례관리의 목적은 보호의 연속성을 보장하기 위한 것이다. 셋째, 사례관리의 목적은 서비스 통합성의 증진을 위한 것이다. 넷째, 사례관리의 목적은 서비스 접근성의 증진을 도모한다. 다섯째, 사례관리의 목적은 사회적 책임의 증진하는 것이다. 여섯째, 사례관리의 목적은 성과관리를 중요시한다. 따라서 이러한 사례관리는 다음과 같은 목표를 지향한다. 첫째, 외부환경에 적응할 수 있는 클라이언트의 잠재력을 최대화하는 것을 목표로 한다. 둘째, 클라이언트와 가족이 여러 서비스와 지원체계에 접근하여 이를 활용할 수 있는 방법을 원조하고 습득하게 하여 가족, 이웃, 친구 등 비공식적 지원 체계가 클라이언트를 보조할 수 있는 능력을 최대화시킨다. 셋째, 클라이언트와 가족의 욕구를 충족시키는 데 있어 공식적인 도움 체계의 능력을 최대화하는 역할을 수행한다(Moore, 1990).

이를 종합하면 사례관리의 목적은 클라이언트의 서비스와 자원을 이용하고 접근하는 데 있어 클라이언트의 생활기술을 증진시키고 클라이언트의 복지와 기능을 증진하는 것이다. 나아가 사회관계망과 관련된 대인 서비스 제공자들의 능력을 발전시켜 가장 효과적인 방법으로 서비스 및 지원의 전달이 이루어지도록 하는 것이다. 즉, Moore(1990)는 사례관리의 목적이 환경적 도전에 대처하는 데 있어 개인의 잠재력과 가족 및 일차집단의 케어 능력을 극대화하고, 케어(care)의 공식체계와 일차적 케어 자원을 통합하여, 개인과 일차집단의 욕구충족을 위하여 공식적 케어체계 내의 능력을 극대화하는 것이다.

전미사회복지사협회(NASW)는 사례관리의 목적을 다음과 같이 정리하고 있다.

① 클라이언트의 발달적 능력, 문제 해결 능력, 대처 능력을 향상하는 데 있다.

② 자원 및 서비스를 제공하는 휴먼 서비스 조직체계를 보다 효과적으로 활성화한다.

③ 클라이언트에게 자원, 서비스와 다양한 기회 제공을 위해 서비스 체계와 연계시킨다.

④ 서비스와 자원의 전달체계의 범위와 방식을 개선하도록 한다.

⑤ 사회정책의 발전과 개선에 기여하도록 한다.

4) 사례관리의 구성요소

사례관리의 구성요소는 사례관리의 특징의 기반이 되는 이론 근거로 무엇보다 클라이언트와 관련된 다양한 체계들을 종합적으로 사정하고 활용할 수 있는 생태체계 관점이 요구된다. 즉, 사례관리에는 다양한 체계가 고려되어야 한다는 것이다. 생태체계 관점을 가지고 있는 사례관리자는 개인과 가족뿐만 아니라 이들을 둘러싸고 있는 지역사회의 문화 그리고 더 나아가서는 클라이언트에게 영향을 주는 사회구조와 법, 정책 및 제도 등의 거시적인 체계도 함께 고려하여 환경까지 사정과 개입의 대상으로 하는 특징이 있다.

5) 사례관리의 역사적 배경

사례관리의 기원은 1920년대까지 거슬러 올라가나 1970년대부터 중요한 사회복지 실천 방법으로 인식되기 시작하면서 1990년부터는 개별사회사업이라는 용어를 대신하여 사례관리라는 용어를 사용하였고 그 중요성이 현대사회에서 각종 질적 연구 방법 등에 있어서 개별화와 개별사례에 대한 중요한 시사점을 중심으로 사회복지에서 중요한 개념으로 부각하고 있다. 특히 사례관리는 최근 20여 년 동안 휴먼 서비스 사회복지 실천 영역의 주요 전략으로 부상되고 있는데 사례관리의 영역은 정신보건, 발달장애, 재활, 아동복지, 재가복지 및 노인복지 등의 다양한 계층의 영역에서 효과적인 방법으로 제안되고 있다. 우리나라에서도 공적 사회복지 사업의 비용 절감 문제, 종래의 사회복지 서비스가 가지는 전달체계에 있어서 보다 다양한 욕구를 가진 클라이언트에 대하여 보다 포괄적이고 체계적인 서비스 제공 등이 요구되는 가운데 사례관리에 대한 관심이 중대되고 있다.

6) 사례관리가 사회복지 실천 영역에서 중요해지고 있는 요인

(1) 탈시설화의 영향

탈시설화라는 용어는 종래의 클라이언트가 수용시설이나 병원의 입원시설을 이용하던 구시대의 방식에서 해방되어 가정과 지역사회와 함께할 수 있도록 하는 것을 의미한다. 엘리자베스 구빈법을 배경으로 사회복지 서비스는 시설입소를 통하여 개개인의 개별성을 인정하는 데 한계가 있었던 것이 사실이다. 따라서 입소시설에서의 서비스 전달은 모든 서비스를 한정된 시설 안에서 제공하는 구조화의 이점이 있는 반면, 개별 서비스에 대해서는 한계를 갖고 있으며, 공적으로 부담해야 하는 비용도 크다는 단점을 갖고 있다. 또한, 탈시설화의 경향은 보다 사회적인 공감대를 불러일으켰으며 기관들이 소유하는 기금과 서비스의 분산성, 포괄적인 서비스 체계의 부족, 시설퇴소 대상자들의 서비스 제공 및 자격요건 등의 문제가 제기되었다. 이와 같은 상황에서 사례관리는 체계적으로 서비스가관리되는 환경을 제공함으로써 사회복지 실천에 등장하게 되었다.

(2) 서비스 전달의 지방분권화

1950년대 이후부터 지역사회 중심의 사회복지 서비스는 시설 서비스보다 더 자유롭고 인간적이라는 견해가 제기되기 시작하였다. 1970년대에 이르러서는 특히 지역사회 중심의 사회복지 서비스와 시설 중심의 서비스에 대한 비교 평가가 여러 각도에서 연구되기 시작하였다. 이러한 연구결과는 지역사회 중심의 서비스가 서비스의 질적 측면과 경제적 측면에서 보다 효과가 높은 것으로 분석되었다. 이러한 사회적인 공감대의 형성은 사회복지의 서비스의 방향성이 기존의 사회복지 서비스 체계를 수정하고 이를 수행하는 방법으로서 사례관리의 출현 당위성을 뒷받침하게 되었다.

(3) 클라이언트와 그 가족에게 부과되는 과도한 책임

지역사회 내의 서비스 환경 자원의 부족은 클라이언트와 그 가족들에게 과도한 책임을 넘기는 경향이 있었다. 따라서 사례관리는 클라이언트를 위해서 지역사회의 공적 자원과 민간 자원을 개발하고 연결하는 기능을 요구하기에 이르렀다. 이러한 면에서 그동안 사례관리는 아동복지, 정신보건, 노인복지 영역 등과 특히 만성적 정신질환을 가지고 있는 사람들을 대상으로 그 유용성이 입증되기 시작했다.

(4) 다양한 문제와 욕구를 가진 클라이언트의 증가

지역사회에서 클라이언트는 생활 전반에 걸쳐 다양한 욕구와 해결해야 할 문제들을 가지고 있으며 이에 대한 개별 서비스의 제공이 필요하게 되었다. 일반적으로 하나의 기관이나 단일 서비스 체계로는 복합적인 욕구를 가진 클라이언트의 문제에 대응하는 것이 불가능하다. 따라서 클라이언트들이 지역사회에서 보다 인간적인 권리를 누리며 살아가게 하도록 필요한 서비스를 통합하여 조직화하고 상호 연계하기 위하여 사례관리 방법이 절실하게 요구되었다.

(5) 기존 서비스의 단편성

1960년대와 1970년대를 기점으로 사회복지의 서비스 프로그램이 급속도로 확장된 결과 서비스의 이용 가능성은 증대되었으나 서비스 전달체계는 복잡해지고 단편화되었으며, 서비스가 중복으로 제공되기도 하였다. 이런 상황에서 서비스 체계를 상호 연계하고 서비스 조정 기능을 담당할 사례관리시스템으로써 사례관리자가 등장하게 되는 배경이 되었다.

(6) 서비스 비용 억제 및 서비스 전달의 효과 극대화

1970년대의 세계적인 경제위기로 인하여 국가 재정 또한, 위기를 맞게 되었고 점차 공적 사회복지의 축소의 계기가 되었다. 1980년대 유럽과 미국의 신자유주의의 배경은 정부의 공공지출 규모에 대한 우려를 낳게 되어 복지국가의 위기논쟁을 불러 일으켰다. 이러한 시점에서 한정된 자원으로 서비스 비용을 억제하고 효과를 최대화하려는 노력은 중대한 관심사로 떠올랐으며, 다양한 서비스 및 비공식적 지지를 조정하는 사례관리가 효과적인 서비스 전달을 최대화하면서 비용을 절감시키는 효율적인 방법론으로 제기되었다.

(7) 사회적 자원체계와 지원망의 중요성에 대한 인식 증가

공식적인 서비스 자원을 연계하여 제공하는 것도 중요하지만 가족, 친척, 친구 등의 비공식적인 사회적 지지체계가 클라이언트의 지역사회 생활을 향상시키는 데 매우 중요한 역할을 할 수 있다는 결론이 실천 전문가 사이에서 증가하였다. 오늘날 이러한 배경은 사회적 자본의 논의에서 더욱 부각되고 있다. 따라서 공식적이고 전문적인 서비스와 비공식적인 자원체계와 지원망을 조정하고 통합하려는 사례관리 방법이 보다 주목받게 되었다.

2 공공·민간 협력 사례관리의 발전

1) 한국의 민간·공공사례관리

한국에서 사례관리가 가장 먼저 도입된 것은 1990년 사회복지 실천 현장이었다.

1992년 민간의 사회복지시설, 지역사회복지관과 노인복지시설, 장애인복지관, 시·도 사회복지협의에서 144개의 재가복지봉사 센터를 설치하였다. 복지 사업 수행을 위한 방법으로 사회복지 현장에 도입되기 시작한 사례관리는, 정신보건 분야에서도 도입되어 정신보건 전문 요원 인턴십 과정에서 정식과목으로 채택된 후 1999년 정신보건 센터가 사례관리를 실시하면서 기본 사업으로 자리매김하였다. 이후 민간의 복지기관에서 프로젝트 혹은 시범 사업의 형태로 사례관리 사업에 대한 연구와 사업전개가 이루어졌다. 대표적으로 사회복지 공동 모금회나 삼성 복지 재단 등의 프로포절에서 사회복지 실천을 위한 사례관리 실천을 바탕으로 프로그램을 설계하면서 지역사회복지관 뿐 아니라 아동청소년복지 분야, 장애인 분야, 노인 분야 등 다양한 분야에서 사례관리 실천의 확산이 이루어졌다. 사회복지 실천으로 사례관리가 실천영역으로 제도화된 것은 2010년 사회복지관 기능 정립 연구를 통해서였다. 그동안 사회복지관은 5대 사업인 가족복지 사업, 지역사회조직 사업, 지역사회보호 사업, 교육문화 사업, 자활 사업으로 서비스를 제공하도록 하였으나 2012년 8월 「사회복지 사업법시행규칙」이 개정되면서 사례관리 기능, 서비스 제공 기능, 지역 조직화 기능 등 3대 기능으로 정립되는데 이때 사례관리 기능이 포함되면서 지역사회복지관의 주요 기능 또는 사업으로 제도화되었다. 지역사회복지관 중심으로 진행된 사례관리는 지역아동센터, 아동보호 전문 기관 등의 사업에서도 적용되고 있으며, 노인, 장애인, 청소년 등 다양한 대상층의 복지시설에서도 시도되어, 이제는 거의 모든 민간 사회복지관의 주요한 사회복지 실천 방법으로 간주되고 있다.

민간에서 사례관리 실천이 확장되는 동안 공공부문에서는 사회복지 전달체계의 개편에 대한 연구를 지속하여 왔다. 공공사례관리는 민간에서와 같이 사회복지 실천의 전문성에 대한 필요에 의해서가 아닌 국민복지 체감도가 높지 않다는 비판적 인식 아래 국민기초생활보장 수급자를 중심으로 포괄적 서비스를 제공하고 저소득 빈곤층을 효과적으로 관리하고자 하는 정부의 의지로 시작되었다. 더불어 공공 서비스와 다양한 민간복지 서비스를 통합하여 사회복지 서비스 전달체계를 개선하고 복지예산을 효율적으로 운영하고자 하는 자성이 공공사례관리의 발생에 뒷받침되었다. 1995년부터 보건복지사무소 시범 사업과 2006년 사회복지사무소 시범 사업 등으로 사회복지전달체계 개편을 시도해 왔으며, 공공부문에서 사례관리가 공식적으로 등장한 것은 2008년 보건복지부 주관의 시·군·구 단위 서비스 연계팀에서 시행하는 위기가구 사례관리 사업에서였다. 하지만 이는 예산 지원 결여와 법적근거의 모호성 등으로 실효성을 갖지 못하였다. 2009년 공공사례관리 시범 사업으로 전국 10개 지자체의 시행을 거쳐 2010년부터 전국에서 본격적으로 시행되었다. 공공의 사례관리는 복합적인 욕구를 가진 대상에 대해 사례관리자가 지역사회 자원을 발굴, 조정, 연계하며 다양한 서비스를 제공하고 관리함으로써 대상자의 유의미한 변화를 지원하는 데 목적이 있었다. 특히 2012년 전국 230개 시·군·구에 희망복지 지원단을 설치하고 핵심업무를 통합사례관리로 규정, 지역사회 공공과 민간 자원에 대한 체계적인관리와 지원체계를 바탕으로 복합적이고 다양한 욕구를 가진 대상자에게 필요한 서비스를 통합적으로 연계·제공하고, 이를 지속적으로 상담·모니터링 해나가도록 함으로써 공공영역의 사례관리가 본격화되었다.

그러나 민간에서 확산되고 있던 사례관리에 공공사례관리가 전면적으로 도입됨에 따라 다양한 문제점이 나타나게 되었다. 가장 큰 문제로는 서비스 대상자의 중복과 누락의 문제가 있었다. 민간과 공공에서의 사례관리 대상자가 중복되면서 특정 클라이언트에게 서비스가 쏠리는 현상이 심화되었으며, 민간과 공공에서 서비스를 제공하는 사례관리 대상에서 제외되는 사각지대의 대상이 존재하였다. 또한, 공공과 민간에서 역할상의 충돌과 마찰도 피할 수 없었다. 이러한 문제를 인식하여 2010년 이후부터 우리나라의 사례관리는 민간의 사례관리, 공공의 사례관리로 이분화하기보다는 민과 관의 협력적 사례관리 모형으로 변화되었다. 특히 2012년 희망복지 지원단 설치를 통한 통합사례관리는 사회복지전달체계의 개편으로 공공의 사례관리를 강화하고 민간의 사례관리와의 협력을 관에서 주도하였다는 점에서 주목할 만하다.

2) 민관협력의 중요성

사회복지의 일반적 형태는 공공에서 직접 서비스를 제공하거나 민간이 공공의 서비스 제공을 위임받고, 공공이 민간을 지도 감독하는 형태를 유지해왔다. 공공이 직접 서비스를 제공하는 경우에는 전문성의 한계라는 어려움이 있었고, 민간이 위임받아 제공하는 서비스는 전문성은 발전하였으나 책무성을 실현하기에는 어려움이 있었다. 특히나 한국의 사회복지전달체계가 관 주도형으로 민간과 협력이 직접적으로 협력할 수 있는 인식이나 시스템이 전무했던 것이 사실이다. 무엇보다도 공공과 민간이 경쟁적 관계로 주도권에 대한 불필요한 경쟁이 존재했던 것도 사실이다. 우리나라의 사례관리는 그 발전 과정이 공공과 민간의 각개전투로 사례관리가 발전되어 양쪽 모두가 문제점을 가진 실정이었다. 이 장을 통해 공공과 민간이 가진 사례관리의 문제점을 짚어 보고 민관협력적 사례관리의 필요성을 살펴보고자 한다.

(1) 공공과 민간의 사례관리 문제점

① 공공 사례관리 문제점

첫째, 공공과 공공의 연계가 부족하다. 공공의 사례관리의 경우 사례발굴이 통합조사팀이나 사회복지 전담 공무원이 하여 사례관리요원에게로 사례를 의뢰하게 되어 있다. 하지만 대부분의 대상이 기초수급권자로 대상의 다양성이 부족하다. 물론 사례발굴이나 의뢰가 원활히 이루어지는 경우도 있으나 대부분 사례발굴자인 사회복지 전담 공무원이 담당 행정 업무처리 등으로 사례발굴에 어려움이 있으며, 다른 행정기관인 보건소나 드림스타트의 경우도 자체적인 사례관리 사업이 진행되기 때문에 사례대상 의뢰가 어려운 실정이다.

둘째, 공공사례관리자의 자원개발 역량이 미흡하다. 사례관리에서 가장 중요한 것은 사례관리 계획 후 실행에 따른 자원발굴이다. 공공사례관리자의 경우 자원발굴이나관리에 있어 공식적 자원에 대한 활용은 높은 반면, 비공식적 자원을 발굴하거나 연계하는 데에는 역량이 부족하며 대부분 지역내 사회복지기관에 의존하고 있다또한, 신규 자원을개발하고자 하는 노력도 부족하다. 일부 시·군·구 차원에서 자원개발이 별도로 진행된 경우에는 공공이 개발한 자원도 있으나 이러한 지역의 경우 상대적으로 민간의 자원개발을 어렵게 되는 실정이다. 즉, 공공에 의한 자원의 독점현상이 나타나는 것이다.

셋째, 사례관리팀장의 리더십 부재와 통합 서비스 전문 요원의 교육 부족하다는 것이다. 사례관리팀장은 복지행정 전문가이긴 하지만 공공사례관리자들을 실제로 지도하고 수퍼비전을 줄 수 있는 역량을 갖추지 못하였기 때문에 사례관리 업무를 효과적으로 지도·감독하기에 어려움 있다. 이는 우리나라에서 공공사례관리의 발달시기와 제도화된 시기가 근래이며, 제도화 이전에 교육을 통한 역량을 갖추지 못한 이유이기도 하다. 그러기에 거의 모든 공공사례는 교육과 훈련이 부족한 일선 사례관리자의 독자적으로 업무처리를 하고 있는 실정이다. 또한, 공공사례관리 담당 인력인 통합 서비스 전문 요원에 대한 교육도 사례관리에 관한 기초교육과 매뉴얼 홀용의 기본교육에 머물러 있기 때문에, 일상적인 과업을 수행하는 데 별 무리는 없지만 사례관리자로서의 역량을 발휘할 수 있는 차별화된 교육과 사례관리 수퍼비전 체계가 부족한 것으로 나타났다. 이는 전문화된 인력풀을 갖춘 상태에서 제도화하는 것이 아닌 제도화 이후 조직에 대한 개편과 업무가 하달되는 위계적 구조에서 자연스레 발생되는 어려움이라고 판단된다(한국보건사회연구원, 2012).

② 민간 사례관리 문제점

첫째, 사례발굴의 어려움과 중복되는 사례가 많다는 것이다. 민간 사회복지기관의 경우 공공의 사례관리가 도입되기 이전 공공으로부터 사례를 의뢰받아 왔다. 하지만 공공에서의 사례관리가 도입됨에 따라 민간 사례관리자는 신규 사례를 발굴하는 데 어려움이 발생하였다. 또한, 사회복지관에서는 서비스대상자별로 업무가 분장되어 사례대상자가 중복되는 경우도 있는데, 특히 조손가정의 경우 노인을 재가복지 담당자가, 아동을 아동복지 담당자가 사례관리하는 경우도 있어 기관 내의 중복도 목격할 수 있다. 또한, 지역사회 내 기관에서도 노인복지관 대상자가 지역사회복지관의 재가대상자 인 경우도 있어 사례관리 대상자의 중복현상은 매우 심화되어 왔다.

둘째, 사례의 독점과 민간기관 간 연계가 미흡하다는 것이다. 사회복지기관의 사례관리자는 일단 자기 사례로 정해진 이상 자신이 사례관리자가 되어 종결시까지 그 사례를 독점해야 한다는 인식이 일반화되어 있다. 또한, 공공과 민간이 가지는 경쟁과 마찬가지로 민간 사회복지기관에서도 사례에 대한 독점욕으로 적합한 민간기관에 사례를 이관하거나 의뢰하는 경우가 거의 일어나지 않는다. 사례관리에서 사례의뢰와 연계는 필수적인 기능이나 연계에 대한 인식의 차이와 연계를 성과로 간주하지 않는 현행의 사례관리 체계하에서 이러한 사례의 독점현상은 타파되기 어렵다. 또한, 대부분의 기관이 사례관리를 실시하고 서비스를 제공하기 때문에 다른 기관의 협조를 구하거나 협력적 관계를 유지하기에는 어려움이 있다.

셋째, 사례관리자의 역할과 기능이 정립되어 있지 않다. 사례관리에 대해 체계적인 교육을 할 수 있는 기관이나 학회가 부재한 상황에서 개별민간복지기관에서 근무하는 사회복지사들은 자체기관 차원이나 지역사회 차원에서 별도로 사례관리에 관한 교육과 훈련을 받아왔기 때문에 사례관리의 기능과 사례관리자의 역할에 대한 인식이 천차만별이다. 이는 한국에서 사례관리 실천의 다양성과 혼돈의 원인을 부정형적인 사례관리의 개념, 대학교육의 미흡, 도입 과정과 내용의 차이에서 비롯되었다고 보고 있다. 특히 사례관리 개념의 혼돈은 학자나 연구자에 따라 미국, 영국, 일본 등 다른 국가별 학문체계를 배경으로 하고 현장의 실무자 역시 체계적인 교육이 부재한 상태에서 개별적 해석과 적용이 전문가 집단의 여과 없이 이루어지기 때문에 더욱 가중되었다. 이러한 문제를 해결하기 위해 2011년부터 한국사례관리학회는 표준화된 교육 과정을 개발하여 일관성을 갖추어 사례관리자를 양성하려는 노력을 기울이고 있다. 우선 사례관리에 대한 대학교육의 표준화를 위해 사례관리 교재를 개발하고 학자들 간의 워크샵을 통해 개념적 통일성을 추구하면서 실무자를 위한 교과 과정도 사례관리 기본교육과 심화 과정으로 나누어 사례관리자를 교육시키고 있다(한국보건사회연구원, 2012).

③ 민관사례관리의 필요성

지역사회 내 빈곤이나 학대, 폭력, 정신장애 등으로 인해 어려움을 겪고 있는 모든 클라이언트에 대한 책임은 공공부문과 사회복지 서비스 제공을 위임받거나 권한을 위임받은 민간과 공공 모두에 있다. 특히 사례관리 서비스를 필요로 하는 클라이언트 대부분이 공공부문의 요보호 대상자이며, 민간기관으로부터 서비스를 제공받는 클라이언트들이다. 다시 말해, 사례관리 클라이언트는 공공과 민간의 공동의 클라이언트다. 또한, 공공과 민간은 상호보완적 관계로 공공은 공적 서비스 제공 여부를 결정하고, 개인정보에 대한 접근성을 확보하고 있으며, 행정력의 권한을 가지고 있는 주체이다. 한편 민간부분은 전문적인 직간접 서비스를 제공하는 역할을 담당하고 있으며, 사례관리 실천을 위한 전문성을 확보하고 있다. 사례관리 서비스 제공체계의 측면에서 민과 관의 기능은 서로 사례관리 실천에서 요구되는 영역, 기능, 능력이 상이하다(김상곤, 2013). 이러한 상호보완적 두체계의 소통과 협력의 질에 따라서 앞서 살펴본 공공과 민간의 사례관리의 문제점이 보완되고 사례관리 서비스 질이 달라지게 된다. 무엇보다도 사례관리가 원래 기관의 차원을 넘어서 지역사회의 다양한 자원과 서비스를 통합하는 기능을 가지고 있기에 공공이나 민간이나 사례관리에서는 통합과 연계는 매우 중요한 키워드가 된다. 무엇보다도 민관협력적, 통합사례관리 추진결과 사례관리의 효과성은 분명하게 나타났다. 한국보건사회연구원은 2010년부터 2012년까지 3년에 걸쳐 취약·위기 및 다문화가족의 예방맞춤형 복지체계 구축 및 통합사례관리 연구를 진행하였다. 이 연구를 통해 전체 가구의 위험 수준 비율변화를 분석한 결과 상당수의 사례가 사례관리 시작 시점보다 위험 수준이 낮아져 그 효과성이 입증되었다(한국보건사회연구원, 2012).

3) 민관협력사례관리 모형

2010년 이후부터 공공영역의 사례관리가 확대됨에 따라 다양한 정책으로 사회복지전달계를 개편하는 노력을 기울여 왔다. 마찬가지로 민간에서도 보다 다양화되는 대상자의 욕구에 대한 사회복지 서비스로서의 사례관리에 대한 연구를 지속하며 민과 관이 협력하는 사례관리 모형에 대한 사업을 전개해왔다. 기존의 만관협력사례관리 모형의 대표적인 몇가지를 살펴보고자 한다.

(1) 무한돌봄 사업

무한돌봄 사업은 정부의 지원기준에 부합하지 못하는 위기기구를 지원하는 경기도의 자체 사업으로 타 광역 시·도에 비해 저소득층, 위기가정 수가 많은 경기도의 특성을 반영해 2008년 도입되었다. 이 사업의 활성화를 위해 경기도는 2010년부터 관내 31개 시·군을 대상으로 무한돌봄 센터를 설치하여 운영하였다. 무한돌봄 센터는 수요자 맞춤형 원스탑 서비스 제공할 목적으로 설치되었으며 이를 위해 대상자를 중심에 두고 다양한 민관기관들이 서로 연계해서 서비스를 제공함으로써 지역중심의 통합사례관리 체계를 구축하였다. 무한돌봄 센터는 경기도무한돌봄 센터 아래 각 시·군의 무한돌봄 센터가 만들어지고 그 하부구조로 2~3개의 무한돌봄 네트워크팀이 만들어지는 3층 구조로 구성된다. 시·군 무한돌봄 센터에는 공공과 민간의 사례관리사가 각 2명씩 배치되어 지역사회 자원연계와 통합사례관리를 담당하며 사례관리 총 과정을 총괄하며, 그 아래 무한돌봄네트워크 센터는 주로 민간기관에서 위탁형태로 지역사회복지관등에서 사례관리를 실제로 담당하는 구조를 갖고 있다(경기복지재단, 2016).

무한돌봄 센터는 민관의 협력방식을 취하여 공공의 책임성과 민간의 전문성을 살릴 수 있으며, 마을 단위의 네트워크팀이 허브역할을 한다는 점에서 거점중심방식이라 이야기할 수 있다. 무한돌봄 센터는 시·군·구 센터와 권역별 네트워크 팀의 사례관리 전문가를 배치하여 통합사례관리 업무에 집중할 수 있도록 하였으며. 네트워크팀은 지역사회 중심축으로 다양한 기관의 능동적인 참여와 연계 및 조정이 가능하며, 긴급사례에 대해서도 공공과 민간이 협력하는 솔루션 위원회의 활동이 실제적으로 이루어진다는 점에서 매우 긍정적으로 볼 수 있다.

하지만 무한돌봄 사업에서도 한계점이 드러났다. 위기가정에 대한 긴급 지원에 치중되어 비교적 단순한 대상자에 대한 사례관리가 될 가능성이 크고 통합적 자원연계가 강조되어 가족역량 강화와 기능향상을 위한 심층사례관리가 이루어지기 어려운 점이 있다. 또한, 민관협력사례관리의 가장 큰 어려움인 공공기관 담당자와 민간기관 전문가 사이에서의 협력적 동반자 관계의 유지가 사실상 어렵다는 한계를 지니고 있다(한국보건사회연구원, 2012).

현재, 무한돌봄 사업은 '읍·면·동 지역사회 보장 협의체', '맞춤형 개별급여제도의 도입'이라는 정책환경변화와 무한돌봄이 지니고 있는 다양한 환경의 변화를 고려해 무한돌봄 사업과 센터의 기능재정립을 위한 시범 사업을 계획 추진하고 있다.

(2) 인천시 사회복지관협회

인천시 사회복지관협회의 사례관리는 민간주도형 민관협력사례관리 모형을 대표한다고 할 수 있다. 인천시 사회복지관협회는 지역사회복지관의 기능재정립에 대한 고민과 연구를 통해 지역사회복지관의 핵심 사업이 사례관리에 있음을 인식하고 2009년 관내 17개 사회복지관이 연합하여 민간중심 공공협력의 통합사례관리 사업을 진행하였다. 인천시의 지원으로 각 지역사회복지관에 1명의 사례관리 전담인력이 배치되어 사례관리팀, 자원개발팀, 프로그램팀으로 지역사회복지관의 조직구조 및 사업을 개편하여 사례관리의 중심의 사업이 이루어지도록 계획하였다. 또한, 인천시 사회복지관협회 사례관리팀에서는 사례관리 담당자의 교육뿐 아니라 사례회의를 진행하며 사례관리자 역량강화를 위해 다양한 노력을 기울였다. 또한, 자원체계로 사례회의, 통합사례회의, 솔루션회의, 수퍼비전체계를 갖추도록 매뉴얼을 규정하였다. 하지만 이러한 노력에도 불구하고 각 복지관은 매뉴얼대로 시행하기 어려운 실정(사례관리에 대한 조직내의 낮은 인식과 사례관리를 위한 조직구조개편의 어려움, 프로그램 중심의 지역사회복지 사업 등)에 있었기 때문에 전반적인 결과는 기대한 사업취지를 반영하지 못하였다. 또한, 민간이 중심이 되어 사례관리를 하면서 공공의 협력을 구하는 것도 어려움이 있었다. 인천시 사회복지관협회의 통합사례관리 모델은 민간주도형으로 지역복지협의체를 통한 공공의 협력을 추구하며, 사례관리 전담인력이 지역사회복지관에 배치되어 사례관리업무를 전담하도록 하는 등의 긍정적 성과를 거두었다. 또한, 민간과 민간사이에 중복되는 사례대상자에 대한 주사례관리기관 선정과 사례의뢰와 발굴 등의 연계활동은 사례관리 활성화를 앞둔 시점에서 매우 주목해 볼 만한 성과이다. 하지만 사례관리 전담 요원이 기관의 타업무를 겸임함으로써 집중적 사례관리에 어려움이 발생하였고, 계약직 사례관리의 채용으로 전문성, 업무 지속성, 숙련성 등에서 한계점이 있었다(한국보건사회연구원, 2012).

(3) 희망리본프로젝트

희망리본프로젝트는 저소득층의 자활·자립을 위한 사례관리 사업으로 2009년부터 실시되고 있다. 저소득층의 취·창업 지원을 위하여 1:1 맞춤형 서비스를 제공하고, 사업성과에 따라 수행기관에 예산을 지원하는 사업으로 근로능력이 있는 저소득 취약계층에게 1:1 전담사례관리자의 밀착사례관리를 통해 근로환경 조성과 개별 맞춤교육실시로 안정적 취업알선과 창업컨설팅으로 자활·자립을 돕는 취업 지원 사업이다(인천희망리본본부, 2010).

희망리본프로젝트는 보건복지부, 지방자치단체, 중앙자활 센터(모니터링 기관), 수행기관이 각각 분리되어 역할을 수행하는 공공 중심의 사례관리의 대표적인 예라 할 수 있다. 희망리본프로젝트는 사례관리자가 대상자가 가진 욕구를 기반으로 서비스 제공계획을 수립한 후 보건복지부 매뉴얼에 제시된 최소 서비스 수행요건을 준수하여 대상자에게 밀착 사례관리 및 보건복지 서비스와 직업훈련 등 일자리·자활을 위한 서비스를 제공하고 일정의 수당을 지급하며, 취·창업에 성공하도록 돕는 사업이다. 본 사업은 대상자가 통합적 서비스를 제공받고, 사업의 목표인 자활 · 자립에 맞게 2009년부터 현재까지 전체 취 · 창업률이 상승하고 있다는 점에서 매우 긍정적이었다(한국보건사회연구원, 2011). 하지만 2012년 자활 사업 도입 이후 사업의 효율성과 효과성 뿐 아니라 지역자활센터의 경직적 운영체계 등으로 지속적인 비판이 있었다. 또한, 고용노동부 '취업성공패키지' 사업과 겹쳐 2015년 희망리본프로젝트와 취업성공패키지 사업이 통폐합되었다.

(4) 드림스타트 사업

드림스타트 사업은 2006년 아동의 학대, 방임 등 아동복지 사각지대 해소를 위해 아동보호 보건복지 통합 서비스 시범 사업으로 20개 보건소에서 실시하여 2007년 희망스타트 시범 사업으로 16개 시·군·구에서 시범실시하였으며 2008년 '드림스타트' 사업으로 사업명을 변경하여 2012년까지 국정핵심 과제로 선정, 사업지역을 전국으로 확대하였다. 또한, 2011년 아동복지법에 드림스타트 사업 근거를 신설하여 대표적인 공공 서비스로 자리매김하였다. 드림스타트 사업은 아동통합 서비스 전달체계 및 지원체계를 구축함으로 아동의 전인적 발달을 도모하는 데 그 목적이 있다.

드림스타트 사업에서도 통합사례관리를 주요업무로 명시하고 있는데 드림스타트 사업의 통합사례관리의 주목적은 아동의 양육환경, 아동발달영역 및 발달연력을 고려한 전문화된 서비스 지원을 통한 전인적 발달을 도모하고 지역사회 내의 다양한 기관들 간의 팀 접근을 통해 취약계층 가족전체의 문제 해결 능력과 기술을 증진시키는 데 있다. 다양한 연구결과를 통해 드림스타트 사업은 이용 아동들과 부모들에게 심리정서, 교육, 건강, 의식적 측면에서 효과가 있는 것으로 나타났다. 또한, 사업을 통해 아동은 자신감과 학력향상의 효과와 건강 증진과 공동체 의식이 고취되었다. 이용 부모들은 자녀와의 관계개선과, 경제적 효과 그리고 복지의식이 향상되었다(유해숙·이현숙, 2014). 하지만 드림스타트 사업의 한계도 있었다. 드림스타트 사업에서 사례관리가 주요 사업이긴 하지만 그 외 정형화된 서비스(교육, 문화 등)를 제공하고 있어 사례관리기관으로 보기에 적합하지 않다는 주장도 있다. 마찬가지로 지역아동 센터, 학교, 자자체 등과의 네트워크와 실질적 협의기구가 갖추어져야 함에도 드림스타트 센터가 기관내 서비스전달에 머물러 있어 사례관리 실효성에 대한 의구심은 남아 있는 상태이다. 또한, 공공중심의 민관협력적 사례관리가 가지는 한계점과 같이 권한의 측면에서도 중앙집중적 경향을 보이며 민과 관의 협력적 사례관리모형으로서는 한계를 안고 있다.

(5) 희망복지 지원단

보건복지부는 2012년 전국 230개 시·군·구에 희망복지 지원단을 설치하도록 하였다. 희망복지 지원단은 통합사례관리를 핵심업무로 지역사회 공공·민간 자원에 대한 체계적인관리·지원체계를 토대로 복합적이고 다양한 욕구를 가진 대상자에게 복지 · 보건 · 고용 · 주거 등 필요한 서비스를 통합적으로 연계·제공하고, 이를 지속적으로 상담·모니터링 해나가도록 하였다. 그동안의 공공영역의 사례관리는 대상자를 특정화하였다면 대상자의 범위를 위기가구로 확대하고 사례관리를 위해 전달체계 구축 뿐 아니라 인력과 재정을 투입함으로써 사례관리가 사회복지전달체계에서 공식화되고 서비스의 공공성과 책무성을 강화한다는 점에서 매우 긍정적으로 평가 받았다(함철호·이기연, 2011). 또한, 희망복지 지원단의 통합사례관리가 전계됨에 따라 사회복지환경에서 공공과 민간이 동반자적 입장에서의 협력의 유연성을 기대하게 되었다. 통합사례관리를 통해 복지수요자에 대한 접근성 문제 해결 및 통합 서비스 체계가 확장되고, 사례관리의 효과성에 대해서는 분명한 성과가 있었으나 공공과 민간의 역할분담과 연계에 있어 관주도형의 경직된 소통과 관주도형 지역사회복지 네트워크 조직의 위계적 구조 등이 장애요인으로 작용하였다. 또한, 사례관리팀장의 사례관리에 대한 전문성이 낮으며, 사례관리자들의 자원개발의 역량이 미흡하여 민간의 자원에 의존하는 등의 한계점이 나타나게 되었다(손지현, 2015). 경기도는 보건복지부의 '희망복지 지원단'을 경기도 고유브랜드인 '무한돌봄 센터'로 그대로 사용하고 있다.

4) 최근 사례관리 동향

현재 한국사회의 사례관리는 공공의 사례관리가 제도화되면서 한국의 사회복지전달체계의 여건상 공공주도하의 민관협력의 통합사례관리 모형을 지향하고 있다. 이는 그동안의 민관협력 사례관리모형에서 발전된 모형으로 그동안 민관협력 사례관리에서 드러났던 단점들을 보완하고자 하는 노력에서 시작되었다. 이미 다양한 연구나 시범 사업을 통해 통합사례관리 실천에서 민관과 공공이 할 수 있는 운영체계 구축방안을 탐색하고 제안하고 있는 실정이다.

그동안 통합사례관리의 효과적 운영을 위한 제언을 몇가지로 제시하고 최근 이슈화되었던 읍·면·동 지역사회복지협의체를 살펴보고자 한다.

(1) 통합사례관리 효과적 운영을 위한 제언

① 민간과 공공의 협력적 거버넌스 정립을 통한 민관협력체계 구축

현재 공공과 민간에서 각각 실시하고 있는 사례관리의 통합 또는 역할 분담을 추진하여 사례관리의 중복성과 사례관리 기관 간 갈등을 해소할 필요가 있다. 이를 위해 민간은 직접적인 사례관리 실천을 하되 공공은 사례관리 실천 기반을 구축하고 지원하는 기능을 수행하는 것을 논의하고 있다. 현재 공공부문의 사례관리 클라이언트와 민간 영역의 사례관리 클라이언트가 대부분 중복된다는 점에서 공공 부문이 직접 사례관리를 실천하지 않고 통합사례관리 지원 센터를 구축하고 자원 조직화와 사례 또는 기관 간의 조정 기능을 수행하면서 읍 · 면 · 동 단위의 전문인력과의 협력을 촉진하는 방안에 대한 제안이다. 이를 위해서는 희망복지 지원단의 기능에 대한 재정립이 필요하다.

② 지역사회중심의 연계 자원 체계마련

통합사례관리의 효과성을 높이기 위해서는 지역사회에 다양한 연계 자원을 구축하며 부족한 자원을 지속적으로 개발하고 이를 사례관리에 충분히 활용할 수 있는 정보공유가 필요하다. 하지만 이는 지역을 기반으로 하고 있어 지역사회 중심에서 다양하고 충분한 자원을 연계할 수 있어야 한다. 이를 위해서는 자원 간 협력이 서비스 의뢰와 자원을 교환하는 낮은 수준이 아니라 신뢰성 있는 정보를 공유하고 대상자의 중복 문제를 해결하는 등 긍정적 경험을 함과 동시에 민과 관의 의사소통의 상하관계 등의 개선이 필요하다.

③ 교육과 훈련, 경험이 바탕이 된 사례관리자 배치

공공과 민간의 사례관리에서 공통적으로 드러난 문제는 사례관리자의 전문성이다. 사례관리의 성패는 사례관리자와 수퍼바이저의 자질과 업무연속성에 있다. 사례관리가 제도화되어 시작한 지 얼마되지 않아 교육과 훈련이 부족하였지만 사례관리자로서 전문성을 갖추어야 한다는 인식이 확산되며 한국사례관리학회를 중심으로 사례관리자 교육을 실시하고 있다. 이러한 노력은 공공에서는 물론 사례관리 담당자에게서도 체계화된 교육이 이루어져야 하며 수퍼바이저에 대한 교육과 훈련도 지속되어야 한다. 또한, 내부에서 모든 사례에 대한 수퍼비전을 제공하기에는 어려움이 있으므로 기관 외부의 수퍼바이저를 지정하여 사례특성에 맞는 수퍼비전을 줄 수 있는 체계를 마련해야 한다.

(2) 읍·면·동 지역사회 보장 협의체

2015년 7월 「사회보장급여의 이용·제공 및 수급권자 발굴에 관한법률(약칭 사회보장급여법)」이 시행되면서 지역복지 분야에서 민관협력의 수준변화가 예상되고 있다. 이 법은 사회보장급여라는 포괄적인 개념을 통해 지역 내 사각지대의 상시적 발굴시스템을 구축하고 사회보장 정보와 지표를 적극 활용하여 욕구를 파악하고 민관협력을 통해 지원하는 내용을 골자로 하고 있다.

이는 우리나라 사회복지전달체계 개편과 그 맥을 함께한다. 그동안 지속적인 전달체계의 개편은 있어왔으나 복지사각지대 문제는 지속적으로 제기되고 있고, 읍·면·동 주민 센터 복지담당 공무원들의 과중한 행정업무로 사례발굴의 어려움이 있었다.

읍·면·동 지역사회 보장 협의체가 나타나게 된 주요 원인 중 하나는 '희망복지 지원단을 통한 시·군·구 단위의 통합사례관리 기능의 강화'이다. 정부는 늘어나는 사회복지예산의 효율성과 업무과다로 어려움을 겪는 사회복지 전담 공무원을 늘릴 계획을 세우고 이들을 효과적으로 활용하기 위한 방안을 마련하고자 2012년 4월부터 시·군·구에 「희망복지 지원단」을 구성하는 전달체계 개편 방안을 마련하여 실시하였다. 그러나 읍·면·동 주민 센터에서는 초기면접과 사례관리 대상자 발굴, 방문상담, 시·군·구에서는 본격적인 통합사례관리를 하도록 하는 등 이원화되어 있는 것 또한, 사례관리 역할분담의 모호한 문제로 나타나고 있었다. 특히 시와 읍·면·동 간 이중구조로 인한 혼란과 타 기관과의 연계 및 협력이 요구되지만 이를 실효성있게 이행하지 않는다는 어려움에 직면하고 있었다. 또한, 박근혜 정부는 '상시적인 사각지대 발굴 시스템'을 구축하는 지향점을 가지고 있어 복지전달체계 개편의 주요한 변화요인이 되었다.

읍·면·동지역사회 보장 협의체는 다음의 주요한 시사점을 가지고 있다.

첫째, 서비스공급 결정 단계의 변화이다. 우리나라의 공공 서비스 전달 체계는 국가에서 시·군·구로, 다시 읍·면·동으로 이어지는 행정체계에 의해서 이루어졌다. 하지만 지역사회 보장 협의체의 구축은 지역사회보호체계의 구축의 구심점이 최하 행정단위인 동 주민 센터로 내려오게 되었다. 이는 그동안 동의 기능은 상담 및 신청, 모니터링 등에 대한 피동적 기능에서 능동적 기능으로 전환됨과 함께 지역사회 내 존재하는 민간기관과의 연계 및 협력이 동 단위에서 시도된다는 것을 의미한다.

둘째, 사각지대 발굴을 위한 민관협력 사업의 전개이다. 읍·면·동 복지 기능의 강화와 보건복지부 전달체계 개편의 핵심적인 역할로서 동단위 민관협력기구가 강조되고 있다. 읍·면·동 협의체는 읍·면·동 단위에서 주민 네트워크를 복지 통(이)장, 자원봉사자 및 자원공여자들과 인적네트워크를 구축하여 읍·면·동 단위 민관협의체 형태로 활성화하여 복지 사각지대를 해소하고자 제시된 것이다(오민수, 2014).

〈표1-1〉 시·군·구지역사회 보장 협의체와 읍·면·동지역사회 보장 협의체 비교

구분	시·군·구 지역사회 보장 협의체	읍·면·동 지역사회 보장 협의체
최초 법적 근거	사회복지사업법 제7조의 2	사회보장급여법 제41조
설치 근거	지자체 조례	지자체 조례
법적 성격	자문위원회	일련의 주민참여(협력) 형태이나 법적성격 없음
구성	위촉위원	위촉위원
임기	2년(연임가능)	2년(연임 가능)
구성 형태	시·군·구장 위촉	동장추천 / 시·군·구장 위촉
주요 기능	거버넌스, 연계 및 조직화, 통합 서비스	사각지대발굴, 민간 자원연계
재정 지원 형태	지자체 자체 예산	없음
네트워킹 대상	조직 (지역 내 복지 관련 민·관 기관)	개인(지역주민)

3 사례관리의 기본 가정 및 원칙

1) 기본 가정

사례관리는 다음과 같은 기본 가정을 하고 있다. 첫째, 클라이언트의 참여에 대한 강조는 사례관리가 클라이언트의 존중과 강점관점을 기본적으로 가정하고 있음을 뜻한다. 즉, 클라이언트가 학습하고 성장하며 변화할 수 있는 존재인 동

시에 강점, 능력, 관심사 등을 가진 주체로 가정한다(Miley et al, 1995). 둘째, 사례관리는 클라이언트를 위한 잠재적 자원을 보유한 것이 지역사회라는 점을 가정하고 있다. 이러한 가정은 클라이언트가 다양한 자원을 연계받고 이를 통하여 성장할 수 있음을 가정한다. 여기서관리(management)의 의미는 서비스 자원을 관리한다는 의미로 인식될 필요가 있다.

2) 사례관리의 개입원칙

사례관리 접근은 클라이언트에게 인간의 존엄성을 최대한 발휘하고 그들이 행복한 삶을 영위하도록 하기 위해 필요한 자원과 서비스에 접근할 수 있는 동등한 기회를 제공하는 것을 중요시하므로 다음과 같은 개념이 기반이 되어야 할 것이다.

(1) 클라이언트의 개별화

클라이언트 개개인과 신체적·정신적·사회적 상황에 따라 그가 갖고 있는 욕구가 개인에 맞는 적합한 방식으로 적절하게 개발되는 서비스 계획을 수립해야 한다.

(2) 서비스 제공의 포괄성

클라이언트의 복합적 욕구에 대한 포괄적인 서비스를 조정하여 제공해야 하므로 이를 위해 클라이언트가 속한 환경체계 속의 다양한 자원을 파악하고 연결하며 조정 및 점검하는 능력이 요구된다. 따라서 사례관리자들은 잠재적인 지역사회 자원의 전문적 지식을 가지고 활용할 수 있는 능력을 필요로 한다.

(3) 클라이언트의 자율성 존중

자원의 정보 제공 및 연계에 있어서 클라이언트가 선택할 자유를 최우선으로 하고, 클라이언트의 자기결정권을 가능한 한 보장한다. 또한, 클라이언트가 자립할 수 있도록 원조하는 데 궁극적인 목적을 두고, 클라이언트가 자신이 받을 수 있는 서비스와 관련된 선택을 하는 데 있어서 자기결정 능력을 최대한 존중한다.

(4) 서비스 제공의 지속성

클라이언트의 복잡한 상황과 다양한 문제 해결을 위하여 클라이언트의 욕구에 부합되는 포괄적인 서비스는 일회적이거나 단편적이어서는 안 되며 지속적으로 제공해야 하고 사후관리도 이에 포함하는 것이 바람직하다.

(5) 서비스의 연계성

사례관리자는 분절화되고 복잡한 서비스 전달체계를 연결하며 클라이언트에게 필요한 서비스들이 지역사회의 여러 기관에 분산되어 있는 경우에는 서비스 정보를 제공함에 있어서 적절한 서비스들이 중복되지 않도록 하며 상호 연계적으로 이루어지도록 하여 효과성을 높인다.

(6) 서비스의 접근성

서비스의 접근성은 서비스 이용에 있어서 중요한 관건이다. 따라서 사례관리자는 서비스의 이용 자격·절차와 서비스 제공정책 및 전달 과정에 있어서 대상자의 접근성에 어려움이 있는 경우, 서비스 제공자와 중개역할을 통해 클라이언트가 좀 더 쉽게 자원에 접근할 수 있도록 돕는 역할을 한다. 또한, 사례관리자는 클라이언트가 서비스를 이용하는 데 있어 장애가 되는 심리적 장애요인이나 물리적 요인 혹은 사회문화적, 경제적 요인이 존재하는지 살펴보고 장애요소를 최소화하여 서비스에 대한 접근성을 높여 주는 것이 바람직하다.

chapter 2

사례관리자의 개입에 대한 이론의 점검 및 상담 과정

사례관리는 클라이언트를 돌아보는 사회적 통제의 매개의 역할을 하며 클라이언트의 특수한 교정 범위에 따라 제소자의 재범방지 및 사회적응 및 복귀를 돕는 교정복지사와 정신질환을 앓고 있는 경우 사회에 미칠 잠재적인 위험을 최소화하고자 하는 정신보건사회복지사 등, 대상이 아동, 노인, 다문화인, 장애인 등 그 범위는 매우 다양한 전문영역이 있다. 이들은 사회적인 소수자이며 이들에 대한 이론적 개입 방법으로는 대표적으로 임파워먼트 모델과 강점관점의 모델이 있다. 또한, 상담을 사례관리에 활용을 위하여 다음과 같은 것들이 점검될 수 있다. 먼저 초기 단계에 반드시 해야 할 것으로는 클라이언트의 인테이크에 관련한 것으로, 클라이언트가 기관이나 프로그램에서 수용된다면 표적 문제를 설정한다. 이후 우선적으로 개선할 표적 문제에서 우선순위를 결정하고 개입 방법에 대한 동의와 계약을 체결한다. 그리고 표적 문제 해결을 위한 과업을 일반적 과업, 구체적 과업을 통하여 점검하고 개입에 들어간다. 이러한 일련의 과정도 상담프로그램의 초기 일반적 과정이라고 볼 수 있는데, 상담의 기법은 클라이언트의 상태에 따라 달리 적용될 수 있으므로 사회복지사의 상담 과정은 하나의 예술에 비유되기도 한다.

만일 과제 중심 모델을 적용한다면 표적 문제를 완화하기 위한 프로그램이 기획될 수 있다. 표적 문제는 클라이언트가 제시하는 문제 또는 해결하고자 하는 문제로 개입의 목표가 되는 문제인데, 주의할 점은 표적 문제 선정 시 클라이언트의 의견이 최대한 반영되어 1~3개의 압축된 문제에 대하여 일련의 프로그램을 기획할 수 있어야 한다는 것이다. 그에 대한 과제는 목표를 달성하기 위해 클라이언트와 사회복지사가 해야 하는 활동으로, 클라이언트와 사회복지사가 계획하고 동의한 후 수행하거나 문제를 유형화하고 그에 대한 프로그램을 기획해서 제공할 수도 있으며 어떠한 과제를 선정할 것인가는 상담사의 능력에 달려있다고 해도 과언이 아니다. 이때 적용될 수 있는 과제의 유형은 첫째, 일반적 과제로 목표달성과 관련된 상위 과제를 선정하는 것이다. 그러나 이것은 행동의 방향을 제시하지만 무엇을 해야 하는지 정확하고 구체적으로 언급하지 않으므로 조작적 과제를 통해서 상위과제에 도달하기 위한 구체적인 하위 과제를 선정하여 클라이언트가 수행해야 하는 구체적인 행동을 정하는 범위에서 조직적으로 구상되어야 한다. 경우에 따라서는 클라이언트의 상황에 따라 이를 위한 시연과 드라마 혹은 영화상영, 편지쓰기, 각종 도움이 되는 훈련, 게임 등을 프로그램화하여 도입할 수 있으며, 이러한 것들은 다음과 같은 과제를 통해 내면화할 수 있다. 이러한 과제의 제공 시 사회복지사가 고려해야 할 내용은 다음과 같다.

① 클라이언트의 동기에 대한 점검으로 클라이언트가 의욕이 있는지, 수행할 능력이나 에너지가 있는지, 해결할 수 있다는 희망을 주기 위한 동기의 부여가 필요하며 이 동기 부여의 과정은 매우 중요하다.
② 과제를 통한 목적의 달성이 현실적으로 가능한지에 관한 점검이 꼭 필요하다.

③ 과제의 바람직성: 과제의 실행이 꼭 필요한 것인지 효과성 달성을 통하여 어떤 활동이 이루어져야 하는지에 관한 고려가 필요하며, 이에 대하여 다양한 대안을 비교해서 적용한다.

다음은 개략적으로 사회복지상담에서 적용될 수 있는 현실치료기법과 생활적 측면의 이해가 필요한 위기개입 모델을 간략히 소개하겠다. 물론 상담에는 다양한 실천 방법이 있으며 그에 관한 부분은 상담학에서 본격적으로 다루는 것이 좋겠다. 그러나 때로 사례관리에서는 클라이언트들이 당면한 현재 자신의 모습이나 상황을 인정하지 않는 경우가 많다. 또한, 환경적인 측면에서 사례관리자는 클라이언트가 처한 위기에 대한 이해가 필요한 경우가 많으므로 이에 대한 전체적인 조망이 필요하다. 이에 본문에서는 사례관리에 기본이 되는 이론, 철학 그리고 클라이언트의 현실직시와 사례담당자의 클라이언트의 라이프 싸이클(Life Cycle) 등에 대한 이해로 위기개입에 관하여 개략적으로 살펴보고 논의해 보고자 한다.

1 사례관리에 적용되는 사회복지의 가치와 윤리

1) 가치의 범위(Levy, 1973)

가치의 범위에 대하여 Levy(1973)에 따르면 사람의 우선적 가치, 결과 우선적 가치, 수단의 우선적 가치를 예로 들 수 있다. 먼저 사람의 우선적 가치는 인간을 우선적 가치로 두는 자세로 모든 것의 우선에 '사람'이 먼저라는 개념이라고 할 수 있다. 이러한 개념은 사회복지 실천에서의 개별화의 개념과 함께 인간 생명의 존엄성의 존중과 인간의 전인적 성장을 강조하는 현상학의 Rogers와 현대사회의 임파워먼트의 개념으로 강점 강화의 개념의 근간이 되었을 것으로 사료된다. 이것은 인간의 존엄과 가치를 인정하는 사회복지철학의 원리이기도 하며 인간의 절대적인 인권을 상위개념으로 하여 인간의 내면에 이미 갖추고 있는 잠재적 성장 가능성을 의미한다. 두 번째는 결과 우선적 가치로 개인의 성장의 기회 제공과 욕구충족을 돕는 사회복지 실천의 서비스가 사회와 개인의 발전을 위해 인권의 실천적 차원에서 사회적으로 구현될 때, 법이나 제도화를 통하여 사회참여나 교육 등의 기회가 동등하게 제공되어야 한다는 사회의 책임을 강조하는 가치관이다. 이것은 결과적으로 가치의 적용을 통하여 개인이나 사회에 대하여 결과적 가치에서 균등하게 제공되는 형평성의 기준을 적용하는 개념이라고 할 수 있다. 마지막으로 수단의 우선적 가치는 사회복지 서비스의 수행방식에 있어서 수단이나 도구와 관련된 가치관이라고 할 수 있다. 이는 궁극적인 서비스의 실천에 있어서 결과론적인 시각뿐 아니라 실천하는 과정에서 고려되어야 하는 방법과 수단이 중요하다는 관점이다. 따라서 과정 중에서 다루어져야 하는 윤리 문제나 도덕성의 점검, 비밀보장, 자기결정권 등의 개념은 그 어떤 가치에 준할 만큼 중요한 과정이라는 가치관이라고 할 수 있다. 이러한 세 가지 가치관은 사회복지 실천에 있어서 간과되지 않고 준수되어야 하며 늘 염두에 두고 실천되어야 할 기본적인 가치라고 할 수 있을 것이다.

이에 대하여 Bartlett(1970)은 "가치란 선하고 바람직한 것으로 질적인 판단이나 혹은 경험적으로 증명될 수 있다"라고 언급했다. 이때 사회복지 실천의 규범적 특성은 사회복지 실천이 가치중립적일 수 없다는 것을 의미한다. 이에 대하여 Barker(1995)는 가치란 문화, 집단 혹은 개인이 바람직한 것으로 받아들이는 관습, 행동 기준, 원칙이라 정의하였다. 이를 종합하면 가치란 개인, 집단 혹은 사회가 지닌 원칙, 목표 혹은 기준으로 정의할 수 있다(Gambrill, 2006). 개인이 지향하는 가치는 그 개인의 일상생활에서의 선택과 행동을 좌우하며, 집단이 공유하는 가치는 집단 차원의 선택과 행동의 결정요인이 된다. 이에 반하여 사회적 가치는 그 사회가 지키는 원칙이나 추구하는 목표에 반영된다는 것이다. 부연하여 Johnson과 Yanca는(2007)는 가치가 사회복지 실천에 있어서 어떠한 작용을 하는지, 노인 클라이언트를 만나는 사회복지사의 예를 들어 다음과 같이 설명하고 있다.

"자신이 어떠한 가치를 갖고 있는지 이해하는 것은 특히 노인을 대상으로 일할 때 중요하다. 즉, 젊음, 건강, 체력, 육체적 아름다움을 숭배하는 우리 사회에서 노화나 노인에 대한 부정적인 태도는 사회적으로 만연하다. 이러한 점이 노인의 자아존재감에 영향을 미치게 되며, 사회복지사는 이 사회적 가치에 영향을 받아서 노인에 대해 부정적인 태도가 노인 클라이언트와의 관계에 어떤 영향을 미치는지 미처 깨닫지 못할 수도 있다. 사회복지사는 노인들은 비슷하고, 신뢰할 수 없으며, 새로운 것을 배울 수 없다는 식의 노년에 관한 선입견을 갖지 않도록 특별히 주의해야 하는 것이 중요하다. 그리고 연령차별 또는 노인에 대한 차별적인 행동은 사회적 가치관에 그 근원이 있다. 이러한 차별은 사회복지 실천의 윤리강령에도 위배된다. 그러므로 사회복지사는 각종 클라이언트의 자기 결정과 비밀보장에 대한 권리를 무시하지 않도록 유의하면서 클라이언트가 원하는 것보다 기관의 규칙과 가족이 원하는 것을 더 중요하게 여기지 않도록 하는 것에 주의해야만 한다. 또한, 삶의 질과 관련된 문제에 관해 판단하는 것이 종종 어려울 때가 있으나 클라이언트가 무엇을 삶의 질의 향상으로 생각하는지 사정평가하고 가능한 한 이를 잘 반영한 서비스를 제공하도록 이끌어야 한다. 예를 들면 노인을 대상으로 일할 때는 죽음과 임종에 대한 가치관이 흔히 반영되게 된다. 이때 많은 젊은 사회복지사들이 이러한 영역을 회피하려고 하나 노화 과정을 다루려면 죽음을 이해하는 것이 필요할 것이다. 사회복지사가 죽음과 관련된 문제를 가진 노인을 돕기 위해 자신의 삶에서 죽음에 대해 성찰할 필요가 있고 노인을 대상으로 일하는 사회복지사는 사회복지 실천 윤리뿐만 아니라 사회적 가치, 자신의 가치관, 클라이언트의 가치관을 고려하는 것이 필요하다. 이 가치들은 종종 일치하지 않을 수 있으며 노인들이 경험하는 차별 때문에 혹은 노화에 관한 사회적 신화를 믿기 때문에 사회복지사는 종종 감정적으로 된다. 중요한 것은 노인 클라이언트를 대상으로 일할 때 사회복지사의 최우선 과제는 그 상황 속에서 반영되는 가치와 관련된 문제점을 확인하는 것이다."

이와 같이 사례관리는 사회복지사의 대상에 대한 특성을 잘 알고 있어야 한다. 유능한 사례관리자가 되기 위해 무엇보다도 높은 수준의 자아 의식이 요구된다. 사회복지사는 자신의 개인적 문제와 취약한 영역을 포함하여 자신의 욕구, 감정, 사고, 행동에 대한 자아 인식을 발전시키고 클라이언트에 대해 객관성을 가지고 반응할 수 있어야 한다. 그러므로 사례관리자의 개인적 감정, 사고, 반응 등과 같은 요인은 실천가로서의 판단과 클라이언트에 대한 실천 활동에 도움이 되기도 하나 때로 방해가 되기도 한다. 또한, 자아 인식이 부족하고 이를 추구하기 위한 동기가 부족한 사례관리자는 자신이 클라이언트에게 영향을 미치는 방식에 대해 스스로 인식하지 못한 채 행동할 수 있을 것이다. 따라서 자아 인식은 사례관리자로서 어떻게 행동할지에 관해, 즉, 전문적 역할 수행에 있어서나 혹은 개인적 생활에 있어서든 가급적 사려 깊은 선택을 해야 한다. 우리는 자신이 다른 사람과 다른 개인적 관점을 갖고 있다는 점을 종종 잊어버린 채 세상을 보기도 한다(최해경, 2009).

사회복지학은 실천을 전제로 하는 학문으로 사회복지의 실천이란 인간과 사회를 대상으로 그 행복과 안녕을 증진하기 위한 활동이며, 이를 위해 사회복지 전문가가 자신의 기술과 지식을 발휘하는 것이다. 따라서 이러한 지식과 기술의 발휘는 근본적인 의도, 즉 가치와 윤리로부터 파생될 수 있다. 사회복지는 가치를 기반으로 동기화되거나 기능화되며 사회복지 가치와 윤리에 대한 신념은 전문직의 이념에 대한 중요한 조직적 주체로 전문직의 기반에 있어서 규범적인 중심(linchpin)의 기능(Reamer, 1994)으로 발전해 왔다. 그러므로 사회복지 전문가는 전문직의 태동기부터 사회복지의 가치와 윤리에 관심을 가져왔으며 사회복지는 규범적인 전문직이다. 이는 이른바 원조 전문직(helping professional)에서도 가장 규범적이라 할 수 있다. 다른 원조 전문직과는 달리 사회복지의 역사적 뿌리는 인간의 정의와 평등과 같은 개념에 확고하게 기반을 두고 있고, 그 지향점을 정의에 대한 신념과 개인의 권리에 대한 집합적인 인식 그리고 개인들이 서로에게 가지는 의무에 두고 있다(이현주, 2000). "모든 인간은 권리에 있어서 자유롭고 평등하게 태어나 생존한다. 사회적 차별은 공동 이익을 근거로 해서만 있을 수 있다." 이것은 프랑스 혁명의 정신을 담고 있는 '인권 선언' 제1조의 구절이다. 만민 평등을 선언하는 이 사상은 원래 그리스도 교의에서 비롯한 것으로서, 신의 형상을 의하여 창조된 존재로서의 인간 존엄성에 그 근거를 두고 있다. 즉, 인간은 신의 형상을 지니고 있으므로 누구나 존귀한 존재로서 동등하게 대접받아야 한다는 의미이다. 그러나 문제는 사람들은 자연적으로 타고난 조건이 많은 차이를 보이며 사람들은 타고난 재능과 소질뿐만 아니라 건강과 도덕성에도 평등하지 않다. 인간은 자연적 조건과 사회적 조건이 각기 다르기 때문에, 우리는 무엇에 근거하여 인간 평등의 원칙을 세울 것이며 어떻게 평등의 이념을 구현할 수 있는지 묻지 않을 수 없다(박찬구, 1997). 따라서 사례관리는 다양한 계층의 다양한 욕구에 부합하여 접근하여야 하며 각각의 사례에 대하여 사회복지사로서의 가치와 윤리를 먼저 생각해 보도록 권하고 있다. 전미사회복지사협회의 사례관리 표준지침에 의하면 사례관리는 사회복지 실천의 고유한 지식과 기술, 가치에 기반한 방법이므로 사회복지 실천의 대부분가치와 윤리는 사례관리에 있어서도 그대로 준용된다고 볼 수 있다. 즉, 사례관리에는 자기결정과 인간의 존엄성, 의사결정의 상호 책임성 뿐만아니라 기본적으로 비밀보장과 프라이버시, 클라이언트 이익의 최우선, 클라이언트 이익을 위한 전문직 간의 연계와 협력의 중요성 등이 중요한 가치로 사례관리에서도 강조되어야 한다고 하고 있다. 이에 사회사업사례관리자는 첫째, 사례관리 실천 수행에 기본적으로 필요한 지식, 기술, 그리고 경험을 갖추고 있어야 한다. 둘째, 사회사업사례관리자는 자신의 전문적인 기술과 능력으로 클라이언트를 최우선적으로 돕도록 해야 한다. 따라서 사례관리자는 무엇보다 클라이언트의 이익을 우선적으로 고려해야 한다. 셋째, 사회사업사례관리자는 사례관리 실천의 모든 과정에 클라이언트가 참여하도록 권장해야 한다. 넷째, 사회사업사례관리자는 클라이언트의 사적 권리를 보장하고 또한, 타인으로부터 클라이언트 정보를 요청 받았을 때 적절한 비밀보장을 하여야 한다. 다섯째, 사회사업사례관리자는 클라이언트 수준에서 클라이언트가 그 가족에게 직접 서비스를 제공하거나 조정할 수 있도록 개입해야 한다. 여섯째, 사회사업사례관리자는 클라이언트가 활용할 수 있는 자원 활용 가능성이나 서비스 비용, 그리고 재정 한도를 잘 알고 있어야 하며, 모든 사례관리 기능과 활동의 실천에 우선책임성을 갖는다. 여덟 번째, 사회사업사례관리자는 서비스가 활용하는 전달체계의 적절성과 효과성을 모니터링하며 평가 및 질관리 활동들에 참여할 수 있도록 원조해야 한다. 아홉 번째, 사회사업사례관리자는 사례관리자가 주어진 사례관리 과업들을 효과적으로 수행하며, 평가할 수 있도록 동료 및 다른 기관들과 같은 전문가로서 상호간 협력을 강화하도록 계획하고 클라이언트를 존중하도록 노력해야 한다.

2) 가치와 윤리의 발달

가치와 윤리의 체계는 우리나라의 홍익인간의 이상적 개념뿐 아니라, 1601년 엘리자베스 구빈법을 근간으로 하여 이를 배경으로 시대상을 영화화한 올리버 트위스트에도 잘 나타나 있다. 우리가 이를 대했을 때 각종 제도하에서 무언가 마음에서 느껴지는 본연의 가치와 옳고 그름의 윤리가 존재한다는 것이다. 또한, 19세기 말에 빈곤 구제에 대한 클라이언트의 온정주의와 원조활동에 인류애의 가치가 구현되어 있으며 이것은 20세기 초의 인보관운동과 Jane Addams의 헐 하우스의 정신에 인간애가 구현되어 있다. 그리고 1929년에 일어났던 블랙프라이데이(Black Friday)를 기점으로 이를 극복하고자 했던 1935년의 미국 루즈벨트 대통령의 사회보장제도 및 우리나라의 1950년대의 외원 원조를 통한 사회복지 실천의 발로 그리고 현대사회의 지역사회복지 등에서도 사회복지의 윤리와 가치의 인간에 대한 개념은 면면히 흐르고 있다. 이러한 정신은 그 실천 과정에서 비록 문제가 있었다 할지라도 기본적으로 함께 시대를 극복해나가고자 했던 노력들이 묻어나고 있다.

이러한 과정을 통하여 1960년 미국사회복지사협회(NASW)는 윤리강령을 공식적으로 발표하였으며 우리나라에서도 이에 대한 초안을 1973년 도입한 이래 계속하여 개정과 보완을 거듭하고 있다. 우리나라는 1973년 2월 윤리강령의 초안 제정을 결의하였고 1988년 이를 공포하였으며 1992년 제1차 개정, 2001년 제2차 개정을 통하여, 사회복지사의 일반적 윤리기준, 사회복지사의 클라이언트에 대한 윤리기준, 사회복지사의 동료에 대한 윤리기준, 사회복지사의 사회에 대한 윤리기준, 사회복지사의 기관에 대한 윤리기준, 사회복지윤리위원회의 구성과 운영에 대하여 윤리강령을 통한 기준을 논하고 있다.

3) 사회복지 윤리와 가치적용의 딜레마 문제

사회복지 실천에 있어서 사회복지사는 클라이언트의 자기결정권을 존중해야 하나, 클라이언트를 수용하는 범위와 방법에 있어서는 딜레마에 봉착하는 경우가 생긴다. 이는 두 가지 이상의 윤리와 가치가 상충될 때 발생하며 혹은 기관의 이념과 목적에 따른 한계로 인하여 발생할 수도 있다. 이를 위한 일반적인 갈등조정에 대한 준거가 되는 것은 Dolgoff와 Loewenberg의 윤리적 의사결정의 일곱 가지 원칙이 적용될 수 있다. 이는 첫째, 생명보호의 원칙으로 자살충동이나 낙태 등의 문제로 인하여 상담을 해 온 경우, 사회복지사는 생명보호를 최우선으로 삼을 것을 권장함으로 해서 인간의 생명존중에 대한 기본입장을 견지하고 있다. 둘째, 평등과 불평등의 원칙이며, 셋째, 자율과 자유의 원칙이다. 넷째, 최소해악(손실)의 원칙이다. 다섯째, 삶의 질의 원칙, 여섯째, 사생활과 비밀보장의 원칙, 그리고 마지막으로, 진실과 사실을 성실히 고지할 원칙이다. 이러한 기준은 사회복지사로서의 행동과 결정의 기준 설정에 많은 도움이 된다.

사회복지 실천에서 윤리와 가치가 대두되는 이유는 사회복지사가 지역사회의 다양한 관계 속에서 어떠한 결정을 하고 어떤 방식의 접근을 통해 클라이언트에게 어떻게 개입하고 어떤 가치관을 갖고 개입하느냐 하는 과정 속에서 발생하게 된다. 이를 위해 미국사회복지사협회(NASW), 한국사회복지사협회(KASW)는 사회복지사 윤리강령을 제정하여 윤리적 실천기준을 권고하고 있다. 노동, 자유, 공동체, 변화, 책임, 행동 등을 내용에 포함하였다. 또한, 최근에는 온라인이나 인터넷 서비스의 발달로 복잡한 윤리적인 문제의 발생의 비율이 늘어나고 있으며 이에 대하여 사회복지사에게 새로운 윤리적 실천 방안의 대응이 필요한 시점이다. 그러므로 평등, 다양성 등과 같은 이슈를 교육할 때에는 윤리적인 측면을 보다 주의 깊게 고려할 필요가 있다. 그 밖에도 조직에서의 윤리적 딜레마의 상황에서 사례관리자는 윤리적인 의사결정 과정에서 리더십을 발휘해야 하기도 한다. 윤리적 딜레마와 가치판단의 혼란은 사회의 다양한 현상에서 나타날 수 있지만, 사회복지 실천 인간관계 서비스에서 어찌보면 매순간 이와 같은 문제들에 봉착하게 된다. 그러므로 일을 결정하고 서비스를 제공하며 갈등 상황을 극복할 수 있도록 적극적인 개입의 과정에 있어서 사회복지 실천에서의 윤리와 가치의 영역을 포함하여 윤리와 가치에 대한 논의가 심도 있게 다루어져야 한다.

사회복지 실천의 분야는 전문적인 영역에 있어서 인간의 삶과 현장을 다루는 학문으로 그에 대한 윤리의식의 기준과 가치가 강조되고 있다. 그러나 사회복지사는 그 역할의 수행 과정 중에 인간 삶의 다양한 상황에 대하여 끊임없이 선택하여야 하는 상황에 봉착할 수 있으며 상황 예측과 최선의 선택을 해야 하는 위치에 놓일 수 있다. 이러한 상황에서 클라이언트의 권익과 사회복지사의 권익에 준하는 사회복지사 윤리강령의 적용이 유용하게 적용될 수 있다. 따라서 사회복지사의 윤리강령은 전문성의 확보뿐 아니라 업무상의 기본적인 지침과 기준을 마련하여 클라이언트와 사회복지 실천에 있어서 질서를 유지하고 궁극적인 사회복지 서비스를 실천하기 위해서 유용하다. 사회복지의 기본이념은 인간존중과 정의의 실현, 평등과 민주와 자유의 가치[1]의 존중을 바탕으로 개개인의 자아실현 및 환경 속 인간의 적응적 적합성을 지향하고 있다. 이러한 개념을 정

---

1) 자유와 민주의 개념은 상충되는 부분이 없지 않으나 적극적인 자유와 소극적인 자유의 개념을 비교해 보면 가능할 것이다.

립하기 위해서는 공동선(共同善)을 위한 사회적 합의와 인간애를 바탕으로 하는 사회복지의 철학적 기반을 구축해 나갈 필요가 있다. 이에 사회복지사로 활동함에 있어서 기본개념의 구축을 위해 개인 및 가족, 집단, 지역을 통하여 사회복지사의 윤리강령의 준수를 통한 사회복지 실천에 대한 기본강령을 제시하고 있다. 사회복지 실천에서의 주요한 윤리는 사회복지사가 지켜야 할 규칙이며 사회적 상황, 사회복지사의 역할, 그리고 클라이언트의 입장을 충분히 고려하여 선정해야 한다.

한국사회복지사협회의 사회복지사 윤리강령은 다음과 같다(양옥경·최명민, 2010).

① 전문가로서의 품위, 자질, 책임을 가지고 있어야 한다.
② 사회복지사는 전문직으로서의 가치, 지식, 기술을 습득하여 전문가로서의 자질 향상에 관심을 기울여야 한다.
③ 공공복지를 위한 성실성을 지녀야 한다.
④ 클라이언트의 권익을 우선해야 한다.
⑤ 클라이언트의 자기결정권을 위한 도움을 주어야 한다.
⑥ 클라이언트의 생활에 대한 비밀보장을 해야 한다.
⑦ 동료에 대한 존중과 신뢰를 가져야 한다.
⑧ 동료나 기관의 부정에 대한 합법적인 대응을 해야 한다. 마지막으로, 사회복지발전을 위한 협력적인 참여를 해야 한다.

4) 사례관리와 윤리의 개념

일반적으로 윤리의 개념은 인간의 행위와 도덕적 의사결정에 의한 철학의 한 분야라 정의된다. 윤리란 인간이 무엇이 옳고 그른지를 경정하는 원칙이라고 할 수 있으며 가치와 윤리는 흔히 상호 교환적으로 사용되곤 한다. 윤리의 개념은 가치로부터 파생되어 가치와 함께 조화되어야 한다. 이 두 가지 개념의 차이는 가치가 무엇이 옳고 그른가를 다루는 것이다. 그에 대한 하나의 예로 '개인적 프라이버시에 대한 권리'라는 가치에서 파생되어 나온 사회사업의 윤리적 규정 중 하나가 "사회복지사는 클라이언트에 대한 녹음을 하거나 녹화 전에 클라이언트로부터 고지된 동의를 획득해야 한다"는 것이다(NASW, 1999). 즉, 여기에서 프라이버시는 바람직한 가치인 반면에, 클라이언트의 고지된 동의와 비밀보장은 이 가치로부터 파생된 윤리적 규칙이고 실천적 올바른 방법이다.[2] 또한, 사회복지직의 전문적인 윤리는 사회복지사가 전문적 가치를 전문적 실천활동으로 전환시키는 지침을 제공하고 있으며, 전문적 윤리강령은 전문적 실무자에게 기대되는 윤리적 행동을 규명하고자 기술하는 것에 있다. 여기에서 전문적 윤리란 일반 사회의 윤리와 동일하지는 않지만 매우 밀접한 관련을 가지고 있다. 이효선(2016)은 이에 대하여 사회사업 가치가 사회가 가지고 있는 기체에서 파생되어 나오지만 반드시 이들 가치와 동일한 것은 아닌 것처럼, 전문적 윤리도 사회적 윤리와는 차이가 있다고 하였다. 예를 들면 사회적 윤리와 전문적 윤리가 모두 평등의 원칙을 강조하지만, 전문적 윤리는 클라이언트의 이익에 우선순위를 부여하고 사회복지사는 흔히 선택(의식하기도 하고 그렇지 않은 경우도 있지만)할 수밖에 없다는 점에서, 전문적 윤리원칙이 사회복지사의 실천에 함의하는 바는 매우 크다고 할 수 있을 것이다(이효선, 2016).

---

2) Dolgoff, R., Lowenberg, F. M., & Harriington, D. (2005). Ethical Decisions For Social Work Practice (7th eds.). Belmont: Thomson & Brooks/Cole.

〈표 2-1〉 사회복지 실천의 핵심 가치와 이에 의거한 윤리적 원칙

핵심 가치	윤리적 원칙
서비스	사회복지사의 일차적 목적은 어려움에 처한 사람들을 돕고 사회 문제를 다루는 것이다.
사회정의	사회복지사는 사회적 불의에 도전한다.
개인의 존엄성과 가치	사회복지사는 개인의 내재적 존엄성과 가치를 존중한다.
인간관계의 중요성	사회복지사는 인간관계의 핵심적 중요성을 인정한다.
성실성	사회복지사는 신뢰할 수 있는 방식으로 행동한다.
역량	사회복지사는 역량 범위 내에서 실천하고 전문성을 발달시키고 향상한다.

*출처: NASW(1999).

사회복지 실천에 있어서 비윤리적 행동

사회복지사의 행위는 비전문적일 수도 있고, 비윤리적일 수도 있으며, 때로 비전문적이면서 비윤리적일 수도 있다. 이에 따라 사회복지사는 윤리적 행동과 비윤리적 행동 그리고 실천과 외의 차이점을 이해할 필요가 있다. 비윤리적 행동은 전문적 윤리강령에 규정되어 있는 클라이언트, 동료, 실천 세팅, 전문직 그리고 보다 큰 사회에 대한 전문적 원칙과 기준을 위반하는 것이다. 반면, 전문직 서비스를 제공하는 데 실패하면 사회복지사는 실천 과오를 벗어났을 때 비전문직이다. 이런 비전문적 행위는 전문적 태만, 지식과 기술의 부족 혹은 부당행위의 결과일 수 있다. 실천 과오에는 ① 고지된 동의를 얻거나 서류를 남기는 데 실패한 것, ② 동의를 받지 않은 자료, ③ 부적절한 그리고 부정확한 진단, ④ 부적절한 치료, ⑤ 클라이언트의 자살을 예방하는 데 실패한 것 등이 포함된다.

이와 같이 윤리적 실천이 가지는 중요성 때문에 CSWE에서 사회복지사는 윤리적인 행동을 하는 것이 중요하고 윤리적 의사결정을 내려야 하는 의무가 있다고 제시한다. 한편 사회복지사가 다음에 제시된 것들이 가능하도록 전문직의 가치 기반, 윤리적 기준 및 관련법에 대한 지식을 가지고 있어야 함을 요구하고 있다.[3)]

3) CSWE(2008). Educational Policy and Accreditation Standards.

5) 윤리강령의 핵심가치

사회복지의 전문적 지위를 추구하는 모든 직업은 전문적인 윤리강령을 발달시켜 왔다. 대체로 이러한 윤리강령은 해당 전문직의 실천에 부합되는 윤리적 원칙으로 구성원들이 지켜야 할 사항을 담고 있다. 또한, 전문직 윤리강령은 이런 기대를 충족할 수 없거나 의지가 없는 구성원에 대한 제재(sanctions)를 포함하고 있는데, 이에 따른 전문직의 윤리강령이 가지고 있는 기능에 대하여 양옥경 외(2005)는 다음과 같이 언급하고 있다.

① 사회복지 실천 현장에서 윤리적 갈등이 생겼을 때 지침과 원칙을 제공한다.
② 자기규제를 통하여 클라이언트를 보호한다.
③ 스스로 자기규제를 가짐으로써 사회복지전문직의 전문성을 확보하고 외부 통제로부터 전문직을 보호한다.
④ 선언적 선서를 통해 사회복지전문가들의 윤리적 민감화를 고양하고 윤리적으로 무장시킨다.

6) 사회복지사의 가치와 윤리기준

사회복지 실천에서 일반적으로 중시되는 주요 가치들을 Zastrow(2004)는 다음과 같이 제시하고 있다(양옥경, 2005 재인용).

① 인간의 존엄성과 개인의 독특함을 존중한다.
② 자기결정권에 대한 클라이언트의 권리를 존중한다.
③ 비밀을 보장한다.
④ 잔여적(residual) 대책보다는 제도적(institutional) 대책을 지향하고 있다.
⑤ 클라이언트와의 전문적 관계를 맺고 있다.
⑥ 서비스의 단위로써 가족에게 초점을 두고 있다.
⑦ 서비스의 사회적 책임을 지향하고 있다.

한편 Lowenberg와 그의 동료들은 사회복지 전문직의 중심 가치에 대해 다음과 같이 제시하고 있다.

첫째, 사회복지사와의 관계는 개인존중과 인간존엄에 바탕을 두고 구축되며 클라이언트 참가, 가치존중과 수용, 비밀보장, 정신적 갈등을 다루는 책임성 가치에 의하여 증진된다.

둘째, 사회복지사는 클라이언트의 선택된 권리, 서비스 계약 권리, 서비스 개입을 인정하는 권리를 존중하여야 한다.

셋째, 사회복지사는 사회제도가 보다 인본주의적이며 클라이언트의 욕구에 반응하는 제도가 되도록 하는 데 기여하여야 한다.

넷째, 사회복지사는 다양한 인구집단이 가진 고유 특성을 존중하고 수용하는 데 솔선하여야 한다.

다섯째, 사회복지사는 질 높은 실천을 위해 전문적 지식과 기술을 끊임없이 연마하고 자신의 윤리적 행동에 책임을 지는 것이어야 한다.

이와 같이 모든 사회복지사는 클라이언트의 참여, 자기결정, 비밀보장 등을 기본적인 사회복지 실천의 가치라고 보는 데 동의하고 있다. 그러나 사회복지사의 가치관에 관한 우선순위와 목적 및 수단 등이 다르므로 그에 대한 우선순위 기준을 가지고 있어야 하며 사회복지사는 일반화된 가치기준과 다른 가치나 윤리적 선택을 해야 할 때도 발생한다. 사회복지사의 가치는 사회의 가치에 기반을 두고 나왔으나 반드시 현 사회의 가치와 일치하는 것은 아닐 수 있다. 예를 들어, 일반윤리는 "모든 사람은 평등하게 존중받아야 한다"는 윤리적인 원칙을 강조하지만 사회복지사의 윤리는 "클라이언트의 이익이 우선적으로 보호받아야 한다"를 보다 강조하여 클라이언트를 우선적인 자리에 놓을 수 있다. 따라서 사회복지 실천에서 가치기준은 클라이언트들을 도울 때 클라이언트의 유용하게 사용할 수 있는 개념들으로 유능한 사회복지사는 이 지침을 잘 이해하여 특정한 클라이언트를 만날 때 어떤 지침 내용이 유용한지를 잘 파악할 수 있어야 할 것이다(Zastrow, 1981).

2 인권(human right)

1) 인권의 개념

윤리적인 가장 보편적인 기준이 되는 것이 인권이다. 1945년 UN의 창립과 더불어 인권의 개념은 보다 일상적으로 사용되고 있는데 인권은 이제 중요한 삶의 조건으로 언급되고 있다(김혜정, 2002). 인권(human rights)의 정의는 '인간으로 가지는 기본적인 권리'를 의미한다. 인권에 관한 규정은 국제인권규범에 구현되어 있다. 「세계인권선언(Universal Declaration of Human Rights, 1948)」 제1조에 "모든 인간은 태어날 때부터 자유롭고 존엄성과 권리에 있어서 평등하다."라고 정의내리고 있다. 즉, 세계인권선언(1948)에서는 "인류의 모든 구성원의 타고난 존엄성으로 평등하며 양도할 수 없는 기본 권리를 인정하는 것이 전 세계의 자유와 정의와 그리고 평화의 기반이다"라고 하였다. 이것은 인권의 개념이 사회적 특수성에 의하여 제한되거나 타인이 임의로 가져가거나 빼앗을 수 없는 권리라는 것이다(이기규, 2004). 이를 정리하면 인권이란 인간의 존엄성을 바탕으로 인간으로서 누리는 삶의 기본 권리의 개념으로, UN은 세계인권선언을 통하여 인권의 내용을 국가가 명시적으로 의무화하도록 국제인권규약을 채택하였다. 이처럼 「세계인권선언」과 국제인권규약에는 인간으로서 보호받아야 할 권리 항목들을 구체적으로 제시하고 있다. 특히, 인간의 존엄과 가치·행복추구권의 경우에는 세계인권선언과 국제인권규약에 공통적으로 인권이 포함되어 있는 포괄적 성격을 갖는다.

이에 대하여 우리나라 헌법 35조에서는 인권으로 모든 국민이 건강하고 쾌적한 환경에서 생활할 권리가 있으며 국가는 국민들이 권리를 누릴 수 있도록 보호할 의무가 있다고 하고 있다. 헌법의 제10조는 "모든 국민은 인간으로 존엄과 가치를 지니며 행복을 추구할 권리를 가지고 국가는 개인이 가지는 불가침의 기본적 인권을 확인하고 이를 보장할 의무를 지닌다."고 명시하고 있다. 이에 대하여 윤찬영(2000)은 인권은 천부적인 개념으로 법으로 기본권적인 권리의 개념이며, 인종, 성별, 사회적 신분 등에 구애받지 않고 인간이 누려야 하는 보편적 성격으로, 또 국가권력의 존중과 보장을 통하여 그 본질적인 부분에 대해 국가권력이 침해할 수 없다는 불가침성의 특징을 가지고 있다고 하였다. 이것은 인간의 존엄성에 대하여 국민의 권리에 관해 국가가 법적인 권리로 명시하고 있는 것이다. 이와 같이 인권의 추상적 개념이나, 인권의 실천과 행동에 앞서 인권에 대한 인식을 갖는 것은 중요하다(고명석, 2008). 또한, 인권이란 인간의 생존에 있어 불가결한 기본적인 권리이다. 이를 문헌적으로 말하면 국가의 기본법인 헌법에 의해, 즉 단순한 법률에 의해 규정된 권리보다 우위에 선 것으로 가장 우선적으로 보장되는 인간의 권리를 뜻한다.

① 개인적인 기본권
- 정신적 자유에 관한 기본권은 사상의 자유, 표현의 자유 등의 자유에 관련한 기본권이다.
- 경제적 자유에 관한 기본권은 직업 선택의 자유, 재산권 등의 자유에 관련한 기본권이다.
- 신체의 자유에 관한 기본권은 체포, 구금, 수색, 압수에 대한 적법한 절차의 보장, 고문의 금지 등의 자유에 관련한 기본권이다.

② 생존권적(사회권적) 기본권은 생존권, 노동권, 교육을 받을 권리 등의 자유에 관련한 기본권의 생명에 관련한 기본권이다.

③ 능동적 관계에 있어서의 기본권은 참정권, 청원권, 재판을 받을 권리 등과 같이 기본권 등을 확보하기 위한 권리 등으로 구분될 수 있다.

17세기의 인권은 Jone Locke가 주장했듯 인권의 접근방식은 근본적으로 '자연적' 권리를 뜻한다. 그는 태어나면서부터 인간은 모두 평등하고 '자연적으로' 똑같은 권리를 획득하므로 공통적인 인간성으로부터 나오는 자연권적 권리가 있으며 천부의 인권을 암시하고 있다고 하였다. 이런 관점에서 오늘날 인권은 문화적 배경, 신념체계, 연령, 성별, 능력 또는 환경 등을 막론하고 모든 인간에게 적용되는 보편적 원칙이 되었다. 그러나 로크 시대에는 모든 사람을 인권을 지닌 인간(human)으로 여기지 않았으며 보편성이라는 것은 여성을 제외한 인간(man)의 권리로 이해되고 행사하였다. Thomas Jefferson도 인권과 자유를 옹호하였지만 노예를 소유하였고, 그것이 자신이 옹호하는 것과 모순된다는 점을 깨닫지 못할 만큼 당시의 관습에 익숙했다. 20세기에도 유대인 대학살자들은 독일 문명을 예찬하며 유대인을 인간 이하의 존재로 이해하는 대중적 모순에 처하였고 자신들의 행위가 정당하다고 여겼다. 그 외에 지금도 여러 나라에서 아동, 지능장애를 가진 사람들, 죄수, 난민, 취약노인 등의 인권을 보편적 인권으로 인정하지 않는 오류를 범하고 있다. 이러한 인권침해의 역사를 보면, 인권은 보편적인 것이라는 주장이 급진적이고 도전적인 것처럼 보일 수 있다. 이러한 이유에서 중요한 것은 인권이 보편적인 가치임을 명확히 하는 개념을 선포하고 인식하는 과정을 거치는 것이다. 세계 인권에 대한 선언을 통하여 인권이 구축되고 재구축되는 지속적인 담론의 과정 속에서 사회복지사들이 일정 정도의 역할을 할 수 있어야 한다는 주장이 지속적으로 제기되고 있다.

그러므로 사회복지를 인권 실천활동으로 구조화하는 데 중요한 인권의 세 가지 흐름을 소개하고자 한다. 이는 역사적으로 발전해 왔는데, 사회복지에 직접 관련된 것은 2세대 인권이고, 특히 지역사회복지나 사회 행동 및 옹호 영역에서는 3세대 인권으로 중요하다.

첫째, 1세대 인권은 근대 시민혁명 이후 등장한 자유권으로 국가가 개인의 자유와 권리를 간섭받지 않을 자유, 의견 표현이 자유, 사상, 양심, 종교의 자유, 평화적인 집회와 결사의 자유가 포함되는 개념이다.

둘째, 2세대 인권은 사회권으로 국가가 적극적으로 나서서 분배의 정의를 실현하도록 요구하는 인권적 권리이다. 사회권은 사람들 간의 실질적 평등과 분배의 정의를 핵심으로 하는 적극적 권리라고 할 수 있는데 예를 들어 일할 수 있는 권리, 건강 및 행복에 필요한 생활 수준을 누릴 권리, 교육 받을 권리 등을 의미한다.

셋째, 3세대 권리로 사회적인 집단권은 인구가 직면한 문제들을 공동으로 해결하기 위한 노력을 요구하는 권리이다. 따라서 여성과 인종 문제, 제3세계의 빈부 문제, 생태위기 등 인류가 처한 생활환경과 관련된 인권을 다루고 있다. 예를 들어 평화롭게 살 권리, 깨끗한 환경에서 살 권리 등이 해당한다고 볼 수 있다.

인권의 기원은 멀리 고대로까지 소급될 수 있지만 엄밀한 의미에서의 인권은 바로 200여 년 전 프랑스 혁명의 성공으로 탄생되었다고 볼 수 있는데 1789년 8월 26일 프랑스 혁명에서 인권선언을 하였다. 프랑스 인권선언(Declaration of the rights man and of the citizen) 또는 인간과 시민의 권리선언은 프랑스 혁명으로 인하여 만들어진 인권선언이다. 프랑스의 혁명에서는 자유와 평등, 종교, 출판 결사의 자유 등 인간의 천부적 권리는 보편적인 권리임을 선언하였다. 세계인권선언을 보면 인권은 '태어날 때부터 인간이 가지는 평등한 존엄과 권리'로 정의되고 있다. 인권은 모든 종류의 차별 즉 인종, 피부색, 성, 언어, 종교 등으로부터 자유로운 사람의 보편적인 존엄성을 확인하고 있다.

그 밖에 한국도시사회연구소(2003)는 인권을 좁은 의미와 넓은 의미로 정의하고 있다. 먼저 인권은 개인이 타인이나 사회로부터 스스로를 보호하면서 자유롭게 살아가기 위해 필요한 기본적 권리로 정의된다. 반면에 광의의 의미에서 인권은 최저생활을 보장하고 생활 수준을 향상 시킬 수 있도록 제도나 여건을 조성해 모든 사회구성원이 인간다운 삶을 영위하게 하는 권리와 사회구성원을 해당 사회로 통합시키기 위해 필요한 최소한의 요건을 충족시켜 주는 광의의 권리라고 정의되고 있다. 그 밖에 2001년에 제정된 국가인권위원회법에서는 제2조 정의에 의거하여「헌법」및 법률에서 보장하거나 대한민국이 가입하고 비준한 국제인권조약 및 국제관습법에서 인정하는 인간으로서의 존엄과 가치 및 자유와 권리를 의미한다고 정의내리고 있다.

2) 사례관리와 인권의식

인권의식의 의미는 인권(Human Rights)과 의식(Consciousness)의 합성어이다(김한솔, 2012). 김자영(2012)은 인권의식을 '인권을 바라보는 관점과 자세라는 의미'로 보았다. 이에 대하여 김자영(2012)은 인권의식의 인지적 요인은 인권과 관련된 상황이나 사람에 대하여 가지고 있는 신념, 지식, 판단 등을 지칭하며, 정서적 요인으로는 그 사람에 대하여 갖는 평가와 인권과 관련된 상황, 옹호의 감정 등을 의미한다고 하였다.

김윤태(2012)는 이러한 태도에의 접근은 동일한 문제나 대상에 대해 자신이 의식하는 바에 의해 긍정적 태도를 보이기도 하고 부정적 태도를 보이기도 한다는 것에서 그 실효성을 찾을 수 있다. 인권이 인간으로서 권리 문제에 대해 사람들이 갖는 인지 및 정서 행동적인 태도로 인권을 정의하였다.

그리고 박상준과 임태승(2010)은 인권에 관한 지식과 이해 및 인권 판단력, 인권보호의 태도와 행위성향 등 복합적인 정신의 상태와 작용으로 인권의식을 정의하였다.

한편 인권의식의 구성요소에 대하여 Rest(1983)는 도덕적 행동을 위한 요소로 도덕적 민감성, 도덕적 판단력, 도덕적 동기화, 도덕적 품성에 기반한 인권의식의 구성요소를 기술하였다. 그리고 Lickona(1991)는 인지중심의 도덕성 발달보다는 통합적인 관점의 접근이 필요하다고 하였다. 그는 인권의식을 도덕성의 3요소로 구분하여 인지적인 차원에서 도덕성의 앎, 정의적 차원에서 도덕성의 감정, 도덕성의 행동으로 이러한 요인들이 상호 결합되어 통합적인 인격을 형성하는 것이라고 하였다. 이때 인지적인 도덕성의 앎의 영역에는 인권에 대한 판단력과 사고력이 기반이 되며 인권을 보호하기 위한 제도나 법 등에 대한 이해를 필요로 한다고 하였다. 둘째, 정의적 차원에서 도덕성의 감정으로는 인권 감수성을 들 수 있는데 이것은 자아존중과 타인에 관하여 공감하는 능력과 정서가 필요하다는 것을 의미한다. 셋째, 행동적인 도덕성은 인권 문제가 발생했을 때 이를 해결하기 위한 행동에 참가하려는 의지이기도 하며 인권을 옹호하는 일련의 행동적 차원이라고 해석할 수 있다. 김자영(2012)은 이러한 인권의식을 종합하여 인권이란 인식하고, 존중하며, 적극적으로 실천하고 수호하고자 하는 태도로 인권의식을 정의하였고, 인권 판단력, 인권 감수성, 인권 행동의사를 인권의 요인으로 제시하고 있다.

그 밖에 김홍수(2014)는 인권의 대표적인 유형으로는 평등권, 자유권, 생존권, 사회권, 참정권의 다섯 가지 유형으로 분류가 가능하다고 하였다. 김홍수(2014)는 첫째, 평등권은 인권 중 가장 기본적인 권리의 개념으로 불가침적 천부의 인권으로 불평등한 대우를 받지 않고 평등을 적극적으로 요구할 수 있는 권리로 천부적 자유와 생명의 존엄성, 신체의 안전과 자유 그리고 행복의 추구권에 관한 권리라 하였다. 둘째, 자유권은 사람이라면 누구든 자기 스스로 결정하고 행동하며 선택할 자유가 있음을 의미하는 기본권으로 헌법에서는 이를 국민의 권리로 인정하여 시설입소에 대해서도 본인의 의사표현과 자기결정권 및 사생활보호 등의 권리를 주장할 수 있는 인권이 있음을 전제하고 있다. 셋째, 생존권으로는 인간의 기본생활의 유지의 권리로 필수불가결한 의·식·주나 생활에 있어서의 권리와 안전, 의료, 건강 등의 신체 및 정서적 권리가 있다. 넷째, 사회권으로는 사회의 구성원으로서 건강한 삶을 영위하며 사회통합을 보장하는 권리로 가족권을 비롯하여 사회보장교육권, 노동권, 경제권 등이 해당한다. 다섯째, 참정권은 정치적인 표현과 선거권에 대한 자유에 해당한다. 인권은 사례관리자가 기본적으로 알고 있어야 하는 사항이다.

3 사례관리와 적용이론 및 관점

1) 사례관리의 임파워먼트 관점

임파워먼트는 우리나라에서 역량강화, 권한 부여, 세력화 등으로도 번안되어 사용되는 관점으로 사례관리에서 매우 중요한 관점이다. 임파워먼트는 성찰과 비판을 통하여 개인, 집단, 가족 그리고 지역사회가 자원과 도구를 재발견하고 이를 대인관계 및 사회와 정치적인 단계로 확장함으로써 자신들이 원하는 것을 획득할 수 있는 힘을 키우고 동시에 타인과 사회에 영향력을 줄 수 있는 능력을 갖추는 단계로 나아가는 일련의 과정을 의미한다. 사례관리의 궁극적인 목적이 클라이언트의 잠재력을 극대화함으로써 문제를 해결하고 환경체계를 활용할 수 있는 능력을 키우는 것이라는 점에서 임파워먼트 관점은 이에 잘 부합되고 있다.

임파워먼트는 통상적으로 3단계로 구성되고 확장된다고 주장되고 있는데 이는 개인 차원의 임파워먼트(개인적 임파워먼트), 대인관계 차원의 임파워먼트(대인 관계적 임파워먼트), 사회구조의 변화에 영향을 줄 수 있는 임파워먼트(사회 및 정치적 임파워먼트)로 구분될 수 있다.

임파워먼트라는 용어를 살펴보면 웹스터(webster) 사전에서 '힘이나 권능을 부여하다.' 혹은 '능력을 강화하다.'라는 의미로 기술되고 있다. 임파워(empower)란 용어는 em이라는 접두어에 power의 개념을 혼합한 단어에서 비롯되며, 여기에서 말하는 힘이란 개인의 권리, 자원, 기회의 일정한 통제를 의미한다. 이는 또한, 타인에 대한 통제, 권위, 영향력 등을 포괄하는 개념이라고 볼 수 있다(Gutierrez, 1990). 이러한 개념은 'enable'의 의미로써 '능력이나 권능을 주는', '경쟁력이 있는', '가능성을 주는' 등으로 다양하게 해석되어 임파워먼트의 주요 개념으로 사용되고 있음을 짐작할 수 있다. 또한, Rappaport(1985)는 임파워먼트를 자신의 능력을 자신의 삶과 환경을 통하여 영향력을 발휘해나가는 과정이라 정의하기도 하였다.

임파워먼트에 관련한 연구는 초기 다양한 사회운동을 통하여 사회과학의 분야에서 시작되었다(Vogot & Murrell, 1995). 이후 임파워먼트는 개인의 인권이나 정치적인 권리 신장 혹은 소수의 소외된 집단의 능력을 증강시키기 위하여 사용되었다(Conger & Kanungo, 1988). 즉, 1940년대의 흑인인권운동과 시민권리 단체운동, 저항운동, 각종 노조활동이나 여성해방운동 그리고 제3세계의 개발 등의 사회적인 의식의 변화가 일어나면서부터 사회적 약자가 무력감을 극복하여 민주적 권리를 성취해 가는 과정에 관심을 갖게 되면서 임파워먼트라의 용어가 사용되었다(Vogot & Murrell, 1995). 그 이후 임파워먼트는 개인과 집단의 옹호 과정을 통하여, 개인이나 집단이 삶의 환경에 영향을 미칠 수 있는 능력을 함양시켜 가는 사회사업의 중요한 실천 방법으로 성장해 나가고 있다.

그런데 이러한 임파워먼트에 관한 개념에 관하여 많은 학자들은 다차원적인 개념으로 바라보아야 한다고 하고 있으며 Spreitzer(1995)는 임파워먼트의 이러한 다면적인 차원을 의미성, 능력, 자기결정성, 영향력으로 구분하였다. 또한, Kieffer(1981)는 이를 첫째, 개인적인 태도, 자아존중감, 사회적 몰입활동, 둘째, 자신의 환경에 대한 의미성, 사회 및 정치적인 비판력, 셋째, 자신의 목표성취에 대한 행동전략 및 자원의 동원 능력, 넷째, 타인과의 협력능력 등이 임파워먼트의 구성요소라고 언급하였다(Cox, Enid Opal, & Parsons, Ruth, 1994). 한편 Thomas와 Velthouse(1990)는 임파워먼트가 개인의 작업에 대한 역할에서의 적극적인 지향 즉, 증가된 내재적 동기라고 정의하고 있다. 그는 여러 가지 요소 가운데 '개인에게 존재하는 영향 자체'로써 임파워먼트를 파악하여, 임파워 연구의 핵심으로는 '개인 내에 존재하는 심리적 요인'을 파악하는 것이 무엇보다도 중요하다고 하였다.

이와 같은 요소들의 공통점은 '자신의 역량을 발휘하고 환경에 대해 효율적으로 통제하는 것과 관련된 개념들'과 관련이 있다고 볼 수 있을 것이다. 여기에서 개인 내적인 임파워먼트란, 결국 환경 속의 인간이라는 개념에 근거하고 있으며, 자신을 둘러싼 환경과 상호작용하게 되는 개인들의 행동, 인식, 동기, 통제, 자기 효능감과 같은 변수들을 통합하는 개념이라고 볼 수 있다(Zimmerman, 1990).

그 밖에 Gutierrez(1990)는 임파워먼트를 개인 내적, 대인 관계적, 사회 및 정치적인 역량을 증대시킴으로써 자신이 속한 환경을 개선하는 행동을 취할 수 있다고 하였다. 그리고 Lee(2001)는 이에 대하여 임파워먼트의 실천이란 결국 개인이 상호간의 혹은 사회적이며 경제적이거나 정치적인 환경 속에서 스스로가 '힘(power)'에 접근할 수 있도록 돕는 것을 임파워먼트의 목표로 하고 있음을 언급하고 있다. 그는 이를 개인 내적 레벨(level)에서 본다면, 문제를 인식할 뿐 아니라 이를 해결하고자 하는 사고 및 감정을 의미한다고 하였다. 이 레벨에서는 정신적, 심리적, 신체적, 물리적 문제의 해결을 위한 지식과 기술의 함양이 필수적이다. 그리고 대인 관계적인 차원에서 본다면 이는 문제 해결 과정에서의 타인과의 경험이 중요하다고 하였다. 마지막으로 정치적인 레벨에서는 궁극적으로 정치적 해결을 통해 정치적 과정에 영향을 줄 수 있는 기술을 요구할 수 있는 차원으로 보았다(Lee, 2001).

결국 이와 같은 것들은 자기 효능감을 원천으로 한다고 볼 수 있는데, Bandura(1982)는 이러한 자기 효능감이란 특정 목적과 목표에 대한 성과를 얻기 위해 필요한 행동을 어느 정도 성공적으로 수행해 낼 자신이 있는가에 관한 믿음이라 정의한 바 있다. 이러한 자기 효능감은 임파워먼트에서 핵심을 이룰 만한 중요한 요소이기도 하다. 그는 임파워먼트를 자신의 능력에 대한 신념 및 기회를 촉진하는 것 혹은 경험을 제공해 주는 과정이라 설명하고 있다. 이와 같은 자기 효능감의 개념을 기초로 하여 Conger와 Kanungo(1988)는 임파워먼트를 설명하는 데 실질적 진척을 하게 되었다. 그들은 임파워먼트를 관계구조적인 측면에서 권한과 지위와 법적인 파워를 배분하는 과정과, 동기 부여 차원에서 할 수 있다는 자신감 즉, 자기 효능감을 부여하는 과정으로 임파워개념을 보다 구체화하였다. 그 이후 Thomas와 Velthouse(1990)는 Conger와 Kanungo(1988)의 이론을 발전시켜 심리적 임파워먼트에 관한 용어로 정의를 내리면서, 심리적 차원에서의 체계적인 모형을 제시하게 되었으며 이러한 이론의 모형은 현대 심리적 임파워먼트 연구의 토대를 이루었다.

그 밖에 Cohen과 Levinthal(1990)은 임파워먼트를 사람들이 환경적인 차원까지 고려하여 창조적이고 효과적으로 활동에 동참함으로써, 개인적 혹은 집합적인 차원에서 스스로 자신감을 경험하는 상태라고 정의하였다. 이후

Spreitzer(1995)는 이를 보다 발전시켜 심리적 임파워먼트의 측면, 즉 개인차원의 임파워먼트의 연구를 보다 깊이 있게 발전시켰다. 또한, 임파워먼트란 개인이 파워를 획득하기 위한 '과정'으로, 이를 개발하고 얻고 축적해가며 그 힘을 증강시키는 과정이자 결과의 역동적 개념 모두를 포함하고 있다(Parson, 1991). 이와 같이 임파워먼트의 개념은 시대를 따라 조금씩 변화하였으며 학자들마다 바라보는 견해에는 차이가 있으나 결국 자신의 삶과 환경에 대해 통제력 및 지배력을 의미하며 이를 통하여 지역사회에 민주적으로 참여하는 과정이라 정의내릴 수 있다(Zimmerman & Rappaport, 1998).

이러한 임파워먼트의 측정 방법에 관하여 살펴보면 Zimmerman(1992)은 이를 개인 내적, 대인 관계적, 정치 및 사회적인 세 가지 영역으로 나누어 측정하는 것이 가장 효과적인 방법이라고 하였다. 여기에서 그는 개인적 임파워먼트란 할 수 있다는 자기 효능감, 자아에 대한 인식, 자기수용, 자아존중감, 권리를 지녔다는 느낌 그리고 비판적 사고를 포함하고 있는 개념이라 하였다. 또한, 대인관계 임파워먼트란 지식 및 기술, 자기 주장, 한계의 설정, 도움의 요청, 문제 해결, 새로운 기술습득을 위한 연습, 자원동원 능력을 포함하는 개념이라 하였다. 마지막으로 사회 및 정치적인 임파워먼트란 사회와 정치적인 행동과 이에 대한 참여, 보상과 기여, 통제감과 행동을 포괄하는 개념이라고 하였다.

이러한 임파워먼트의 필요성과 그 의의는 개인적으로나 사회적으로나 매우 크다고 할 수 있을 것이다(함수진, 1998). 임파워먼트의 차원에 관하여는 학자들마다 견해가 조금씩 다르나 개인적 차원의 임파워먼트란 자신의 삶의 어떠한 면에 대하여 통제할 수 있다고 느끼는 감정이라 할 수 있다(Simon, 1990). 다른 관점에서는, 유능감(competence), 지배감(mastery), 강점(strength) 및 변화할 수 있는 능력을 의미한다(Rappaport, 1985).

Miley(1995)는 대인 관계적 차원의 임파워먼트는 개인이 타인에게 영향을 미칠 수 있는 능력을 의미하고, 사회 및 정치적 차원의 임파워먼트는 구조적 차원에서의 사회구조와의 관계를 의미하며, 사회 및 정치적 상황과 같은 사회구조를 바꿈으로써 보다 큰 힘을 얻고 새로운 기회를 창출할 수 있다고 보았다. 이 단계에서는 각종 사회운동의 참여 및 사회적 이슈에 관한 의식화를 통하여 궁극적인 사회구조의 개선과 같은 임파워먼트의 실천을 기반으로, 보다 거시적 차원에서의 변화 과정을 의미하는 것이라 볼 수 있을 것이다. 따라서 임파워먼트는 복합적이고 다면적이며 과정적인 개념이다(Chamberlin, 1997). 우리나라의 김효빈(2001)은 개인이 임파워먼트의 향상이라는 경험을 통해 신체적인 상태가 향상될 수 있다고 하였으며, 이것은 심리적 안정 및 사회적 활동으로 이어질 수 있으므로 궁극적으로는 삶의 질 향상과도 연관이 있다고 하였다. 즉, 개인은 임파워먼트의 과정을 통하여 자신의 생각이나 감정 등을 보다 적절한 방식으로 표현할 수 있게 되고, 이 과정 속에서 집단적 경험을 공유하게 되는데, 이러한 과정을 통해 개인이 보다 효과적으로 사회 자원을 활용하는 것에 도움이 되고, 궁극적으로 공유된 경험과 자원의 활용은 의식고취 및 사회변화를 가져올 수 있게 한다(Gutierrez, 1990). 그러므로 정지혜(2007)는 노인의 임파워먼트가 결국은 자신의 생활만족도에 긍정적인 영향을 미치는 요인이 될 수 있다고 주장하고 있다.

이러한 임파워먼트 이론은 성찰과 비판을 통하여 클라이언트에게 효능감을 부여하여 효과적으로 옹호 및 네트워크이론을 활용하는 데 도움을 준다. 옹호서비스는 사회복지를 다른 전문직과 차별화하는 방법으로 사례관리에서 매우 유용한 방법이며 이와 같은 옹호는 사례 옹호, 계층 옹호, 정책 옹호의 차원으로 구분할 수 있다. 적용하는 방법은 대신하여 말하거나 탄원하기, 클라이언트의 대표자로서 행동하고 조치를 취하기, 변화를 촉진하기, 권리와 혜택에 접근하기, 동지로서 행동하기, 영향력과 정신적 기술을 제공하기, 사회정의 실현하기, 클라이언트의 역량강화를 지원하기, 법적인 기반 사용하기 등이 있다.

이에 활용되는 네트워크 이론으로는 자원, 기술, 사회관계, 지식, 신뢰 등을 상호 공유할 수 있는 사람들 혹은 단체의 공식적 혹은 비공식적 관계의 망으로 일명 유대(tie) 또는 연계(linkage)라고 정의될 수 있는데, 이는 최근 부각되고 강조되고 있는 사회적 자본(social capital)이론에도 적용되는 이론이라 할 수 있다.

사례관리에서 네트워크의 활용이 필요한 이유는 지역사회 내에 존재하는 사회복지 관련 조직들을 클라이언트에게 서비스로 제공함에 있어서 지원의 중복과 갈등을 최소화하고, 단위 조직의 정보와 인력, 설비 등 자원의 공유를 통해 지역사회 자원이 제대로 활용되지 못하는 것을 최소화함으로써 사업을 효율적으로 운영하고 효과성을 극대화할 수 있기 때문이다. 네트워크의 속성 중에서 어떤 측면을 부각시키는가에 대한 관점에 따라 사회자본이론, 네트워크 이론, 상호조직 이론, 사회교환 이론, 거버넌스 이론(협치)등의 이론으로 나타낼 수 있다.

2) 임파워먼트 모델의 철학 및 기본개념

(1) 임파워먼트 이론의 개요

역량강화 즉 임파워먼트 모델의 형성과 이론적 기반은 1970년대 생태체계관점에 근거한 강점지향 혹은 해결중심접근의 중요성이 대두되는 시점에서 1970년대 중반부터 제시되었으나 완전히 새로운 모델이 아니라 사회복지 전통에 녹아 있던 강점중심 개입의 모델이 재부상한 것이라고 할 수 있다. 즉, 1800년대말 인보관운동이 역량강화 모델의 토대로 보고 있으며 이에 생태체계 관점과 강점관점을 이론적 기반으로 하여 생태체계 관점으로 인간과 물리적, 사회적 환경사이의 상호교환을 개념적 기반으로 다양한 이론들의 토대로 인간과 환경의 서로 분리되는 것이 아니라 지속적으로 상호교류하는 하나의 체계로 본다. 또한, 인간의 장점을 인정하고 이에 접근하도록 원조한다. 임파워먼트의 정의는 '역량을 부여하고 강화한다'는 의미로 취약한 클라이언트가 무기력을 극복하고 필요한 환경 자원을 스스로 이용할 때까지 원조하는 과정을 의미한다. 이를 통하여 사회환경에 효과적으로 대처할 수 있도록 하며 역량강화의 과정을 통하여 이러한 클라이언트가 충분하게 자신의 삶을 통제할 수 있도록 원조한다. 따라서 클라이언트가 자신이 처한 상황을 스스로 개선하기 위한 행동을 스스로 취할 수 있도록 개인적, 대인적, 정치적 측면에서 힘을 키워나가는 과정이다. 즉, 클라이언트가 자기 삶에 대한 결정과 행위에 있어서 힘(power)을 가질 수 있도록 돕는 것이다. 힘을 가진다는 의미는 필요한 자원을 환경에서 얻을 수 있게 되는 것을 의미하는 것으로 클라이언트가 자신의 욕구, 복지, 만족감을 강화하는 데 환경과 상호작용을 할 수 있는 능력을 습득하거나 성취하도록 하는 것이다.

따라서 역량강화의 기능과 목적을 성취하기 위해 자기 효능감을 증진시킨다. 그 방법으로는 새로운 기술개발, 무기력함의 원인에 대한 비판적 자각을 발달시킨다. 또한, 무기력을 경험하는 클라이언트가 자신의 잠재된 역량을 개발하고 힘을 발휘하여 이에 필요한 환경적 자원을 획득하도록 원조한다. 이를 통하여 자신의 삶과 자신이 배려하는 사람들에게 영향을 미치는 사건에 스스로 참여하도록 돕고 이에 대한 통제를 공유하며 이에 영향을 미치는 클라이언트의 역량을 증가시킨다. 임파워먼트(역량강화)의 대상과 방법으로 역량강화의 대상은 사회적 취약자로 빈민과 억압받은 사람들, 이민자와 피난민, 유색인, 장애인, 중독자, 낙인감을 부여받거나 차별받는 사람이나 사회 자원에 접근하는 데 어려운 사람 등으로 에이즈환자집단, 생활시설 거주자, 청소년 집단, 미혼모 여성, 다문화 여성, 이혼이나 학대받는 여성, 노인 집단, 장애인 집단, 노숙자 등이 있다. 역량강화의 방법은 사회적 힘을 행사는 데 방해가 되는 사회적 혹은 개인적 장애의 영향을 감소시키는 것으로 먼저는 개인의 반성과 성찰 그리고 대인관계를 통해 힘 사용에 대한 역량과 자신감을 증진시키고 이후 사회 및 정치적으로 환경으로부터 개인에게로 힘을 부여할 수 있도록 자원을 연결시키는 것으로 확장된다.

임파워먼트의 다양한 차원은 결국 사회적 소수자의 역량강화인데 이는 개인, 대인관계, 구조적 차원 등 모든 사회체계 수준에 적용 가능하며 개인적 차원으로는 개인의 역량, 지배감, 강점, 변화능력에 영향력을 주는 것들로 자기의 요구가 무엇인지 표명할 수 있도록 격려하며 자신을 바르게 설명할 수 있도록 하는 것에 중점을 둔다. 대인 관계적 차원이란 다른 사람에 대해 영향력을 미칠 수 있도록 하는 것으로 어느 일방에 의해 주거나 받기만 하는 것이 아니라 상호교환하는 관계를 형성하는 것으로 사례관리자는 클라이언트에 대한 타인의 바른 이해를 격려하며 동시에 타인에 대해 올바르게 이해할 수 있도록 하는 것이 필요하다. 역량강화는 초기에 사회의 구조적 차원의 불합리함을 인식하도록 하며 정치, 사회적 상황과 같은 사회구조에 대한 개선을 통하여 좀 더 힘을 얻고, 새로운 기회를 창출할 수 있도록 하는 것을 목적으로 한다. 따라서 사회적 수준에서의 자원 창출은 그 사회의 모든 개인에게 힘을 부여하는 하나의 통로로 활용될 수 있다. 그러나 학자에 따라 이를 정의하는 개념은 다양하며 반두라는 이에 대하여 잘할 수 있다는 믿음이나 판단에 대한 확신의 자기 효능감을 갖게 되는 것을 임파워먼트의 핵심개념으로 보았으며 오늘날 다양한 영역에서 임파워먼트 이론은 클라이언트가 자신의 삶에 대한 통제력을 획득하는 방법에 관하여 보다 조직적으로 성장할 수 있도록 클라이언트의 결여된 힘을 증대시키기 위해 추구하는 방법으로 활용되고 있다.

(2) 임파워먼트 모델의 개입 목표 및 과정

임파워먼트는 대화 단계로 시작하여 역량강화 관계를 개발하는 것을 돕는데 대화 단계의 의미로 사례관리자는 클라이언트와 함께 그들의 현 상황과 목적 및 강점에 대한 지속적인 대화를 요한다. 이런 대화는 클라이언트와의 관계를 통하여 상호지지적인 역할을 담당하게 되며 클라이언트와 실천가 모두가 공헌할 협력적 파트너십이 구축된다. 임파워먼트 모델은 사례관리자와 클라이언트가 그들 관계의 목적을 명확히 하고 협력적인 작업을 통한 예비 초점을 규정하는 것이 중요하다. 대화 단계의 주요 내용은 수용, 존중, 신뢰에 기반한 파트너십 수립이 중요하며 클라이언트와 실천가 각각의 역할을 규정하여 클라이언트의 경험과 도전되는 상황을 토의를 통하여 협력 작업의 목적을 규정한다. 또한, 변화를 위하여 클라이언트의 동기를 촉진하여 위기에 대처할 수 있는 힘을 기른다. 대화 단계의 주요 과제는 파트너십 형성 즉, 동반자 관계의 형성으로 사례관리자와 클라이언트 체계가 사회복지의 거시적 목적과 윤리규칙의 규범을 반영하는 여러 가지 방식에 따라 그들의 관계를 규정하는 일련의 과정이다. 그러므로 상황을 이해하고 변화를 이루기 위하여 동업하는 협력자이며 현재 상황의 명확화(도전들을 설명)를 통하여 클라이언트가 사회복지의 원조를 받는 것을 촉진하여 사례관리자는 클라이언트의 말을 적극적으로 경청하고 이해하고 그 메시지에 담겨있는 정보와 감정을 반응하고 발전시키는 과정이 필요하다. 이에 대한 방향 설정으로는 실천가와 클라이언트가 특정 목적을 위하여 함께 나갈 방향을 정하여 문제 해결책을 만드는 데 유용한 자원과 강점이 무엇인지 결정해 주어 클라이언트의 참여를 동기화하는 것이 중요하다. 발견 단계로는 사정, 분석, 계획하기의 단계가 가능한데 발견 단계에서는 클라이언트와 사례관리자가 해결책을 위한 자원을 체계적으로 수립하면서 계속하여 사정하며 이때 자원은 클라이언트의 내·외부, 사회, 물리적 환경과 체계 내에 존재할 수 있다. 발견 단계의 주요 내용은 변화를 위한 클라이언트의 강점을 탐색하고 클라이언트 환경에 있는 자원의 가능성을 검토하고 가능한 자원체계의 역량을 사정한 이후 목적을 도출하여 세부 목표들을 구체화하여 행동 계획을 세운다. 변화를 위하여 클라이언트의 강점을 자세히 조사하고 여러 예외사항들을 탐색하는 가운데 여러 가능성을 발견하게 된다. 그리고 클라이언트의 도전 상황을 기술하는 것을 세심하게 경청함으로 대인관계, 문화와 조직 네트워크, 지역사회에서 발견되는 각종 자원 및 강점을 발견하게 된다. 이후 클라이언트 상황의 이해에 따라 여러 교류 자원을 연결하며 클라이언트와 함께 개인과 대인, 가족과 집단, 조직과 지역사회, 사회와 정치체계를 사정함으로써 클라이언트 체계와 환경적 교류라는 긍정적이며 광범위한 변화를 도모할 수 있다.

발전 단계에서는 클라이언트가 달성하려는 희망에 관한 목록을 통하여 여러 목적에 따른 세부목표의 성취를 위한 전략수립을 통하여 실행 및 변화를 안정화하게 된다. 이러한 발전 단계에서는 대인 관계적 자원과 제도적 자원을 활성화하기 위하여 각 자원을 조정하고, 다른 체계와 동맹을 하며 여러 기회를 확대하는데 이러한 접근은 클라이언트의 고유 역량과 환경 자원의 강화를 가능하게 해준다. 이때에 행동계획을 통한 클라이언트의 역량강화와 자원의 사정과 개인과

조직의 동맹관계 및 기회와 선택권의 부여 및 과정과 결과의 전문적 평가를 통하여 발전 단계의 사항이 점검되게 된다. 발전 단계의 주요 과제로는 자원 활성화로 접근 가능한 자원을 활용하며 필요하다면 기회를 확대하여 새로운 자원을 형성함으로써 클라이언트가 지속적으로 독립성을 유지하고 성장하고 발전하여 변화할 수 있도록 지원한다.

3) 강점관점과 역량강화

(1) 강점관점의 의미와 특성

관점의 사전적 의미는 '어떤 대상이나 사물을 관찰하거나 고찰할 때 그것을 보거나 생각하는 시각'이다. 여기에서 강점관점이란 모든 인간은 성장하고 변화할 능력을 이미 내면에 가지고 있으며, 문제가 생겼을 때 문제에 대처하고 해결할 능력이 있다고 보는 관점이다. 이는 사회복지의 근본적 가치인 인본주의적인 가치와 사회정의의 관점에 관련된 가치와 일치한다고 할 수 있다. 즉, 인간의 존엄성과 가치, 자기결정을 촉진시키는 사회복지의 여러 가치관들은 이미 클라이언트의 내재된 잠재력과 능력과 강점들이 있음을 인정한다. 따라서 강점관점을 적용함으로써 클라이언트 체계의 존중과 원조를 조화시키는 분위기가 창출된다.

또한, 강점이란 능력, 자원, 자산을 내포하는 의미이다. 사실상 이러한 강점은 선천적인 것으로 누구나 가지고 있는 능력을 의미하기도 한다. 그러므로 강점관점은 구체적으로 사람들이 지니고 있는 특징, 특성, 덕목이며 어려움에 직면했을 때 스스로의 신념을 가지고 자신, 타인, 세상으로부터 얻은 외상, 혼란, 억압 등과 투쟁하며 스스로 대처해 나가는 기반이 된다. 강점관점은 외상 경험 속에서 단련되며 유머, 창조력, 통찰력, 독립심, 영성, 도덕적 상상 및 인내력을 수련하게 한다. 강점관점은 스스로가 이미 가지고 있거나 교육을 통해 학습한 세상에 관한 지식과 생활경험을 통해 강화되며 그것은 사람들의 다양한 재능으로 발현되어 역경을 극복하는 무형의 자산이 된다.

(2)강점관점의 실천적 전제

강점관점은 클라이언트가 자원을 풍요롭게 하는 원칙, 이념, 기법 등을 내포하고 있다. 사례관리자는 클라이언트를 대할 때 이를 인식하고 있어야 하며 클라이언트 체계 내에서 그리고 환경적 맥락에서 좀 더 효과적으로 기능할 수 있도록 강점관점을 통해 가능한 한 클라이언트의 자원을 끌어내야 한다.

강점관점의 실천적 전제는 다음과 같다. 일반적으로 모든 사람들은 성장과 변화를 위한 능력을 가지고 태어난다. 따라서 강점관점의 적용을 통한 상호작용과 협력은 새로운 자원을 구축하기 위해 기존의 자원을 증대시킬 뿐 아니라 긍정적인 변화를 도출하며 이는 희망과 미래의 가능성 위에서 생긴다. 이것은 무력감보다는 성취감과 능력을 증대시키는 과정을 지지하므로 임파워먼트의 개념과도 연결될 수 있다. 따라서 클라이언트의 강점관점으로 문제를 바라봄으로써 도전의 전환점과 성장의 기회로 간주할 때 문제를 의미있게 변화시킬 수 있을 것이다. 이와 같은 도전은 클라이언트와 사례관리자 모두에게 새로운 사고방식과 행동양식을 갖게 한다. 즉, 진단주의적 사고방식에 따른 병리가 아닌 강점으로 문제의 현상에 초점을 맞추면 강점을 드러낼 수 있으며 문제 해결이 보다 용이해진다.

진단주의적 사고방식은 클라이언트의 독특한 능력을 감소시키는 단점이 있으나, 강점관점으로 보면 문제를 가장 잘 알고 있는 클라이언트가 자신의 문제를 해결할 수 있는 자원을 이미 가지고 있으며 사례관리자는 그 자원을 잘 이끌어내어 활용할 수 있도록 원조하는 일이 가능해진다. 또한, 과거가 아닌 더 나은 미래를 위해서 지금 할 수 있는 것과, 앞으로 할 수 있는 것을 재발견하고 이를 적극적으로 활용할 수 있게 하므로 매우 중요한 개념이다.

강점관점은 모든 인간에게 해당하는 포괄적인 개념으로서 클라이언트의 개별성과 연결되며 임파워먼트할 수 있도록 클라이언트를 보는 전체적인 시각을 형성해 준다. 임파워먼트가 무력감을 갖는 개인이나 가족 혹은 지역사회가 힘을 가질 수 있게 해주는 것이라고 한다면 강점관점은 클라이언트가 이미 자신의 문제를 해결할 수 있는 잠재적인 능력이 있다는 사실을 전제로 하므로 클라이언트의 문제에 적극성을 부여한다. 이러한 강점관점으로 클라이언트를 대한다면 클라이언트를 과거와는 전혀 다른 새로운 존재로 바라볼 수 있게 될 것이다. 따라서 클라이언트를 변화시키고자 할 때에는 이러한 관점을 클라이언트가 스스로 인식할 수 있도록 자신감을 부여하는 자기성찰로부터 임파워먼트의 과정은 시작된다.

4) 현실치료

과거를 중시하는 전통적인 상담과 달리 현실치료는 클라이언트들에게 필요한 것이 지적인 통찰보다는 현실적으로 적응하려는 용기와 책임성의 문제라는 주장에 따라 내담자의 행동과 '지금 그리고 책임'을 강조하며, 심리적 정서적 문제로 시달리는 사람들에게 적용되었다. 이것은 현실치료는 사람들이 여러 가지 삶의 현장에 활용할 수 있는 실용적이며 구체적인 이론과 방법을 가르쳐 주어 성숙한 인간으로서 삶을 영위할 수 있도록 돕고자 하는 것인데, 사람은 궁극적으로 자기 결정적이며 자신의 삶에 대한 책임과 능력이 있다고 가정하므로, 강점관점과 같이 비결정론적이고 긍정적이다. 이에 대하여 William Glasser는 현실치료에서 보고자 하는 인간은 자신과 주위 사람들이 자신을 사랑하고 가치 있게 여기면 성공적인 정체감이 발달한다고 보았으나, 그렇지 않을 경우 패배적인 정체감이 발달한다고 하였다. 따라서 개인의 바람이나 질적인 세계와 지각세계가 불일치하는 경우 갈등이 생기고 문제 행동을 선택하게 되는 것으로 보는 입장이다. 그러므로 내담자가 자신이 선택한 행동과 그 결과에 대해 책임을 지도록 하는 데 있어서 자신에게 성장의 힘을 가지고 있다는 점은 Rogers의 전인적 인간관과 역량강화에 있어서 강점관점이 인간의 내면의 잠재된 힘을 인정한다는 점에서 공통점이 있다. 따라서 이러한 점을 부각시키고 인지하는 것이 인정되고 상담을 통해 개발된다면, 그것은 많은 사람들이 일반적으로 겪는 여러 가지 어려움에 예방적으로 대처할 뿐 아니라 현실세계를 지탱하는 것에 도움이 될 수 있을 것이다. 현실치료에서 제안하고 있는 인간관은 다음과 같다.

① 인간은 자신이 건강을 증진시키고 자신을 성장시킬 수 있는 잠재된 힘을 가지고 있다. 따라서 이러한 힘의 원천으로 말미암아 인간의 행동변화도 가능하다고 보는 시각이다.
② 인간은 스스로 자기 결정이 가능한 존재이다.
③ 인간은 이미 자신이나 환경을 통제할 수 있는 존재이다.
④ 인간은 성공적인 정체감을 반전시킬 수 있는 존재로 긍정성을 갖는다.
⑤ 인간은 기본적 욕구를 충족시키려는 의지가 있는 존재이다.

5) 위기개입 모델

사회복지 프로그램은 기본적으로 클라이언트의 위기에 개입하고 해결하는 것을 목적으로 한다. 따라서 클라이언트의 위기로 인한 불균형 상태를 회복하기 위하여 일정한 원조수단을 개인, 가족, 집단이나 조직 그리고 지역사회 등에 적용하는 과정이 바로 위기이론에 따른 사회복지 실천이다. 즉, 사회복지 실천의 클라이언트들은 잠재적으로 위협적인 인생 사건들에 노출되어 있거나 현재 위기를 겪고 있다. 사회복지사들에게 있어 위기개입 서비스의 일환으로 기획된 상담 서비스의 제공은 사례에 대한 개입의 효과를 높여 준다. 그리고 이러한 효과성으로 위기개입의 활용 영역이 넓혀지고 있는 추세이다. 위기개입 모델의 기본 가정은 위기를 구성하는 다섯 가지 요소가 있으며, 이것은 위험사건, 취약상태, 촉발요인, 실제위기상태, 재통합에 의해 순환된다는 것이다. 이러한 위기이론은 다음의 가정들을 기초로 하고 있다.

(1) 클라이언트가 경험하는 위기의 개념

위기의 개념은 다음과 같은 것이 있다.

① 상황적 위기

클라이언트의 위기상태를 촉발하는 사건을 중심으로 분류해 보면 위기는 상황상 발생하며 심각한 질병, 외상, 사별, 자연재해, 폭력범죄 등과 같이 갑작스럽게 발생하는 외부사건에 기인하여 발생한다는 것이다.

② 발달적 위기

클라이언트의 위기는 발달 단계에서의 인간의 성숙 과정에서 발생하는 생활사건과 발달의 단계마다 요구되는 발달과업에 의하여 새롭게 대처해야 하는 자원의 필요성에 의한 성숙의 위기 등이 있다. 이러한 성숙위기는 다음 단계의 발전에 영향을 준다.

③ 실존적 위기

브래너는 실존적 위기를 위기에 추가하여 인간은 사고하는 동물이므로 목적, 책임, 독립성, 자유, 헌신 등 인간에게 있어서 중요한 이슈를 동반하는 내적 갈등이나 불안과 관련된 위기를 경험한다고 보았다. 이는 Abraham Maslow의 최상위 욕구인 자기실현 욕구와 관련되어 이것이 충족되지 않는 경우에 내면으로부터 일어나는 갈등과 위기로 이해할 수 있다.

(2) 위기상태

클라이언트의 위기상태로는 일반적으로 정서적인 상태에 초점을 두어 혼돈, 걱정, 절망, 분노와 같은 감정을 동반하는 격심한 정서적인 혼란의 상태를 말한다. 이는 위기에 처한 개인이 심리적 취약성의 약화, 방어기제에 따른 위축, 문제 해결 및 대처능력의 심각한 와해를 경험하게 될 때 발생하게 된다. 위기상태는 6~8주 정도 지속된다고 보며, 이에 대한 대처가 중요하므로 정서적인 상태는 인간의 위기극복에 있어서 중요한 부분이다. 그렇다면 이러한 위기에 대하여 어떠한 점검이 필요한가?

① 위험 사건

클라이언트의 위기는 하나의 개인 및 사회적 위험으로 간주할 수 있으며 따라서 개인, 조직, 가족, 집단, 지역사회에서 언제라도 발생할 수 있다. 위기는 대체로 위험 사건에 의해 시작되는데, 위험사건은 외부적인 스트레스에서 발행할 수도 있고 혹은 내부적인 압력에 의할 수도 있으며, 하나의 재난인 사건이 원인일 수도 있고 연속적으로 축적되어 온 사건 때문일 수도 있다. 예를 들면 직장에서의 실직이나, 가족의 병약 등이 있을 수 있다.

② 취약 상태

클라이언트의 위기에 있어서 위험 사건에 대하여 항상적 균형을 잃는다면 취약 상태가 된다. 취약 상태는 이전의 평형 상태를 회복하기 위해서 평소 사용하던 문제 해결 기제를 시도한다. 개인마다 사건을 인지하는 정도에 따라 나름대로의 방법으로 대처하는데 예를 들면 취미생활, 수면, 폭식, 음주 등이 있다. 그러나 이에 성공하지 못하면 위기 상황에 대처하기 위한 새로운 방법을 모색해야 하며 이 방법에는 쉽게 접근하여 대처할 수 있도록 하는 사회복지에 관련한 기관들이 폭넓게 오픈되어 있어야 할 것이다.

③ 위기의 촉발요인

클라이언트의 긴장과 불안이 최고 상태일 때의 취약 상태를 불균형 상태로 만드는 요인이 있다. 어떤 위기 상황에서는 위험사건이 압도적이어서 위기상황이 촉발 요인이 되지만, 어떤 경우에 촉발 요인은 위험 사건과 직접 관련이 없을 수도 있으며 개인의 지각에 따라 발생하기도 하며 이것은 개인차가 많이 있다. 개인마다 지각하고 대처하는 정도가 다르기 때문이다. 그러나 이러한 촉발원인은 환경에 따라 오랜 시간을 통하여 누적되고 만성화된 경우도 많다. 예를 들어 정신병리적인 현상은 일시적이고 급성적인 예는 적으며 보통 오랫동안 성장 과정을 통하여 누적된 경우가 많다.

④ 위기에 대한 인식 차이

클라이언트의 위기 상황이 진행되면 개인이 가지고 있는 인식에 따라 위협, 상실, 도전 등으로 달리 인식되기도 한다. 따라서 정서적 반응의 차이가 개인적으로 달리 나타나는데 위기 상황을 주관적으로 어떻게 인식하고 해석하는지에 따라 정서적 반응이 달라진다. 즉, '위협'으로 인식하는 경우의 사람들은 높은 수준의 불안을 경험하고, '상실'로 인식하는 사람들은 우울, 결핍감의 반응을 보이며, '도전'으로 인식하는 사람들은 어느 정도의 불안을 경험하더라도 여기에서 희망과 기대를 찾는다. 이는 개인의 인식에 따라 다르게 받아들이는 것을 회복탄력성이라 설명할 수 있다. 따라서 사례관리자는 클라이언트의 내면에 대한 개입에 민감성을 가지고 있어야 하며 이를 위한 긍정심리, 심리적 안녕, 강점관점, 임파워먼트 등의 개념을 내면화하고 있는 것이 중요하며 그러한 에너지를 줄 수 있도록 늘 돌아볼 수 있어야 한다.

⑤ 갈등의 재현

클라이언트의 위기 상황은 과거에 해결되지 않았거나 부분적으로 해결된 갈등을 현재 상황에서 재활성함으로써 현재의 대처능력을 저하시키기도 하며, 만일 과거에 성공적으로 대처했다면 이러한 위기는 오히려 하나의 도전의식이 될 것이다. 위기에 대처하는 방식은 누구나 다르나 이에 대한 적절한 원조는 사례관리자의 보람이 될 것이다.

⑥ 예측가능한 반응

클라이언트의 위기는 다양한 상황을 포함하고 있지만, 특정 위기상황을 예측할 수 있는 단계를 거치며 각 단계의 사람마다 예측할 수 있는 정서적 반응과 행동이 나타난다. 따라서 특정 단계에서 어떤 부분에 초점을 맞추어야 하는지에 대한 단서를 제공하고 있다. 예를 들어, 개인의 특징에 따라 집착하는 부분과 간과하는 부분, 외면하는 부분이 다르기 마련이다. 우리가 알고 있는 스티브 잡스(Steve Jobs)는 자신이 사용하는 아이디어를 논의할 때 쓰는 칠판에 대한 남다른 애착이 있었으며 모든 사람은 성장 과정 중에 특별히 집착하는 무엇인가를 가지게 된다. 때로 그것은 그 사람의 성장하는 동원이 될 수 있으며 때로는 개인적인 취약성으로 작용할 수 있다. 사례관리자는 그러한 면을 이해할 수 있어야 한다.

⑦ 위기의 시간 제한성

클라이언트의 위기는 오랫동안 지속되는 것이 아니라, 시간 제한적인 성격을 가지고 있다. 따라서 위기개입은 실제 위기기간을 넘지 않는 4~6주 이내에 이루어지나 경우에 따라 3~6개월에 이르기도 한다. 이는 위급한 상황일 경우가 대부분이며 만성에서 급성으로 이전되기도 한다. 송파구의 세 모녀 사건은 우리에게 이러한 위기상황의 클라이언트에 대한 아웃리치(Out Reach)방식의 서비스의 당위성을 설명해 준다.

⑧ 위기개입의 효율성

클라이언트 즉, 위기상황에 있는 사람들은 현재 자신의 대처기제가 적절하지 못하다는 것을 경험하고 외부의 영향과 원조에 쉽게 반응하기도 한다. 따라서 사회복지사는 이때 위기를 겪는 클라이언트에게 적은 원조로도 큰 효과를 가져올 수 있다. 즉, 절실할 때 적시의 도움이 커다란 효과가 있다는 것이다. 이에 대한 개인적인 경험들에 비추어 생각해 본다면 쉽게 이해할 수 있다. 또한, 이에 대한 기본이 경청과 그에 대한 수용 및 비심판적 태도를 바탕으로 하는 공감이기도 하다.

⑨ 재통합

클라이언트의 위기상황에서의 재통합의 단계에서는 현재 일어난 문제에 대해 인지적으로 이해하게 되고, 위기 관련 감정을 방출하고 변화를 수용하며, 새로운 대처 행동유형을 개발하게 한다. 그러나 이러한 상황은 개인의 성숙도에 따라 다르다. 또한, 위기상황을 극복함으로써 인간은 더 강해지고 숙련감, 자아존중감, 자기 효능감의 증진을 경험하게 될 수 있다. 따라서 이 단계에서 학습하고 훈련한 적응기제는 장래 다른 상황을 효과적으로 대처하는 데에 적용될 수 있다. 따라서 사례관리자는 이러한 기재를 잘 이해하고 적용할 수 있어야 한다.

6) 사례관리의 집단개입 모델

사회복지 실천에서 집단개입에는 세 가지 주요 모델들이 있다. 즉, 집단구성의 목적에 따라 ① 상호작용 모델, ② 치료 모델, ③ 집단적 목표 모델로 분류될 수 있다. 따라서 이를 사회복지 프로그램에 적용하여 활용할 수 있다. 사회복지의 사례관리에 활용될 수 있는 상기 모델에 관한 설명을 기술하면 다음과 같다.

(1) 상호작용 모델

클라이언트의 상호작용 모델은 집단 성원과 사회 간에 상호의존적인 관계를 통해 집단 성원들의 요구와 문제를 해결하는 것에 보다 초점을 둔다. 즉, 집단을 통해 개인의 기능과 사회 기능을 향상시키는 것을 목적으로 한다. 대표적인 집단은 가정폭력 피해자 집단, 알코올중독자 모임, 에이즈환자 집단 등이다. 이 집단 속에서 성원들은 상호를 지지하고 재보증(확신주기)을 통해 자신의 인생에 대한 통제력에 도움을 받는다. 인본주의 모델로도 불리는 상호작용 모델은 개별 성원 및 집단 간의 상호관계에 초점을 두고 있다. 이 모델은 집단 활동을 통하여 시작 이전에 특정한 목표를 설정하지 않으며, 그보다는 집단 사회 사업 과정을 통한 상호작용에 초점을 두어 과정 중에 목표를 설정하는 특징이 있다.

(2) 치료 모델

클라이언트의 치료 모델은 개인이 치료를 위한 도구로 집단을 활용하는 모델이다. 집단은 개인의 목적을 달성하는 방법이나 관계 상황으로 집단 과정을 통한 변화를 목표하며, 그 자체가 목적이 아니라 개인의 치료와 재활을 위한 수단이다. 알코올중독자들의 회복집단, 정신치료의 집단 등의 치료가 목적인 집단이 대표적인 예이다. 역사적 맥락에서 치료적 모델의 발전은 집단 사회사업이 전문 사회복지 실천에 통합될 수 있게 하는 기원이 되었다. 치료 모델은 사회적 기능 수행에 있어서 문제가 있거나 문제발생 위험이 높은 개인에게 원조하는 것을 강조하고 있는 임상 모델의 하나이다. 집단사회복지사의 역할은 전문가와 집단성원 간의 개별적으로 계약된 치료목표에 기초한 계획적이며, 목표 지향적인 성격을 가지고 있다. 따라서 집단구조와 집단 과정에서의 변화는 그 자체가 목적달성을 위한 수단이 된다. 이 모델은 그 밖에도 장애인, 범죄자, 교정시설, 병원, 가족 서비스기관 등에서 활용된다. 그러나 그 병리적인 양상이 약할 경우에는 병리적 현상에 초점을 두기 보다는 강점에 초점을 두고 사정하는 경우 그 성과가 더 높을 수 있다는 것도 유념해야 할 것이다.

(3) 사회적 목표 모델

사회적 목표 모델은 초기 집단 사회사업의 목표를 성취하기 위한 기본적 모델이며, 중심 개념은 사회의식과 사회 책임감이다. 사회적 목표 모델은 선량한 시민양성에 목적을 둔 인보관 운동과 집단 사회사업으로부터 성장하였다. 이 모델은 지역사회 내의 범죄, 빈곤과 같은 사회 문제를 다루기 위해서 지역복지관이나 시민조직, 보건 또는 복지위원회 등에서 활용되었다. 집단은 역동적인 힘을 통하여 변화해 나가면서 개별 성원에게 영향을 주어 변화를 유도하고 문제 해결 능력을 함양한다. 따라서 사례관리자는 집단에 영향을 주는 집단역학을 잘 이해하고 있으면서, 집단역동성을 이해할 수 있도록 집단과 개별성원, 그리고 집단 발달 및 과정에 주는 영향을 분석하고 적절한 개입을 할 수 있는 기획자가 되어야 한다. Toynbee와 Jane Addams 등을 통하여 전파된 집단과 지역사회를 거점으로 하는 인보관 사업은 오늘날의 임파워먼트에 커다란 영향을 주게 되었다.

7) 과제중심 모델

(1) 과제중심 모델의 등장배경

과제중심 모델은 1960년대 말부터 1970년대 초 Reid와 Epstein에 의해 개발되었으며, 당시 심리치료 분야에서 장기간 치료에 대한 회의와 비판이 확대되면서 현재의 문제 상황에 개입의 초점을 두는 단기 치료 방식의 관심이 커졌다. 이 방법은 단기 치료에서 사용하는 시간의 제한, 제한된 목표, 초점화된 면접과 현재의 집중, 활동과 지시, 신속한 사정, 치료의 융통성 등을 통한 개입에서 클라이언트가 도움을 요청한 욕구를 가장 우선시하며 치료 과정으로 조율해 나가는 방식이다.

(2) 과제중심 모델의 이론적 배경

이론적 배경의 과제중심 모델은 경험에 기초한 지식을 바탕으로 계획적이고 의도적인 과정을 통하여 클라이언트의 문제를 구체적인 과제로 해결해 나가려는 것이며 어떤 특정한 이론이나 개입 방법이 고정되지 않고 이론들을 통합하여 절충주의적인 접근을 시도하고 있는 특징이 있다. 이를 위하여 단기 심리적, 사회적 접근의 기술을 이용하여 클라이언트가 자신의 문제를 완화하기 위한 과제나 활동을 고안하여 수행하되 시간제한을 두는 비교적 단기의 구조를 이용한다. 과제중심 모델의 실천 과정은 클라이언트의 표적 문제를 완화시키려는 목적으로 조직적이고 계획적이며 정교화된 일련의 활동으로, 개입의 중심이 될 표적 문제에 관하여 사례관리자와 클라이언트가 문제를 감소시키도록 계획된 구체적이고 다양한 과제 수행에 보다 초점을 둔다. 사례관리자는 클라이언트가 자기의 문제를 구체화하고 과업을 선택하는 것을 도우며 과업실행계획을 세우고 실행동기를 부여하며 과업수행을 촉진시키는 과정에서 클라이언트의 장애물을 예견하고 제거해 준다.

또한, 클라이언트의 자기결정권을 존중하여 이 모델은 사례관리자가 클라이언트의 문제에 대한 최선의 해결책을 이미 알고 있다는 가정을 하지 않고 오히려 클라이언트가 자기의 문제라고 인정하고 함께 해결하고자 접근한다. 과제중심 모델의 특징과 주요 개념은 시간제한적인 단기 치료로 주 1~2회 면접을 통해 전체 8~12회기 정도로 구성하여 대개 4개월 이내에 사례를 종료하는 계획된 단기적 접근의 형식으로 이루어진다. 단기 치료의 개념은 클라이언트가 인식하고 동의한 문제에 초점을 두고 집중적으로 원조하는 특징을 가지며 클라이언트가 스스로 인식하고 수용해서 변화하기 원하는 표적 문제가 중요하다. 또한, 클라이언트와 사회복지사가 계약한 구체적인 문제 해결에 초점을 두며 클라이언트의 자기결정권 강조한다. 그리고 개입 과정을 객관적으로 기록하고 진행 상황을 각 회기마다 모니터하고 개입 과정과 사회복지사 실천에 대한 클라이언트와 사회복지사의 평가 등의 과정을 중요시한다.

(3) 표적 문제(target problem)

① 표적 문제의 정의 및 특징

클라이언트의 과제로는 표적 문제가 있는데 클라이언트가 제시하는 문제 또는 해결하고자 하는 문제 및 개입의 초점이 되는 문제, 그리고 클라이언트가 변화를 원하고 사례관리자의 전문적인 판단에 의해 문제 행동에 대한 개입의 초점으로 동의한 문제가 표적 문제로 선정된다. 표적 문제는 우선순위를 고려하여 최대 세 개까지 선정하여 시간제한적인 단기개입이 가능하다.

② 표적 문제 선정 시 주의점

표적 문제 선정 시 클라이언트의 의견이 최대한 반영되어야 하며 클라이언트와 사례관리자의 의견이 다를 경우 클라이언트의 관심과 사례관리자의 전문적 판단을 최대한 반영할 수 있는 방향으로 협의해야 한다. 그리고 클라이언트가 중요하게 생각하고 있으며 현실적으로 변화가능성이 높은 것부터 우선순위를 결정한다. 방법은 각각 하나의 표적 문제에 대하여 구체적인 목표를 설정하며, 표적 문제와 목표는 클라이언트의 입장에서 설정한다.

여기에서 과제(과업, task)란 목표를 달성하기 위해 클라이언트와 사례관리자가 공동으로 해야 하는 문제 해결의 활동으로, 클라이언트와 사회복지사가 함께 계획하고 동의한 후 수행하는 문제 해결의 활동이다.

③ 과제의 유형

일반적 과제	목표달성과 관련하여 상위의 과제를 말하므로 행동의 방향만을 제시하고 무엇을 해야 하는지 구체적으로 언급하지는 않는다. 클라이언트의 목표를 반영하는 데 일반적 과제는 무엇이 이루어져야 하는가를 뜻하며 목표는 과제가 달성되었을 때의 상태를 의미한다.
조작적 과제	조작적 과제는 일반적 과제에서 도출되며 명확한 활동에 대한 정보를 포함하는 일종의 하위 과제 형태이다. 예를 들면 문제 부부 간의 대화가 없다면 일반적 과제는 부부간의 의사소통 촉진이며 조작적 과제는 매일 저녁 혹은 주말 외식을 통하여 일상생활 이야기하기에 해당한다.
기타유형 과제	– 유일과제: 한 번의 수행을 위해 계획된 과제 – 반복과제: 반복적인 행동을 위해 계획된 과제 – 단일과제: 여러 단계들이 필요한 하나의 행동 – 상호과제: 두 사람 이상이 교환으로 수행하는 과제로서 분리되었지만 서로 연관되어 있는 과제 – 복합과제: 밀접하게 관련 된 둘 혹은 그 이상의 구분된 활동 – 개별과제: 혼자서 수행하는 과제 – 공유과제: 둘 이상의 사람이 같은 과제를 하는 것

④ 과제 계획 및 형성 시 주의점

과제 계획 및 형성 시 사례관리자가 고려해야 할 것은 클라이언트의 동기화가 중요하다는 것이다. 즉, 클라이언트가 문제 해결에 어느 정도 동기화되어 있어

과제를 수행할 수 있는 힘과 에너지를 가지고 있는 경우 과제실행 가능성이 높아진다. 그러나 클라이언트가 문제 해결을 강력하게 원하고 동기화되어 있지만 현실적으로 과제를 수행할 가능성이 모호한 경우가 있으므로 클라이언트의 실행 가능한 과제를 선택할 수 있도록 원조하는 것도 중요하다.이때 과제는 융통성이 있어야 한다. 클라이언트가 세 번 정도 반복했으나 달성할 수 없는 경우에는 과제를 바꾸는 융통성이 필요하며 상황이 변화하는 것에 따라 과제가 달라질 수 있으므로 이를 잘 반영해야 한다. 이에 대하여 다음과 같은 단계가 적용될 수 있다.

① 초기 단계에는 표적 문제 설정이 중요하다.
② 표적 문제에서 우선순위를 결정하고 개입에 관한 계약을 체결한다.
③ 표적 문제 해결을 위한 과업을 설정한다(일반적 과업, 구체적 과업 등).
④ 전략과 계획 수립을 통하여 클라이언트의 동기를 부여한다.
⑤ 치료와 목표 달성할 경우에는 종결을 계획한다.
⑥ 평가 및 사후계획을 수립한다.
⑦ 필요 시에는 계약연장 및 타 기관에 의뢰한다.

과제의 실행, 문제의 해결, 과제의 성취, 문제 경감에 대하여 필요에 따라 선택

- **표적 문제를 규정하고 이를 구체화한다(최대한 세 개까지).**
- **문제를 다시 진술하고 클라이언트가 이해할 수 있도록 명명한다(변화해야 할 특정 조건과 행동들).**
- **사정한다(표적 문제와 목표와 연관되어야 한다).**
  * 표적 문제
    - 얼마나 자주 일어나고 있는가(빈도)
    - 어디에서 발생하고 있는가(장소)
    - 누구와 함께일 때 발생하는가(참여자들)
  * 선행사건 및 그에 따른 결과(영향)
  * 의미성(중요성)
  * 사회적 맥락(문제를 촉발하고 유지하는 사회 조건)
    ex) 학교 상황들, 경제적 지위, 가족, 또래 집단, 주거 상태
  * 문화 배경
  * 인지 및 정서적 상황
  * 클라이언트 성격
  * 심리검사 및 기능양식
  * 개인 자원
  * 기타 환경 자원
- **문제에 대한 대안을 창출한다.**
  * 가능한 범위 내의 문제 해결을 위한 과제를 찾아내고 구체화한다.
- **다른 사람 및 기관들을 통하여 지지적이고 협력적인 행동에 관해 협의한다.**
- **의사결정(목표들을 확인하고 무엇을 할 것인지 선택하며 구체적 개입전략 계획)**
  * 계약과 목표를 다시 확인한다.
  * 기본적으로 개입 방법을 최종 결정한다.
  * 시간과 순서를 확인한다.
  * 참여자 및 지지자를 선정한다.
  * 클라이언트가 이에 동의하고 이해하도록 한다(고지된 동의).
  * 다른 지지자들이 동의하고 이해하도록 한다.
- **실행(전략을 실행한다)하기 위하여 과제를 개발한다.**
  * 실행과제를 형성한다.
  * 실행과제에 대해 클라이언트가 이해하고 동의하도록 한다.
  * 실행과제에 대한 근거와 보상에 대해 이해하도록 한다.
  * 실행과제를 요약한다.

* 실행에 있어 예견되는 어려움을 점검한다.
* 실행에 따른 클라이언트의 과제수행을 위한 계획을 세운다.
* 실행과제를 요약한다.
* 실행을 위해 클라이언트의 과제수행을 위한 계획을 세운다.

◆ 사례관리자는 과제수행을 지원한다.

* 총 회기수를 점검한다.
* 총 자원을 획득하고 사용한다.
* 자원 제공 시의 장애물을 찾아낸다.
* 지시하며 지도한다.
* 모의 훈련을 실시한다.
* 역할 연습, 모의 훈련을 지도 및 연습한다.
* 모델링과 옹호를 위해서 클라이언트를 동반한다.
* 과제수행의 장애물을 점검한다.
* 사회환경에서 자원 부족, 스트레스, 차별, 구조적 문제들을 점검한다.
* 대인간 상호작용에서의 결핍과 갈등, 협력 부족 부분을 점검한다.
* 심리적 상태에서 두려움, 의심, 지식 부족 등을 점검한다.
* 장애물을 제거, 감소, 변경하기 위한 일련의 행동을 계획한다.
* 클라이언트의 기술 부족, 다른 사람들의 협력과 지지의 부족, 자원 부족 등 과제수행의 실제적인 장애물을 개선하는 것에 협조한다.
* 과제수행의 인지적인 장애물로 두려움, 의심, 지식 부족, 역신념에 관해 토의한다.
* 사례관리자의 과제에 대해 계획하고 진술하며 과제실행과 문제 상태를 점검한다.
* 검증한다(개입의 가능한 효과들을 점검, 점검, 확인, 구체화한다).
* 모니터링한다(문제 상태에 대해 정규적으로 기록하여 구조화된 표기법, 차트, 그래프, 간결한 이야체 코멘트를 활용한다).

◆ 다음의 상황이 발생하면 계약을 수정 혹은 일부 변경한다.

* 진보가 만족스럽지 못하거나 기대 이상일 때
* 새로운 문제가 발생했을 때,
* 문제가 다른 성격을 취하고 있을 때,
* 과제들이 전혀 수행되지 않거나 제대로 수행되지 않았을 경우
* 지지와 자원이 비효과적인 경우
* 사례관리자의 과제들이 비효과적이거나 비현실적일 경우

8) 내담자 이론의 적용

내담자 이론의 기본신념은 초기부터 사례관리 전문가들의 인정을 받고 있다. Rogers의 이론인 인간중심이론을 보면 사례관리자는 어떠한 위치에서도 클라이언트의 의견에 귀를 기울이고 존중하는 태도를 갖는다. Rogers는 컬럼비아(Columbia)에서 박사 과정을 이수하고 심리학자 전문 직업을 통해 상담에 관한 연구를 시작하였는데 그는 로체스터(Rochester)에서 학문적이며 전문가로서 내담자와 함께 작업하는 그의 접근 방법을 발달시켰다. 그는 이를 통하여 실용적이고 창조적인 환경 속에서 심리학적 기존의 진단주의적인 이데올로기와 반대되는 상담방식을 제시하였다. 이러한 상담 방법은 실은 사회복지학에 면면히 흐르는 정신이기도 하다. 그는 1902년 미국 일리노이 주의 시카고 교외에 위치한 오크 파크에서 6남매 중 넷째로 출생하여 경제적으로는 안정된 가정에서 자상하나 철저한 종교적인 입장을 지닌 부모님 덕분에 독서와 사색으로 보냈다. 그는 인간의 잠재력에 접근하는 심리요법과 상담요법을 고안하였으며 '참 만남운동'의 개척자로서 1987년에 사망하였다. Rogers는 인간의 특징으로 성장 지향적이고 긍정적이라 보았으며 부적응은 일반적으로 개인적 문제라기보다는 환경의 문제라고 믿었었다. 대부분의 경우에 그의 내담자 중심이론은 조건이 올바로 주어지면 클라이언트가 지닌 본래적 자기실현 경향이 더욱 발휘된다는 신념에 입각하고 있다. 이러한 관점에서 그는 환경의 중요성을 인식하고 그 환경을 변화가 일어나야 할 장소로 보았다. 따라서 인간이 환경에 적응하고 환경에 맞게 바뀌는 것이 아니라 바로 환경이 인간에 맞게 조정되고 바뀌는 것이 필수적이라는 견해이다. 이것은 현재 환경속의 인간(Person in Environment)이라는 개념으로 면면히 이어지고 있다.

내담자 이론의 의의로 그동안 개별 사회사업의 심리사회적 역사는 메리 리치몬드에 의하여 상당부분 전문직에 의해 광범위하게 수용되었었다. 그러나 인간중심이론에서의 차이는 클라이언트가 원하는 정도에서만 과거력에 대해 조사하도록 한다. 즉, 클라이언트에 대한 완전한 인정과 믿을만한 수용이 가장 강조되며 과거력의 조사보다 중요시 된다. 따라서 인간중심이론은 인간의 독창성에 대하여 유형화, 분류, 낙인화는 허락되지 않으며 이것은 개별 사회사업에서 지속적으로 중요한 개념이었던 것이 사실이었다. 그러나 Rogers는 내담자 이론이 보다 각종 사례에 대한 상담에 효과적이라고 하였으며 이는 클라이언트 내에 이미 가지고 있는 장점을 이끌어내고 존중한다는 점에서 강점관점과 통하며 환경을 중요시한다는 점에서 생태체계이론적 관점을 견지하며 클라이언트의 적응적 능력을 함양한다는 점에서 임파워먼트의 정신과 상통하는 견해를 갖는다. 내담자 이론에 있어서 원조의 핵심요건은 클라이언트와의 의사소통 시의 정확한 공감, 진실성, 긍정적 관심을 전달하는 것으로 그에 대한 핵심 조건은 내담자에 대한 존중에 있다. 이러한 인간중심의 원칙은 사회복지 전체영역에 커다란 영향을 주었다. 이러한 정신이 집단 상담에 적용된다면 바로 변화 과정의 핵심은 안전한 분위기, 즉각적 느낌과 반응의 표현, 상호신뢰적인 태도와 행동의 변화, 이해 및 개방성, 환류, 혁신과 변화, 그리고 위기의 전환을 통하여 구성원이 책임감을 가지고 상호공감과 이해를 증진하며 탐색과 자기반영적 태도를 견지하기 위해 비심판적 태도를 지니는 것이 좋으며 이것은 참 만남 집단에 활용되어 현대의 집단 사회사업의 성공적 치료 모델로 간주된다. 한편 이러한 개념은 지역사회와의 연결을 통하여 인간중심의 원칙에 기초하여 '변화'라고 불리우는 치료공동체를 형성하며 지역사회의 적용이 광범위하며 다양한 이웃, 문화, 종교, 상황에 적용되는 작업으로 이를 토대로 지역사회의 소속감, 이해, 상호지지에 기여하고자 한다. 이를 통하여 다양한 집단 간의 의사소통을 촉진하고 지역사회를 통한 경청과 자기인식의 촉진에 적용한다. 또한, 이러한 개념이 사회복지행정에 적용되는 경우 인간중심의 행정가는 리더십이 권력과 통제이기보다 영향과 효과라고 보면서 개인에게 자율성을 주고 독립심을 자극하여 학습효과를 촉진하고 책임감과 자기평가 및 타인의 개발과 성취의 보상을 기하는 데 도움을 준다.

이러한 인간중심이론은 결국 사례관리자와 클라이언트와의 상호작용에서 시작하여 집단, 가족, 기관, 지역사회 및 체계를 포함하는 것으로 발전하였는데 그 기초는 상호신뢰이다. 따라서 인간중심이라는 용어는 내담자 이론에 잘 구현되어 있다. 이것은 치료의 과정에서 클라이언트에 대한 사례관리자의 반응은 단계를 통하여 내담자를 중심으로 이들의 생각과 의견을 확인하면서, 이들이 느끼고 있는 감정을 최대한 인정해주는 모습을 단계별로 보여주고 있다. 그러면서 또한, 본 이론에서는 환경의 중요성을 강조하고 있다. 이들에 개입하고 있는 보다 실천적인 방향은 체계이론이나 환경속의 인간(person-in-environment) 혹은 상황속의 인간(person-in-situation)에 닿아 있다. Rogers는 극단적으로 "분석가에게는 목표가 없으며 그에 관한 권리가 없다. 이른바 치료를 기꺼이 환자 자신의 의지에 맡길 정도로 까지 그 자신의 목적을 상황 밖으로 분리하도록 노력하며 내담자를 중심한다."라고 하였다. 이것은 결국 내담자 이론은 내담자 스스로의 생각을 확인시켜줌으로써 내담자의 의지와 바램을 통하여 문제를 해결하고 스트레스의 해소를 통하여 스스로 답을 찾도록 하는 천하이 담겨있다고도 할 수 있을 것이다. 이때 상담자는 길잡이 역할만을 담당하게 되기도 한다. 그렇다면 상담가로서는 내담자에게 의미있는 타자의 역할을 담당하게 되는데, 실천현장에는 즉시 개입이 필요한 예가 너무나 많이 있다. 즉, 즉각적인 개입이 필요한 예 들이다. 이러한 입장에서 볼 때 Rogers의 내담자 중심의 이론은 한정된 분야에서 활용될 수 있는 이론인가? 여러분의 생각은 어떠하며 어떠한가? 이에 대한 해답으로 Rogers는 개인의 세계의 존중을 즉, 그의 현상학적 장으로 제시하고 있다. Rogers는 인간의 성격 발달은 개인의 주관적인 '내적 세계'의 경험을 강조하고 있는 현상학적 관점을 취한다. 현상학적 장의 특성은 경험적 세계 또는 주관적 경험을 존중한다. 따라서 어떤 특정 순간에 개인이 지각하고 경험하고 있는 모든 것을 의미한다. 이것은 마치 현대사회의 마케팅에서 소비자가 왕이라는 개념처럼 클라이언트를 소비자의 위치로 격상하며 사례담당자는 이에 대한 조력가가 된다. 개인에게 있어서 현상학적 장은 곧 현실이므로 개인이 체험하고 지각하는 모든 현상학적 장에 근거는 개인의 경험이며 인식이다. 이것은 현재의 행동을 결정하는 것은 과거의 사건 그 자체가 아니며 과거 경험을 현재 어떻게 해석하는가에 있다는 점에서 구성주의와 통하는 면이 있다. 따라서 어떤 사람을 올바로 이해하기 위해서는 그가 현실을 어떻게 지각하고 있는지를 먼저 알아야 한다. 이러한 Rogers의 생각은 해석학적 방법론과 매우 밀접한 연관이 있다.

4 사례관리의 철학적 접근

1) 해석학적 방법론

해석학적 방법론은 철학자이며 역사가인 Dilthey를 통하여 역사를 이해하기 위한 노력으로 시작되었다. 그는 독일의 관념론자로서 '생철학'의 대표자이며 과학을 자연과학과 정신과학으로 분류하고, 철학을 '모든 과학 중의 과학'이라고 하였고, 정신과학에 대한 방법론을 제시하였다. 그는 철학에서 초월적인 대상을 다루지 않고, 의식 자체에 대한 분석에 방법론을 한정하여 연구하였다. 그리고 지적(知的)인 분야 외에도 인간의 의지나 감정도 포함하여 '자아'(自我)의 개념을 생의 직접적인 체험활동에 근거하여 내적인 의미의 '이해'(理解)를 통하여 지향하였다. 그의 해석학에서는 주관적이고 경험적인 세계로의 진입을 위한 방법으로 재구조화의 개념이 요구된다. 이것은 오늘날 사회과학의 해석학의 근간이 되고 있으며 인간의 내면을 이해하고자 하는 시도가 되었고 오늘날의 질적 연구 방법론의 근간이 되기도 하였다. Dilthey에 의하면 해석학적 방법론은 인간경험에 기록된 표현이며 이를 철학적 해석학으로서 사회과학적 연구 방법으로 정착시키는 것이 필요하다고 하였다. 그 외에는 현대의 담론을 통하여 존재론을 설파하였던 Habermas가 있다. 그는 해석학적 통찰을 외면하지 않기를 권하고 있으며 해석학적 차원에서 그 어떤 것도 희생하지 말 것을, 그리고 역사적 맥락에 촉각을 세워 언제나 반대 의견들의 장점을 염두에 두라고 권고하고 있다. 또한,

의지와 의식이 이끄는 삶에서 이성적 정향을 찾아내기 위한 철학적 소명에 충실하고, 끊임없이 제기되는 문제들에 대하여 체계적으로 답할 것을 권하고 있다. 아울러 비판철학이라는 화두로 모든 철학적 전통을 담론이라는 형식으로 비판해 왔다. 이렇게 하버마스는 기존의 철학에 사로잡히지는 말 것을 요청한다. 그렇다면 철학이 추구해 온 참된 지식은 어떻게 찾을 것인가? 이에 대하여 하버마스는 그 새로운 길을 제시하고자 하였다. 그가 찾은 것은 의사소통의 합리성이다. 그는 사회이론과 도덕과 법, 그리고 민주주의에 관한 이해를 깊게 하는 데 이를 사용하였다. 이와 같이 인간의 문제를 통찰하는 것을 기본으로 하고 있는 사회복지학에서 해석적 방법론은 그 의미가 깊다. 즉, 인간과 사회를 올바르게 이해함에 있어서 해석의 과정은 훈련을 통해서 가능하며 사회복지사는 해석학적 숙련을 체득하여 합리적이고 과학적인 의사결정을 할 수 있어야 할 것이다. 이것은 곧 사물과 클라이언트를 바라봄에 있어서 편견없이 바라본다는 것을 의미하는 것이기도 하다. 이를 위하여 Dilthey의 해석학은 '인간이 경험하였던 기록된 표현'을 이해하기 위해서는 전형적인 인간의 사고구조의 의미를 나타내는 해설과 해석의 연습 및 기술을 이해해야 한다고 언급한 바 있다. 오늘날 해석학의 접근 방법에서 우리는 '감정이입'과 '클라이언트가 서있는 곳으로부터의 시작'이라는 사회복지 실천의 기본개념을 통하여 그 유래를 찾을 수 있다. 이렇게 사회과학적 해석학의 기본가정은 인간의 경험에 대한 해석 능력과 연습을 통해 습득될 수 있다.

2) Rogers와 현상학적 접근

Rogers는 바로 여기, 바로 지금(Here and Now)를 강조하면서 해석학을 통하여 현상학적 관점을 발달시켰다. 그는 이러한 관점을 통하여 창조적이고 전인적인 인간의 완성을 향하여 내담자 이론을 발달시킨다. 여기에서 강조되는 개념은 다음과 같이 네 가지가 있다.

(1) 자기(self)

자기의 개념은 현재 자신이 어떤 인간인가에 대한 개념으로 '나는 누구인가', '무엇이 될 수 있는가' 등의 자신에 대한 지각을 포함하며 지각된 자아는 세상에 대한 지각과 개인 행동의 근거가 될 수 있다. 자아는 현재의 모습에 대한 지각인 현실자아와 앞으로 되고자 하는 모습의 이상적인 자아를 모두 포함한다. 각 사람들은 타인으로부터 사랑과 존경을 받고 싶어 하는 잠재적 바람에 의한 긍정적 관심의 욕구를 가진다. 따라서 자아나 자아 가치관(self worth)은 다른 사람이 나를 어떻게 생각하는지에 의하여 영향을 받는다. 이에 대하여 Mead는 상징적 상호작용을 통하여 자신과 타인이 상호소통하고 있음을 설명하였다. 그는 나(I)와 나를 보는 타자의 상호작용을 통한다른 내가(me) 고려될 수 있다고 하였다.

(2) 자기 실현

인간은 선천적으로 자신을 성장 및 향상시키기 위하여 자신의 능력을 개발하는 경향을 지니는데, 이를 자아실현이라 한다고 하였다. 자아실현은 능력 있는 사람이 되는 일련의 과정이다. 모든 사람은 생존하는 동안 선천적으로 동기화되며 근본적으로 활동적이고 자아 실현적인 동물이다. 인간은 근본적으로 생물학적인 잠재력뿐 아니라 심리적 잠재력을 지니고 태어난다. 이러한 생물학적 잠재력 및 심리적 잠재력은 사람마다 동일하지는 않으나 인간 각자는 잠재력을 실현하는 경험과 잠재력을 실현하지 못하는 경험 간의 구분을 가능하게 하는 지혜가 있다. 이것이 유기체적인 평가의 과정이다. 따라서 인간은 자기를 유지시키거나 향상시키기 위하여 그동안 지각된 경험들을 더욱 추구하고 성취한 부분을 긍정적으로 평가한다. 반면에 자아보존이나 증진을 부정하거나 반대하는 것으로 인식되는 경험들은 스스로 부정적으로 평가되어서 이러한 상황을 피하게 된다. 결국은 자아실현을 경험하게 해주는 것은 강화되는 반면 그 반대의 경우에는 회피되는 경향이 있다.

(3) 성격의 발달

Rogers의 성격 발달은 자아를 중심으로 이루어지는 개념이다. 그에 의하면 타인이 자신을 어떻게 평가하느냐에 따라 긍정적 또는 부정적 자아상이 발달하게 된다고 보았다. 자기라는 개념은 처음 형성될 때 유기체적 평가 과정에 의해 지배되는데, 이때 모든 새로운 경험은 그 경험이 인간의 선천적인 유기체적 경험을 촉진하는지 혹은 방해하는지에 따라 다르게 평가된다. 유기체적 평가 과정은 유아기의 욕구충족의 적정한 상태를 점검하는 일종의 선천적 모니터링 시스템이다. 유아는 자신이 그 경험을 좋아하는지 또는 유쾌한지에 따라 자신의 경험을 평가하는데, 이 평가를 직접 경험한 후에는 그 경험에 대해 자동적 반응이 형성된다. 따라서 건강한 성격을 발달시키는 중요한 요인은 타인에 대한 무조건적 긍정적 관심이다. 이것은 타인을 조건 없이 있는 그대로 수용하거나 존경하는 것을 뜻하며, 어떤 경우에서든 완전하고 진실된 사랑과 존중을 보여 주는 태도이다. 인간은 무조건적 긍정적 관심을 받을 때 자신을 가치 있는 존재로 판단하며 이에 따라 자신의 욕구와 자아개념에 의하여 행동함으로써 성장할 수 있다. 인간은 처음의 단계에서 다른 사람들이 좋아해 주는 것을 중요시하지만 자존심 혹은 자기가치가 향상된 상태에서는 다른 사람들의 관심에만 근거하지는 않으므로 궁극적으로 성장 이후에는 스스로 좋아하는 것이 중요하다. 그러나 성장 초기에 만일 다른 사람으로부터 무조건적인 관심을 받는다면 그 자신은 자신을 긍정적으로 여길 것이며 이후 가치부여 과정에 의해 계속 그렇게 자기 자기의 체험을 평가할 것이다. 따라서 무조건적 관심과 존경을 받는 대인관계는 다른 사람의 실재가 아닌 자신의 실재로 수용된다고 느끼게 하므로 자기의 경험간의 일치는 증가한다.

또한, 잘 적응하는 사람은 형상학적 자기자신이 어떻게 진실되게 행동하고 생각하고 경험하는지에 대해 정확히 인식하는 사람이다. 즉, 자기이미지와 현실 사이의 조화를 이루는 성격 발달을 가져온다. 따라서 Rogers는 의식된 체험을 왜곡해서 지각하는 자기 합리화나 부정과 같은 방어는 이러한 위협에 의한 행동적인 반응이라고 하였다. 자기가 위협적 체험으로부터 자신을 방어할 수 없을 때 인간은 비정상적으로 성격파탄과 정신병리로 발전하게 된다. 변화는 위협을 내포하므로 심리적으로 이를 없애기 위해 자기가 위협의 요소를 스스로 걸러냄으로써 변화할 필요를 없애기 때문이다.

(4) 훌륭한 삶을 영위하는 성격 : 완전하게 기능하는 사람

Rogers는 훌륭한 삶이란 어떤 목적지가 아니라 올바른 방향이라고 하였다. 방향이란 유기체가 어떠한 방향으로든지 자유롭게 움직일 수 있는 내적인 자유가 주어져 있을 때 가능하며 그가 선택하는 방향으로 자유롭게 움직이는 과정이다. 따라서 '완전히 기능한다'는 것은 자신의 잠재력을 스스로 인정하고 주도적으로 능력과 자질을 발휘하여 자신에 대한 이해와 경험을 풍부하게 하는 방향으로 이동하는 것이다. Rogers는 '완전히 기능하는 사람'이 공동적으로 가지는 다섯 가지 중요한 성격의 특질을 언급하였다. 이를 통하여 사례관리의 상담에 임하는 상담가로서 취해야 할 태도를 짐작해볼 수 있다.

첫째, 완전히 기능하는 사람은 경험에 관하여 개방적인 태도를 가지고 있다. 경험을 개방하는 사람은 그 자신의 의견에 귀기울이며 자신의 내부에서 무엇이 일어나고 있는가를 경험할 수가 있다. 그들은 자신이 느끼는 감정을 민감하게 인식하고 이것을 억압하지 않는다. 그는 감정에 민감하되 충분히 합리적으로 자신의 감정을 인식하고 사리 판단을 통하여 상황에 적절하게 반응을 하는 사람이다.

둘째, 완전히 기능하는 사람은 실존적인 삶을 사는 태도를 견지한다. 인간의 실존적인 삶이란 인간이 존재의 매 순간을 충분히 만끽하며 실존적으로 사는 것을 뜻한다. 현재의 자기나 미래의 자기는 그 순간으로부터 나오는 것이라는 것을 깨달으며 개인의 자아와 성격은 경험으로부터 나타난다. 따라서 그들은 실존적인 삶을 살아가는 과정에서 자기 자신의 경험구조를 발견하며, 존중하고 유동적이고 적응적이며 관용적이고 자발적인 자세를 지닌 사람이다.

셋째, 완전히 기능하는 사람은 유기체적인 신뢰를 지니고 있다. 대부분의 사람들은 일부 집단이나 기관이 지켜 온 사회적 규범에 의존하여 이를 신뢰한다. 즉, 타인의 판단이나 과거에 자기가 유사한 상황에서 행동했던 방법에 의존한다. 이때 그들의 의사결정은 외적 영향력에 의해서 좌우된다. 그러나 완전히 기능하는 사람은 자기 자신의 유기체적 경험을 통하여 자신이 해야 할 것과 하지 말아야 할 것을 판단하고 결정한다.

넷째, 완전히 기능하는 사람은 경험적 자유를 지니고 있는 사람이다. 인간에게 있어 주관적인 경험적 자유란 인간이 자기의 세계를 형성하는 데 중요한 역할을 담당할 수 있다는 자기 자신의 의지를 나타내는 감정이다. Rogers는 인간의 모든 행위가 생물학적인 신체구조나 사회적 압력, 그리고 과거의 경험에 의해서 강하게 영향을 받는다는 점을 인정하고는 있지만, 인간은 자기가 선택한 인생을 보다 자유롭게 살아갈 수 있다고 보았다. 그러므로 인간이 가지는 경험적 자유는 인간이 자신의 행동과 그 결과에 책임지는 것을 통해 가능하며 그것의 주체는 자신뿐이라는 의미를 내포하고 있다. 따라서 완전히 기능하는 사람은 자신의 인생에서 많은 선택을 하며 실제로 자신의 원하는 삶을 살아가는 사람이다.

다섯째, 완전히 기능하는 사람은 창조성을 지니고 있는 사람이다. 훌륭한 삶을 사는 사람은 창조적인 사람이며, 그들은 자신이 속한 문화 내에서 건설적으로 살아가는 경향이 있다. 이들은 자신의 깊은 곳에 있는 욕구를 만족시키면서 사회 속에서 살아가고 있지만 사회에 얽매여서 살아가지는 않으며 창조성을 지니고 있는 사람이다.

3) Schleiermacher의 해석학

Schleiermacher는 인간 의식의 성찰이 언어학을 통하여 가능하다고 하였다. 이것은 해석학의 기초가 되었는데 해석학은 언어의 이해와 그 언어를 통한 세계 이해에 관하여 설명하는 것이다. 분석과 종합이란 해석학적 순환론에 의하여 '언어가 내포하는 뜻'을 통하여 대상에 대한 은유와 비유, 환유를 통해 언어의 숨겨진 의미를 찾고자 해석기술을 적용하여 해석자로서 언어를 통한 세계 및 세계를 이해하는 자신을 규명하고자 하였다. 이러한 과정은 담론을 통하여 인간과 세계에 대한 이해를 가능하게 하는 과정일 것이다. 담론은 사람들이 각기 다른 의미로 사용하는 언어에 대한 보편적 의미를 찾고, 상황에 따라 달리 이해되는 의미를 정확하게 이해해서 전달해야 한다고 하고 있다.

예를 들어 '비가 오네'라는 언어만으로는 그 사람의 심상과 욕구를 알 수 없으나 '집에 가서 쉬어야겠다', '어디론가 가고 싶다', '비가 오니까 부침개가 생각이 난다' 등 그 뒤에 이어지는 말을 통해 의미를 해석함으로써 비로소 그 언어의 의미를 이해하는 것과 같다. 이것은 언어가 살아 있다는 것을 보여 준다. 언어를 주고받는 대화도 같은 관점에서 이해될 수 있다. 언어는 언어로 표현되는 세계를 드러내며 세계 자체를 비추는 거울이며 세계에 대한 의미체이다. 따라서 언어의 중요성과 이를 통해 전달되는 사상은 언어를 통해 의도하는 것을 전달하는 매개역할을 함과 동시에 이해를 하는 도구로 사용된다. 또한, 이를 통하여 인식의 주체와 대상 간의 분리를 극복하여 다양한 관계 속에 정립되는 인간에 대한 자기이해와 규범을 이해하는 수단으로 사용될 수 있다. 이것은 해석학적 순환론과 연결되면서 해석학의 방법론으로 정립될 수 있다. Schleiermacher가 해석의 방법을 통해 궁극적으로 도달하려고 한 목표는 '자기의식'이었다. 이후 Gadamer는 Schleiermacher가 주장한 언어의 변증법과 Hegel의 운동의 변증법을 통하여 변증법적 해석학이라 할 수 있는 철학적 해석학을 정립하고 형이상학, 관념론, 정신현상학 등의 현대 해석학을 논하였다.

4) 그 외의 철학자들

또한, Brentano는 Dilthey와 비슷한 일면이 있으나, 그는 정신 및 심리학적 구분 즉, 의식(consciousness)에 보다 관심이 있었다. 반면 Dilthey는 자연과학(natural science)과 사회과학(social science)의 근본적인 차이에 관심을 두는 차이가 있다. 그리고 기든스(Anthony Giddens, 1938)의 이중구조(dual type)는 사회적 재생산(social reproduction)과 사회의 생산(production of society), 즉 결과물로 사람들의 역할을 언급하면서, 인간이 사회 속에서 행동함으로 갖는 의미들이 인간을 둘러싸고 있는 사회에 영향을 줄 수 있으며, '인간의 행동'과 '사회적 결과물'이 상호 영향을 주고 받으며 변화한다고 하였다. 그리고 이러한 것들은 상호 연관성을 통하여 영향을 주는 역동적인 순환구조를 이루고 있다고 역설하였다. 따라서 이것을 고전적으로 해석한다면 엄밀하게는 부분(part)과 전체(whole) 간의 순환 또한, 부분과 전체의 순환적 영향의 고리라고 보는 개념이라 할 수 있다. 이는 연역과 귀납의 연구 방법론에서도 일부 적용되고 있다. 이것은 인간과 사회가 함께 상호작용하면서 성장한다는 사회적 차원의 해석과 함께, 역사 및 자기 자신에 대한 이해도 가능하게 하는 중요한 매개체로 바라볼 수 있을 것이다.

5 인간의 성장과 생태체계이론의 적용

모든 인간의 문제는 생태학적 측면에서 이해될 수 있다. 즉, 인간이 가진 문제는 그들을 둘러싸고 있는 환경적인 측면을 통한 접근이 중요하다. 즉, 생태학적 환경의 미시 및 중간 체계의 이해는 중요하며 이는 각종 사회복지프로그램이나 개입방안의 접근에 있어서, 소단위의 문제에만 국한하여 접근할 것이 아니라 '생태학적 체계에서의 접근 방법'이 고려되어야 함을 의미하는 것이다. 사회복지실천의 목적은 "개인과 환경간의 상호작용의 증진을 통해서 사회구성원 모두의 삶의 질을 향상시키는 것"이라고 하였다(엄명용, 2009). 이것은 개개인의 입장뿐 아니라, 환경의 구조적인 문제를 함께 고려하고자 하는 움직임에서 비롯되었다.

그리고 이것은 기존의 개인적 수준의 문제를 다원화 차원에서 인식하고자 하는 움직임이며 개인의 문제를 '사회와 인간 양자 간의 상호관계성'에 주목하여 접근하는 것이라 할 수 있다. 상호주의 접근은 인간 상호작용과 개인의 역동성에 있어서, 환경을 고려하여 주목하는 것이다. 즉, "문제의 원인을 사정하고 문제 해결을 시도하려고 할 때 문제 해결방안을 개인의 변화에서만 찾을 것이 아니라 그 개인의 문제에 영향을 미치는 주변 사회환경의 변화 또는 개선에서도 찾아야 한다는 것"을 강조하는 개념이다(엄명용, 2009). 따라서 인간이 가지는 문제의 다양성과 개입 방법을 통한 변화양식의 역동성 및 문제 역시 생태학적 차원에서 바라본다면 환경과 조화되는 모습을 지향해 나갈 수 있다.

이에 대하여 Judith는 인간의 역량강화의 개념으로 임파워먼트 접근 역시 전문적인 목적이 '인간과 환경의 두 측면 모두에 관심을 갖는 것'이라고 하였다. 이것은 현대사회에서 벌어지는 다양한 문제를 개인의 문제로써만이 아니라 생태학적인 고려 및 상호작용으로 바라보아야 한다는 것에 그 의미가 있다. 이것은 엄명용(2009)의 생태체계적 이론에서 언급된 환경에 대한 관점으로 본다면 생태체계를 미시와 중간 및 거시체계로 분류할 수 있으며 인간의 심리와 행동을 이해하는 것에 앞서, 인간에게 영향을 미치고 있는 생태체계적인 요소에 대한 영향력을 고려하는 것이 중요하다는 의식에서 출발한 것이다.

1979년 Broderick과 Smith는 체계이론의 주요개념을 설명하였고 2002년 White & Klein이 체계이론과 관련된 다음과 같은 용어들로 발전시켰다. 체계란 근본적으로 상호 새로운 개체를 형성하는 방식으로 서로 관련되어 전체를 구성하는 요소들의 집합체이다. 그것은 사회적 체계로써 상호 연관되고 한 부분이 변화하면 모든 체계에 영향을 주는 방식으로 상호의존적으로 구성의 경계가 유지되는 단위이다.[4] 이때 개방되고 투과성있는 경계는 체계로의 에너지흐름을

4) 가족은 세대, 젠더, 관심 혹은 역할과 기능에 의해 형성된 하위단위를 가지고 있음을 알 수 있다. 가족 내에서 가장 지속적인 하위체계는 부부(가장 기본적인 하위체계), 부모와 자녀, 그리고 형제자매의 하위체계로 구성될 수 있다.

좀 더 용이하게 한다. 이때 체계의 활력을 위해 환경과의 상호교환은 중요하다. 또한, 체계이론에서와 같이 생태학에 있어서도 피드백은 중요한데 피드백이란 각 구성원의 반응이 다른 사람의 행동에 영향을 주는 것으로 이러한 피드백의 고리는 구성원간의 말과 행동 등에 영향을 미친다.

생태학과 체계학의 합성어인 생태체계학은 체계적 관점과 생태적 관점이 합성되어 사용되는 용어라고 할 수 있다. 생태학은 유기체와 환경 관계를 연구하며, 유기체와 환경이 상호 균형을 이루며 성장하는 과정 자체를 중요시한다. 이에 대하여 엄명용(2009)은 인간과 인간의 주변 환경 간의 상호작용 또는 역동적 교류와 적응에 초점을 두어, 개인과 환경은 특정 상황 속에 양자가 끊임없이 영향을 주고받는 관계적인 측면에서 관찰되고 파악되어야만 충분히 이해될 수 있다고 하였다. 그리고 Zimmerman(1990)은 '인간을 환경 안에서의 개념'으로 보고 있으며, '생태학적이며 문화적인 영향' 등이 고려되어야 한다고 하였다. 인간과 가족은 '환경속의 인간'이라는 개념으로 지역사회에서의 적극적인 참여와 사회정치학적 환경에 대한 이해를 포함한다고 하였다.

이를 통하여 순환적 인과성 대 단선적 인과성의 개념을 비교해 볼 때, 체계 내에서는 각각의 행동들이 상호영향을 미치게 되는 상호순환적인 인과성을 지님을 알 수 있다.즉, 한 가지 행동이 다른 행동에 영향을 미치는 경우에는 단선적인 인과성이라고 할 수 있으며 이들의 원인과 결과가 상호 순환되는 경우에 이를 순환적 인과성이라고 할 수 있다. 체계 내에서는 다양한 요인들이 영향을 미치는 원인이 되고 상호관계를 촉진하는 경우가 많으므로, 단선적인 인과관계에 관한 논의는 의미가 없다고 할 수 있다. 따라서 인간의 상호관련한 문제는 명백한 시작과 끝이 있기보다는, 지속적인 순환이 있게 되므로 발생한 원인보다는 발생한 일에 대한 책임을 상호가 나누는 것이 중요하다.

여러 환경의 상호작용 뿐 아니라 하나의 미시체계에 일어나는 사건들은 다른 미시체계에서 일어나는 행동과 발달에 영향을 미친다. 그 밖의 체계는 개인이 직접적인 관련은 없으나 개인에게 영향을 미치는 사회구조인 환경요인으로 직장, 이웃, 학교와 지역사회와의 관계, 각종 위원회, 대중매체나 기관 등이 포함되며 그 밖에 거시체계(문화나 경제 등)가 있다. 체계이론의 옹호자들은 이러한 체계이론이 어려운 목적에 적절하며 유용하게 쓰일 수 있음을 주장한다. 이에 대한 반론으로는 그 다양성으로 인하여, 자연과 사회세계 사이의 관계를 구체화하는 것 자체가 어렵다는 것에 있다. 체계이론은 사회의 역동을 설명하는 것에 유용하게 쓰이고 있다. 한 사람을 이해하고 효율적으로 지원하기 위해서는 그들의 행동에 영향을 미칠 수 있는 환경에 대한 이해가 필수적이다(홍봉선·남미애, 2010). 또한, 모든 인간은 가정에서 태어나고 영향을 받으며 성장하므로, 성장기 삶의 제1차 사회화 기관인 가정의 영향을 크게 받을 수 있다(홍봉선·남미애, 2010). '가정생활건강'의 구성요소는 유대감, 시간공유, 의사소통, 위기대처능력이 있으며 이것은 인간의 성장과 문제에 영향을 미친다. 이때 인간이 가지는 심리적 안녕감은 인간의 긍정적 발달에 주요한 지표로 작용하므로 그 자체로도 중요하다고 할 수 있으나, 이것이 다른 결과에 공헌하게 되므로 더욱 중요하다고 할 수 있다(Park, 2004). 심리적 안녕감이란, 일상생활의 사건에 사람들이 적응하면서 느끼는 정서로 환경의 자극이나 개인의 반응 사이의 상호작용의 결과로써 개인이 지각하는 총체적 감정을 말한다(McDowell & Newell, 1990; Ryff & Keyes, 1995). 그 밖에 경제 등의 문제가 있을 수 있다. 한편 가정이란 공동의 주거, 경제적인 협력 및 생식 등의 특성을 갖는 사회조직으로, 초기 사회화의 바탕이 이루어지며 정서적인 안정과 인격의 기초가 형성되는 곳이다(김경아, 2002). 가정은 개인생활의 기초로써 많은 시간을 보내는 곳이며 인생과 사회생활의 출발점이기도 하다. 이에 관하여 Bandura(1977)는 자기 효능감의 경험이 가족으로부터 얻어질 수 있다고 하였으며 Yoshikawa(1999)는 복지제도의 변화 속에서 가정의 중요성을 강조하고 있다. 가정의 요인이 심리적 안녕감에 미치는 요인을 살펴보면, 부모-자녀의 세대 및 부모 간의 연합이, 가족의 심리적 건강과 유의미한 정적인 상관관계가 있다고 하였다(Kleiman, 1981). 그 밖에는 가족의 건강이 개인의 심리적 안녕감에 밀접하게 연관되어 있다는 연구가 있다(Adelmann,

1994). 생태학적 차원으로 볼 때 건강한 가정이란, Pratt(1976)에 의하면 구성원들이 다양하고 규칙적인 상호작용을 하며 가족원에게 개별성과 자율성을 부여함으로써 문제 상황에 적극적으로 대처 할 수 있는 가족이다(김경아, 2002에서 재인용). 즉, 가족의 화목 및 서로에 대한 충실, 친근감 등을 질문하는 '가족유대감'과 가족단위의 여가생활과 공동의 관심사 및 함께 보내는 시간의 유익성 등을 묻는 '시간공유', 그리고 상대방의 이야기에 경청하는 정도, 수용 및 타협의 정도, 솔직성의 정도의 '의사소통' 및 위기 문제에 당면한 상황에서의 태도, 인내심, 해결노력, 자원공유 등을 다루는 '위기대처능력'이 있을 수 있다. 사회복지의 실천은 한 개인의 당사자에 대한 개입과 지원은 물론, 개인을 둘러싼 환경이 제대로 기능과 역할을 할 수 있도록 환경적 개입이 절대적으로 필요하다(홍봉선·남미애, 2010).

이렇게 환경을 고려하는 사례관리는 궁극적으로는 환경 속에서 클라이언트의 자립을 도모하는 목적이 강조되면서 클라이언트의 역량을 강화하기 위한 강점 접근과 임파워먼트 및 옹호에 관련된 이론이 중시되고 있으며 자원의 효과적인 개발과 자원의 연계를 위한 네트워크 이론 등이 중시되고 있다. 따라서 사례관리자는 기본적으로 행동체계로써 원조체계와 밀접한 관계를 맺고 일을 해야 하며, 사례관리의 대상이 되는 클라이언트체계로 표적체계인 클라이언트와 관련되어 변화가 필요한 체계를 다같이 생태체계적 관점에서 적용하는 것이 필요하다.

chapter 3

사례관리의 점검

본 장에서는 각종 계층에 대하여 탐색적으로 알아보기에 앞서 사례관리를 위하여 점검하여야 하는 사항에 관하여 살펴보고자 한다. 사례관리에서 정확한 사정 및 평가는 매우 중요하며 이에 대한 사례관리자의 올바른 태도에 관하여 살펴볼 것이다. 아울러 사회복지 실천에 있어서 사례관리자의 총체적 역할로 클라이언트와의 관계에 대하여 생각해 보는 시간을 갖는다.

1 사례관리의 과정

사례관리의 총체적인 과정을 먼저 개략적으로 살펴보면 다음과 같다.

1) 사례발견과 접수

사례발견은 복합적인 문제나 욕구를 갖는 대상자를 찾아내는 작업을 의미하며 사례관리 대상자는 대부분 복합적인 문제가 만성화되어 의욕이 없는 상태에 있는 경우가 많으므로 자발적으로 기관에 접근하는 경우는 매우 드물다. 따라서 사례발견을 위하여 아웃리치, 타 기관으로부터 의뢰, 지역사회 주요 정보 제공자의 활용 그리고 기관의 홍보활동 등을 통하여 사례를 발굴한다.

사례관리의 사전적격심사에 요구되는 사항은 ① 시설보호의 욕구, ② 배우자나 중요한 타자의 상실로 인한 고통, ③ 복합적인 욕구의 문제, ④ 일상생활 과업에 대한 원조의 비공식적 지원체계의 원조 불충분성, ⑤ 기관에 대한 원조, ⑥ 원조를 제공하는 장소, ⑦ 진료기록의 유무, ⑧ 이상 행동 등의 행동 특성, ⑨ 보호자나 후견인 유무, ⑩ 자기보호의 능력 등이 점검될 수 있다(이근홍, 2006).

사례관리의 접수 시 확보되어야 하는 일반적인 정보는 중요하다. 클라이언트의 성명, 나이, 주소, 가족관계, 주거상황, 소득, 문제나 욕구 영역의 정도 등 인적사항을 중심으로 하는 기본적인 정보가 필요하다. 사례를 발견하는 과정에서 접수, 관계 형성, 문제 확인, 욕구 및 기대 파악, 서비스의 정보 제공, 서비스의 수혜 여부 결정, 원조 과정의 안내, 의뢰 및 사전검사 등의 과정도 필요하다. 이 과정에서 사례관리자는 클라이언트의 장애나 욕구를 대략적으로 파악하고, 사례관리를 통해 클라이언트에게 제공해 줄 수 있는 원조의 내용을 클라이언트가 인지할 수 있도록 상세히 설명하여 클라이언트의 선택이 가능하도록 해야 한다.

2) 사정

사정(assessment)은 대상자의 문제와 상황을 검토하기 위한 절차인 동시에 시작과 마지막까지의 단계에 대한 점검의 과정이기도 하다. 사정의 목적은 대상자와 사회 및 물리적인 환경의 욕구와 강점을 정확히 평가하는 것에 그 목적이 있다. 이 단계에서는 대상자의 문제와 욕구에 대한 내용, 강점 및 자원 등을 파악하여 서비스의 내용과 수준 등을 결정하게 된다.

사정 영역은 사례관리 대상자의 욕구와 능력의 사정, 지원체계에 대한 능력, 지원체계에 대한 사정 등이 있을 수 있다. 사정 방법으로는 자료 수집을 효과적으로 하기 위해 통상적으로 가계도, 생태도, 성격유형검사, 지능검사, 진단검사 등 각종 심리검사를 실시하기도 한다. 이때 사정은 서비스 계획을 위한 자료와 정보를 체계화하는 과정이므로 클라이언트에 따라 개별화되어야 하며, 무엇보다 클라이언트의 자발적이며 적극적인 참여를 바탕으로 정확하게 이루어지는 것이 바람직하다.

3) 계획

계획의 과정은 사정에서 수집한 정보를 대상자의 욕구충족을 위한 일련의 서비스 활동으로 전환하는 과정이며 수립의 과정에서 클라이언트의 동의를 얻는다. 이와 같이 사례계획은 클라이언트와의 협조 하에 이루어져야 하며 다음의 항목이 점검되어야 한다.

첫째. 필요한 서비스에 대하여 우선순위의 영역을 명확히 설정하는 것이 중요하다.

둘째, 이러한 목적의 영역 내에서 달성하기 위한 목표와 클라이언트의 진행과정을 평가하기 위해 사용될 수 있는 구체적 측정목표를 정하는 것이 바람직하며 이는 단기와 장기로 구분하여 구체화되어야 한다.

셋째, 목표를 성취하기 위한 개입기술 혹은 개입전략기술에 대한 계획을 세운다.

넷째, 클라이언트가 의뢰되는 기관이나 기관 내에서 접촉하게 되는 구체적인 개인을 설정한다. 다섯째, 활동을 완결할 수 있는 실질적인 시간계획을 점검한다. 여섯째, 서비스 활용과 전달에 잠정적인 방해물을 확인하고 이에 대하여 가능한 해결책을 점검한다. 일곱째, 사정의 전반적인 사항에 대하여 클라이언트의 동의를 구한다.

이러한 개입계획을 정리하면 목적 수립하기(1단계), 우선순위 정하기(2단계), 목표 및 전략 수립하기(3단계), 클라이언트와 목표달성을 위한 전략 선택하기(4단계), 실행하기(5단계) 순으로 정리할 수 있다.

4) 실행

개입 단계는 서비스 계획을 실행하는 단계라고 할 수 있다. 이전 단계에서 수립한 서비스 계획을 복합적이고 지속적인 대상자의 욕구에 부응하고 원활하게 이루어지게 하기 위해서는 사례관리를 통하여 지역사회 내 다양한 자원 간의 연계 시스템 구축이 필요하며, 다양한 자원의 접근방식에 대한 이해가 전제되어야 한다. 실행을 위한 공급주체는 클라이언트의 주변환경을 활용하여 가족, 친척, 친구, 이웃, 자원봉사자 등과 같은 비공식적인 지지체계와 행정, 사회복지법인, 제도화된 단체, 지역의 서비스 제공 단체 등의 공식 서비스 체계로 구분될 수 있다. 서비스 계획을 실행하는 데 있어 사례관리자는 다양한 유형의 자원과 지역사회기관, 그리고 클라이언트를 연결하여 클라이언트에 대한 서비스와 지원계획을 실행해 갈 수 있도록 원조하는 역할을 담당하게 된다.

5) 실행에 대한 점검

제공된 서비스의 단계별 점검은 서비스 계획과 지원계획이 잘 이루어지고 있는가 모니터링하는 것으로 서비스 이행 계획의 수행 정도와 성취 정도를 파악하는 것이 목적이다. 따라서 점검은 클라이언트의 수립된 실행계획에 따른 서비스의 전달 과정을 점검한다. 따라서 점검 단계에서 달성하고자 하는 목적은 서비스와 자원이 적절하게 달성되고 있는지, 서비스나 자원계획이 적절한지, 대상자의 욕구에 변화가 있는지 등을 점검하며 이때 클라이언트와 함께 점검하는 것도 바람직하다.

6) 평가

서비스의 종결을 결정하기 전 단계에서 사례관리의 애초 설정한 목적과 목표가 어느 정도 달성되었는지에 관한 여부를 판단하는 평가 작업이 진행된다. 평가와 점검은 개념이 구별된다. 점검이 정해진 활동을 계획대로 잘 이루어지고 있는가를 중점적으로 보는 것이라면, 평가는 사례관리 과정과 사례관리자의 활동이 궁극적으로 대상자의 삶에 어떠한 변화를 가져왔는지 목적의 달성 정도를 판단하는 과정이다. 따라서 사례관리의 평가는 다음의 영역에서 이루어져야 한다. 먼저 대상자에 대한 서비스와 자원계획에 대한 평가가 필요하다. 그리고 목적달성에 대한 평가가 필요하며 그 밖에 사례관리 서비스의 전반적인 효과성에 대한 평가와 대상자의 만족에 대한 평가 등 다각적으로 평가될 필요가 있다. 이러한 평가는 다음의 유사사례에 적용될 수 있으므로 중요한 과정이다.

7) 사례종결

사례의 종결은 마지막 단계로서 사례가 완전히 종결되거나, 다른 프로그램에 의뢰하거나 새로운 서비스 계획을 의미하기도 하나, 간혹 클라이언트의 요구에 의하여 종결되기도 한다. 그러나 종결의 개념은 무엇을 끝마친다는 개념보다는 지역사회와 개선과 성숙을 가져오는 다른 자원으로 클라이언트를 이동시키는 개념으로 이해하는 것이 바람직하다.

(1) 종결 단계의 과업

종결과 시기를 결정하기, 클라이언트의 정서적 반응 해결하기, 목표달성 정도를 평가하기, 결과에 따른 성과를 유지하고 발전할 수 있도록 사후관리를 계획하기 등이 있다.

(2) 종결의 방법

종결도 시작만큼 중요한 과정이며 따라서 그에 따른 감정처리가 중요하다. 특히 클라이언트가 사례관리자와의 관계에서 긴밀한 관계나 의지를 하고 있는 경우 급격한 변화가 일어나면 일시적 불신, 분노, 퇴행 등의 감정적 변화가 일어날 수 있으므로 클라이언트가 스스로의 애착 등의 감정을 정리하고 독립해 나갈 수 있도록 하는 과정이 필요하게 된다. 또한, 타 기관의 의뢰 등이 필요한 경우에는 사례관리자는 클라이언트를 다른 도움이 되는 기관에 연결시키는 것에 대한 충분한 이유를 설명하고 위임되는 기관에도 클라이언트의 동의하에 정보 등을 넘겨 주어야 한다. 그 외에 정상적이며 성공적인 종결인 경우에도 점진적으로 사후 지도 계획을 세워 실행하는 것이 필요하다. 종결을 결정할 때에는 클라이언트의 욕구 충족을 시키는 데 필요한 능력의 강화 정도 및 독립성 향상의 정도 그리고 클라이언트의 원조망의 효과적인 활용 정도 등을 점검하는 것이 중요하다. 또한, 평가는 종결과 함께 꼭 필요한 과정이다. 변화를 위한 활동을 끝내는 시점에서 원만하고 만족스러운 종결로 이어질 수 있도록 하여야 하며 효과적인 실천에 있어서 핵심요소이다. 어느 경우에나 종결은 적절한 시간에 긍정적인 결과와 함께 이루어져야 한다. 종결의 유형은 다음과 같다.

(3) 종결의 유형

종결은 상황에 따라 여러 가지의 모습으로 다양하게 나타날 수 있다.

① 일정 회기의 기간만 제공되는 계획된 종결

일정 회기의 기간만 제공되는 계획된 종결은 정해진 기간만 제공되는 계획된 종결로 미리 알려진 것이므로 클라이언트는 갑작스럽게 종결을 맞는 것보다 마음의 준비로 인하여 충격이 적고 종결에 대한 사전 대비를 할 수 있어 종결에 따른 감정을 해소할 수 있는 충분한 시간을 미리 가질 수 있다.

② 시간제한이 있는 종결

초기부터 사회복지사와 클라이언트 개입의 시간을 미리 제한하면서 사례관리를 시작하는 것으로 클라이언트의 정서적 애착과 의존을 줄여 주고 종결에 따른 상실감도 줄여 주며 그에 대한 대비를 하는 데 유용하다.

③ 시간제한이 없는 종결

시간제한이 없는 종결이더라도 언제 종결할 것인가를 결정하는 것은 중요하다. 일반적으로 사례관리자와의 만남을 통해 클라이언트가 얻는 것이 줄어들 때 즉, 세션을 통해서 얻는 이익이 점차 감소하여 중요성이 없어질 때, 혹은 클라이언트의 개선하고자 하는 목적이 달성될 때가 종결의 시기라고 할 수 있다.

④ 클라이언트의 일방적 종결

클라이언트의 상황으로 갑자기 약속을 어기거나 이런저런 이유로 사례관리에 올 수 없음을 통보하거나 더 이상 자신의 문제를 노출시키고자 하지 않으면서 종결을 원할 때 이루어진다. 사례관리자는 이때 문제의 원인을 탐색하고 신중히 생각할 것을 권하는 것이 바람직하지만 최종적으로는 클라이언트의 자기결정권을 존중하는 것이 좋다.

⑤ 사회복지사의 이동으로 인한 종결

사회복지사의 이동으로 인한 종결은 클라이언트와 사회복지사 모두에게 힘든 상황이다. 사례관리자는 시간이 허락하는 한 애석한 감정표현을 허용하면서 다른 사례관리자에게 의뢰하는 것을 클라이언트가 수용할 수 있도록 도와야 한다.

(4) 종결에 대한 반응

종결에 대한 반응은 전형적으로 다음의 네 가지로 정리할 수 있다.

① 클라이언트가 사례관리자에게 의존하는 반응을 보이는 경우

클라이언트가 의존심이 증가하여 계속 사례관리자에게 만나줄 것을 요구하는 경우로 클라이언트에게 스스로 독립적으로 문제를 해결하는 것이 애초의 목표였음을 강조하여야 한다.

② 클라이언트가 과거의 문제가 재발했음을 보고하는 경우

클라이언트가 세션을 통하여 획득하게 된 자원과 장점을 강조하여 자기효율성을 높여 주는 것이 중요하다.

③ 클라이언트가 새로운 문제를 가지고 오는 경우

우선 사례관리자는 그 문제를 다루기 이전에 먼저 클라이언트의 종결에 따른 감정을 탐색하는 것이 중요하다.

④ 클라이언트가 사례관리자를 대치할 다른 대상을 찾는 경우

의존심을 지속시키고자 하는 욕구 때문이므로 그러한 사항을 클라이언트가 인식하고 자신의 상황을 직면하여 해결할 수 있도록 돕는다.

(5) 변화의 결과를 확고히 하는 것의 중요성

클라이언트의 개입 과정에서 사회복지사의 마지막 활동은 진행되는 동안 달성한 결과를 안정시키고 그것을 클라이언트의 일상생활에 일반화시키는 것은 매우 중요하며 이는 사후관리를 통하여 점검되어야 한다.

8) 사후관리

사후세션을 종결한 후 2~6개월 가량이 지났을 때 클라이언트의 변화를 모니터링하며 사례관리의 효과를 유지하기 위해 사후세션을 갖는 것이 바람직하다. 사례관리자는 항상 목적과 목표를 명확하게 설정하여 클라이언트에게 개입해야

한다. 애초에 사례관리자가 목표를 설정하지 않고서는 이후의 개입이 얼마나 성공적이었는지 평가할 수 없을 것이다.

① 과제달성 척도

클라이언트와 사례관리자가 개입과제를 완수한 정도를 결정하는 단순하고 유연한 평가도구이며 특히 기초선의 설정이나 단일사례설계의 적용이 어려운 경우에 달성정도를 측정하는 것에 유용하다.

② 목적달성 척도

클라이언트가 개별화된 목적을 달성한 정도를 통하여 측정하는 방식으로 일반적인 영역과 특수한 영역으로 정신건강관련 문제, 약물남용 프로그램, 보호관찰과 가석방 분야 등 많은 현장에서 활용되어 왔다.

③ 서비스 계획 결과의 평가자 체크리스트

한 기관에서 전형적으로 제기되고 있는 결과목적의 일람표를 통하여 클라이언트의 개선의 정도를 기록한다. 이는 접수에서 종결까지 클라이언트가 수행한 개선의 자료를 수집하는 데 활용하기 위한 기록 및 점검의 도구이다.

④ 동료검토의 방식

사례관리자의 활동에 대하여 일련의 원칙과 기준에 따라 그 실천의 질을 평가하는 방식이다. 이것은 기관의 클라이언트, 정책, 절차를 충분히 이해하고 있는 동료 사례관리자가 정기적으로 점검하는 것을 방식으로 서비스의 품질을관리하기 위하여 수퍼바이저 – 수퍼바이지의 형식으로 점검되기도 한다.

⑤ 클라이언트 만족도 설문의 적용

클라이언트가 자신이 받은 서비스에 대해 만족하는지를 통하여 서비스에 대하여 클라이언트의 의견을 구하는 기법으로 보통 리커트 척도에 의한 방식과 개방형 기술문항 그리고 인터뷰 방식으로 진행된다.

⑥ 수퍼바이저에 의한 기관평가

사회기관의 진행 중인 업무수행을 사정하기 위해서 수집해야 할 자료를 보다 명확히 하는 기능이 있다. 기관평가는 세션의 진행에 따른 클라이언트의 욕구에 반응하는 정도, 제공되는 서비스의 질, 클라이언트의 만족도, 자원이용의 효율성 등을 고르게 사정하는 것이 바람직하다.

자, 그럼 사례관리의 필요성, 목적, 요인, 과정에 대하여 어느 정도 정리가 되었을 것이다. 즉, 탈시설화의 영향, 서비스 전달의 분권화, 복합적 욕구의 클라이언트의 증가, 기존 서비스의 단편성 및 사회적 지지망의 활용의 중요성에 대한 인식 증가, 비용의 효과성 추구 등이 떠오른다면 성공적이다. 여러분들은 이제 사례관리가 만성적이고 복합적인 문제를 가진 개인 및 가족에게 필요한 자원을 연계하여 그들의 기능을 향상시켜 환경 속에서 사회적 기능을 원활히 수행할 수 있도록 돕는 통합적인 방법이라는 것을 알았을 것이다. 또한, 사례관리의 목적이 클라이언트의 삶의 질 향상, 보호의 지속성, 서비스의 동등한 접근성, 서비스 통합성, 효과적인 자원의 접근, 양질의 보호, 옹호, 전인적 관점, 클라이언트 역량강화로 이해될 수 있다. 또한, 사례관리 실천 개입 과정으로 사례관리 초기과정을 거쳐 사례관리 사정 과정 그리고 사례관리 개입계획과 실행 및 사례관리의 평가와 종결의 단계가 있으며, 이러한 사례발견과 스크리닝을 통한 인테이크, 계약과 사례관리 사정 과정을 통하여, 클라이언트 욕구 및 문제를 해결하고 클라이언트의 능력을 향상시키며, 클라이언트 지원획득의 능력을 증강하는 과정이 이루어진다는 것을 알았을 것이다. 그러면 이러한 단계에 적용되는 이론은 어떠한 것이 있는지, 사회적 관계망에는 어떠한 것이 있는지 사례를 통하여 차근차근 살펴보자.

2 사례관리 과정의 점검사항

일반적으로 사례관리의 과정은 ① 문제의 발견, ② 사정, ③ 계획, ④ 조정 및 모니터링, ⑤ 평가 및 측정의 다섯 가지로 구분된다. 이를 살펴보면 다음과 같다.

1) 문제의 발견

문제의 발견의 단계에서는 상담 및 아웃리치의 방식을 통해 클라이언트의 문제가 무엇인지를 구분하고, 클라이언트의 서비스 적격성을 판단하기 위해서 클라이언트의 성명, 연령, 가족 상태, 소득 등 기타 사항과 문제 및 욕구에 대한 개략적 자료를 입수한다. 이때 사례관리자는 클라이언트와 가족에게 기관 등이 제공할 수 있는 서비스, 기관 등이 클라이언트에게 요구하는 사항, 그리고 기관 등이 갖는 제한점에 관하여 설명한다. 만일 해당기관에서 제공할 수 있는 서비스로가 적절하지 않은 경우에는 타기관에 사례를 의뢰하게 된다.

2) 사정

클라이언트에 관한 광범위하고 구조화된 평가의 과정으로 사정의 목적은 클라이언트와 그의 사회 및 물리적 환경의 욕구와 강점을 명확히 평가하는 데 있다. 그러므로 이 단계에서 사례관리자는 클라이언트와 그 가족이 제시한 문제 이외에도 신체적, 인지적, 사회적 및 정서적 욕구뿐 아니라 재정과 환경적인 욕구도 파악해야 한다. 그리고 공식적인 서비스 제공자와 가족이나 친구 등의 비공식적 서비스 제공자로부터 클라이언트가 제공받을 수 있는 지원에 관하여 검토가 이루어져야 한다. 검토사항은 다음과 같다.

① 문제에 대한 자기관리능력
② 일상생활 영위 방법 및 능력
③ 위험요인
④ 신체 및 정신적인 건강상태
⑤ 경제상태
⑥ 개인 및 가족의 생활양식
⑦사회적 지지망과 지지의 정도
⑧ 주거상태
⑨ 기타사항에 대하여 다각적으로 조사

3) 계획

계획의 단계는 사정에서 얻어진 구체적인 자료들을 근거로 하여 보다 포괄적이고 구체적인 서비스 제공 방법과 시기 및 목표에 대한 개념을 구성하는 단계이다. 이 단계에서는 사례관리자에 의하여 클라이언트의 능력과 서비스 제공을 통한 개선을 위한 목표, 필요한 서비스의 활용을 위한 목표 및 사회 망을 통한 개입의 방향을 설정하고, 목표달성을 위한 구체적인 개입계획을 통하여 서비스 전달에서 나타날 수 있는 장애요인 등을 명확하게 분석한 후 이에 대처하여야 하고 점검과 평가로 이어질 수 있도록 서비스 효과성에 대한 예상과 지침을 설정해야 한다. 이에 다음과 같은 기본원칙을 준수하여 이루어져야 한다.

① 계획은 클라이언트의 기능을 포괄적으로 사정한 결과를 바탕으로 수립한다.
② 클라이언트와 보호자를 계획의 과정에 참여시킨다.
③ 구체적인 서비스 제공 기간을 정한다.
④ 공식적 서비스와 비공식적 서비스를 모두 계획에 포함한다.
⑤ 비용과 시간 등을 예상하고 있어야 한다.
⑥ 보고서를 작성하여 평가 및 사후관리에 반영한다.

계획 단계에서 고려되어야 할 사항은 일반적으로 다음과 같다.

① 클라이언트의 포괄적인 문제의 목록을 카테고리화하여 작성한다.
② 클라이언트의 다루어져야 할 개별 문제의 해결수위의 정도를 설정한다.
③ 클라이언트에게 필요한 도움의 형태와 자원에 대하여 파악한다.
④ 클라이언트에게 도움을 제공할 수 있는 제공자 및 서비스의 목록을 설정한다.
⑤ 클라이언트에게 제공될 각 서비스의 양에 관하여 기록한다.
⑥ 클라이언트에게 제공될 서비스에 대한 비용 및 비용을 지불할 개인 및 기관이나 단체를 기록한다.
⑦ 클라이언트와 보호자가 합의한 바를 토대로 기록한다.

4) 서비스의 조정

앞선 계획 단계에서 수립된 계획을 실천하는 단계로 이 단계에서 사례관리자는 계획을 실현하는 데 있어서 가능한 한 모든 서비스를 제공하기 위해 노력하면서 다양한 역할을 수행하여야 한다. 그에 따라 제공자와 접촉도 빈번해진다. 이 단계는 사례관리 전체의 성공 여부를 판가름 할 수 있는 중요한 과정으로 서비스 조정에 있어서 사례관리자의 역할은 다음과 같다.

① 가족과의 연계

클라이언트의 문제를 해결하기 위해 가족의 참여를 유도하여 궁극적으로 설정한 목표를 향한 구조적 관계를 파악하고 조정하는 것에 있어서 주도적인 역할을 담당하여야 한다.

② 기존 유대관계의 강화 및 유지

클라이언트가 가지고 있는 기존의 사회적 연결망에 대한 점검을 통해서 교육, 관계기술 등을 점검하고 부정적인 인식의 전환을 기할 수 있도록 기여하여야 한다. 그리고 문제 해결을 위하여 이들 자원을 활용할 수 있도록 지원한다.

③ 전문가의 연계

클라이언트의 문제 해결에 필요한 전문가와의 연계를 통하여 효과적인 사례관리를 추구해야 한다. 전문가들은 직접적이고 전문적인 기술을 가지고 있으므로 그런 면에서 타 지지망과 구분될 수 있다. 그 밖에도 지역사회의 자원을 활용한 새로운 사회적 지지망의 구축으로 사례관리자는 자원 제공자의 연결개입을 통해 공식 및 비공식적 자원체계를 개발하는 자원 제공자, 각종 자원체계를 연결하는 연계자, 조력자 그리고 지역사회와 기관과의 새로운 관계의 수립을 통해 지역사회 조직가의 역할을 담당하여야 하며 클라이언트의 옹호자의 역할을 해야 한다.

5) 모니터링

제공되고 있는 서비스에 관하여 전 과정에서 서비스의 계획과 서비스의 변경을 통하여 클라이언트에게 상황의 변화를 기하고 지속적인 서비스 연계를 하도록 하는 것에 그 초점이 있다. 즉 서비스가 적절한가, 서비스의 질이 어떠한가, 서비스가 클라이언트의 욕구를 충족하고 있는가에 관하여 평가하는 것이다. 사례관리자는 본 목적을 달성하기 위해 노력의 요소, 적정성, 질적인 요인, 결과적 요인들을 자기관리의 자기보고식 차원, 상호적관리 차원, 전문가의 관찰 차원과의 상관관계를 고려하여 점검한다. 이를 구체적으로 살펴보면 다음과 같다.

① 자기보고식 점검

클라이언트 스스로가 목표달성을 위하여 노력하고 있는지, 서비스와 지원계획은 지속되고 있으며 만족하고 있는지, 클라이언트는 목표달성에 필요한 활동을 충실히 이행하고 있는지, 계획의 성취를 위해 정해진 스스로의 준수사항은 적정한지, 이러한 활동들을 통하여 클라이언트의 욕구를 충족시키고 있는지에 관한 여부를 살펴본다.

② 상호관리의 점검

사회적 지지망, 계획안에 따라 해당 자원 제공자 및 구성원들이 클라이언트의 서비스와 지원목표의 달성을 위해 기여하고 있는 정도에 점검사항을 둔다. 이에 사례관리사는 사회적 지지망, 자원 제공자 및 계획 참가자 들이 정해진 목표의 충족을 위해 적절하게 자신들의 과업을 이행하고 있는지를 체크하여 점검한다. 또한, 사례관리자는 클라이언트의 욕구가 충족되도록 하며 정해진 목적의 달성에 필요한 활동들의 기여 및 지원활동의 질 등에 대해서도 점검하다.

③ 전문가의 점검

전문가관리의 점검에 있어서 사례관리자는 클라이언트에게 서비스 제공의 전문가적인 활동에 초점을 둔다. 점검의 핵심은 전문가로서 계획된 활동에 근거해서 적절하고 타당한 서비스를 수행하고 있는지의 여부와 이러한 활동이나 서비스를 통하여 클라이언트의 욕구충족을 위해 기여하는 정도와, 전문가로서의 서비스 제공의 양적 및 질적 측면과 성과 그리고 클라이언트의 욕구충족에 공헌하는 정도의 여부에 초점을 두어 점검활동을 수행한다.

6) 평가

클라이언트의 상황과 기능의 변화에 대하여 당초에 세운 계획의 목적과 비교하여 서비스 전달 이후의 차이 혹은 변화가 발생하였는지 알아보기 위해 클라이언트의 조건과 상태를 재 측정하는 과업을 뜻한다. 통상적으로는 제공하는 서비스에 관한 것으로 서비스의 적정 여부, 서비스의 효율 및 효과성 등이 아니라 서비스 제공 이전의 상황과 제공 이후의 상황을 비교평가하고 기록하며 다양한 활동에 활용되어야 한다.

3 사례관리자의 태도와 자세

1) 사회 문제의 분석에 임하는 사회복지사의 태도와 자세

사회 문제란 '사회적(social)'이라는 용어와 '문제(problem)'라는 용어가 합성된 단어이다.'사회적'이란 단어는 많은 사회구성원들에게 영향을 미치는 범위라는 의미이고, '문제'란 사회현상이 부정적이고 바람직하지 않는 조건이 되는 것을 뜻한다. 따라서 사회 문제의 정의는 사회의 가치, 규범, 윤리에 비추어 사회적 다수가 바람직하지 않다고 판단하거나 이들의 삶에 부정적 영향을 미치므로 시정이 요구되는 사회현상이라고 할 수 있다(김종일, 2005). 사회 문제는 급변하는 현대사회의 변화에 따라 정치, 경제, 사회, 문화 등 각종 제도적인 모순에 따라 빈번하게 발생하며, 특히 산업화와 도시화, 그리고 자본주의가 고도로 발전하면서 핵가족화로 인한 가족해체 현상, 혈연의 결속력 약화, 물질만능주의 등이 더욱더 만연해지면서 발생하게 되는 각종 문제이다. 그러므로 이런 다양한 사회 문제를 해결하고 보다 인간적으로 풍요롭고 행복한 사회를 만들어가기 위해서는 사회복지적 차원에서의 제도적인 장치와 사회적 자원도 필요하며, 이때 사회복지사의 역할은 그 어느 때보다 중요하다고 볼 수 있다.

우리는 일상생활 속에서 많은 사람들과 또는 사회와 관계를 맺으며 살아간다. 이것은 경우에 따라서 개인에게 큰 의미가 있는 관계도 있고, 중요성을 갖지 않는 관계도 있다. 그런데 이 모든 관계가 개개인에게 만족스럽다면 행복하고 평안한 삶을 누릴 수 있을 것이나, 그렇지 않은 경우에 갈등이 발생할 수 있다. 즉, 바람직한 관계형성은 서로를 존중하고 이해하며 이해받는 과정에서 형성된다고 볼 수 있고, 이런 관계를 누리는 개인은 행복하고 풍성한 삶을 살게 되겠지만, 대부분 사회 문제에 노출된 클라이언트들은 이러한 바람직한 관계형성에 어려움을 갖고 결핍된 삶을 살아가게 된다. 따라서 그들의 관계의 대상인 사회복지사들의 업무가 과중한 이유가 여기에 있으며, 전문적인 사회복지사는 다양한 역할에 능숙해야만 하며 여러 가지 업무를 수행하도록 요구받는다. 이에 이효선은 다음과 같이 사회복지사의 역할을 제시하고 있다(이효선, 2003).

2) 사회복지사의 클라이언트에 대한 태도의 유의점

다음은 사회복지사의 윤리강령을 바탕으로 사회복지사가 생각해보아야 할 요인들을 정리한 것이다.

① 사회복지사는 먼저 클라이언트의 권익을 최우선으로 생각해야 한다. 따라서 사회복지사는 누구보다 클라이언트의 이익과 기회를 극대화시킬 수 있도록 해야 한다.

② 사회복지사는 클라이언트의 자기결정권을 최대한 발휘하도록 돕는다. 자기결정권이란 클라이언트 혹인 개인이 스스로 서비스를 선택하고, 결정을 할 수 있는 권리와 욕구를 지니고 있음을 뜻한다. 사회복지사는 클라이언트가 스스로 사회적 자원과 개인의 자원을 발견하고 활동할 수 있도록 돕고 클라이언트의 결정과 선택을 존중하고 실천할 수 있도록 도와주어야 한다.

③ 사회복지사는 클라이언트의 종교, 인종, 성별, 연령, 지위, 계층에 따른 차별을 하지 않는다. 사회복지의 가장 기본적인 가치는 모든 인간을 인격적 존재로서 존엄성을 인정하는 데서 출발하며, 사회복지사는 클라이언트의 사생활을 존중하고 취득한 정보를 전문적 업무 이외에는 공개하지 않는다.

이에 사회복지사에게 필요한 자세는 사생활 존중, 비밀보호의 원칙, 윤리성 존중 등이 있다. 먼저 사생활 존중이란 개인의 생각과 행동을 침해받지 않을 권리를 말하며, 이는 타인의 '방해'를 받지 않고 개인의 사적인 영역을 유지하도록 하는 것이다. 또한, 전문적인 관계에서 얻게 된 클라이언트의 정보를 업무 이외의 상황에서 발설해서는 안 되는 비밀보장이 필요하다. 그러나 사회복지 현장에서 사회복지사는 빈번하게 윤리적 딜레마에 놓일 수 있으며, 이에 따라 선택의 순간에 놓일 수 있다. 이때 합리적인 선택은 서비스의 질과 클라이언트의 이익이 우선되어야 한다.

3) 사회복지사로서의 자세

① 사회복지사는 전문가로서 품위와 자질을 유지한다. 교육과 훈련을 통하여 어떤 자격을 갖추었느냐가 사회복지 업무수행능력에 많은 영향을 줄 수 있는 요인이 될 수 있기 때문에, 사회복지사 역시 끊임없는 자기발전과 연구를 통하여 역량들을 갖추어 나가야 한다.
② 사회복지사는 어떤 경우에도 클라이언트를 차별대우를 하지 않으며, 전문가로서 공정하게 업무를 수행하여야 한다.
③ 사회복지사는 클라이언트의 복지증진의 환경조성을 위하여 옹호자와 중개자로서 국가와 사회에 요구해야 한다.
④ 사회복지사는 개인의 이익을 위해 사회복지 전문직의 가치와 권위를 떨어뜨리거나 훼손해서는 안 되는 품위유지에 관한 기본적 자질을 갖추고 있어야 한다.
⑤ 사회복지사는 사회복지관련 단체 및 사회활동에 적극적으로 참여하며, 사회복지사의 권익옹호를 위해 노력하는 자세가 필요하다.

이외에도 사회복지사 윤리강령에 사회복지사가 갖추어야 할 성향으로 헌신성, 전문성 등을 강조하고 있으며, 사회복지사의 기본적 의무와 권리뿐 아니라 사회복지사와 클라이언트와의 관계, 동료와의 관계, 그리고 사회적 책임 등을 강조하고 있음을 볼 수 있다.

4) 사례관리 시 준수 사항

일반적인 사항이나 클라이언트에 대한 진단(diagnosis)과 분류(labeling)는 가급적이면 피해야 한다. 그리고 문제를 정의할 때 폐쇄형보다는 탐색적으로 개방형의 접근을 선호해야 한다. 또한, 통합적인 사고(whole mind thinking)에 의하여 클라이언트의 정보를 수집해야 한다. 그리고 클라이언트가 가진 자원을 탄력적이며 전문적으로 인식해야 한다. 사회복지사는 인간의 문제를 다루고 있으므로 그에 관하여 선택의 딜레마의 상황에 접하는 경우가 많다. 그럼에도 늘 클라이언트의 입장에 서서 이들의 특성을 파악하여 강점을 최대한 활용하며 자원의 다양한 기능을 파악하고 정해진 목적달성을 기할 수 있도록 하여야 한다.

4 사례관리자의 총체적 역할

사례관리자는 직접적 서비스의 수행과 간접적인 서비스 기능을 효과적이며 균형적으로 수행할 수 있도록 노력하여야 한다. 이를 위해 사례관리자는 서비스 전달상황을 파악하고 조정하여 클라이인트와 가족에게 기여하여야 하며 서비스의 선택 등에 클라이언트가 적극적으로 참여할 수 있도록 하는 데 있어서 서비스의 장단점 등을 파악하고 있어야 한다. 이때 만일 클라이언트가 자신에게 필요한 자원을 모를 때 혹은 장애가 있을 시에 클라이언트의 입장에 서서 적절한 서비스가 전달되도록 하는 역할을 뜻한다. 또한, 사례관리자는 클라이언트와 그의 가족이 그들 자신의 문제와 욕구를 스스로 파악하고 인식하며 적극적으로 해결하도록 하는데 도움을 주고 클라이언트의 문제 해결에 대하여 격려해 주어야 한다. 그 밖에도 사회복지사로서의 역할과 유사한 많은 역할을 수행하여야 한다.

PART 2 사례관리의 실천

chapter 4

인테이크(Intake) 과정

본 강에서는 사례관리의 인테이크 과정을 진행해 보고 이해하는 시간을 갖도록 한다. 각종 사례관리와 상담에 있어서 인테이크는 매우 중요한 과정이며 클라이언트가 접하는 가장 기본 관문이므로 이 부분을 담당하는 사회복지사는 그 중요성과 기록 방식, 정보의 보관 등에 대하여 잘 인식하고 있어야 할 것이다. 또한, 인테이크의 구성 단계와 기록의 종류 및 특성을 살펴보는 시간을 가질 것이다. 이를 통하여 사례관리자의 전문적 기술에 관하여 탐색해 보고자 한다.

1 초기 단계

인테이크의 초기 과정에서는 접수의 과정을 통하여 관계를 형성한다. 이때 가장 중요한 것은 라포(rapport)의 형성이며 클라이언트와의 신뢰관계형성이 무엇보다 중요하다.

1) 접수 및 관계형성

(1) 접수(Intake)

접수의 단계를 통하여 해당 서비스의 적격성(eigibility)을 결정하거나, 해당 기관에서 판단하기 힘들거나 적절하지 않는 경우에는 다른 곳으로 서비스를 의뢰(referral)한다.

(2) 참여 유도

클라이언트와의 신뢰관계를 형성하는 것이 가장 중요하며 클라이언트를 격려하여 적극적으로 해당 과정에 참여할 수 있도록 한다. 필요에 의하여 클라이언트의 가족이나 주변환경의 자원확보 등의 협조를 구한다.

(2) 접수 단계

기본정보의 수집이 필요하다. 따라서 클라이언트의 일반적인 사항으로 이름, 성별, 나이, 결혼관계, 주소, 전화번호, 종교, 직업 및 경제상황 등을 기록하고 특히 클라이언트가 호소하는 문제나 해결하고자 하는 욕구사항 등을 파악하게 된다. 주요 문제로는 기관에 오게 된 이유 혹은 의뢰된 이유나 기관에 도움을 요청하게 된 문제는 무엇인지, 문제로 인하여 어떤 점을 가장 해결하고자 하는지, 기관에서 받고자 하는 도움, 문제의 발생 및 지속기간, 문제 해결을 위해 타 사회복지기관이나 어떤 서비스를 받아 보았는지의 여부를 기록하게 된다. 그 밖에도 기관에 오게 된 경위와 동기를 통해 클라이언트의 자발적 의지 등을 확인한다. 즉, 클라이언트가 스스로 온 것인지 가족이나 다른 기관에서 의뢰되어 온 것인지 그 의뢰된 이유와 문제 해결의 의지 및 가족관계의 파악을 위하여 가족을 중심으로 한 가족구성원의 이름, 나이, 직업, 교육 정도 및 특성을 파악한다.

2 인테이크 과정의 주요특성

인테이크에 있어서 문제의 파악을 위한 기록은 크게 객관적 접근으로의 사실과, 주관적 접근으로써의 기록으로 크게 두 가지로 볼 수 있다. 이를 위하여 면접, 관찰, 심리검사, 각종 기록의 열람, 자기보고식으로 진술된 자료의 수집 및 설문조사 등이 활용될 수 있다.

3 인테이크 및 접수 과정의 기록사항

1) 기록의 목적 및 활용

기록이란 제공 서비스의 첫 단계부터 종결과 사후관리까지의 전체 과정을 양식위에 객관적으로 서술하는 것을 뜻한다. 기록을 통해 클라이언트와 기관 및 지역사회에 대한 근거를 남길 수 있으며 정보보관 및 교환, 사례에 대한 의사소통과 연구, 수퍼바이저의 교육과 지도·감독을 통하여 궁극적으로 사회복지 실천의 질을 높일 수 있다. 또한, 클라이언트의 욕구를 확인하여 서비스 내용을 보고하고 사례유지 및 전문가간의 의사소통을 원활하게 하는 기능이 있다. 한편 사회복지사 간에는 동료 간 상호검토를 활성화시키고, 사회복지 실천의 서비스 과정과 효과를 모니터링하는 것에 기록은 유용하게 활용된다. 그 밖에 대외적으로는 다른 전문가에게 교육자료를 제공하거나 또는 행정적 과업을 위한 자료를 제공하고 조사의 점검과 양질의 서비스 제공을 위한 점검 등 기록은 다양한 기능을 한다.

2) 기록내용과 방법

클라이언트가 부담을 가질 수 있기에 정보가 공개되지 않을 것임을 명시하는 것이 좋으며 부득이한 경우에는 클라이언트의 허락 하에 기록하거나 공개할 수 있다. 사회복지 실천 면접 시 기록되어야 하는 것을 정리하여 제시하면 다음과 같다.

① 방문 날짜와 시간, 기록을 작성한 날짜를 포함하여 작성한다.
② 인구학적인 특성을 기록한다. 예) 이름, 나이, 성별, 주소, 직업, 소득, 가족구성 등.
③ 사례관리자를 찾아오게 된 사유와 서비스를 제공하게 된 이유에 대해 기록한다.
③ 현재 및 과거의 문제나 욕구, 상황에 대한 정보, 사회력에 대해 서술한다.
⑤ 사례관리자의 사정내용과 소견을 기록한다.
⑥ 서비스의 제공목적과 계획 및 특성 등을 기록한다.
⑦ 서비스 종결 방법과 사유 및 평가에 대한 내용을 기술한다.
⑧ 서비스 활동과 결과에 대한 요약을 기록하여 사후관리에 활용한다.
⑨ 사후관리의 내용이나 계획에 대해 기록한다.

기록을 활용하기 위한 방법은 다음과 같다.

① 녹음, 녹화, 사진촬영, 메모 등 다양한 방법이 활용될 수 있다.
② 녹음이나 녹화의 경우에는 사전에 클라이언트의 동의를 받아야 한다.
③ 성학대 피해 아동이나 가정폭력 및 성폭행 피해자의 경우에는 고통스러운 과정을 반복 진술하는 것으로 인하여 2차적인 트라우마가 형성되지 않도록 주의해야 한다. 녹음을 사용한 기록 등이 활용될 수 있으나 면접진행에 방해가 되지 않도록 기록해야 한다.

3) 기록의 유형

(1) 최소 기본 기록(minimum basic recording)

단순하고 경제적인 기록양식인 것이 특징이다. 이는 클라이언트의 이름, 나이, 성별, 주소, 전화번호, 직업, 수입 및 가족관계 등 기본적인 신상정보를 기록한다. 그 밖에는 면접 날짜와 주요한 클라이언트의 문제, 목적, 개입계획, 클라이언트의 반응, 탐색이 필요한 영역과 필요한 자원 및 클라이언트를 위해 필요한 행동, 종결상태 등을 기록하는 것이라 할 수 있다.

(2) 과정기록(process recording)

면접의 과정 중에 일어나는 클라이언트와의 면담이나 미팅의 전부 또는 일부 과정을 꼼꼼하게 있는 그대로 기록하는 방법이다. 이 방법은 원조 과정이나 사회복지사와 클라이언트가 면담을 통해 이야기한 내용, 클라이언트의 행동, 사회복지사가 관찰한 내용과 판단 등 클라이언트와 사회복지사의 상호작용 과정을 세밀하게 기록하므로 사회복지사가 자신의 실천 행동과 결정을 분석하고 활동을 개념화하며 조직화하기에 유용하다. 또한, 면접이나 개입목적을 명료화시키고, 사례의 개입기술 능력을 향상시킬 수 있으며, 사회복지실습(수퍼비전)이나 수퍼바이저−수퍼바이지의 관계 등의 교육 자료로 활용할 수도 있다.

과정기록의 자료를 통해 사회복지사가 실천 행동과 결정을 분석하도록 지원받을 수 있으며 기관에서도 사례진행에 관해 점검하고 면담 중 일어난 일을 파악할 수 있으므로 잘못된 진행을 사전에 예방할 수 있다. 기록자들은 때에 따라 과정기록 시 자신들의 반응을 적을 수 있도록 여백을 남기고 기록하는 것이 일반적이다.

단점으로는 시간이 많이 소요되므로 기관의 실무에서 사용하기에는 효율적이지 않다. 과정 기록 시 유의사항은 있는 그대로 정직하게 기록하기 위해 기록에 너무 집중해서 면담에 방해가 되지 않도록 하는 것이 중요하므로 면접 시에 내용을 사실 그대로 기록하거나 면접 직후에 빨리 기록하는 것이 중요하다. 기록 내용을 공식적으로 활용할 경우에는 클라이언트의 이름 등 개별적인 사항에 대한 비밀을 유지하면서 수퍼바이저의 검토 및 승인 후 별도로 보관하는 것이 필요하다.

(3) 이야기체 기록(story telling recording)

가장 많이 사용되는 기록형태로 시간대별로 서술하거나 요약체를 활용하는 방법이라 할 수 있다. 이는 일지 형식과 유사하여 사건이 있을 때마다 시간대별로 기록할 수 있으며 일정 기간별로 묶어서 서술하는 형태로 요약체 기록의 방법을 포함하고 있다. 이는 실천 과정의 단계에 따라 요약하는 것이 효과적이며 초기 단계에는 일시와 대상, 장소, 문제탐색, 표적 문제 및 개입전략의 요약, 계약 등을 기록한다.

개입 단계에는 클라이언트의 과업수행 과정과 표적 문제에 대한 진행상태, 사회복지사의 과업수행 등을 기록한다. 이야기체 기록에 있어서 종결 단계에는 문제 상태와 사후관리 계획을 기록하며 이는 사례관리가 장기간 진행되는 경우에 유용하다. 주로 사회복지사가 한 일보다 IP혹은 클라이언트에게 일어난 변화에 초점을 두고 기록하는 것이 일반적이다.

이야기체 기록은 기록의 융통성이 있어서 사회복지사가 중요하다고 판단하는 것을 포괄할 수 있으며 클라이언트의 상황, 서비스가 갖는 특수한 본질을 반영할 수 있는 장점이 있다. 또한, 클라이언트 및 상황과 서비스의 특수한 본질을 반영할 수 있으므로 임상사회복지 실천을 문서화하는 데 적합하다.

단점으로는 사회복지사의 재량에 의존하므로 면담 내용을 단순화하여 서비스나 문제의 초점이 불명확할 수 있으며 실제로 제공한 서비스의 질보다 사회복지사의 문장능력 및 투자한 시간에 의하여 기록의 질이 달라질 수 있다. 또한, 기록내용을 개별적으로 구성하므로 추후에 원하는 정보를 쉽게 찾기 어려울 수 있으며 기록하는 데 시간이 많이 걸려 비효율적이다. 또한, 제공된 서비스의 질

보다 사회복지사의 문장력이나 기록에 의하여 좌우될 수 있는 단점이 있다.

(4) 문제중심의 기록

사례관리에 있어서 기록 차원을 넘은 문제 해결 접근 방법을 반영하기 위해 측정도구와 코멘트를 조합한 기록양식이다. 여기에는 문제의 파악을 위한 데이터를 축적하여 특정한 문제의 목록을 작성하고 각 문제에 대한 대처방안을 바탕으로 계획을 구축하게 된다.

구체적인 기록 내용은 클라이언트의 기본적인 자료, 문제의 규정과 목록, 목표와 개입계획은 물론 활동을 통해 현재 이룬 것과 그 결과에 대한 진행사항을 적은 것이며 개인의 수행 및 점검의 영역에서 문제파악과 개입의 초점을 보여줌으로써 효율성을 향상시키는 데 그 목적이 있다. 이를 통하여 특정 문제에 대한 문제 해결의 진전에 대한 모니터링과 사후 대처가 가능하게 되는 용이한 점이 있다.

문제중심의 기록은 문서화뿐 아니라 정보교환의 목적이 있기 때문에 병원 또는 의료적 프로그램, 보건, 정신보건 현장에서 많이 사용되는 기록유형이며 사회복지기관에서도 광범위하게 사용된다. 또한, 협동진료나 다른 영역의 도움이 필요할 때 사용되기도 한다.

(5) SOAIGP 기록

SOAIGP는 가장 많이 사용하는 기록 포맷으로 구체적 기록 방법은 다음과 같다.

S: 주관적 정보(subjective information): 클라이언트 입장에서 보는 상황에 대한 정보라고 할 수 있다. 혹은 전문가적 관찰이나 주관적 관찰에 의한 기록이 될 수 있다.

O: 객관적 정보(objective information): 전문가의 관찰, 임상적 검사, 체계적 자료수집 등으로 기록된 정보를 뜻한다.

A: 측정(assessment): 주관적 및 객관적 정보를 검토하여 총괄적으로 얻은 전문가의 결론이다.

I: 인상(impression): 사례관리자가 받은 인상, 가설, 사정 또는 평가를 의미한다.

G: 목표(goals): 현재 설정한 목표를 의미한다.

P: 계획(plan): 전문가의 문제 해결의 방안을 뜻한다.

(6) 목표중심 기록(goal-oriented record: GOR)

목표중심 기록은 1970년대 과제중심 모델이나 목표성취 척도로부터 발전한 유형이다. 문제에 관한 구체적 기록과 목적에 관한 기록 중 목표를 중심으로 한 구체적인 기록에 강조점을 둔 유형이라 할 수 있다.

(7) 컴퓨터와 표준화된 기록

자동화된 문서화 과정을 통한 기록의 장점으로는 특수한 정보가 체계적으로 기록되고 기록의 형식은 짧은 질문이나 체크표로 완성될 수 있으며 파일보관에 있어서 기록의 보관을 간소화하여 기관관리에 필요한 정보에 쉽게 접근할 수 있도록 한다. 기록에 효율적이며 정정이 용이하고 컴퓨터를 통해 미해결로 완료했던 사례와 재조사를 위한 사례의 비교분석이 가능하다는 점에서 유용하지만 클라이언트 상황의 독특한 성격이나 서비스의 특수한 질적 내용을 포착하는 것은 어렵다는 단점이 있다.

(8) 시계열 기록

서비스의 목표를 달성하는 과정에 관한 정보를 제공하기 위한 것으로 시간차를 두고 변화의 방향을 살펴볼 수 있다는 장점이 있다. 기록 방법은 개입의 표적이 되는 행동이나 태도 등을 반복적으로 되풀이해서 기록하여 비교할 수 있는

데이터를 축적하게 된다. 패널분석 등에 활용된다.

(9) 진단기록

진단 기록은 병원 등에서 병리적 현상의 진단을 목적으로 하거나 사회심리적인 지도·감독을 위한 정보 제공을 위한 기록의 형태이다. 간결하고 전문적 용어가 사용되는 특징이 있다.

4 바람직한 기록과 바람직하지 않은 기록

1) 좋은 기록

서비스의 결정과 행동에 초점을 둔 구체적인 기록을 말한다. 좋은 기록은 사정, 개입, 평가의 기초가 되는 클라이언트와 상황에 관한 정보가 구체적으로 들어 있고, 각 단계에서 목적, 목표, 계획, 과정과 진행을 포함하여 담당자가 바뀌더라도 용이하게 정보의 연계가 가능하도록 서비스 전달에 관한 정보가 포함되어야 한다. 또한, 좋은 기록은 상황묘사와 사회복지사의 견해가 명확하게 분리되어 구조화되어 있어서 정보를 개입의 계획에 효과적으로 사용할 수 있도록 하는 기록이다. 따라서 서비스 전달이 잘 묘사되고 모든 문서가 정확하고 기록이 간결하고 구체적이다. 또한, 좋은 기록은 전문가적 윤리를 바탕으로 한 것이며 적절한 이론에 기초해 있고, 클라이언트의 관점을 반영한 기록이라고 할 수 있다.

2) 좋지 않은 기록

주관적 정보 등 정보가 편중화되어 있거나 부정확한 사정, 잘못된 판단, 비윤리적 행동, 부적절한 개입을 담고 있는 기록이다. 또한, 정보가 너무 많거나 너무

적게 쓰여 조직화되기 힘든 기록으로 필요한 사람에게 정보를 제대로 제공하지 못한다. 뒷받침이 되는 관찰이나 객관적인 평가 없이 결론을 내려 기록상 과도함이나 단순화가 나타나기도 한다. 또한, 개입과 사정의 초점이 없고 모호하며 편견에 치우쳐 있고 정확하지 않으며 꼭 필요한 정보를 제공하지 못하는 기록이다.

5 기록의 유의점

모든 기록은 클라이언트와 클라이언트의 사생활을 보호해야 한다. 따라서 기록의 외부유출에 있어서는 클라이언트의 동의가 없다면 익명성과 비밀이 철저하게 보장되어야 한다. 이를 위해 서비스 제공에 꼭 필요하거나 서비스 전달 및 평가와 밀접하게 관련된 것만 기록해야 한다. 따라서 민감하고 사적인 정보는 자세하게 기록하지 않으며 일반적 용어로 기술하고 입증된 정보만 기록해야 한다. 또한, 사례기록은 반드시 잠금장치가 되어 있는 곳에 보관하여 비밀보장이 되어야 하고 특별히 허가된 예외적인 경우를 제외하고는 기록파일이 유출되지 않아야 한다. 따라서 기록의 용도로 사회복지사의 책임성, 클라이언트의 정보제공 사정에 의한 개입 및 평가에 사용, 클라이언트에 대한 이해 증진 및 수퍼비전, 자문, 교육의 활성화를 위한 근거자료, 지속적 사례관리, 타 기관과의 의사소통, 서비스의 질관리 외에는 안전하게 보관이 되어야 할 필요가 있다.

기록한 내용을 기관 및 사회정책에 준하는 승인을 증명하는 데 이용하거나 수급자격을 입증할 자료로 사용되는 예가 있으므로 객관적이고 과학적인 연구를 위한 자료로 활용되기 위해서는 정확함과 객관성이 확보되어야 할 것이다. 그러므로 기록에는 책무성을 나타내기 위해 제공되는 서비스의 근거, 내용, 결과들이 기록의 내용에 잘 나타나는 것이 바람직하다. 이를 위해서는 클라이언트의 사회력에 관한 정보도 상세히 기록될 필요가 있다. 클라이언트의 사회력에는 클라이언트의 호소 및 사회적 문제나 욕구를 생태학적인 맥락에서 이해하기 위해 클라이언트의 상황에 관하여 현재 및 과거에 대한 정보를 포함하여야 한다. 간략한 사회력은 클라이언트와 상황을 이해하는 데 필요한 정보에 대하여 중심 문제에 관련한 생태학적인 맥락에서 다루어지며, 보다 광범위한 사회력은 선행사건, 반복되는 주기 및 유형까지도 찾으려고 시도한다. 다음은 사례관리의 기록에서 살펴볼 수 있는 주요정보이다.

① 가족력의 파악으로 클라이언트의 가족배경과 현재 가족의 구성 및 특성
② 클라이언트의 신체적 기능, 건강상태, 장애, 영양, 의료상태 및 특이사항
③ 클라이언트의 교육적 배경, 최종학력, 지적인 정도
④ 클라이언트의 심리적, 정서적 상태
⑤ 클라이언트의 종교 및 신념의 상태
⑥ 클라이언트의 사회적 관계, 중요한 타자와의 관계성
⑦ 클라이언트의 고용, 소득, 작업환경의 특성
⑧ 클라이언트의 강점, 대처방식, 문제 해결능력 능력
⑨ 클라이언트의 주택, 지역사회, 이웃과의 관계 및 주요 문제
⑩ 클라이언트의 현재와 최근의 지역사회와 전문적 서비스의 이용사항

chapter 5

개인대상 사정의 실천기술

다음은 사례관리에 있어서 사정의 기본 개념 및 특성과 함께 주요 과정을 살펴보도록 하겠다. 이를 위하여 생태표 작성, 사회적 지지망표의 작성 및 특성을 살펴보고 생활주기표, 심리검사와 클라이언트와의 면담에서 유의하여 점검해 볼 수 있는 도구들을 점검해 볼 것이다. 이러한 실행 과정은 사례관리자의 중요한 점검영역으로 많은 전문적 기초지식 및 객관적 통찰을 필요로 하는 부분이며 클라이언트의 사정의 중요한 과정이 될 것이다.

사례관리론자로서 이러한 초기 상담도구의 활용이 능숙하다면 현장에서 유용하게 활용될 수 있다. 또한, 이러한 기술은 현장 전문가 간의 의사소통 및 사례회의에서도 적절하게 활용될 수 있을 것이다.

1 사정의 기본 개념 및 특성

1) 개인대상 사정(assessment)의 정의

클라이언트에 대한 수집된 자료를 종합하여 해석하여 클라이언트의 문제 상황을 정확히 이해하고 개입방향을 설정하는 데 매우 중요한 근거가 되므로 충분한 시간을 통해 신중하게 진행되어야 한다. 사정은 클라이언트를 돕는 과정에서 매우 중요한 과정이므로 문제를 규정하여 실천의 방향을 결정하고 정확한 개입계획을 수립하여 사례관리 실천의 효율성 및 효과성을 높이도록 한다.

2) 사정의 특성

(1) 사정 시 유이점

사례관리란 일련의 과정이 초기부터 종결까지 계속되는 것으로 초기면접 사정으로 끝나는 것이 아니라 실천 과정이 종결되는 시점까지 총체적으로 이어지는 과정이다. 따라서 클라이언트와 그를 둘러싼 환경, 환경체계 간의 상호작용을 동시에 이해하는 것이 중요하므로 이중 초점을 갖고 진행되며 수평적, 수직적 탐색 모두 중요하게 된다. 이에 수평적 정보를 통해서는 현재의 기능과 능력 및 대인관계 등을 파악하는 것이 중요하며 수직적 정보로는 과거력 및 생활사 등을 파악하는 것이 중요하다. 각각의 사례에 대하여 클라이언트는 나름대로 독특한 상황에 처해 있기에 개별화된 사정이 요구된다. 이를 위하여 사정의 주요 과업으로는 문제발견, 정보수집과 규정된 문제에 대한 계획의 수립이 필요하다.

이때 사정의 사용기술과 사정도구의 형성을 위한 정보원을 구성하기 위해서는 클라이언트, 클라이언트의 가족, 주변인, 관련 전문가, 클라이언트의 비언어적 행동, 초기 면접자, 서비스 신청기관의 정보, 각종 검사 결과(심리검사, 신체검사 등) 및 기록(병원의료기록, 이전의 상담일지) 그리고 가정방문 등이 있으며 자료를 정리할 때 활용하는 도구로는 생태도, 사회 지지(관계)망, 생활력도표, 생활주기도표, 정신상태 검사, 각종 심리검사, 가계도,[1] 소시오그램 등이 있다. 그러면 각각의 도구에 대한 특성을 살펴보자.

(2) 생태도(eco-map)의 특성 및 유용성

생태도는 개인, 가족의 사회적 맥락과 개인 및 가족을 둘러싼 사회의 체계들과의 상호작용을 하나의 그림으로 나타낼 수 있도록 고안된 도구이며 개인, 가족의 삶의 공간에 존재하는 연관체계를 생태체계의 표기를 통하여 다양한 방법으로 그릴 수 있다. 이를 통해 가족의 장점을 위축시키거나 반대로 적응과 대처능력을 향상시킬 수 있는 외부의 요인들을 확인해 낼 수 있다. 조정되어야 할 갈등요소를 연결하며 동원하고 추구하여야 할 자원들을 확인해 낸다. 이를 통하여 가족의 건강한 성장, 발전, 적응에 기여하는 상호교류나 가족생활에 장애가 되며 가족 기능을 약화시키는 상호교류에 대한 이해를 한 눈에 파악할 수 있다는 장점이 있다. 즉, 생태도의 장점은 생태 및 체계적인 공간에서 가족구성원을 향한 에너지의 출입 경향을 확인하여 가족구성원의 현상태에 대한 객관적 이해와 수용을 유도할 수 있으며, 생태도를 통하여 확인된 가족교류의 문제점을 사회복지사와 클라이언트가 공동으로 인식한 후 함께 이를 개선, 향상시킬 접점과 필요한 자원 및 행동목록을 확인할 수 있다.

(3) 생태도의 작성

① 생태도의 작성을 위하여 가족체계를 상징하는 원을 그린다.

② 원 안에 가족구성원의 기본 정보를 그린다.

③ 원 주변에 주변 생활 및 환경체계를 그린다.

---

1) 구조주의에서 보웬은 가족의 가계도가 가지는 함의로 IP를 둘러싼 3대 원가족의 문제를 가계도 작성을 통하여 이해할 수 있다고 하였으며 이러한 도구는 상담사 간의 협력적 치료에도 유용한 객관적 자료로 활용될 수 있다.

④ 가족체계와 주변 환경체계들과의 교류와 외부 환경 체계들 간의 교류 상황을 파악한다.

⑤ 상호교류의 성격을 선으로 표시한다. 경우에 따라서 그에 대한 영향력을 표기할 수 있다.

⑥ 외부체계가 가족전체와 연결되어 있다면 외부체계와 원을 각각 선으로 연결하고, 외부체계와 가족 내의 특정 개인과만 연결되어 있다면 개인과 외부체계를 선으로써 연결한다.

⑦ 간단한 설명을 옆에 적어놓아 그에 대한 이해를 도모한다.

⑧ 크고 빠르고 효과적인 가족 변화를 가져올 수 있는 요인을 찾아낸다.

3) 사회적 지지망(social support)

(1) 사회적 지지망의 개념

사회적 지지를 통해 어려운 상황에 있는 클라이언트의 스트레스나 문제를 해결하는 데 직접 및 간접적인 영향을 미쳐 스트레스나 어려움을 경감시키는 관계를 뜻하며 사회적 지지망표는 이를 표기하는 방식이라 할 수 있다. 사회적 지지망은 사회관계망(social network)이라고도 이해하며, 사례관리사가 클라이언트의 문제 상황을 해결하기 위해 활용한다.

(2) 사회적 지지원과 지지의 유형

사회적 지지	공식적 지지	학교, 종교단체, 비영리단체, 정부 및 공공 혹은 민간에서 제공하는 일련의 서비스로 일정한 규정과 절차를 가짐
	비공식적 지지	가족, 친구, 이웃 등 규정과 절차가 없이 일상적으로 접근 가능함
사회적 지지의 유형	정서적 지지	위로 및 격려, 실질적인 돌봄 등
	물질 및 도구적 지지	물건이나 물품을 빌려주는 것으로 각종 지원이 이에 해당함.
	정보 및 평가적 지지	조언이나 환류(feedback)를 통하여 개선사항을 원조함

(3) 사회적 지지의 구조적인 측면

사회적 지지의 구조	
방향성	지지를 주고받는 방향은 일방향과 양방향이 있다.
빈도 및 기간	지지가 얼마나 오랫동안 지속되는지를 의미한다.
지리적 위치	지지를 제공받을 때의 물리적이며 지리적인 거리를 의미한다. 전화로는 친밀감은 유지되나 대면접촉에는 한계가 있다.
밀집도	일정 공간 내에 얼마나 많이 분포되어 있는가 하는 점을 나타낸다.

(4) 사회적 관계망표

사회적 관계망표는 Tracy와 Whittaker(1990)가 개발한 것으로 클라이언트가 중요하다고 생각되는 사람 15명을 선택하도록 한다. 그리고 이들의 이름은 표의 가장 좌측에 기록하고 이들과 삶의 어떤 영역에서 접촉하게 되는지에 따라 각각 해당 번호를 기입한다. 더불어 그들이 제공한 물질적 지지, 정서적 지지, 정보적 지지, 비판 등이 얼마나 자주 있었는지에 따라 해당 번호를 기입한다. 이후 지지의 방향 한 가지를 선택하여 기록하며 비판에는 클라이언트에게 비판적인 느낌을 주는 사람을 기록하고 얼마나 자주 보는지 혹은 얼마나 오랫동안 보아 왔는지를 통해 친밀성을 파악하여 해당 번호를 기입한다.

사회적 관계망표의 기록연습

사회적 관계망 리스트										
클라이언트 성명 및 사진		생활영역	물질적 지지	정서적 지지	정보 제공	비판	원조 방향	친밀 정도	얼마나 자주 보는가?	얼마나 오래 보는가?
		1. 가족					1. 양방향	1. 친밀하지 않음	0. 자주 보지 않음	1. 2년 미만
		2. 친지					2. 당신이 그들에게	2. 보통으로 친밀함	1. 몇회/ 년	2. 2–5년
		3. 직장 및 학교					3. 그들이 당신에게	3. 매우 친밀함	2. 매주/ 회	3. 5년 이상
		4. 기타 조직							3. 매달/ 회	
		5. 친구							4. 매년/ 회	
		6. 전문가								
번호	이름									
01										
02										
03										
.										
.										
15										

사회적 관계망표를 활용하여 자신의 사회적 관계망을 지침에 따라 작성하는 것을 연습해 보고 위기상황에서 어떠한 지원이 가능한지(물질적·구체적 지지), 또 내가 외로울 때 진심으로 지지와 지원을 할 사람들은 누구인지(정서적 지지), 일상적 위기상황을 극복하는 데 원조가 될 사람들은 누구인지(정보·충고) 점검해 보자.

4) 생활력표(life history grid)

생활력표란 클라이언트 삶의 사건이나 문제를 시기별로 전개하여 표로 나타낸 것으로 문제나 사건의 발생시점을 질문한 후에 사회력조사를 작성할 때 각각의 시기별, 연도별로 순서대로 정리할 수 있다. 이를 통하여 문제의 발생시점, 촉발사건시점 및 그에 대한 영향 등을 파악할 수 있는 장점이 있으며, 이를 통하여 사건 간에 보이는 양상이나 관계를 파악할 수 있다.

5) 생활주기표(life cycle matrix)

생활주기표는 클라이언트의 생활주기 및 발달 단계의 과업, 가족구성원의 발달 단계 및 주요 과업을 하나의 표로 나타내어 가족구성원의 발달 단계와 과업, 위기를 일목요연하게 살펴볼 수 있도록 돕는다.

2 정신상태 검사

정신상태검사는 정신보건사회복지에서 활용하며 이를 통해 주어진 시간에 클라이언트의 정신 기능을 평가하기 위한 것으로 1회 또는 일정기간 동안 클라이언트를 관찰, 정리하여 활용한다. 각각은 10개 항목으로 되어 있어 이를 'ABCDEFGHIJ'로 지칭하기도 한다. 구체적 내용은 다음과 같다.

① 외모(appearance), ② 행동(behavior) ③ 의식(consciousness), ④ 망상(delusion), ⑤ 감정(emotion), ⑥ 기억(forgetting, memory), ⑦ 일반적 지능(general intelligence), ⑧ 환청(hallucination), ⑨ 병식(insight), ⑩ 판단력(judgement)으로 구성되며 이를 통하여 기본적인 언어 및 사고 과정과 사고내용을 유추할 수 있다.

1) 외모, 태도 및 행동의 점검

외모, 용모와 태도, 전반적인 운동기술을 파악하는 것으로 날씨나 상황에 맞게 옷을 입었는지, 개인적인 위생관리 상태와 걸음걸이나 앉아 있는 자세가 올바른지 등을 판단한다. 물론 선입견은 금물이나 상담사는 겉모습에서 내적 상태를 반영하는 단서를 찾을 수 있으며, 사례관리자에 대한 태도가 친화적인지 솔직하고 면접에 협조적인지, 혹은 수동적인지, 회피 및 방어적인지, 의심하는지, 공격적이며 적대적인지 등을 관찰하여 기록할 수 있다.

2) 언어와 사고 과정의 점검

클라이언트의 언어는 말의 속도나 높낮이, 목소리의 편안함이나 부드러움, 압박감 등으로 유추할 수 있다. 사례관리자는 클라이언트의 진술을 들으며 사고 과정을 분석, 파악할 수 있어야 하며 논리적이며 질문과 관련이 있는지, 목표 지향적인지 회피적이고 주변적인지 반복적으로 되풀이하고 있는지 등을 파악한다. 정신분열증의 대표적인 증상 중 '단어의 샐러드(salad of words)'는 종종 말이나 생각이 뒤죽박죽이 되어 무슨 말을 하는지 알 수 없는 상황으로 말이 되는 듯하지만, 실상 말이 되지 않게 되는 현상을 일컫는다. 현상 망각과 환각이 이 질환의 대표적인 증세이다. 망상은 거짓된 믿음에 대한 집착이며 환각은 실제가 아닌 감각적인 현상의 경험이다.

3) 부조리한 사고내용의 점검

(1) 환각

자신의 감각을 자극하는 외부 자극이 존재하지 않음에도 불구하고 실제로 자신이 느낀다고 인식하는 것으로 종류에는 환청, 환촉, 환시, 환후, 환미 등이 있을 수 있다.

(2) 망상

이치에 맞지 않는 망령된 생각으로 망상적 표현과 근거, 배경 등을 정확히 이해하려고 노력하는 것이 필요하며 클라이언트의 유형화에 익숙해져서 개별적 상황을 파악하지 못하는 과오를 범하지 않도록 주의하는 것이 필요하다.

4) 기분과 감정

기분과 감정은 클라이언트의 전반적인 느낌, 기분의 변화 및 감정이 말하는 내용과 일치하는지 그 정도가 타당한지 등을 판단한다. 그 예로는 가정폭력의 가해 경험을 이야기할 때 웃거나, 신나는 표정으로 이야기하고 있다면 클라이언트의 기분과 감정이 어떠한 상태인가 하는 점을 생각해 볼 필요가 있을 것이다. 또한, 기분이 너무 좋거나 우울한 것을 주된 증상으로 하는 클라이언트는 정신장애로 우울기의 자살을 주의해야 한다. 또한, 우울증을 경험하고 있는 클라이언트의 경우 심한 정도에서의 양상 역시 파악할 필요가 있다.

그러나 애도 과정에서의 일시적인 우울함이나 슬픔은 정상적인 감정의 반응이기 때문에 평상시의 우울함과는 구별할 필요가 있으며 아동과의 면접 시에는 연령에 적합한 감정 표현을 점검하며 아동의 눈높이에 맞추는 것이 중요하다.

5) 지능

지능이란 클라이언트와의 대화에서 관찰할 수 있는 지능 수준을 의미하며 지식 수준, 문화적 배경, 교육 수준, 사회적 경험 등과 함께 연령에 따른 어휘력 등을 파악할 수 있다.

6) 기억력

24시간 이내, 일주일 이내의 일이나 사건들, 과거에 일어난 일이나 사건에 대해 묻고 답하는 정도이며 기억상실이 있는지 기억과다증이 있는지를 파악하여 클라이언트의 기억력을 가늠할 수 있다.

7) 자아 기능

자아 기능을 통한 정신내적 기능	
판단력	사실과 생각을 비교하여 상호관계를 이해하여 올바른 결론을 도출하는 능력이다.
병식	자신에게 병이 있다는 사실과 병의 성질을 올바르게 인지하는 것이다.
현실성	기대, 바람, 경험이 현실과 비추어 볼 때 얼마나 실현 가능한 것인가를 스스로 파악하는 정도이다.
자기조절능력	자신의 욕구나 요구사항이 즉각적으로 충족되지 못할 때에는 그 인내심을 통하여 이를 조절할 수 있는 능력이다.
충동성 조절능력	어떤 일을 하고자 할 때 이에 대한 순간적인 욕구를 조절할 수 있는 능력으로 흔히 충동구매나 충동적 의사결정이 이에 해당한다.
주의 및 집중력	자신이 집중하던 일에 외부의 자극이 주어지면 집중하던 일을 벗어나 새로운 자극에 쉽게 이끌리는 것으로 외부의 자극 대비 자신이 하고자 하는 일을 할 수 있는 정도를 의미한다.

8) 지남력

지남력이란 시간, 장소, 사람에 대해 물어보는 것으로 쉽게 파악할 수 있는데 지남력이 부족하거나 뇌 손상이 있는 경우에는 주변 상황을 인식하지 못하는 경우가 많다. 지남력 장애가 진행된 경우에는 최후에는 사람에 대한 기억을 상실한다. 대체로 시간, 장소, 사람의 순서로 망각이 일어난다.

9) 심리검사

심리검사란 클라이언트를 심리학자에게 의뢰하여 검사를 받게 하는 과정으로 인지 기능과 함께 클라이언트의 내적 반응을 파악할 수 있는 장점이 있으며,

사례관리자의 개입의 초점을 명확하게 해 줄 수 있다.

(1) 심리검사 의뢰 시 유의점

먼저 심리검사을 의뢰하는 이유를 분명하게 하며 관심을 갖고 답해 주었으면 하는 질문목록을 작성한다. 또한, 클라이언트와 관련된 정보와 의뢰 이유에 대해 클라이언트 자신이 인지하도록 알려 주어야 한다. 그리고 검사 과정에서 클라이언트가 하게 될 일, 검사수행 장소, 검사기간 등에 대한 정보 등을 클라이언트에게 제공한다. 이후 심리학적 검사에 대해 실시된 검사의 절차와 장점, 검사의 한계에 대해 안내한다.

(2)심리검사의 종류 및 결과의 활용

① 지능검사의 종류

지능검사의 종류로는 The wechsler scales, The stanford binet – IV, WPPSI, WISC-III, The Wechsler Adult Intelligence Scale Revised(WAIS–R) 등이 있다.

② 성격검사

성격검사로는 객관형 성격검사로 MMPI-2와 투사적 검사로 The rorschach test가 있다.

(3) 심리검사 결과의 활용

지능검사(IQ)를 통하여 일반적으로 언어성검사 및 수리성검사의 평균을 통하여 인지능력을 살펴본다. 두 검사영역 간의 점수 차가 많을수록 언어적 능력과 수리에 있어서 다양한 차이를 보인다. 이때 50~70 미만은 경증 정신지체가 있을 수 있으나 사회성 기술이 발달될 수 있으면서 교육 가능한 지능지수이며 검사를 통하여 인지능력을 알아볼 수 있다. 그 밖에 감성검사로 EQ가 있다.

chapter 6

사례관리와 수퍼비전 그리고 소진 문제

수퍼비전은 사례관리의 점검에 있어서 클라이언트에게 적절한 서비스가 올바르게 실행되고 있는지 여부를 판정하기 위해 활용된다. 따라서 언제, 어떻게, 무엇이 제공되는지는 중요한 경험적 요인이며, 여기에서 '언제'는 수퍼비전이 제공되는 시기이며, '어떻게'는 수퍼비전이 제공되는 구조의 의미로 해석될 수 있을 것이다. 수퍼비전은 개인적 상담, 집단적 상담 등 참여 범위에 따라 다르게 적용될 수 있다. 또한, 아동·청소년 발달 단계의 특징을 알아보고, 장애인이나 노숙인과 같은 특수한 영역에 있어서의 사례관리 수퍼비전과 사회복지사의 소진 부분을 살펴보기로 한다.

1 수퍼바이저 – 수퍼바이지의 참여 범위에 따른 유형

사례관리에 대한 수퍼비전 형태를 결정하는 데 주요 영향을 미치는 요인을 구분한다면 개인 수퍼비전과 집단 수퍼비전의 예를 들 수 있으며 다음과 같이 제시할 수 있다.

1) 개별 수퍼비전

개인의 사례관리를 통한 상담 과정의 전문적 발달을 돕는 핵심 방법으로 다양한 전문가 협회에서는 전체 수퍼비전에 있어서 개별 수퍼비전의 비율을 의무화하고 있는데, 개별 수퍼비전이 수퍼바이지의 임상 실천과 발달에 구체적이며 직접적으로 관심을 할애할 수 있다는 신뢰성을 반영한 것이다. 1:1 만남은 주의가 분산되지 않으며 초점화하는 것이 가능하다는 장점이 인정받고 있다.

2) 집단 수퍼비전

집단 수퍼비전은 한 명의 수퍼바이저와 다수의 수퍼바이지로 구성되어 진행되는 수퍼비전 방법이며, 효율적 측면에서 바람직하다. 집단 과정을 통하여 2~8명 이내의 상호작용을 통해 수퍼비전의 이슈에 따라 수퍼비전을 실시한다.

3) 내부 수퍼비전

조직의 규모와 상관없이 조직의 내부 경험있는 구성원에게 수퍼바이저 직무를 부여하여 수퍼비전을 제공하는 것으로, 수퍼바이지의 사례관리 교육을 제공할 수 있다. 장점으로는 조직내부의 축적된 경험을 바탕으로 수퍼비전을 조성하고 수퍼바이지에게 적절한 수퍼비전을 제공할 수 있다. 이러한 내부 수퍼바이저는 수퍼바이저이며 동시에 조직의 중간관리자로서의 역할과 감독자로서 역할을 수행하게 된다. 내부 수퍼바이저는 조직의 목적에 맞는 수퍼비전 계획을 구체적으로 수립하고 진행할 수 있는 장점이 있다.

4) 외부 수퍼비전

내부 수퍼바이저를 선정하는 것이 적절하지 않거나 내부의 인력이 충분하지 않은 경우, 그리고 특정 영역의 전문적인 수퍼비전을 도모하기 위해 필요하다. 예를 들면 교정사회복지, 정신보건영역, 임상심리영역에서 외부전문가의 위촉 등에 활용될 수 있다. 외부 수퍼바이저는 수퍼바이저의 독특한 영역의 전문성을 고려하여 다양한 선택을 할 수 있으며 분명한 계약관계를 기반으로 수퍼비전의 시간이나 빈도, 내용 등에 대한 전문적 서비스를 제공할 수 있다. 또한, 조직내부의 다양한 시안이나 역동성에 의해 수퍼비전이 방해를 받는 경우가 없으며 수퍼비전 자체에만 초점을 둘 수 있는 장점이 있다.

단점으로는 기능에서 외부 수퍼바이저의 경우에는 조직 환경에 대한 정확한 정보가 제한적이며 조직 환경에 영향력을 미칠 수 있는 권한이 없어 효과적인 수퍼비전의 제공이 어려울 수 있다. 따라서 수퍼비전의 초점이 무엇인지, 수퍼비전을 통하여 달성하고자 하는 주요 목표가 무엇인지에 의하여 내부 수퍼비전과 외부 수퍼비전을 적절히 선택하여 활용하는 것이 중요하다.

2 개입 영역에 대한 수퍼비전

1) 아동 및 청소년에 대한 수퍼비전

(1) 아동의 특성과 발달과업

아동과 청소년의 특성의 이해를 위하여 아동기의 발달과업의 이해가 중요하다. 아동기의 발달과업은 신체적, 정서적, 인지적, 심리적, 사회적인 면에서 균형을 갖춘 성장이 중요한데 그 이유는 각 시기의 발달상 겪게 되는 여러 가지 과업이 성인기에 영향을 주기 때문이다. 따라서 체계적인 관점에서 양육 지원이 일어나고 있는지에 대한 수퍼비전이 필요하다. 또한, 아동기에는 관계의 형성이 중요한 시기이며 가족 이외의 학교를 비롯한 의미있는 외부환경, 또래집단, 선생님과의 경험이 아동기의 자아개념을 형성하며 특히 이 시기는 사회성이 발달하는 시기로 초기의 도덕 수준이 더욱 발달하고, 부모로부터 습득된 가치관과 사고가 내재화되는 시기이다.

이 시기의 발달과업으로는 가족과 학교에서의 관계의 형성 및 학교생활의 적응 과정을 통해 향후 탄력성과 스트레스를 완화하는 보호특성인 긍정적인 기질, 사회적 반응능력, 회복 탄력성, 자존감과 같은 개인적 성향을 형성하며 도전의식과 책임의식 등의 신념체계를 학습하는 시기이다. 따라서 아동을 대하는 수퍼바이저와 수퍼바이지는 기본적인 지식을 숙지하고 있어야 하며 아동발달의 전문적 관점에서의 태도를 가지고 있어야 한다. 사회복지사가 어떠한 관점을 취하는가는 무엇보다 아이 직면한 도전을 효과적으로 원조하기 위해서 중요하다.

(2) 청소년기의 특성과 발달과업

청소년기는 2차 성징이 나타나게 되어 신체적으로 급격한 호르몬의 변화와 함께 성적으로 성숙되는 시기이다. 일명 질풍노도의 시기로 자아 정체성이 형성되며 가정 및 또래의 영향과 개인차, 성차, 문화의 영향이 민감하게 작용된다. 이 시기에는 타인을 지향하기보다 자기 중심적사고가 나타날 수 있으며, 청소년들은 심리적, 정서적, 사회적, 신체적으로 빠르게 변화되기 때문에 정서적 불안정을 수용하고 이해할 수 있는 능력이 성장 과정의 발달과업으로 요구된다. 따라서 성인으로서의 준비기인 이들을 대하는 청소년 전문 지도사의 전문적인 수퍼비전이 요구되기도 한다. 특히 청소년기의 주요 과업으로는 학업성취와 진로탐색 및 적성의 탐색을 자신에게 맞은 진로를 준비하는 단계로 청소년 상담사는 이 부분에 대한 전문적 지식을 갖추고 있는 것이 중요하다.

(3) 아동과 청소년을 위한 사회복지 프로그램

아동과 청소년을 위한 국가차원의 사회복지 프로그램 중 정부가 정책적으로 지원하는 대표적인 것으로는 지역아동 센터와 위스타트 사업, 드림스타트 사업이 있다. 그리고 교육복지 사업으로는 저소득층의 빈곤가정 아동을 대상으로 한 각종 방과 후 지도교사의 파견 등이 지원되고 있다. 특히 지역아동 센터는 지역사회에서 아동의 보호, 교육 및 건전한 놀이와 오락을 제공하고 보호자와 지역사회를 연계하는 등 종합적 아동복지 서비스를 제공하는 시설이다. 위 스타트와 드림스타트 사업은 복지, 보건, 교육 서비스를 통합적으로 제공함으로써 빈곤아동의 신체적·정서적·사회적 능력 등의 전인적 발달을 국가적으로 지원하는 형태이다. 또한, 아동이 겪게 될 학대나 방임으로부터 사전적으로 예방하는 통합적 아동보호 서비스로 사회통합과 지속적인 성장을 추진하는 정책이다.

(4) 아동과 청소년에 대한 수퍼비전 시 고려할 사항

아동과 청소년 대상의 수퍼비전에 있어서 최우선적으로 고려할 사항은 무엇보다 아동과 청소년의 강점관점을 유지하고 이들의 성장발달에 도움을 주어야 한다는 것이다. 즉, 아동 및 청소년이 성공적 성인으로 성장하기 위하여 사회복지사의 신념은 매우 중요하며 이때 모든 사람은 타고난 탄력성이 있다는 것을 성장기의 청소년들이 내면화 할 수 있도록 원조하여야 한다. 사람과 환경은 시간에 따라 타고난 능력에 대한 신념에서 모든 것이 달라질 수 있다는 것이다. 따라서 수퍼비전에 있어서 아동 및 청소년의 이야기를 경청하고 강점을 찾으며 이들의 목적과 꿈을 자원과 연결할 필요가 있다. 또한, 각종 어려움에 직면하는 경우 이를 극복할 수 있도록 긍정성을 키워주고 자부심에 관하여 기회를 발견해주는 유능한 수퍼바이저가 되어야 할 것이다. 따라서 아동과 청소년 영역 수퍼바이저의 과업은 성장기의 적시에 중요한 정보가 될 수퍼비전을 제공하는 것이 중요하며 각종 방임적 환경에 개입하여야 하며 성장을 촉진하고 권리를 보장할 수 있도록 기관의 자원에 대한 접근법을 제공할 필요가 있다. 따라서 지역자원을 동원 및 연계하는 과정을 지원하고 체계적 관점에서 가족, 학교, 지역사회의 관계망의 형성을 지원해야 한다.

2) 성인에 관한 수퍼비전

(1) 청년기와 장년기의 특성

청년기와 장년기의 중요한 특징은 다음과 같다. 청년기와 장년기에 가장 큰 변화는 직업의 습득과 결혼이며, 자녀는 부모로부터 독립을 하고 부모는 자녀양육의 역할로부터 독립하는 시기이다. 이때 청년기에는 원가족으로부터 분리되어 새로운 가정을 형성하여 새로운 가족의 부모로 준비하기 위한 적응 과정의 도전에 직면하기도 한다. 이 과정에서 출산, 부모의 역할, 일과 가정의 양립, 부부관계의 유지, 가사분담 및 양육 등의 생애주기적인 문제에 직면하는 시기이다.

(2) 주요 과업

이 시기를 담당하는 수퍼비전에서 고려할 사항으로는 가족형성 단계임을 고려하여 가족중심에서 가족의 갈등상황이나 역동성 등을 해결하기 위한 수퍼비전의 지침이 필요하다. 수퍼비전의 사례회의에는 가족구성원이 함께 참석할 것이 권장되며 사례관리자는 회의에서 클라이언트의 상황에 대한 개요를 제공하고 의사결정 시 가능한 대안을 제시하여 도전과 고려되어야 하는 상황에 대해 명확히 하고, 그에 대한 적절한 합의에 달성하도록 하는 역할을 담당하게 된다. 따라서 사례관리자는 생애주기에 따른 과업과 그에 맞는 성숙도에 대한 인식이 무엇보다 필요하며 가족에 대한 상담의 기본기를 갖추고 건강한 가족의 요건인 경계선, 구조, 의사소통의 상호성 및 각 가족이 담당하고 있는 위계 등을 점검하는 것이 중요하다.

3) 노년기에 대한 수퍼비전

(1) 노인기의 특성

에릭슨의 발달 단계에 따르면 노년기에는 자아통합이 성취되는 단계이며, 신체적 측면으로는 생물학적 노화가 일어나며, 추가적으로는 조부모의 역할, 배우자 사별로 인한 마음의 준비와, 은퇴로 인한 새로운 역할 수용, 그리고 무엇보다 죽음에 대한 준비가 이뤄져야 하는 시기이다. 따라서 죽음에 대하여 노인이 어떻게 준비를 할 수 있는지와 관련한 죽음에 대한 연구도 시도되고 있다. 그리고 최근에는 다양한 노인의 욕구에 대응하며 노인에 대한 역량강화와 노인에 대한 편견을 깨뜨리고자 하는 다양한 활동이 제안되고 있다. 또한, 강점관점의 시각으로 사회적 약자가 아닌 사회적 자본으로 노인을 바라보는 시각이 권장되고 있는 추세이다. 이를 위하여 노인을 위한 많은 일자리의 창출과 경제활동이 가능한 노인에게 다양한 기회를 제공하는 것이 향후 노인빈곤과 관련한 중요한 과제이다. 또한, 노인이 사회에서 다양한 방법으로 적절한 사회적 역할을 담당할 수 있도록 봉사활동 등 다양한 각도에서 노인의 사회통합을 지향하는 것이 중요하다.

(2) 수퍼비전 시 고려할 사항

노인의 강점을 찾기 위한 질문으로 노인 분야의 수퍼비전에서 무엇보다 중요한 것은 바로 노인에 대한 강점관점의 실천영역이다. 이에 대하여 Saleebey(1997)는 사람들이 배워왔던 것, 살아온 배경, 개인적 성격, 특성, 가치, 주변 세상에 대해 사람들이 알고 있는 것, 재능, 문화적 이야기, 삶의 자신감, 지역사회, 영성을 강점으로 제시하였다.

예를 들면 당신이 맞서야만 했던 모든 도전에서 어떻게 하여 잘 견디어낼 수 있었습니까? 혹은 어떤 사람이 당신에게 특별한 이해와 지원을 해 주었습니까? 인생에서 당신이 원하는 것은 무엇입니까? 사람들이 당신의 장점을 말할 때, 그들이 주로 말하는 것은 무엇입니까?

4) 특수 분야로서의 의료와 정신 보건 분야 및 다문화

특수 분야로 의료 및 정신 보건 분야에서 수퍼비전의 특성으로 갖추어야 할 조건은 다음과 같다. 즉, 수퍼바이저의 전문가적 자질은 현대사회에서 특수 분야에서 점점 증가하고 있는 만큼 의료 분야의 신체나 심리적인 건강의 예방, 치료 및 재활에 대한 클라이언트의 욕구에 대응할 수 있도록 하는 사회복지 서비스의 수퍼비전의 방안 모색이 필요하다. 이를 위해서는 사례관리자는 전문적인 역량을 지니고 있어야 하며 특히 다문화가정을 담당하는 경우는 문화적인 역량을 지니고 있는 것이 중요하다.

(1) 의료 및 정신보건사회복지의 특성

의료사회복지사의 주요 기능으로는 케어복지학적 차원에 있어서 전문적인 치료의 실천, 의료제도에서의 프로그램의 계획 및 정책형성 과정의 참여 그리고 지역사회에서의 사회와 보건 프로그램 실시에 기여할 수 있어야 한다. 이에 전문인력의 자격으로 사회조사를 통하여 클라이언트와 지역주민의 욕구를 반영한 건강증진을 도모할 수 있도록 하는 것이 매우 중요하다. 그에 대한 의료학적인 기본지식의 습득 및 의료사회복지사로서 각종 질병의 예방 및 치료와 심리사회적 개입을 지역사회를 통하여 실천하여야 한다.

(2) 정신보건사회복지의 주요 개입내용

클라이언트의 정신건강 함양 및 정신장애인 증상 완화와 정신건강의 회복, 정신장애인의 재활 및 사회복귀 및 상담치료, 자원의 연결 및 자원개발을 통한 사례관리의 개입 등이 있다.

5) 의료 및 정신보건사회복지 수퍼비전

의료 및 정신보건사회복지 수퍼비전의 갖추어야 할 역량은 다음과 같다.

(1) 지식영역

의료 및 정신보건사회복지 수퍼비전의 영역에서 질병, 장애, 외상의 신체적 특징에 대한 이해는 매우 중요하며 질병에 대한 특징적인 반응의 양태와 행동에 관한 이해, 질병에 영향을 미치는 사회 및 문화적 태도와 기타 발생 가능한 변수에 대한 이해, 질병에 따른 특수 문제에 관한 이해와 심리사회적 사정 및 개입을 위한 정신질환의 진단과 사정에 관한 이해를 필요로 한다.

(2) 과업영역

의료 및 정신보건사회복지 수퍼비전에서 의사, 간호사, 임상심리사, 영양사, 약사, 물리치료사, 사회복지사, 작업치료사, 언어치료사 등의 다양한 전문직이 다학제 및 협력적으로 함께 일하는 협동 팀구성의 접근을 바탕으로 사회복지사는 구성된 팀의 일원으로서 클라이언트의 문제나 욕구에 대해 팀원과 공동으로 사정을 시도한다. 관련정보를 함께 공유하여 클라이언트에 대한 팀 교육 실시와 윤리적 문제에 대하여 공동 의사결정을 하고 이를 바탕으로 개입계획을 협력적으로 개발하고 과업과 책임을 팀 안에서 할당하고며 그 결과를 평가하는 기능을 하여야 한다.

(3) 수퍼바이저 역량의 영역

의료 및 정신보건사회복지 수퍼비전의 분야에서는 클라이언트와 가족의 문제 원인을 정확히 이해하고, 대인관계에 능숙하며, 훌륭한 자기인식을 가지고 클라이언트의 삶과 가족의 삶에 대하여 역량을 강화하거나 이에 해당하는 제반 법률에 대한 지식을 갖추고 있는 것이 중요하다.

6) 사회복지사 수련과정

의료 및 정신보건사회복지 수퍼비전에 있어서 정신보건사회복지사 수련제도는 '정신보건법'에 근거하고 있으며 이는 1997년부터 실시되었다. 수련 과정은 서 1급과 2급 수련의 과정이 있으며 1급 수련의 자격대상으로는 대학원에서 사회복지학을 전공하여 석사학위 이상을 소지하고 사회복지사 1급의 자격을 소지한 자를 기본자격으로 하여 보건복지부 장관이 지정한 수련기관에서 3년 이상 수련 과정을 이수해야 한다.

2급 수련의 대상은 사회복지사 1급 자격소지자로 일정한 수련기관에서 1년 이상 수련을 이수해야 하는 조건을 가지고 있다. 그에 따른 교육은 이론교육 150시간과 830시간 이상의 임상적인 수련을 한국정신보건사회복지학회에서 인준한 수퍼바이저의 감독 하에서 이수해야 한다.

의료사회복지사 수련제도는 대한의료사회복지사협회에서 수료증을 발급하는 자격제도이며 그 수련자격은 사회복지학을 전공한 학사 이상으로서 사회복지사 1급 자격증 소지자가 될 수 있다. 수련내용은 40시간 이상의 이론교육과 960시간 이상의 임상수련을 거쳐야 한다.

수퍼바이저의 자격으로는 의료사회복지사 자격증을 소지하고 있으며 사회복지학을 전공한 학사 이상의 소지자로서 만일 학사일 경우 임상경력 5년 이상, 석사일 경우에는 임상경력 3년 이상이 되어야 한다.

3 장애인 분야의 수퍼비전

1) 장애인 대상의 이해

우리나라에서는 2007년 10월 12일 이후 개정된 "장애인 복지법"에서 15개 유형의 장애를 분류하였으며 대분류로는 신체장애와 정신장애가 있고 중분류로는 정신장애에 정신질환을 포함하는 정신장애와 지적장애 그리고 자폐성장애를 포함하는 발달장애로 구분하고 있다.

2) 장애인 분야의 현황 및 이슈

우리나라에서는 전통적 욕구인 소득보장과 의료에 대한 보장이 가장 높지만 점차 장애인의 자립과 활동보조 및 수발 서비스 등의 개인생활을 보조하는 서비스 욕구에 대한 수요가 증대하고 있다. 이에 따라 생활시설, 교육시설, 장애인복지관 등의 다양한 서비스에 대하여 제공기관의 정보 제공 및 상담 서비스의 수요가 증대하고 있다. 또한, 성년후견제 등 법률적 지원 서비스의 수요가 확산되고 있으며 인권과 관련하여 차별금지, 이동권, 주거보장, 가사 지원 서비스, 문화생활 및 시설 등에 대한 욕구도 높은 수준이다. 이러한 사항은 각종 고용이나 시설에 적용되고 있다. 최근의 새로운 욕구로는 이동권 보장, 교육권 보장, 활동보조인 서비스, 장애인차별금지법 제정 등에 있어서 장애인의 참여 수준이 높아지고 있다.

3) 수퍼비전의 실제

(1) 팀워크 활동

다른 사회복지영역에 비해 수퍼비전에서는 다른 전문직과의 팀워크가 가장 강조되고 있는 영역이며, 그 접근 방법이나, 장애인에 대한 관점의 차이 및 치료적 기능과 복지의 관심 등에 있어서 서로 다른 초점을 견지함으로써 그에 따른 갈등에 대한 대처 방법 등이 모색되어야 한다.

(2) 전문가 주의와 소비자 주의의 갈등

장애인복지의 특성상 아직까지는 진단판정 및 치료 기능의 강조로 인하여 의료학적인 차원의 접근이 일반적이며 전문가 주의가 최근 급격히 부상하고 있는 소비자 주의와의 갈등을 겪고 있는 문제 혹은 긴장관계에 대한 대처 방법이 필요하다. 장애인복지학에서 사회학적 관점이 높아지고 있으나 그럼에도 불구하고 과거의 의료학적 관점과 치료 및 재활의 관점도 이에 못지 않아서 다각적인 협력체계가 요구된다. 장애인의 장기적이고 만성적인 상태에 대응하기 위한 서비스 인프라는 아직까지 부족하고, 수요 대비 상대적으로 불충분한 공급은 힘의 불균형을 심화할 수 있다. 따라서 부족한 자원을 획득하기 위해서 서비스 이용자는 과거 도움을 받는 입장에서 보다 소비자로서의 권리를 주장하는 것이 필요하다.

(3) 재가(在家) 서비스 전략개발

재가 장애인의 다양한 욕구를 충족시키기에는 한정된 자원이지만 부족한 자원을 누구에게 어떤 방식으로 적절하게 제공했을 때 더욱 높은 성과를 가져올 수 있는지, 혹은 상대적으로 더 많은 위험을 제거할 수 있는지 의사결정을 할 수 있도록 협력적으로 돕는 것이 필요하고, 기존의 방문 클라이언트를 중심으로 개발하였던 주요 서비스 전략을 수정하여 아웃리치 방식으로 "찾아가는 서비스 전략"을 새롭게 개발할 수 있도록 지원하는 것이 필요하다.

(4) 서비스 통합 기능 향상

전달체계의 입장에서 장애인들의 목소리는 매우 높다. 지원에 비하여 아직까지 접근의 장애도 높은 편이다. 장애인복지관은 장애인의 기능손상에 대한 기능별 서비스체계에 따라 개별 장애인의 욕구에 포괄적으로 접근하기 위한 사례관리체계가 보강되어야 하며, 이에 따른 사례관리체계를 구축하는 데 있어서 단위 서비스를 위한 치료 팀의 전문 서비스를 조정하는 역할수행에 관한 조직 내외부의 합의가 필요하다. 즉, 다양한 사례에 대한 발굴과 이에 대한 논의가 매우 필요한 현실이다. 그러나 치료 팀의 역할에 대한 침해로 이어질 수 있도록 내부 서비스의 통합성을 확보하는 것도 중요할 것이다. 사례관리적 차원에서 볼 때, 장애인복지관에서의 사례관리체계는 지속적으로 시도될 필요가 있으며 사회통합적 관점에서 지역사회연계의 노력이 강조될 필요가 있다.

(5) 소진의 예방

장애인에 대한 서비스는 장애인 당사자의 의사나 욕구충족이 아닌 서비스의 유지나 가족 등의 보호자의 욕구충족에 초점을 맞추게 될 가능성이 높다. 이러한 과정에서 일방적인 요구가 될 수 있으며 이에 따라 서비스의 질 향상이나 성과관리가 강조되는 복지패러다임 변화의 입장에서 본다면 양방향적인 소통이 요구된다. 따라서 장애인복지 영역에서 지역사회와 함께 사회적 공감대를 어떻게 이끌어 낼 것이며 그에 따라 등급제가 아닌 각 영역에 대한 욕구에 반응하는 서비스가 되기 위하여 클라이언트의 변화나 성과를 어떻게 이룰 것인가 하는 과제를 함께 다루어 나갈 수 있도록 논의하는 자세가 필요하다.

4 자활 분야

1) 자활 분야의 대상이해

자활 분야는 경제위기에 따른 저소득층의 생활안정을 위하여 정부가 공적인 차원에서 최저생활생계비 지원, 실업급여, 공공근로 사업, 노숙자 보호 사업, 한시적 생활보호 및 위기 지원, 창업자금 융자 및 지원 등 사회안전망구축을 위한 다양한 사회사업을 실시하고 있다. 따라서 저소득층 전반에 대하여 단순생계 지원이 아닌 다양한 생활의 자립자활을 촉진하는 생산적 복지를 지향하는 종합적 빈곤대책이 필요한 시점이다.

2) 자활 분야의 현황과 이슈

사례관리의 분야에서는 자활의지 미약자로 분류되는 대상층에게 심리사회적 기능상의 손상이나 사회적 지지망 및 자원의 연결에 대한 지원에 대하여 활발한 전문가적 논의의 과제에 대한 도전을 받고 있다. 사례관리를 통하여 자활이 불가능하거나 실패할 가능성이 높은 수급권자 중의 고위험군이나 사회적 취약계층에 대한 개입이 필요하다. 즉, 근로능력이 미약한 것으로 평가된 경우 사례관리를 통하여 정신보건 관련기관에서 제공하는 '재활 프로그램'이나 '사회적응 프로그램' 및 '디딤돌 사업'에 참여하도록 하여 의무적(mandatory)인 상담 및 정신보건 서비스를 연계하여 지원하는 것이 필요하다. 또한, 기초생활보장급여를 받을 수 있는 정책적 토대와 연계적인 노력을 기울여야 한다.

(1) 자활 vs 복지의존에 대한 논의

사례관리에서 수퍼바이저는 자활 사업을 담당하는 수퍼바이지가 빈곤이나 무기력의 이슈를 어떻게 인식하고 있는지에 대하여 점검할 필요가 있다. 또한, 근로연계복지에 대해 어떠한 가치관을 가지고 있는지에 관해 스스로 점검해 볼 기회를 가져야 한다. 즉, 수퍼바이지가 빈곤의 이슈에 대하여 사회적 도움을 통하여 자활을 돕고자 할 때 클라이언트의 의존성 문제를 어떻게 인식하는지에 관해 검토하는 것이 매우 중요하다.

(2) 사회적 성과의 개발

사례관리자는 다양한 사회사업과 클라이언트를 연결하는 역할을 수행한다. 이때 중요한 것은 수퍼바이저는 사회복지 사업으로 갖는 사회적 책무성 및 사회투자에 대한 수퍼바이지의 인식을 점검하고 협력하여 클라이언트의 자활을 도와야 한다. 이때 수퍼바이지가 사회정책의 이념적 이슈를 어떻게 인식하고 있으며, 현 사회복지사들의 역량 및 실제로 사업을 수행하면서 어떠한 이념적 갈등이 있는지 혹은 현장에서 어떤 실천적 어려움을 경험하는지를 관찰하고 이에 대하여 다루어 주는 것이 매우 중요하다.

5 노숙인 분야

1) 노숙인 분야의 이해

IMF와 같은 1998년 경제위기 및 경기침체에 따른 사회 문제는 초기전망과 달리, 만성적인 세계적 경제침체 현상을 보여 주고 있다. 이에 따라 한국에서도 노숙인 수의 증가는 사회적인 다양한 개입노력에도 불구하고 그 수가 줄어들지 않고 있으며 오히려 이들은 시설에 수용되기를 거부하고 노숙인 쉼터나 쪽방, 원룸 등의 불안정적 주거상태와 노숙을 넘나들며 극 빈곤층으로서 단신가구의 저변 확대의 양상을 보이고 있다. 따라서 그 규모와 실태를 추정하는 것조차 현재 점점 어려워지고 있는 실정이다. 이에 현대사회에서는 노숙인의 생활 및 심리를 연구하는 학문적 영역도 보다 전문화되어가고 있으며 이들에 대한 개입 역시 단편적인 원조가 아니라 이들의 심리적 개입을 통하여 보다 전문적인 사례관리를 요구하고 있다. 따라서 이들에 대한 사회적 시각의 점검 뿐 아니라 노숙인의 건강과 복지에 대하여 인권적인 관심에 보다 관심을 기울이는 것이 필요하다.

2) 노숙인의 생활실태와 정신건강

노숙생활 중 경험하는 스트레스 요인은 기본적인 의·식·주마련보다 앞으로 살아갈 방법이나 일자리 등으로 나타났으며 이는 현재적인 요구보다는 불투명한 미래의 전망 더욱 큰 스트레스 요인으로 작용하고 있는 것으로 나타났다. 또한, 노숙인의 위험요소는 신체건강에 이상이 있음에도 불구하고 이에 대한 방임과 부적절한 대처 방법으로 인하여 치료의 지속성과 충분성이 보장되지 않음으로써 장기적으로 만성적인 질환으로 이어질 수 있는 맹점이 있다. 이들은 응급의료체계에만 의존하고 있는 경우가 대부분이며 이들에 대한 개입이 사례관리에 있어서도 전문영역으로 자리 잡아 나가야 할 것이다.

3) 노숙인 정신보건 서비스 지원과 수퍼비전

노숙인 보호 사업은 노숙인에 대한 정신건강과 의료 서비스 지원정책을 통하여 노숙인 쉼터별로 자활, 알코올중독의 치료, 정신 재활, 쉼터 운영 및 지원 등으로 전문화를 유도하고 있으며 종전의 자활 사업 프로그램 과제로 지원되던 자활, 알코올 치료, 정신 재활 사업을 실시하던 쉼터는 현재 해당 전문 자활 사업을 발전시켜 전문적인 쉼터의 역할을 하기를 기대받고 있다. 따라서 이에 대한 전문적 활동을 위하여 수퍼바이저는 수퍼바이지가 가지는 노숙자에 대한 사회적 편견의 원인을 분석하며 또한, 노숙자 자신의 사회적응과 대처능력을 키울 수 있도록 하는 정서적 지지 및 각종 자원연계를 통한 재활에 도움을 줄 수 있어야 한다.

6 사회복지사의 소진

1) 사회복지사가 받는 스트레스와 소진

Kadushine(1992, 조휘일, 2002역)은 사회사업 실천의 NASW 기준들(NASW: standards for social work practice in client protection)에 관해 언급하고 있는데, 그곳에는 소진과 관련하여, "업무와 관련한 스트레스관리와 직원의 업무관련 스트레스의 대처를 원조"라는 항목을 소개하였다. 그 중 사회복지사의 이직에 대한 최초의 연구는 케이스 워크의 관심이 일어나던 1927년에 실시되었으며, '업무에서의 불행'에 따른 이직의 두 번째로 큰 범주가 워커의 사기(morale)라는 사실이 언급되었다. 구체적인 이유들에는 '사회사업 자체적 불만족', '업무압박', '클라이언트의 무 희망', '과중한 업무량' 등이 포함되고 있다.

소진은 현대사회복지학에서 자주 언급되는 용어이기도 하다. 사례관리자는 클라이언트와 가족에게 개입할 때 가족의 문제들(알코올, 약물, 폭력, 가족들의 문제 부인(denial), 상담자의 변화의 노력에 관한 저항 등)에 의해 종종 좌절되고, 무능함을 느끼며 그 가족의 경우는 애초부터 실패하게 되어 있다는 자기 위안으로 소진될 수 있다. 이때 사례관리자에게 자신의 지지적인 수퍼바이저나 확고한 자원이 있는 것이 바람직하다. 또한, 불필요한 소진을 예방하기 위해서 체계적인 관점의 지식과 문제의 이해가 매우 중요하다. 가족과 치료의 체계 모두에서 발생할 수 있는 문제와 역기능에 대한 이해가 사례관리자로서의 소진 증상의 완충에 기여할 수 있다. 그러므로 클라이언트와의 관계에서 자신의 역할과 책임감에 대하여 제3자에 입장에서 재평가하고 이를 명확히 하는 것이 매우 중요한 관건이다. 또한, 정확한 사정과 평가에 기초하는 현실적인 목표와 우선 순위의 선정이 중요하다. 이는 과정에 대한 전체적인 조망이며 밑그림에 해당한다. 만일 가족의 문제라면 가족 체계와 지원 체계 및 치료에서 활용 가능한 자원 및 제한사항, 또는 사례관리자 자신의 능력과 심지어 한계에 관하여서도 미리 인식하고 있어야 한다. 가족을 돌보고 가족을 구조화하는 것에 있어서 상담자의 책임과 가족이 인정하고 노력할 부분, 어떠한 순간에도 용서하고 인정하고 사랑하는 문제와 그로 인해서 변화하는 힘이 있다는 것을 깨닫게 하며 그에 대하여 구성원들은 적극적으로 자신의 행동에 먼저 책임지는 마음을 갖게 하는 것, 문제를 함께 해결하는 데 있어서 그들이 진정으로 염려하고 기다려주는 사람이 가족 중에 있음을 믿게 하는 것, 혹은 멘토나 다른 대안이 있음을 믿게 하는 것, 무엇보다 그들 자신들의 역할에 책임감을 갖도록 격려하는 것 등에 대한 확신이 필요하다. 소진은 현실적인 목표와 한계를 설정하는 하는 것에 있어서 사례관리자에게 가장 어려운 과제일 수 있다. 사례관리자는 일에 대한 열정이 클수록 그만큼 소진에도 더 많이 노출되어 있다. 열정이 결코 충분하지 않다고 느낄 수도 있다. 따라서 사례관리자가 자신의 일상을 컨트롤하며 자신의 신체 및 내면의 상태에 민감하게 반응하고 이에 대한 트레이닝이 선행되어야 한다.

다음은 익명의 사회복지사의 일에 대한 당황 혹은 어려움에 대한 입장을 표명이다.

사례 1

나는 졸업 이후 복지시설에 근무한지 1년이 되었다. 기관의 클라이언트들은 문제를 상담하고자 한다. 그러나 하루에 배당업무량이 과중해서 과연 적절한 서비스를 클라이언트에게 제공할 수 있을지 의문일 뿐더러 일에 대한 회의가 온다.

사례 2

나는 정말 사회복지계열의 일을 하고 싶었다. 그러나 매일 5시에 일어나고 밤늦게 귀가하는 생활이 반복되면서 몸은 점점 지치고 이런 일상적인 피로가 누적되어 얼른 일을 그만두고 싶다는 생각만이 가득하다. 과연 내가 사회복지의 일을 잘 선택한 것일까 하는 회의가 들 때가 있다.

사례 3

내가 담당한 사례는 너무나 일반적이지 않은 사례들이어서 도대체 어디부터 어떻게 손을 대는 것이 좋은지 모르겠다. 어렵고 힘들고 정상적이지 않은 환경에서 일생을 살아온 그들에게 내가 과연 어떤 조언을 할 수 있을까? 그들을 대하기에 앞서 정신적인 피로감이 몰려온다. 그리고 하루를 시작하기 전에 회의가 앞선다.

소진은 부정적인 심리적 태도의 발달과 업무태도에 영향을 미치며 나아가 클라이언트에 대한 무관심과 감정의 결여 등을 내포하는 직업적 스트레스의 결과로 야기되는 신체적 정서적 고갈의 징후로 정의될 수 있다(A.Pines & C.Maslach, 1978). 소진은 업무의 불만족과 같은 것이 아니며 오랫동안 지속되고 누적된 스트레스가 형성되는 것으로 만성적인 상태에만 타당하게 적용될 수 있다(A.Pines & C.Maslash, 1978). 이러한 소진은 결과적으로 직업에 대한 부정적인 태도, 자신과 클라이언트에 대한 관심이나 감정이 상실됨에 따라 점차 냉소적이며 경직된 반응, 불쾌감, 무력감, 절망, 불안, 분노 등의 심리적 상황에 처하게 된다. 이러한 스트레스 상황은 클라이언트에 대한 열의와 감정의 상실로 이어지게 되며 서비스 효율성의 저하, 지각, 결근 등의 근무 태만과 나아가 직장의 이직을 고민하게 되고 급기야는 전문직을 떠나버리는 상황까지 이르게 되므로 사회복지사가 이점을 유념하고 미리 대처할 필요가 있으며 이러한 사례를 다루는 전문 사례관리자도 필요하다. 사회복지사의 임파워먼트가 중요한 관심을 받는 이유도 여기에 있다. 소진이 나타나면 진실한 정서가 피곤함과 지침으로 인하여 가장된 정서로 바뀌며 일하는 자아와 현실적 자아가 분리되어 나타날 수 있다. 클라이언트와 면담을 할 때에도 짧은 면담의 횟수가 많아진다. 또한, 사회복지사들이 클라이언트에게 심리적인 감정이입과 수용적인 진실한 반응으로 의사소통하는 것이 어렵게 된다. 한 예로 사회복지사는 클라이언트를 대하는 순간 곧 무거운 책임감을 느끼고 하루의 업무를 수행하는 동안 감정적인 피로가 축적된다. 따라서 일과가 끝날 때쯤이면 녹초가 될 수밖에 없으며 이는 개인적인 생활에 침해가 될 수 있다. 따라서 사회복지사에게 중요하게 점검되어야 하는 것이 바로 소진이다. 소진이라는 개념은 업무로 인하여 지친 상태로 볼 수 있으며 다양한 분야에서 중첩된 업무를 담당하는 경우 이러한 상태에 자주 직면할 수 있다.

최근에 와서 인간적 서비스를 제공하는 일을 하는 사회복지사들의 업무스트레스는 소진 징후에 대한 검증을 통해서 이를 명확화하고 있으며 이에 집중적인 관심을 두고 있다. 소진이 학문적 용어로 본격 등장하게 된 것은 1974년 Fraudenberger에 의해서였다(Kadushine, 1992; 조휘일, 2002역).

다음은 익명의 사회복지사의 일에 대한 당황 혹은 어려움에 대한 입장을 표명이다. 이는 Kadushine(1992, 조휘일 2002역)의 저서의 내용의 일부분을 발췌한 것이다.

사례 4

나는 공공복지시설에 근무한 지 9달이 되며 기관의 클라이언트들은 결혼이나 부모와 자녀간의 문제를 상담하고 있다. 그러나 배당업무량이 과중하여 적절한 서비스를 클라이언트에게 제공할 수 없을뿐더러 그러한 일들은 똑똑한 사무원이라면 누구나 할 수 있는 일이며 전문직으로 보기는 힘들다(Kadushine, 1992; 조휘일, 2002역).

사례 5

오늘은 쉬지 않고 클라이언트들을 만났다. 클라이언트는 모두 우울증에 걸린 여자들이었는데 면담이 진행됨에 따라 사무실 분위기도 우울해졌다. 나는 자신도 매우 우울해져 있었으므로 클라이언트에게 삶을 긍정적으로 보라는 말을 하는데도 꽤 힘이 들었다(Kadushine, 1992; 조휘일, 2002역).

사례 6

나는 이번 가정 방문이 대단히 두렵다. 이번 클라이언트는 나에게 매우 적대감을 보이므로 아침 내내 스트레스가 쌓였다. 나는 클라이언트가 집에 없기를 바라기도 하면서 무거운 다리를 질질 끌고 갔다. 문이 열렸을 때 나는 마치 사형장으로 끌려가는 기분이 들었다(Kadushine, 1992, 조휘일, 2002역).

Kadushine(1992, 조휘일, 2002역)은 또한, 다음과 같이 이야기하고 있다. 즉, 사회복지기관은 클라이언트에게 도움을 줄 수 있는 마지막 기회가 되는 경우가 많다. 예를 들어 어떤 클라이언트들은 사회의 모든 기관이 도움을 줄 수 없게 된 경우에 올 수 있다. 가정 학교, 교회, 법 집행기관도 모두 손을 든 경우도 있다. 따라서 사회복지사는 이 같은 기관들이 손을 대지 못한 이들을 떠맡게 된다. 어떤 이들은 사회복지사가 제안하는 도움을 활용할 능력이 없어서 사회복지사가 아무리 도와주어도 사회에 적응을 잘 하지 못 한다. 따라서 클라이언트들이 가진 문제들을 해결할 수 없는 경우도 있다. 어떤 클라이언트의 대인간계 환경은 매우 비지지적이고 열악할 수 있다. 그러한 클라이언트들은 사회복지사의 시간과 노력 감정을 대단히 많이 소진시킴에도 불구하고 사회복지사가 얻는 보람이나 만족도는 극히 제한되어 있다. 따라서 이러한 클라이언트들을 담당하고 있는 사회복지사는 신체적으로 정신적으로 무기력해진다(Kadushine, 1992; 조휘일, 2002역). 즉, Deutsch(1984)는 심리치료자들의 스트레스 원인이 그들이 맡고 있는 클라이언트로부터 오는 것을 발견하고 분노를 나타내거나 동기가 없고 진전이 없거나 치료를 중도에 끝낸 클라이언트들이 가장 큰 스트레스의 원인이라고 지적하였다. 또한, 사회복지사가 현장에서 겪게 되는 다른 문제는 바로 신체적 위험이다. Norris(1990)에 의하면 영국에서 사회복지사가 겪는 신체적인 위험으로 경찰을 제외한 모든 다른 민간 전문직들 중에서 가장 높다고 하였다. 사회복지사가 받는 신체적인 위협은 실제로 통계상 그리 많지는 않지만 가능성은 항상 존재하고 있으며 언어폭력도 자주 경험한다. 즉 클라이언트가 스트레스를 많이 받게 되면 자제를 못하여 화풀이를 사회복지사에게 할 수 있으며, 이것들이 사회복지사에게 스트레스를 주는 것이다. 이상은 Kadushine(1992; 조휘일, 2002역)에서 언급하고 있는 것이다. 다음은 이에 관한 주요사항을 짚어보고자 한다(Kadushine, 1992; 조휘일, 2002역). Wasserman(1970)은 전형적인 공공 아동복지 기관을 다음과 같이 기술했다.

> *"사실 환경적 이미지는 전문적이기 보다는 산업적이다. 사생활이 전혀 없는 북적이는 사무실에서 고통스러운 상황을 명료하고 조용하게 생각할 수 있는 환경이 못 된다(Wasserman, 1970; Kadushine, 1992; 조휘일, 2002역)."*

2) 기타 조직에 관한 어려움

Kadushine(1992, 조휘일, 2002역)에 의하면 빈번한 조직 개편 및 규칙의 변경도 스트레스를 줄 수 있다고 하고 있다. 즉, 의사결정권이 고도로 집중화되어 있거나, 고도로 공식화된 계층적 체계라든가 정교하게 구조화된 규칙이나 절차를 갖고 있는 사회복지 조직의 경우는 그와 같은 조직의 형태 때문에 사회복지사는 업무만족이나 동기화 성취가 힘들게 된다. 즉 여기에는 직업상의 성장 발달의 기회나, 업무의 의미발견을 통해 기관의 의사결정에의 참여하는 기회 등이 포함될 수 있다.

이러한 기관에서의 과중한 업무부여는 사회복지사로 하여금 스트레스와 어려움에 직면하도록 할 수 있다. 즉, 업무 과중은 업무의 양 뿐 아니라 업무의 질적인 면이 포함되며 이러한 특수상황에 있는 사회복지사는 업무상 특수한 어려움에 직면하게 된다. 여기에 더욱 가중될 수 있는 것은, 가치관이 다른 기관과 협조적으로 일할 필요성이 있다는 것에서 오는 어려움 뿐만 아니라 사회복지사는 클라이언트의 문제를 각기 다른 시각에서 보는 법적, 교육적 제도 및 정책과 시스템 등에 일정을 맞춰 일해야 하는 경우도 많다. 따라서 사회복지사는 논지가 다른 영역들과 의사소통해야 하는 스트레스와, 똑같은 문제적 상황에 관해 다른 견해를 수용해야 하는 다양한 스트레스에 직면하게 될 수 있다.

또한, 사회복지사를 바라보는 지역사회의 태도로 인해 어려움을 겪기도 한다. 즉, 사회복지사에게 책무성에 대한 요구가 더 강화되고 있고, 사회사업의 능력과 전문성의 기대에 대한 사회적 비난이 야기될 수 있으며, 재정이 부족한 상태에서 잘해 나가도록 강요받으면서도 낮은 수준의 서비스로 조직의 변화를 관리하라는 요청을 받는 양가적인 입장에 놓일 수 있다. 이러한 요구로 인해 사회복지사들은 자신의 역할 모호(Role ambiguity), 역할갈등(role conflict), 역할부담(role overload), 역할긴장(role strain)등의 문제에 끊임없이 직면하면서도 이에 대처하기를 요구받게 되기도 한다.

3) 클라이언트에게서 겪는 어려움

사회복지사의 결정이 클라이언트의 생활환경에 상당한 영향을 미치는 경우도 있다. 아이가 시설에 보내지거나 가석방자가 감옥으로부터 석방될 수도 있으며 그 밖에 무수한 경우에 개입하는 경우 사회복지사에게 두려운 것은 바로 책임이다. 그리고 그와 같은 결정은 직업적 스트레스를 유발할 수 있다. 때로 중요한 결정들을 불확실성 가운데 한정된 정보를 통해서 내려야 하는 경우도 있으며 예측할 수 없는 상황의 복잡성을 모두 총체적으로 이해한다는 것은 불가능하다고 인식하면서도 결정을 내려야 하는 경우가 있다. 이것은 영화화되어 정신지체 아버지와 그의 자식에 관한 사회복지사의 개입에 대하여 사회적 논의로 다루어지기도 한 바 있었다.

때로는 재원의 제한성과 외적인 장애들 속에서 또한, 복지가 고려되지 않는 환경에서 계속 일해야 하는 상황이라면 클라이언트를 돕기 위한 사회복지사의 마음은 오히려 좌절감을 경험할 수 있다.

어떤 클라이언트들은 사회의 모든 기관이 도움을 줄 수 없게 된 상황에 찾아올 수도 있다. 따라서 이들이 가진 문제들을 해결할 수 없는 경우도 있으며 어떤 클라이언트들의 환경은 매우 열악할 수가 있다. 그러한 클라이언트들에게 사회복지사는 일관적으로 시간과 노력과 감정을 대단히 소진시킴에도 불구하고 일을 수행해야 하는 경우가 많다. 이러한 클라이언트들을 담당하고 있는 경우 사회복지사는 신체적으로 정신적으로 무기력해질 수 있다.

그 밖에도 사회복지사에게 문제가 되는 또 하나는 현장에서 겪을 수 있는 각종 위험이다. 빈민가와 그로 인한 범죄와 언어폭력들을 마주해야 하는 경우도 많다.

그런데 역설적인것은 더욱 양심적이고 더 착하며 양심적인 사회복지사일수록 소진에 노출되기가 더욱 쉽다는 것이다. 사회복지를 직업으로 선택하는 사람들은 타인보다 수용적이고 관용적이며 이해심 많을 것이며 항상 도우려는 사람의 자기 이미지를 갖고 있으므로 이것이 소진에 대한 취약성을 증가시키는 요인이 된다. 일에 대해 헌신적인 윤리감이 있거나 강한 전문적인 초자아를 가지고 있는 사회복지사에 대한 사례관리는 어떻게 해야 하는지가 오늘날 보수교육을 강조하는이 시점에서 논의되어야 하는 부분이다.

4) 사회복지사들을 위한 수퍼비전의 필요성

이와 같은 이유들로 수퍼비전을 제공하는 수퍼바이저는 사례관리를 통하여 사회복지 업무에 대한 사회복지사의 스트레스와 긴장을 이해해야만 한다. 소진을 유발하는 스트레스와 긴장의 근원은 ① 기관의 특성, ② 클라이언트와 일 자체의 특성, ③ 지역사회의 입장이나 조직구조, ④ 열악한 업무환경 등을 포함한다. 사회복지사들을 위한 수퍼비전이 필요하다(Kadushine, 1992; 조휘일 2002역). 사회복지 분야의 수퍼비전은 각 분야에서 전문성을 바탕으로 상호교류 및 성장을 지지하며 이에 대한 공식화, 구조화, 정교화를 통해 수퍼바이지의 개별화, 의미부여, 동기화, 에너지 독려를 도우며 나아가 문화적으로도 유능감을 갖추는 사회복지사로서 기능하도록 돕게 된다(양옥경·이기연·최소연·현진희, 2010).

chapter 7

사례관리 분야별 이해

본 장에서는 사례관리자로서 앞으로 다루게 될 장애인, 다문화인, 알코올중독자 등 특수한 사례관리가 필요한 분야에 대하여 살펴보고 이에 대한 사례관리의 접근에 관하여 탐색적으로 논의해 보는 시간을 가지려고 한다. 본 장에서는 실태와 이슈를 중심으로 다루며 탐색적으로 생각해 보는 시간을 갖는다. 특히 최근 변화된 다문화사회의 도래는 사회복지사로 하여금 그에 대한 문화적 민감성 등 세심한 사례관리 능력을 요구하고 있다. 다음 장에서는 구체적인 사례를 통하여 개입 방법을 접해보는 시간을 가지려고 한다. 이를 통해 각 분야에 대하여 그룹별 발표 등으로 자유롭게 사례와 개입 방법을 세팅해 볼 수 있다. 이에 따라 먼저 그 나라의 복지의 선진 정도를 가늠할 수 있는 장애인과 발달장애인부터 다루어 보고자 한다.

1 장애인과 사례관리의 배경

우리나라에서 장애인들은 사회적 편견 속에서 권익향상을 위해 총체적인 서비스 개선을 위해 노력했으며, 지난 2011년 12월 31일에 장애아동복지 지원법이 제정되었다. 성인 지적장애인들은 직업재활을 통하여 사회 속에서 장애인 복지 서비스를 제공받고 있으나 아직도 많은 개선이 필요한 현실이다. 즉, 우리나라는 정상인을 기준으로 장애인을 바라보는 의료학적 차원의 장애학에서 크게 벗어나고 있지 못하며 사회적 시각으로 장애인을 바라보는 사회문화가 정착하기 위해 장애인의 권리의 개념이 보다 일반적 시각으로 자리 잡을 필요가 있다. 기존의 의료학적 시각에서는 장애인들은 사회문화 등 다양한 측면에서 오는 이질감으로 인한 위축을 경험하기 쉬우며, 장애인과 비장애인의 사회통합을 위해서는 장애인을 접하는 장애인 시설종사자의 시각의 점검이 필요하다. 우리나라에서 장애인이 사회구성원으로 올바르게 자리 잡기 위해서는 무엇보다 사례관리자의 인식부터 점검되어야 할 것이다.

1) 장애의 개념 및 현황

장애인의 정의는 다음과 같다. 장애인 복지법 제1장의 제2조를 보면 장애인의 정의로 "신체적 및 정신적 장애로 인하여 오랫동안 일상 혹은 사회생활의 상당 수준의 제약을 받고 있는 자"라고 명시되어 있다. 그동안 장애인이란 신체 및 정신적인 장애로 일상생활에 불편함을 갖는 사람으로서 사회적으로 연령, 인종, 성 등의 영역에 있어서 차별과 소외를 받을 수 있는 소수집단(Minor group)의 의미로 사회적 약자(The socially underprivileged)로 인식되어왔다.

우리나라의 국어사전에서 장애인은 "신체 및 정신의 충분한 기능의 미비로 인하여 신체가 본래의 기능을 하지 못하거나 정신적 능력의 결함을 지니고 있는 상태의 사람"으로 정의되고 있다. 우리나라 장애인복지법의 제2조에 따라 장애인은 신체장애로는 주요 외부의 신체 기능 장애와 내부기관의 장애로 분류할 수 있으며 정신적 장애의 정의로는 발달장애 혹은 정신적 질환으로 인한 장애가 주요 장애이며 지적장애와 자폐성 장애로 지칭되고 있다.

장애의 의미는 초기에는 의료학적인 기능상의 결함을 의미했다. 그러나 현재 장애학을 바라보는 패러다임은 정상인을 기준으로 한 의료학적 시각에서의 결핍의 개념보다 사회적인 패러다임을 통한 통합적 장애학의 패러다임으로 변모하고 있다. 즉, 장애인의 상황에 대한 초점과 기준은 정상인의 상태보다 바로 장애인 당사자의 현재의 상태가 중심이 되어야 한다는 개념이다. 그리고 장애인들이 건강하게 사회적으로 소통하는 모습으로 성장하는 것을 지향해야 한다는 것이다. 이것은 기존의 '결함'에 초점을 두어왔던 의료학적 모델의 개념에 국한하지 않는다. 이는 장애의 의미가 재활을 통하여 정상인의 기능과 가깝도록 회복되어야 한다는 재활적인 관점의 패러다임에서 벗어나서 장애인이 장애를 가지고도 스스로 독립적인 자립생활을 영위할 수 있다는 사회적인 모델이 중심개념이다. 따라서 이에 사례관리자 역시 올바른 인권의식 및 사회통합의식을 지닌 전문가의 역할을 다해야 할 것이다.

2) 장애인에 대한 모델과 이론

(1) 의료학적 모델

의료학적 모델은 장애인을 의료적 문제로 바라보아 정상화적 기능의 기준으로 의료적 관점에서 바라보는 모델이다. 이 모델의 특징은 장애를 극복의 대상으로 간주하기 때문에 이를 위한 전문적인 치료와 신체 기능의 강화를 지향하는 재활패러다임이다. 그런데 이 모델의 단점은 장애의 근본적인 원인을 개인적 결함으로 간주하므로 장애를 열등요인으로 인식하여 이러한 인식이 사회전반까지 확산되고 사회 교육이나 일반 교육에서 배제되는 결과가 초래되기도 한다는 것이다(김용득 외, 2007; 김희진, 2013).

(2) 사회학적 모델

사회학적 모델은 영국으로부터 시작되었다. 영국은 사회복지의 역사적 맥락에서 장애인 수용시설을 통하여 장애인 보호정책을 실시하여 왔다. 그러나 수용인으로서의 장애인은 비인간적인 대우에 대한 처우개선을 지속적으로 요구해 왔다. 이후 1976년 UPIAS(Union of Physically Impaired Against Segregation)이 제정 되었는데 이를 통해 장애인에 대한 기본 원칙이 설립되었고 이것이 사회적인 모델의 시조가 되었다. UPIAS는 "장애(Disability)란 신체적 손상을 입은 이에게는 책임이 없고 이것은 시대적인 사회조직에 의한 활동의 불이익, 제약 그리고 이로 인한 사회활동의 배제를 의미한다"고 장애에 관련한 기본 원칙을 설명하였다 (UPIAS, 1976).이를 통하여 장애인에 대한 사회적인 억압체계에 대해 인식하게 되었으며 이러한 시점에서 장애인에 대한 인권 및 사회통합은 우리사회의 중요한 이슈가 될 것이며 사례관리자도 이에 대한 인식이 필요한 시점이다.

3) 장애인 인권 및 권리 옹호 제도의 도입 필요성

2012년 11월에 장애인 권리 옹호 제도화에 관련한 토론회가 국가인권위원회 배움터에서 '장애인의 권리 옹호 제도화'를 위하여 공동대책위원회를 통하여 개최되었다. 이에 임성택 변호사(2012)는 다음과 같이 언급하였다(한국장애인복지관협회, 2012).

> "국가인권위원회가 구성되고, 장애인차별금지법과 인신보호법이 제정되는 등 장애인 인권보호를 위한 제도적 성취가 있었습니다. 도가니 영화 이후에는 사회복지시설의 인권 문제를 개선하기 위하여 사회복지 사업법을 개정하기도 했습니다. 그러나 여전히 장애인 인권의 사각지대가 존재하고, 끔찍하고 시대착오적인 인권침해 사건이 일어나고 있습니다. 최근에 일어난 '원주 사랑의 집 사건'을 겪으면서 우리는 장애인 권리 옹호 시스템이 매우 필요하다는 것을 절감합니다. 장애인 권리 옹호체계는 미국의 P&A시스템에서 비롯된 것입니다. 미국의 P&A시스템은 우리에게 많은 아이디어와 시사점을 주고

있습니다. P&A는 'Protection and Advocacy'의 약자인데, 우리말로는 보호와 옹호라고 직역할 수 있습니다. 이는 부당한 인권침해로부터 사회적 약자를 보호하고, 그들의 권리를 옹호하고 대변한다는 의미입니다. 미국의 P&A 시스템은 장애인 권리 옹호를 위해 중요하고도 결정적인 역할을 해왔습니다. 그런데 장애인은 그 특성상 자신의 권리를 침해받기 쉽고, 법적으로 불이익을 당하는 일이 많습니다. 반면 스스로 권리를 주장하고, 옹호하는 데에는 어려움이 많습니다. 의사소통에 장애가 있거나, 판단능력이 부족하여 다른 사람의 도움 없이는 권리구제 절차에 참여하기 힘든 경우도 있고, 신체적 장애로 인하여 법원 등 권리구제기관에 접근하거나 이동하기 어려운 경우도 있습니다. 따라서 장애인의 권리를 보장하고, 헌법상 요구되는 특별한 보호를 다하기 위해서는 장애인의 권리 옹호를 조력하는 것이 필수적입니다."

조문순 장애인 권익 문제연구소 인권 센터 팀장(2012)은 다음과 같이 언급하였다.

"장애인 권리 옹호 조사권이 반드시 있어야 합니다. 사실 확인에 필요한 조사 및 정보, 자료에 대한 접근 권한이 반드시 필요합니다. 임의조사권을 부여하고, 조사거부 등에 대해서는 강력한 제재조치가 있어야 할 것입니다. 그리고 권리 옹호기관의 조치이후 피해자 분리, 쉼터, 상담 및 치료 지원, 자립생활을 위한 주거 지원 등이 체계적으로 마련되어야 합니다. 쉼터를 필요에 의해 만들었으나, 근거규정이 없어 생활시설의 형태로 유지되고 있음을 우리는 경험하고 있습니다. 오직 근거규정 미비 때문입니다. 그런 일들이 발생하지 않도록, 또 쉼터가 또 다른 시설이 되지 않도록 그 근거와 역할 규정이 명확해야 하며, 이후의 자립 지원시스템이 갖춰야 할 것입니다. 또한, 장애인 권리 옹호기관의 활동가는 법률적 지원의 조력인이 되어야 합니다. 이는 법률적으로 권한을 인정받아야 합니다. 간혹 경찰조사 시 조력인의 자격을 임의대로 요구하는 경우가 있고, 그 자격도 교수급, 박사급 정도로 요구하는 경우가 있는데, 이는 현실을 모르는 기준 요구사항입니다. 장애인 피해자 곁에서 정보를 제일 많이 알고, 장애인의 특성을 가장 잘 알고

있는 사람이 권리 옹호기관의 활동가, 상담가이므로, 이들에게 그 권한을 법적으로 부여해야 합니다. 그리고 거주시설에 대한 조사가 비정기적으로, 사전예고 없이도 이뤄질 수 있도록 해야 하며 장애인 권리 옹호를 맡는 민간기구는 장애인당사자의 자기 옹호 기법이나, 훈련 등의 전략을 제공할 수 있어야 합니다. 또 시민에 대한 인권교육도 함께 병행해야 할 것입니다."

전문가 옹호를 위해 우리나라에서도 장애인에 관한 P&A 시스템의 도입에 따른 장애인 권리와 인권에 대한 점검과 사회의 공공 및 민간차원의 장애인 권리 옹호 제도가 도입되도록 하는 시점에 있다(한국장애인복지관협회, 2012 재인용). 이에 장애인을 최일선에서 접하게 되는 전문인으로서 장애인 생활시설 종사자의 심리적 요인이 건강해야 함은 아무리 강조해도 지나침이 없다.

4) 장애인 사례관리와 정상화의 개념

정상화의 개념은 인간의 평등사상에 근거한 이념이라고 할 수 있을 것이다. 따라서 장애인시설의 사회화 개념을 이해하기 위해 탈 시설화와 정상화의 개념 이해가 필요하다. 정상화(normalization)의 개념은 사회복지의 기본이념으로 인권의 존중과 자기결정권의 존중 그리고 기회균등과 평등의 개념을 기초로 하고 있다. 또한, 정상화의 용어는 1950년대 유럽에서 처음으로 등장한 이래 1960년대 초반 덴마크의 지적장애아동의 부모 모임에서 사용되었다. 이것은 그 이후 1981년 국제장애인의 해에 '완전한 참여와 평등'이라는 슬로건 아래 전 세계로 파급되어나갔다. 정상화란 사회구성원으로 일정정도의 장애가 있는 장애인이 정상인과 함께 생활하는 것이 가장 이상적인 것이며 이들의 장애를 수용하고 장애인의 정상생활을 위한 적절한 환경과 서비스를 정부와 지역사회가 제공한다는 것을 기본 개념으로 하고 있다.

그런데 여기에서 정상이라는 뜻은 지역의 사회적 문화와 경제적 조건과 환경에 따라 다를 수 있겠으나 재활과 통합을 하위개념으로 하여 정상화의 대상이 장애인보다는 사회적 약자로 보다 보편적인 개념으로 설명될 수 있다. 그러므로 정상화의 원리를 살펴보면 장애인시설에서 거주하는 장애인의 삶의 질의 향상에 영향을 주는 요인에 관심을 가지며 지역사회로부터 격리된 시설보호보다는 보다 통합된 개념으로 물리적 통합 뿐 아니라 사회적 통합으로 보다 보편적이고 실천적인 이념을 지향하고 있는 것이다.

따라서 진정한 사회통합을 구현하기 위해서는 '지역주민과 교류하는 생활'이 시설의 원조를 통하여 이루어져야 하며 장애인에 대한 일련의 차별이 지양되어야 함은 물론이다. 그것은 호칭과 일상생활에서 나타나야 하는데 이것은 결국 장애인의 인권을 존중하고 사회통합을 지향하는 일련의 사회적 노력이라고 할 수 있다. 즉, 지역주민의 삶과 유사한 범위가 될 수 있도록 그리고 이러한 개념하에 장애인의 자립을 위한 원조가 이루어져야 하며 장애인복지시설은 이에 대한 많은 장애 및 저해요인을 극복해 나갈 수 있도록 장애인을 지원하는 것이 필요하다. 이를 위해서는 무엇보다 장애인을 담당하는 사례관리자의 올바른 의식이 요구되며 전문가로서의 정상화의 개념이 사회복지학을 통하여 잘 구현되어야 할 것이다.

5) 장애인 사회통합의 개념

(1) 장애인의 사회학적 모델에 따른 사회통합의 개념

사회통합의 개념은 포괄적이고 광범위하여 지역마다 고유한 사회 및 경제적 환경에 의하여 적용과 해석이 다를 수 있으므로 이에 대한 개념의 구체적인 정의가 필요하다.

사회통합에 대한 정의를 사회사업사전에서 살펴보면 "통합이란 사회구성원들이 하나의 통합된 전체로 결합하는 과정으로 사회학적인 의미의 다양한 사회집단이나 인종들을 결합하여 조화로운 관계를 형성하는 과정"이라 정의되어 있다. Powers(1981)는 사회통합이 다양한 사회의 단위들이 사회적 관계를 안정되게 형성하게 되는 과정의 역동적인 통합적 과정이나 혹은 결과적 상황의 어떤 것으로 정의하고 있다. 그리고 Taylor와 Bogdam(1990)은 사회통합을 사회적 소수자가 다른 사회구성원과 사회활동에 함께 참여하고 같은 사회 자원을 이용하면서 사회관계를 정상적으로 발전시키는 기회들을 경험하는 것이라 하였다. 또한, Barker(1995)는 사회학적인 의미에서 통합의 의미는 사회집단이나 인종 집단들이 다양하게 결합하여 조화로운 관계를 상호 형성해 나가는 과정이라고 하였다.

우리나라의 이익섭(1999)은 장애인의 사회통합의 개념은 장애인이 평등의 기초위에서 사회의 한 구성원과 한부분이 되어 장애인이 속한 사회와 문화 활동에 참여하는 것으로 보았다. 그리고 문형표(1994)는 UN 헌장에 제시된 바와 같이 장애인이 인간의 기본 권리에 바탕을 두고 다양한 사회집단의 입장을 수용할 수 있는 사회 가치관을 수립한 후 사회통합을 위하여 차별제도를 폐지하고 균등한 기회를 제공하여 취약계층의 사회참여기회를 확대하는 등의 집중적인 서비스 제공이 필요하다 하였다. 이에 대한 집중적 서비스에는 장애인 개개인에 대한 사례관리도 포함된다고 볼 수 있을 것이다.

이러한 개념은 장애인이 사회에서 분리된 삶으로 치료의 대상에 국한되지 않고 사회 속에서 삶을 지속해야 한다는 전제가 있어야 할 것이다. 장애인복지시설은 장애인의 독립성을 고취하고 적절한 교육에 대한 접근을 통해 사회참여를 함양하며 지속적인 고용 조건과 연결되는 전제 조건이 되어야 할 것이다.

(2) 장애인에 관한 사회통합의 중요성

장애인이 사회적인 자신감의 함양을 통해 자립심이 고취되면 자기발전 가능성의 신념이 긍정적으로 변화하며 자기 효능감으로 이어져 사회 및 정치적 참여와 같은 자기결정능력 등이 향상되어 사회적으로 도움이 될 수 있다. 따라서 이와 같이 장애인들이 자신의 능력을 발휘하여 사회적으로 통합하기 위해서는 사례관리자의 역량과 영향이 크지 않을 수 없을 것으로 사료된다. 이에 대하여 우리나라의 변소현(1998)은 사회통합이란 개인적인 존엄성의 회복과 함께 사회공동체로서 물질 및 정신적인 풍요를 위하여 사회의 발전에 대한 목표를 지닌 사회개발전략 중 하나이며 모든 사회의 집단이 조화롭게 더불어 잘 살 수 있는 사회구현을 뜻한다고 정의하고 있다. 이를 종합하여 볼 때 사회통합이란 다양한 사회의 집단이나 구성원이 상호 안정적인 관계 속에 조화로운 삶을 영위하는 것이라 할 수 있을 것이며 사례관리자의 전문적 개입이 필요한 현실이다.

(3) 장애인의 사회통합의 접근 방법

장애인의 사회통합에 관한 학자들의 견해는 다음과 같다.

Taylor와 Bogdan(1982)은 "사회통합이란 장애인이 비장애인들과 함께 지역사회의 활동에 접촉하는 기회를 가지고 그러한 관계를 발전시킬 수 있는 기회를 경험하는 것"이라 하였다. 이에 대한 이론적 접근으로는 구조주의적 접근과 기능주의적 접근 그리고 사회통합의 규범적 접근으로 볼 수 있다.

① 구조주의적 접근

사회통합의 초점 개인보다는 외적인 요인으로 보는 시각이다. 이에 따르면 장애인과 같은 사회적 소수자의 소외상태나 통합성의 실패는 개인보다 사회환경에서 원인을 찾게 되므로 사회적 책임론으로 불리기도 한다. 이러한 사회통합의 구조적 입장으로 볼 때 사회통합의 완성을 사회구조의 결과물로 보기 때문에 이에 대한 연대적 책임과 조율의 대상에 대하여 사회를 단위로 접근하는 특성이 있다.

② 기능주의적 접근

장애인과 사회 간의 관계를 정적인 관계가 아닌 동적의 관계로 보는 접근방식이다. 즉, 사회통합의 주요결정 요인은 물리적인 통합기회, 사회적인 통합기회와 개인적 참여 수준 및 통합에 관한 개인적 기대 수준이 포함된다. 그러므로 사회통합의 평가는 개인을 위한 사회적 지원뿐 아니라 사회 지원에 관한 개인 의식과 소속감까지 파악하는 과정이다. 또한, 사회통합에 대하여 사회 지원의 지원유형의 방향과 인식된 지지망 또는 관계 등을 조작화하여 접근한다.

③ 사회통합에 대한 규범적 접근

원론적으로 사회통합의 상태로 움직여 가는 변화주체를 개인적 차원에서 보고, 그에 대한 실패도 개인에게서 찾는다고 보는 규범적 이해를 바탕으로 한다. 이 규범적 시각에 의하면 통합은 사회의 구성원들이 통일된 전체를 향해 가는 사회 과정으로 바라보며 개인들의 심리적인 가치적 사고 등이 사회규범과 내적으로 결합하게 된다는 관점으로 사회통합의 개념을 정의하고 있다(Barke, 1995).

④ 기타 접근 방법

Segal과 Aviram(1978)은 사회통합에 관하여 지역사회활동의 참가나 자원의 접근성 등 지역사회를 중심한 관련활동을 중심으로 사회통합을 설명하며 물리적인 통합을 강조한다.

이상에서 살펴본 바와 같이 사회통합의 관점으로 바라본 장애인복지는 장애인의 권리와 평등의 원리를 달성하고자 하는 데 궁극적인 목적에 있다. 그러나 우리나라의 장애인은 아직도 많은 심리적 차별을 경험하며 위축되어 있는 상태이며 이들을 임파워먼트하고 상담할 많은 깨어 있는 사례관리자를 필요로 하고 있는 실정이다.

(4) 장애인 사회통합의 의의

UN 장애인 권리협약(Convention on the rights of persons with disabilities)의 19조에 따르면 장애인의 자립적인 생활을 통한 지역사회 포함(Living independently and being included in community)에서 '통합'의 개념을 언급하고

있다. 즉, UN의 장애인 권리협약의 19항에 따르면 장애인은 거주, 거주지에 대한 선택권을 가지며, 지역사회 서비스에 접근성이 있어야 하고, 지역사회 서비스와 시설은 동등하게 이용이 가능해야 하며 장애인 욕구에 부합해야 한다고 하였다. 그런데 사회통합의 기본 전제는 인간의 기본 권리의 존중을 토대로 하여 다양한 사회구성원을 상호 인정하는 사회적 가치관의 수립을 통하여 가능하다. UN 헌장에서는 인간의 기본 권리에 바탕을 둔 사회의 다양성을 인정하며 다양한 집단의 입장을 수용하는 사회적인 가치관을 제시하고 있다. 이에 우리나라 정부에서도 다양한 집단의 이익을 공정한 입장에서 인정하고 각 집단의 자율성을 보장하도록 하며 자발적이며 자율적인 적극적 참여를 통한 사회통합을 구현하여야 할 것이다.

사회통합을 달성하기 위해서 필요한 각 나라들의 과제에 대하여 UN의 사회개발 정상회의에서는 "인간존엄성의 회복이 중요하며 사회통합의 가장 중요한 과제로는 모든 형태의 부당한 제도화된 차별을 폐지하는 것을 통하여 다수에 의하여 소수가 억압되어 상대적으로 강한 집단이 소수취약계층의 권리를 침해하는 사회통합의 조화로움을 저해하는 요인이 점검되어야 한다"고 기술하고 있다. 이를 위해서는 취약계층의 복지증진을 위한 제도를 보완하고 이들에 대한 지원과 사회참여의 기회확충이 필요하며 사회복지 사업의 집중적인 사례관리 등의 배려도 재고되어야 한다. 이러한 일련의 노력은 장애인의 비장애인과의 심리적 거리감을 좁히고 사회참여를 용이하게 하는 데 있어 사례관리자의 역할이 지대할 것이라 사료된다(문형표, 1994).

6) 시설의 통합화 개념

장애인생활시설은 이용자에 대하여 건전한 사회복귀와 자립을 위한 적절한 서비스를 제공하여야 하며 이용자는 이러한 서비스를 제공받을 권리가 있다. 따라서 장애인 생활시설종사자는 장애인을 보다 통합적인 시각으로 바라보고 이들에게 적합한 서비스를 제공하여야 하며 이용자의 전반적 수준에서 이용자들의 삶의 질이 증대될 수 있도록 서비스를 제공하여야 할 것이다. 일본에서는 1951년 이래 장애인복지시설의 사회화라는 용어가 공식적으로 사용되었으며 전국사회복지 사업대회를 통하여 사회복지시설의 사회화라는 관점이 지향되었다. 이러한 개념은 지역사회의 사회복지시설과 지역사회가 상호 교류하는 환경을 통하여 장애인이 통합적으로 사회의 일원으로 인식되고 사회복지시설은 지역사회에서 유용한 기능을 담당하는 역할을 수행할 수 있어야 하며, 특정인을 위한 폐쇄적인 공간이 되어서는 안 된다는 것이 공론화 된 바 있다. 이것은 결국 장애인이 사회와 통합하기 위해서는 이러한 환경이 생활시설로부터 조성되어야 한다는 의미이며 장애인생활시설에 종사하는 종사자부터가 이러한 의식을 가지고 있어야 함을 의미하는 것이기도 하다. 장애인복지시설이 지역사회와 소통하며 상호작용하여 시설을 통해 인권을 존중하고 사회통합적인 생활을 영위할 수 있다면 이것은 궁극적인 장애인복지시설의 존재 이유가 될 것이다.

또한, 지역사회에 통합된 생활을 영위하게 하기 위해 자립적인 생활방식을 갖출 수 있도록 전문가적인 지원을 할 수 있어야 한다. 이에 지역사회 내에서 지속적인 적응훈련이 가능할 수 있도록 하여야 하며 단편적 개입보다는 보다 다각적인 부분에 기여하여 자연스러운 생활환경이 장애인 생활시설로부터 조성되어야 한다. 그리고 지역사회에 개방적인 태도를 견지하면서 함께 성장할 수 있기 위해서는 장애인생활시설과 지역사회와의 건강하고 개방적인 상호교류가 전제되어야 하며 이와 같은 인식을 공유할 필요가 있다. 그러나 이에 관한 인권에 대한 인식은 그동안 주로 장애인의 입장에서만 일방향적으로 다루어져왔던 것이 사실이어서 장애인을 둘러싼 조직이나 생활에서 구현되어야 하는 개념으로 확대되어 나갈 필요가 있다.

장애인들이 비록 생활시설에 거주하고 있다고 할지라도 비장애인들과 비장애인들이 생활시설을 통하여 지역사회와 교류하고 지역사회의 일원임을 인식하고 행동할 수 있도록 하기 위해서 사례관리자의 올바른 의식이 선행 조건이 되어야 할 것이다. 이와 같이 장애인생활시설을 통하여 지역사회와 함께하기 위해서는 먼저 장애인 시설 종사자와 장애인의 인권과 사회통합에 관하여 사회전반적인 관심이 있어야 한다. 아울러 이에 대한 사회적 관심을 이끌어 낼 수 있는 사회적인 아젠다도 충분히 형성되어 지역사회주민의 공감을 이끌어내고 실천과 제도와 정책이 함께 가는 구조로 사회전반적인 인식이 형성되고 성장해야 할 것이며 이에 대한 전문적 사례관리의 역할도 구축되어야 한다.

2 발달장애와 사례관리

발달장애에 관한 용어의 정의를 살펴보면 장애인 복지법에서는 "장애인이 신체적, 정신적 장애로 인하여 장기간 일상생활 또는 사회생활에 상당한 제약을 받는 자를 말한다(제2조)"라고 명시하였다. 이중 장애의 유형은 지체장애, 뇌병변장애, 시각장애, 청각장애, 언어장애, 정신지체, 자폐증 및 발달장애, 정신장애, 신장장애, 심장장애로 분류하고 있다. 여기에서 정신적 장애라 함은 정신지체 또는 정신적 질환으로 발생하는 장애를 일컫는다(김동일 등, 2002). 그리고 특수교육진흥법상에서는 시각장애, 청각장애, 정신지체, 지체부자유, 정서장애(자폐성 포함), 언어장애, 학습장애, 건강장애(2005) 등을 뜻한다(이소현과 박은혜, 2006).

일반적으로 발달장애(Developmental disability)는 발달시기상 18세 이전에 나타나는 경우가 많으며 여기에는 특수교육진흥법상의 시각, 청각, 정신지체, 학습장애, 언어장애, 지체부자유, 정서장애, 건강장애뿐만 아니라 미국개별화교육법(IDEA)에서 정의하는 자폐, 농, 농-맹, 청각장애, 정신지체, 중복장애, 지체장애, 정서장애, 특정학습장애, 말/언어장애, 외상성 뇌손상, 시각장애, 기타 건강상의 장애 등도 발달장애에 포함될 수 있다. 그런데 발달장애는 초기에 발견하고 개입할수록 효과가 좋은 것으로 알려져 있다. 따라서 이러한 분야는 사례관리를 통해 보다 전문화되어야 할 분야이기도 하다. 서비스의 양적인 확대 뿐 아니라 질적 서비스 제공 차원에서 앞으로의 특수교육 및 관련 서비스가 이루어져야 할 것이다.

특수교육진흥법에서는 특수교육의 치료교육은 “장애로 인하여 발생한 결함을 보충하며 생활 기능을 회복시켜 주기 위한 심리치료, 언어치료, 물리치료, 작업치료, 보행훈련, 청능훈련 및 생활적응훈련 등의 교육활동”을 의미한다(특수교육진흥법 제2조, 법률 7395)고 명시하고 있다. 또한, 특수학급에 치료교육교원이나 치료교육을 담당하는 순회교사의 배치와 교원의 자격, 정원 등은 대통령령으로 정하도록 하고 있다. 현재 치료교육의 교원자격 및 배치기준은 특수학교의 치료교육과목과 정교사, 준교사나 실기교사 자격이 있는 자, 특수학교의 정교사나 준교사 자격이 있는 자로 물리치료사, 작업치료사 등 치료교육 관련자격이 있는 자(특수교육진흥법 시행령 16조)로 명시되어 있다. 그러나 장애의 심각도의 정도에 따라 기능훈련과 기능회복을 위한 다양한 사례를 통한 접근 방법이 필요하다. 이에 대하여 DSM-IV를 기준으로 발달장애를 살펴보면 다음과 같다.

① **정신지체**(mental retardation)

평균이하의 지적 기능의 적응 기능상의 장애를 가지며 보통 18세 이전 발현하는 특징이 있다.

② **학습장애**(learning disorders)

읽기, 쓰기, 각종 셈하기의 장애 및 학업, 직업, 일상생활에 제약이 있는 경우로 표준화된 절차로 진단하게 된다.

③ **발달성 운동 협응장애**(developmental coordination disorders)

연령에 비하여 상대적으로 협응성 과제에 특별한 지연이 있는 경우로 비교적 발견이 어렵고 둔한 특성으로 나타날 수 있다. 특징은 감각투입 및 협응상의 어려움을 보인다는 견해가 있다.

④ **주의력결핍, 과잉 행동장애 - 품행장애 및 반항성 장애**(attention deficit and hyperactivity disorders)

충동성과 과잉 행동 그리고 주의산만의 특징으로 나타나며 일반 학교에서 재학하는 경우도 많고 약물치료가 병행되는 것이 권장된다.

⑤ **의사소통 장애**(communication disorders)

언어의 이해와 사용 및 언어표현 장애의 현상을 보이며 조음, 쓰기 및 언어의 장애현상을 보인다. 이는 레트나 아스퍼거 장애로 인하여 발생하기도 한다.[1)]

⑥ **섭식장애**(eating & feeding disorders)

아동 및 청소년기에 많이 나타나며 거식증으로 식사를 거부하는 과중한 다이어트, 나뭇잎이나 돌 등 식품으로 분류되지 않는 음식 등을 섭취하는 이식증(pica) 및 반추장애(rumination) 등으로 나타난다. 섭식 장애의 하나로서 위장에 남아 있는 내용물을 자꾸 게워내는 형식으로 식도, 구강 내로 음식물을 역류시켜 다시 씹어 삼키는 행동을 보이는 장애현상으로 역류를 일으키기 위해서 몸통 및 목을 율동적으로 움직이거나 입에 손가락이나 옷등을 넣는 행동도 보인다. 그

---

1) 레트장애란 X염색체 연관성으로 발현하는 우성 질환으로 여아 출생 시 10,000~15,000명당 한 명 정도의 발생률을 보이는 염색체 이상성 질환이다. 1966년 독일의 안드레아스 렛(Andreas Rett) 박사가 임상적으로 환자를 기술한 이래 1999년 유전자인 MECP2 유전자의 이상이 원인으로 밝혀졌다. 대부분 여자 어린이에게서 만 1~2세경에 발달 정지 및 지연이 발생하게 된다. 아스퍼거 장애(Aspergers syndrome)는 사회적으로 대인관계에 문제가 있고, 행동 및 관심 분야, 활동 분야가 특정하게 한정되어 있으며 상동적인 증세를 보이는 질환으로 사회적으로 어려움을 겪게 되나 두드러지는 언어 발달 지연이 나타나지 않는 전반적 발달 장애이다. 아스퍼거 장애는 자폐증과 달리 어린 시절 언어 발달 지연이 부각되지 않지만 정상 언어 발달을 보여도 현학적 혹은 우회적 언어를 사용하기도 하여 의사소통 면에서 어렵다. 이 장애는 저산소증이나 출산 전후의 합병증을 가지고 있는 경우가 많이 있는 것으로 보고되고 있으며 가족 중에 아스퍼거 장애를 가진 사람이 있을 확률도 높은 편이다. 또한, 몸놀림이 둔하게 보이는 등의 신경학적인 이상을 보이거나 뇌파 검사나 CT, MRI 같은 영상검사 시 뇌에서 이상을 발견하기도 한다. 이 질환을 가진 사람들은 다른 사람들의 느낌을 잘 이해하지 못하고, 고집이 비정상적으로 세기도 하며 의사소통을 잘하지 못하고, 사회적 신호에 무감각하며 특별히 관심 있는 것에만 강박적으로 집착하기도 한다.

러나 반추를 통해서 자기 자극이나 자기 만족을 느끼기 때문에 반추 행동을 하는 동안의 유아 혹은 아동은 불편함을 나타내기보다는 오히려 만족하게 보인다.

⑦ **배설장애**(elimination disorders)

기능성 유뇨증(encopresis), 기능성 유분증(enuresis) 및 PDD[2]의 부적절한 형태의 배변 형태 등을 뜻한다.

⑧ **틱장애**(tic disorders)

뚜렛증후군[3]이 있으며 원인에 대해서는 알려지지 않았으나 스트레스로 인하여 과중되기도 하고 약물을 쓰기도 하며 심리치료를 병행한다.

⑨ **기타 발달장애**

아동의 분리불안장애나 애착이상장애 및 상동증적 운동장애 등이 있다. 그 밖에도 전반적인 발달의 장애로 강박증 및 공황장애 등으로 원인불명하게 사회적 상호작용의 어려움을 호소하는 경우가 있다. 발달장애는 특수교육진흥법 시행령 제9조 2항에 의하면 다음과 같이 분류될 수 있다.

2) 비정상적으로 지체된 의사소통의 현상을 보이거나 반복적·정형화된 행동을 보이거나 비전형적인 사회적 관계가 장애 진단의 수준을 보이는 발달과 관련된 장애이다. 발달장애의 하위 유형은 자폐 범주성 장애(Autistic disorder), 레트장애(Rett's disorder), 아스퍼거 장애(Asperger syndrome), 아동기 붕괴성 장애(Childhood disintegrative disorder), 비전형성 전반적 발달장애(Pervasive Developmental Disorder Not Otherwise Specified: PDD-NOS)가 있다.

3) 틱은 스스로 조절하기 힘든 의미없고 단순하며 반복적인 동작(운동틱)이나 의미없는 소리를 상동적으로 내는 현상(음성틱)을 의미한다. 뚜렛증후군은 신경질환의 한 종류로 운동틱과 음성틱을 나타내는 증후군이다.

〈표 7-1〉 발달장애의 종류

장애의 범주	진단 기준
시각장애인	가. 두 눈의 교정시력이 각각 0.04 미만인 사람 나. 시력의 손상이 심하여 시각에 의하여 학습과제를 수행할 수 없고 촉각이나 청각을 학습의 주요수단으로 사용하는 사람 다. 두 눈의 교정시력은 각각 0.04 이상이나 특정의 학습매체 또는 과제의 수정을 통하여도 시각적 과제 수행이 어려운 사람 라. 특정의 광학기구, 학습매체 또는 설비를 통하여만 시각적 과제수행을 할 수 있는 사람
청각장애인	가. 두 귀의 청력손실이 각각 90데시벨인 사람 나. 청력손실이 심하여 보청기를 착용하여도 음성 언어에 의한 의사소통이 불가능하거나 곤란한 사람 다. 일상적인 언어생활 과정에서 청각의 기능적 활용이 불가능하여 일반인과 함께 교육받기가 곤란한 사람
정신지체인	지능검사 결과 지능지수가 75이하이며 적응 행동에 결함을 지닌 사람
지체 부자유인	지체의 기능, 형태상 장애를 지니고 있고 체간의 지지 또는 손발의 운동, 동작이 불가능하거나 곤란한 사람
정서장애인	가. 지적, 신체적 또는 지각적인 면에 이상이 없음에도 학습성적이 극히 부진한 사람 나. 친구나 교사들과의 대인관계에 부정적인 문제를 지니는 사람 다. 정상적인 환경하에서 부적절한 행동이나 감정을 나타내는 사람 라. 늘 불안해하고 우울한 기분으로 생활하는 사람 마. 학교나 개인 문제에 관련된 정서적인 장애로 인하여 신체적인 통증이나 공포를 느끼는 사람 바. 감각적 자극에 대한 반응, 언어, 인지능력 또는 대인관계에 결함이 있는 사람
언어장애인	조음장애, 유창성장애, 음성장애, 기호장애 등으로 인하여 의사소통이 곤란하고 학습에 어려움이 있는 사람
학습장애인	셈하기, 말하기, 읽기, 쓰기 등 특정한 분야에서 학습상 장애를 지니는 사람
건강장애인	심장장애, 신장장애, 간장애 등 만성질환으로 인하여 3개월 이상의 장기입원 또는 통원치료 등 계속적인 의료적 지원이 필요하여 학교생활, 학업수행 등에 있어서 교육적 지원을 지속적으로 받아야 하는 사람

출처: 특수교육진흥법 시행령 제9조 2항 관련, 대통령령 제19056호

이에 따라 현대 사회복지영역에서는 의료영역으로 의학, 간호학 등의 서비스

를 통하여 진단을 하게 되며 필요 시 언어치료 및 물리치료, 작업치료를 통해 일상생활 적응 훈련, 감각통합치료 등을 실시한다. 행동치료로는 행동심리를 활용하여 문제 행동의 수정을 위하여 소거 및 강화의 접근기법을 활용하여 바람직한 행동을 늘리거나 바람직하지 못한 행동을 감소시키기 위하여 토큰활용법이나 고립, 체계적 둔감법 등의 기법을 활용한다. 또한, 인지행동 수정 기법으로는 관찰법 등을 활용하며 심리치료로 연령대를 고려하여 놀이치료, 미술치료, 음악치료, 모래놀이치료, 원예치료 등을 사용하며 비타민 요법, 도만-델라카토[4] 치료법, 껴안기 요법,[5] 레크리에이션 등이 있다. 따라서 이러한 전문 분야를 발달시키기 위해서는 다학제적인 협력적 지원이 필요한데 특히 각 전문가간의 협력이 필수적이다. 이에 강영심 외는 De Boer(1995)의 협력적 접근의 특성을 다음과 같이 제시하였다(강영심 외, 2005 재인용).

① 협력은 상호 합의된 공동의 목표를 기반으로 하며 협력팀의 장, 단기 목표는 전체협력팀이 결정하여야 한다. 팀원들의 헌신적인 참여를 통해 공동목표가 설정되는 것이 필요하다.

② 협력이 이루어지기 위해서는 참여자들은 동등해야 한다. 팀 구성원들간의 동등성이 존재할 때 팀원간의 의견합의의 도출 가능성이 높아지며 각 구성원들이 의사결정 과정에서 기여한 점이나 역할이 팀의 수행결과와 관련한 의미 있는 가치를 가지고 그 결과가 증진된다.

---

4) '도만과 델라카토 요법'은 성인의 뇌, 고령자의 뇌에 적용하여 긍정적인 결과를 얻었는데 이 실험을 통하여 또는 동물들을 해부하여 뇌의 변화를 관찰한 결과 더 많은 자극을 받은 동물들은 높은 수준의 지능 향상을 나타내 어른이 된 동물들의 뇌임에도 자극을 받은 후에는 뇌의 크기, 중량 및 화화적 성질 등이 현저히 변화했음을 알 수 있었을 뿐 아니라 기본적인 뇌구조의 부위에서는 자극을 받지 못한 뇌의 같은 부위 대비 평균 142%나 커졌다고 보고되었다. 이 실험은 성인의 뇌도 적절한 자극이 필요하다는 것으로 대뇌피질의 기능의 향상은 먼저 보다 낮은 단계의 연수, 교뇌, 중뇌의 각각 부위에 자극을 풍부하게 하는 것이 도움이 된다는 결론을 얻었다. 이 실험은 뇌의 성장이 3세 혹은 5세 이내에 거의 모든 발달을 이룬다는 가설에 대하여 새로운 도전이 될 수 있을 것이다.

5) 미국에서는 Holding therapy로 알려져 있으며 산만한 행동과 눈 맞춤이 안 되는 아이 및 자폐 등의 장애아에 큰 효과가 있다.

③ 협력적 관계에서 팀구성원이 모두 적극적으로 숙고하고 의사결정 과정에 참여하는 것이 필요하다. 팀원들은 의사결정한 결과에 대한 책임을 공유하는 것이 필요한데 팀이 과제를 공유하는 방식은 각 팀원들이 지닌 특별한 기술, 업무, 역할 및 투자할 시간에 따라 달라진다. 이를 통해 팀 구성원들이 책임을 공유하고 서로 동등하다고 인지될 때 팀원들은 서로를 의존하고 상호합의된 의견을 도출할 수 있게 된다.

④ 협력은 수행결과에 대한 책임을 함께 나누는 것이 필요한데 팀의 성패에 대한 책임은 구성원들이 함께 부담하는 것이 필요하다. 개별참여자들이 성공의 대가는 누리면서 이에 실패할 경우 다른 사람을 비난한다면 팀 활동에 참여하고 의사결정하는 과정에서 책임을 공유한다고 볼 수 없는 것이다.

⑤ 협력하기 위해 참여자들은 각자가 가진 자원을 공유해야 하는데 팀워크는 각 구성원이 자신이 가진 자원(정보, 설비, 자료)을 나머지 팀원들과 나눌 책임이 있다는 것을 뜻한다.

⑥ 협력은 자발적 관계성이 필요하며 어느 누구도 팀의 협력적 관계에 참여하도록 강요되어서는 안 된다. 협력기술은 학습되어야 하며 효과적으로 활용되기 위해서는 연습을 필요로 한다.

이러한 협력적 지원은 오늘날 사회복지 분야에서 더욱 활발히 진행되고 있으며 각종 상담 및 개입에도 효과적으로 적용되고 있다. 따라서 사례관리를 담당할 때에는 각 영역에 대한 특수성에 대한 기본 지식이 있어야 인테이크에도 유용하게 활용할 수 있으며 또한, 다학제적인 협력에 있어서도 그 이해와 효과성을 증진할 수 있다. 현재 우리나라에 많은 장애아동과 그들의 양육 부모는 현실의 낙인감과 사회적 지지와 지원의 부족으로 많은 심리적 위축을 경험한다. 이에 사례관리자는 각 영역의 특수성에 대하여 마음과 지식적인 창을 넓혀나가고 다양한 양상의 클라이언트를 수용할 수 있어야 하겠다.

3 문화적 역량 함양을 위한 다문화주의 사례관리

1) 우리나라의 다문화사회의 도래

다문화주의란 한 사회 내에서 다양한 인종의 집단들의 다양한 문화에 대하여 서로 인정하고 존중하면서 공존하는 것에 그 목적이 있는 이념체계이며 사회 문화적인 다양성을 인정하고 인종, 민족, 국적에 따른 차별과 배제 없이 모든 구성원이 공평한 기회에 접근할 수 있도록 보장하는 정부의 정책을 의미한다. 이에 대하여 Castles & Miller(1998)는 세계 각국의 이민정책을 이주민 수용방법, 국적 부여의 원칙, 이민자에 대한 사회 분위기 등을 토대로 다문화주의 유형(multicultural model), 문화다원주의 유형, 동화주의 유형(Assimilationist Model), 차별배제 유형(Differential Exclusionary Model) 등으로 다음과 같이 분류하고 있다.

〈표 7-2〉 세계 각국 이민정책(Castles & Miller)

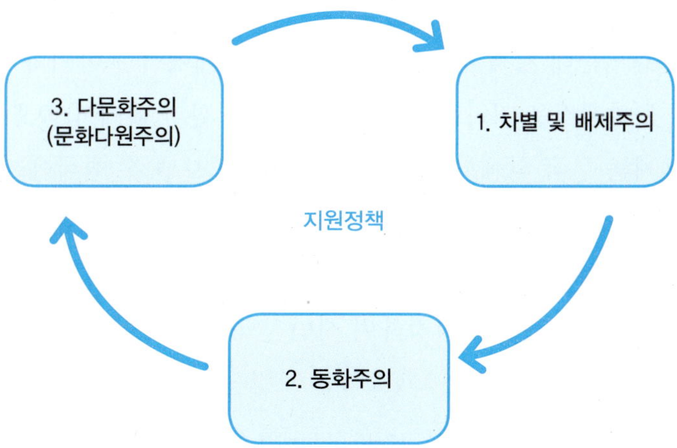

이를 정리하면 다문화주의는 ① 인종, 민족, 문화적으로 다원화된 인구사회학적 현상, ② 사회와 문화적 다양성을 긍정적으로 인식하며 가치 있게 여기고, 존중하는 사회적 이념, ③ 사회 및 문화적 다양성을 보호하고 인종, 민족, 국적에

따르는 차별과 배제 없이 모든 개인이 공평하게 기회에 접근하도록 보장하는 정부의 정책과 프로그램을 포괄적으로 지칭한다(Tropper, 1999).[6)]

다문화주의의 발생기원으로 전 세계 인구 중 약 2억 2,000만 명 정도가 자신의 출생지를 떠나서 살고 있다고 보고되고 있으며 1990년대 이후 곳곳에서 이주를 제한하고 있으나 이주자는 날로 늘어나고 있다. 우리나라에서 정의하고 있는 다문화가족이란 다문화가족 지원법 제2조「재한 외국인 처우 기본법」과, 제2조 제3호의 결혼이주여성관련법, 그리고「국적법」제2조부터 제4조까지 규정에 의하여 대한민국국적을 취득한 자와 그로 이루어진 가족으로 정의한다. 이에 따라 다문화가정을 분류하면 국제결혼가정과 외국인 근로자의 가정으로 나눌 수 있다. 먼저 국제결혼가정의 경우 한국인 남성과 외국인 여성 간의 혹은 한국인 여성과 외국인 남성 간의 결혼으로 구성된 가정이며, 외국인 근로자 가정은 외국인 근로자 남성이나 혹은 여성이 한국에서 결혼하여 이루어진 가정을 뜻한다. 이때 다문화가정의 자녀는 우리나라 국적을 지닌 국제결혼가정의 자녀뿐 아니라, 우리나라에 거주하고 있는 외국인 가정의 자녀에도 포함하고 있다.

이에 김동진 외(2013)에 의하면 이들 구성원들이 가지는 문화적 배경은 크게 세 가지로 분류되는데 첫째 한국 내 거주 이전 단계에서 유아기와 성년기를 보내어 자국의 문화배경을 지니는 이들이다. 둘째는 한국 내에서 출생하여 성장한 자녀이며, 셋째는 한국 외에서 출생하여 유아기를 보낸 후 한국에서 초·중등학교의 학령기를 보내는 구성원으로 나뉜다. 그리고 김유경 외(2008)는 다문화의 개념에 대하여 다양한 문화가 한 사회 내에서 상호 공존하는 것이며, 광의로는 국가가 구성원들의 다양성을 인정하여 시민적 권리에 있어 차별을 두지 않는다는 것과, 협의로는 다양한 정치, 제도적인 보장을 의미한다고 하였다. 또한, 김이선(2010)은 다문화주의(Multi-culturalism)를 이념적 지향 및 공공정책의 이념으로 채택한 국가나 사회는 '다문화 국가' 또는 '다문화 사회'로 통칭된다고 하였

6) 장미혜 외,『다민족·다문화사회로의 이행을 위한 정책 패러다임 구축(Ⅱ)』, pp.28-29, 한국여성정책연구원, 2008.

다. 그리고 천선영(2004)은 다문화가 한 사회의 정치, 경제 사회의 각종 분야에서 인종, 계급, 젠더의 차이에 의하여 야기되는 문제와 밀접한 관련성을 지니며, 문화다원주의를 표방하는 정치적 이데올로기이자, 한 정부가 시행하는 정책 및 국민통합의 이데올로기 혹은 시민운동의 목표를 지칭하는 폭넓고 다양한 가치를 반영하는 이념이라 하였다. 종합하면 강휘원(2007)은 이러한 다문화사회의 개념은 한 국가 내에서 다양한 인종과 민족이 어우러져 상호 사회적 차별 없이 시민 또는 국민으로서의 기본적 권리를 향유하는 사회를 의미한다고 하였다. 이에 따라 주요한 몇 가지 관점을 살펴보면 다음과 같다.

강휘원(2006)은 다문화주의는 주류사회의 전통이나 관습, 문화에 기반을 둔 다수 집단의 정체성과 소수집단의 정체성 간의 평화스런 공존을 추구하는 것을 의미하는 개념이며 다문화사회는 소수집단의 정체성을 존중하고 고유문화가 독자적으로 전개되어 상호 인정하고 수용하는 단계까지 포함한다고 하였다. 그러나 이순자(2013)는 우리나라가 전통적인 특성상 단일민족 국가라는 의식이 다른 국가에 비하여 강하기 때문에 외국에서 이주해 온 다문화 가족들을 '혼혈가족' 등 차별적 용어로 지칭하기도 하는 경향이 있다고 하였다. 그리고 주영옥(2012)은 일부 선진국의 경우 외국인들이 차지하는 비중의 증가로 갈등이 발생하는 경우 사회위험의 요인으로 인식되기도 하는데, 다문화사회의 경험이 오랜 서구사회에서 인종소요, 폭동, 외국인들의 실업 문제, 거주지역의 슬럼화, 외국인들에 대한 배타적 태도, 일자리 갈등 및 본국 출생 2세들의 사회적응 문제가 다문화사회로의 이행에 따른 사회 문제로 대두되고 있기 때문이다.

따라서 유의정(2010)은 노동력으로 유입된 이주자들의 체류의 장기화로 결혼, 출산, 육아, 교육 등 가족 문제와, 생활 및 복지의 2차 문제를 해결하기 위한 정책이 국가적으로 필요하다고 하였다. 그 밖에 한용외(2011)는 한 사회에 다른 특성을 지닌 문화나 외국인 유입으로 인한 정치, 경제, 주거, 사회, 문화, 인권의 변화와 문제가 발생하면, 정부나 시민사회는 이들이 겪게 되는 다양한 문제를 파악하여 예방 및 극복하고자 하는 정책적 차원의 대응을 해야 한다고 보았다. 또한, 다문화주의를 국가정책차원의 복지 문제로 다루게 될 경우 출입국, 노동력, 이주민, 다문화 관점 등의 단계적인 접근이 필요하다고 하였다. 결론적으로 김경아(2002)는 다문화주의의 올바른 구현은 개개인의 고유한 삶의 의미와 가치가 존중받고 긍정적인 자기 존중의 삶이 실현되는 것이 중요하다고 하였다. 이에 대해 문경희(2006)는 다문화나 다원주의에서의 개인은 문화적 존재들로 타인의 기준에 의하여 부당하게 평가받지 않으며, 한 사회의 구성 집단들의 신념에 대해 상대성을 동등하게 인정받고 존중받는 것이 중요하다고 보았다.

그런데 홍미기(2009)에 의하면 최근 논의되는 것이 '다문화주의 모델'이라고 하면서, 다문화주의 모델은 다민족, 다문화사회의 통합에 있어 그동안 동화주의는 오히려 인종 간, 민족 간 분쟁의 원인이 되나, 다문화주의는 소수집단의 문화적, 사회적 차이의 잠재력과 정당성을 받아들이고 수용하는 차이가 있다고 하였다. 즉, 한용외(2011)에 의하면 그동안의 다문화주의는 동화주의 모델(assimilationist model)의 관점에서 바라볼 때에 주류문화를 통한 전국민이 사회통합을 목표로 하는 경향이 있었다고 하였다. 이러한 관점에서는 구성집단의 다수를 이루는 민족이나 지배적 위치의 민족이 지니는 생활양식이 문화적인 준거의 기준이 되고, 그 외 소수민족이나 이질적 집단 등의 다양한 배경을 가진 구성원은 주류사회의 핵심가치를 수용하거나 동화할 것을 강요받는 불합리성이 있다는 주장이다. 이것은 Hartmann(1993)의 차별적 배제 모델(differential exclusionary model)의 관점에서 본다면 주류집단이 소수인종의 집단과 접촉을 배제하거나 최소화하여 사회갈등을 회피하는 유형이 될 수 있다.

그러나 진정한 다문화사회는 문화다원주의 속에서 진정한 다문화를 구현하고자 하는 긍정적인 실천 과정이 요구되는 사항이다. 이러한 관점에서 오경석(2007)은 우리나라가 다양한 문화적 정체성을 인정하고 이를 지향하는 다문화주의적 입장에 아직 이르지 못하고 있다고 보았다. 즉, 그동안 정부 주도적인 방식으로 주장되었던 우리나라의 다문화주의는 이주민들의 한국사회의 적응과 통합을 강조하는 동화주의의 성격이 강하다고 하였다. 이에 대하여 장미혜

(2008)는 한국사회에서 이주와 관련된 논의가 최근 급속히 전진되었기 때문에 오히려 여러 갈등과 문제점을 내포하고 있다고 하였다. 이애련(2010)에 의하면 다문화사회로 진입하고 있는 현재의 한국사회도 선진국의 사례와 큰 차이가 있지 않으며, 한국인의 다문화가족에 대한 배타적인 태도가 여러 사회 문제를 유발할 수 있다고 보았다. 따라서 장미혜(2008)는 다문화주의 담론에 대한 근본적인 성찰이 요구되고 있다고 하였다. 그 이유로 오경석(2007)은 우리나라의 다문화주의 대책들은 아직 이주민들을 한국사회로 통합하는 것을 강조하는 동화주의요소가 강하다고 하였다. 그러므로 이렇게 문화다원주의가 정착하지 못한 실정에서 다문화 여성의 삶의 질과 다문화 여성의 사례관리에 관한 논의는 문화다원주의적 시각에서 반드시 논의될 필요가 있다 하겠다.

4 알코올중독에 대한 사례관리

1) 알코올중독의 정의

세계보건기구에 따르면 알코올중독이란 전통적인 음주 습관의 범위를 넘거나 또는 지역사회전체의 사회적 음주 습관을 넘어서 음주하는 경우로 정의하였다. 우리나라는 사회적으로 알코올을 통하여 친목을 다지려는 경우, 비즈니스의 한 형태, 각종 앰티의 관례 등의 문화에서 스스로 중독자임을 인식하지 못하는 경우도 많다. 이에 미국정신의학회에서 제정한 정신장애의 진단기준에 따르면 알코올중독이란 알코올로 인하여 사회적 또는 직업적 기능장애를 초래하고 스스로 알코올을 줄이거나 끊을 수 없으며, 거의 매일 알코올을 마셔야 한다면, 그리고 술을 마시면 육체적인 질병이 악화되는 줄 알면서도 계속 마시는 경우는 명백한 알코올중독이라고 하였다.

2) 알코올중독자 가족의 정의

알코올중독자가족이란 가족 중 한사람이 알코올중독자인 경우를 지칭한다. 많은 문헌에서는 아내, 남편이나 아버지 혹은 어머니가 알코올중독자인 경우를 다루고 있으며 이들 가족이 겪는 정신적 고통은 매우 크다. 특히 자녀의 성장 과정에서는 부모에 대한 피해의식으로 인하여 가족해체, 반목, 폭력 등으로 이어질 수 있다.

3) 알코올중독자 가족 관련 현황

한국 음주문화연구 센터에서 2000년 전국 1만 5000명을 대상으로 조사한 결과 우리나라 성인 5명중 한명이 알코올중독 수준으로 조사되었다. 한국 음주문화연구 센터는 만18세 이상 남녀 3029명의 응답내용을 세계보건기구(WHO)가 정한 알코올 장애 측정 진단표에 따라 분석한 결과 19.5%가 알코올 장애로 나타났다고 하였다. 또한, 음주의 연령도 점차 낮아지고 있었다. 한국 음주문화 연구 센터에서 2000년 7~8월 사이 전국 70여개의 병원에 입원중인 알코올중독자 493명을 대상으로 실시한 연구결과로는 전체 대상자 중 약 47.9%가 음주 가족력을 가진 것으로 조사되어 가족 특히 자녀에 대한 치료적인 개입은 예방적 차원의 성격까지 가지고 개입되어야 할 당위성을 설명하고 있었다.

※ 한국 음주문화 연구 센터

한국 음주문화 연구 센터 및 바커스 예방협회는 우리나라의 알코올 문제의 예방 및 해결을 위해 알코올 문제 치료 및 재활, 그리고 조사와 정책 연구 사업을 주요 사업으로 하고 있으며 이에 대한 지식을 청소년들에게 알려주고자 노력하고 있다. 한국 음주문화 연구 센터의 경우는 청소년에 대한 예방활동으로 1998년 이후 초등학생, 중학생, 고등학생, 대학생의 각각을 대상으로 각종 예방 프로그램을 개발하여 지속적으로 운영하고 있다. 각 연령별로 알코올 문제에 대한 인식의 정도와 술을 마셔본 경험, 느낌 등이 다르므로 각각에 적합한 프로그램을 실시하는 것이 효율적이라 보여지기 때문이라고 하였다. 초등학생을 위한 'STAR', 중학생을 위한 'TEEN PLUS', 'COPE', 그리고 고등학생을 위한 'SAY NO' 등의 프로그램은 대상별로 특성에 맞게 프로그램화되어 개발된 것이다. 그리고 청소년 예방은 단순히 청소년만을 대상으로 하기보다 청소년에게 영향을 미치는 또래와 부모 및 교사 등을 한 울타리로 보고 이들을 위한 프로그램을 개발하고 시행함으로써 건강한 알코올문화의 정착에 힘쓰고 있다. 이들 프로그램 중 일부는 교수와 학생들로 구성된 예방단체로 '한국바커스'와 공동개발 운영하여 현장성과 파급효과를 높이고 있다. 또한, 직장인을 위한 음주예방 프로그램 개발을 준비 및 주부, 여성, 군인, 예비군, 공무원, 탈북자 등을 대상으로 한 예방 프로그램 등 대상을 세분화하고 다양화하여 인식을 제고하고 홍보 및 예방활동을 하고 있다. 이들 각각 프로그램의 대상자는 곧 클라이언트로 간주될 수 있으며 이를 진행하는 사람들은 전문 사회복지사로서 역할을 담당한다고 볼 수 있을 것이다.

4) 알코올중독의 원인

알코올중독에 대한 정확한 원인은 아직도 분명하지 않으나 생물학적 및 유전적 소인과 심리 · 및 사회학적 요인 등의 상호관계에 의하여 이루어지기도 하고 다른 질환들이 복합적으로 작용한 결과라고 추측되기도 한다. 현재까지 밝혀진 알코올중독의 원인은 크게 유전적 원인, 심리적 원인, 정신분석학적 원인, 성격적 원인, 사회 문화적 원인으로 나타나고 있다.

5) 알코올중독자의 특성

① 알코올중독자는 술을 조절할 수 있는 능력이 부족하고 음주에 대해 집착하여 단주가 힘들다.

② 알코올중독은 알코올에 대한 내성이 증가하고 단주 시엔 금단증상이 온다.

③ 알코올중독자는 음주로 인해 개인의 신체, 심리, 정서상 장애가 있어 정상적인 사회생활과 직장생활을 하는 데 어려움이 있다.

④ 알코올중독자는 자신의 음주 사실을 강하게 부정한다.

⑤ 알코올중독자는 일단 술을 마시면 평상시와는 다른 모습으로 아내 구타, 아동학대 등 폭력적인 행동을 할 가능성이 정상인에 비하여 높다.

⑥ 알코올중독자는 심리적으로 미숙하고 대인관계에서의 높은 불안, 죄책감, 자기중심성, 수동적, 심한 의존성, 지나친 완벽주의, 적개심, 좌절감, 우울증, 혼돈, 비합리적인 사고 등을 갖는 경향이 정상인에 비해 높은 편이다.

6) 알코올중독의 진단

다음은 알코올중독 환자 여부를 진단하기 위해 미국 존스 홉킨스 대학병원에서 사용하고 있는 기준표이다.

① 당신은 근무시간에 술을 마신 경험이 있는가?
② 당신은 술로 인해 가정생활이 불행해졌는가?
③ 당신은 대인 관계에 있어서 부끄러움을 없애기 위해 술을 마시는 편인가?
④ 당신은 술로 인해 명예에 손상을 입었나?
⑤ 당신은 음주 후 후회한 적이 있나?
⑥ 당신은 음주 결과로 경제적 곤란을 받았나?
⑦ 당신은 자기보다 못한 사람과 같이 술을 마시면 우월감을 느끼는가?
⑧ 당신은 가정생활을 술 때문에 소홀히 하는가?
⑨ 당신은 술을 시작한 후 삶의 의욕이 줄어들었는가?
⑩ 당신은 매일 어느 특정한 시간에 한 잔 생각이 간절한가?

⑪ 당신은 해장술을 꼭 해야 하는가?

⑫ 당신은 술 때문에 잠을 잘 못 자는가?

⑬ 당신은 술 때문에 일의 능률이 떨어졌는가?

⑭ 당신은 술 때문에 직장이나 사업에 지장이 있는가?

⑮ 당신은 걱정거리나 문제를 잊기 위해 술을 먹는가?

⑯ 당신은 혼자서도 술을 먹는가?

⑰ 당신은 음주 결과로 기억을 상실한 적이 있는가?

⑱ 당신은 술 때문에 병원 치료를 받은 적이 있는가?

⑲ 당신은 자신감을 갖기 위해 한 잔 하는가?

⑳ 당신은 술 때문에 병원, 요양원에 입원한 적이 있는가?

이 중 최근 6개월 동안 당신의 생활에서 네 가지 이상이 해당된다면 알코올중독의 가능성이 높으므로 반드시 전문의와 상의해야 한다. 다음은 국립서울정신병원이 제공한 한국형 알코올중독 선별검사이다.

※ 한국형 알코올중독 선별검사(NAST)

① 나는 자기연민에 잘 빠지며 술로써 이를 해결하려 한다.

② 나는 혼자 마시는 것을 좋아한다.

③ 나는 술 마신 다음날 해장술을 마신다.

④ 나는 취기가 오르면 술을 계속 마시고 싶은 생각이 지배적이다.

⑤ 나는 술을 마시고 싶은 충동이 일어나면 거의 참을 수 없다.

⑥ 나는 최근 취중의 일을 기억하지 못하는 경우가 있다.

⑦ 나는 대인관계나 사회생활에 술이 해로웠다고 느낀다.

⑧ 나는 술로 인해 직업 기능에 상당한 손상이 있다.

⑨ 술로 인해 배우자(보호자)가 나를 떠났거나, 떠난다고 위협한다.

⑩ 나는 술이 깨면 진땀, 손 떨림, 불안이나 좌절 혹은 불면을 경험한다.

⑪ 나는 술이 깨면서 공포나 몸이 심하게 떨리는 것을 경험하거나 혹은 헛것을 보거나 소리를 들은 적이 있다.

⑫ 나는 술로 인해 생긴 문제로 치료 받은 적이 있다.

상기 체크 리스트 중 세 개 이상에 해당하면 가능성이 높으며, 네 개 이상이면 중독으로 인정하고 있으며 금단 증상인 10, 11번 문항에 해당하는 경우에는 문항 수에 관계없이 중독으로 진단하여 상담 및 입원치료를 해야 한다.

7) 알코올중독자 가족의 특성과 문제점

(1) 알코올중독자 가족의 심각성

알코올중독자 가족의 심각성은 알코올중독자의 가족이 정상가족에 비하여 가족환경이 일정하지 않은 경우가 많아 결손가정이 많고 가족구성원이 정서적 문제를 많이 호소하며, 학업성적에 지장을 주거나 사회적 수행이 떨어지며 반사회적 심리 및 알코올과 관련된 피해의식이 많다는 것에 있다. 또한, 알코올중독자의 배우자들은 우울, 불안 및 신체 증상을 호소하거나 심리적 스트레스나 위축을 호소하는 경우가 많다. 따라서 이는 알코올중독자만의 문제가 아니며 그에 대한 가족에 대한 심리적 개입도 필요하며 알코올중독을 하나의 질병으로 간주하여 철저히관리하는 것이 필요하다. 그러나 문제는 당사자가 가장인 경우 가부장적 사회분위기에서 방치되는 경우가 많으며 본인의 불인정으로 인하여 만성적인 패턴으로 가는 경우가 많아 사회적으로 중독에 대한 바른 인식이 필요하며 청소년이나 사회초년생 등은 이에 대한 철저한 예방이 필요한 현실이다.

(2) 알코올중독자 부부의 문제점

구체적으로 알코올중독자 부부가 경험하는 문제는 정서적인 측면으로 부정의 과다사용, 낮은 자존감, 과잉간섭, 억압, 비신뢰 및 강박증상을 보이며 특히 자신이 제대로 인정이나 이해받지 못한다는 피해의식을 통하여 점차 왜곡된 관계를 형성해가게 된다. 이러한 현상은 직업의 일시적 중단이나 상실로 이어질 수 있으며 이를 통하여 음주습관은 더욱 악화되고 이것은 가족에게 고스란히 고통으로 전가하게 되는 현상으로 이어질 수 있는데 이 경우 술을 위해 위험과 폭력을 감수하는 병리적 현상으로 발전할 수 있다.

(3) 알코올중독자 자녀에게 일어나는 문제점

알코올중독자의 자녀는 혼란상태에서 부모의 모델을 무의식적으로 학습하는 경우도 있으며 부모와 위계가 바뀌거나 혹은 강한 방어기제를 형성하여 혼란스러운 가족환경에서 받은 스트레스에 적응하기 위해 감정표현 억제, 치밀한 관계회피, 거절 등의 방어기제를 형성하고, 가족 내의 역 기능에 적응하기 위해 희생양 등의 역할을 수행하게 되기도 한다. 또한, 부모로부터 끝없는 요구나 비난 혹은 과잉간섭과 학대를 받으므로 자존감과 자아 효능감이 낮은 편이다. 이들에게 나타날 수 있는 질병으로는 과잉 행동장애증후군, 성인기의 중독증후군, 우울증, 분노 등이 유발될 수 있다. 또한, 알코올중독자에 대한 수치심과 가족의 알코올중독의 문제를 은폐하고자 하는 태도로 인한 대인관계의 어려움 그리고 남을 잘 신뢰하지 못하게 되는 불신감과 친구를 자연스럽게 집으로 데리고 올 수 없는 심리적 부담감, 위축된 심리 및 외부세계와의 단절 등이 나타날 수 있으며 또한, 공격적인 심리, 대인 불신적 성향이나 의존성이 많이 나타나는데 이로 인하여 2차적인 대인관계와 사회관계에 영향을 주어 건전하고 자연스럽게 형성되지 못하는 경향이 있다.

8) 알코올중독자의 가족을 위한 가족복지와 사례관리

우리나라는 알코올중독자 가족을 위한 정책적인 제도는 정신보건법에 의하여 1998년부터 알코올과 약물중독자에 관한 예방 및 홍보와관리를 실시하고 있다. 이를 통하여 알코올중독 문제 개입의 시작 단계로 우리나라는 현재 민간차원의 각종 프로그램이나 중증의 경우에는 입원치료 중심으로 접근하고 있다. 그러나 알코올중독은 대부분 본인이 이를 자각하고 의지를 가지고 치료하려는 예가 적어 이에 대한 많은 전문적 개입과 관심이 필요한 분야이다.

(1) 단주치료

알코올중독자의 치료를 위해서는 자신이 알코올로부터 벗어날 수 있도록 의지를 심어 주고 실천하도록 하는 것이 무엇보다 중요하다. 이를 위해 단주치료의 상담 및 프로그램의 적용이 필요하다. 그러나 단주치료 기간 중에는 금주현상으로 손이나 혀, 눈꺼풀이 떨리는 현상이 일어나고, 심한 경우 구역질이나 구토, 권태감, 불안, 우울감, 흥분 뿐 아니라 환각 등의 심각한 금단증상이 발생할 수 있기 때문에, 이를 예방하거나 치료하려면 경우에 따라 전문가가 입주한 상태의 입원이 필요하다. 단주치료는 가족이나 지인의 강요에 의해 시작되는 경우가 대분이므로 많은 환자들은 숨어서 술을 마시고 싶은 욕구로 인해 계속 갈등을 겪는데, 이러한 갈등은 치료 과정에서 꼭 다루어야 하며, 이때 치료받고자 하는 동기를 강화하는 데 중점을 두고 치료 후의 생활에 대한 모습의 이미지를 강화하여 이를 통한 자기관리 능력을 강화시킨 뒤 사회에 복귀시켜야 한다. 환자에게는 무엇보다 객관적인 현실을 인식시키고, 환자 스스로 자신은 술에 대해 무기력하고 조절능력이 없음을 인정하고 전문적 치료를 받아들이도록 해야 한다. 그리고 알코올중독이 병이라는 사실과 이것이 어떤 병이며 어떻게 진행되어 자신의 신체와 가족에게 어떠한 영향을 미치는지에 대하여 인식시킴으로써 이에서 회복되는 유일한 길은 술을 끊는 것밖에 없음을 환자와 가족이 깨닫도록 하는 것이 중요하다.

(2) 재활치료

재활이란 개인이 지나친 음주 유형에 직접적으로 개입할 뿐 아니라 다시 정상이었던 상태로 회복하여 과거의 알코올의 습관으로 돌아가지 않고 이를 방지하도록 설계된 모든 행동을 의미한다. 따라서 재활 과정은 일차적 보호와 장기적 보호의 두 단계로 구분할 수 있는데 일차적 보호란 과도한 음주의 원인을 생활가운데 찾아내 다른 긍정적인 대치 행동으로 이를 바꾸는 것이며, 장기보호는 금주 이후 안정화 단계로서 일차적인 보호기간 동안 시작된 변화를 확고하게 강화하기 위한 긍정적인 활동들과 관련된다.

세계적으로 널리 활용되는 미네소타 재활 모델은 진단과 의뢰 센터, 해독 센터, 일차성의 거주형 프로그램 및 장기적 보호 프로그램, 중간의 집, 외래치료, 사후관리 차원의 치료 등으로 구성된 연속적 보호체계를 통해 운영되고 있다. 일반적으로 재활치료에서는 술을 피하기가 어려운 상황에 대처하는 생활속의 기술과 동료에 의한 음주의 유혹을 극복하는 방법, 음주했던 시간을 채우면서 환자가 흥미를 느낄 수 있는 다른 제반 취미와 활동들의 개발 등이 함께 다루어져야 한다.

(3) 가족치료

알코올중독자들은 자조모임뿐 아니라 가족개입에는 질병 모델의 관점, 행동주의적 관점, 가족 체계적 관점을 통해 질병으로 보는 관점에서는 가족원에게 공동의존 증상이 나타난다고 보고 있다. 알코올중독자는 가족구성원에게 음주에 대해 '그럴 수밖에 없다'는 식으로 자신의 입장에 대한 동의를 구하거나 심지어 함께 술을 권하기도 한다. 이에 대하여 Cermak은 일반적으로 공동의존 상태에 있는 사람은 항상 사람을 기쁘게 하려는 욕구가 있으며, 다른 사람의 욕구를 충족시키는 데에 책임을 느끼고, 자존감이 낮으며, 다소 충동적이고 방어적이며 문제를 부인하려는 경향이 있다고 보았다. 이 관점에서 이루어지는 치료는 알코올중독자를 참석시키지 않으며 별도로 가족구성원들을 위하여 치료를 제공한다.

치료에는 질병으로서의 알코올중독에 대한 지식교육, 가족질병을 특성화하는 역 기능적인 가족의 행동에 대한 인식교육, 개인적이고 대인 관계적인 문제에 초점을 준 개별 또는 집단치료 과정이 포함된다. 또한, 행동주의적 관점에서는 배우자가 알코올중독자에게 상당한 잠재적 영향력을 가진 사람이라고 인식한다. 알코올중독이 가족과 많은 체계강화 요인에 의해 지속적으로 유지된다고 보기 때문에 개별적으로 사용하는 행동변화 기법과 부부치료 절차를 동시에 사용한다. 그러나 가족의 개입에는 한계가 있는 경우가 많아 신문 등으로 위장하여 술을 구입하고 집안 곳곳에 술을 숨겨서 마시는 행위 등이 일어날 때에는 전문가의 개입이 필요한 시점임을 인식하여야 한다.

(4) 지역사회 지원 서비스

지역사회를 통한 사회적 지지 서비스의 지지적 행위의 속성은 크게 네 가지 범주로 구분할 수 있다.

1) 기관 등을 통한 정서적 지지
자조 모임 등을 통하여 애정, 신뢰, 관심, 경험의 행위를 포함하는 정서적 지지

2) 정보적 지지
재활의 차원으로 구직 기회를 주거나 직업을 구할 수 있는 방법을 가르쳐 주는 것과 같은 적극적인 개입과 정보를 제공하는 정보적 지지

3) 물질적 지지
물질적 지지로 금주를 위한 프로그램의 지원이나 기관과의 연결 같은 지지

4) 평가적 지지
클라이언트의 행위를 인정해 주는 등 자기 평가와 관련된 정보를 제공하는 평가적 지지

(5) 사회적응 프로그램 활성화

알코올중독자 가족이 느끼는 스트레스 중 경제적인 문제는 매우 큰 비중을 차지한다. 가족구성원의 경제적 부담을 완화하고 2차적인 문제를 예방하기 위해서는 국가차원에서 알코올중독자의 정상적인 사회 적응 및 복귀와 직업 활동을 지원하기 위한 단계적인 직업재활 프로그램을 개발하고 적극적으로 보급해야 한다.

현재 우리나라는 1995년 통과된 정신보건법에 의하여 만성 정신질환자들이

직업재활이라는 사회적응 프로그램으로 사회로 복귀하도록 하고 있으나 아직은 그에 대한 사례관리나 프로그램의 개발이 미약한 편이어서 이들을 위한 적극적인 자립재활 작업장과 함께 체계적인 지도가 가능한 공동거주시설을 늘리는 것도 하나의 방편으로 이들의 사회복귀를 지원하는 것이 필요하다.

(6) 알코올중독자와 가족 자조집단의 활성화

알코올중독자 자조집단뿐 아니라 그 가족의 자조집단은 비슷한 경험을 공유하고, 상호간의 사회적 지지를 제공할 수 있는 의미있는 모임이다. 현재 우리나라는 알코올중독을 치료하는 병원 등에서 가족친목 모임을 지원하고 있다. 또 전국 단위의 알코올중독 환자들의 사후모임인 단주친목모임이 있으며 가족친목모임으로 알라논과 알코올중독환자 자녀를 위한 알라틴 모임이 다수 있으나 홍보가 활발히 이루어지고 있지는 않다. 특히 빈곤층의 의료보호 가족들은 평일에 생계에 관련된 일로 일터에 나가있는 경우가 대부분이어서 이러한 모임에 나갈 시간적 여유가 없으므로 모임을 지속하기 어렵다. 그러므로 정부의 지원으로 주말을 이용한 가족친목 모임이 활성화되어 각 지역사회에서 열릴 수 있도록 지원하는 것과 다양한 사례의 발굴과관리가 필요하다.

9) 외국의 알코올중독자들을 위한 치료와 재활 및 서비스 현황

(1) 미국에서의 알코올중독에 대한 치료 및 재활

미국에서 알코올중독 치료에 사용되는 주요 전략은 약물치료와 함께 동기강화 치료, 인지 행동 치료, 12단계 프로그램 등 세 가지의 특성적인 비약물치료 방법 등이 활용되고 있다. 그 외에도, 집중 치료를 필요로 하는 알코올중독자 이외에 앞으로 문제를 가질 고위험집단에 대해 알코올중독 전문 치료자가 아닌 기타 전문가들이 제공하는 초기의 단기적 개입도 적극 활용되고 있다. 미국의 알코올중독 치료를 위한 세팅은 환자의 특성에 따라 선택될 수 있으며, 일관된 치료 단계를 통하여 사회에 복귀하고 재활할 수 있도록 고안되었다.

① 입원 세팅

입원 세팅은 병원과 지역을 거점으로 하여 거주시설로 구분되며, 병원치료로 통상 14~28일을 기준으로 입원치료를 제안한다. 또 다른 입원 세팅으로는 지역을 거점으로 비의료적 치료를 제공하며 미네소타 모델에 의한 시설들이 두드러진 활동을 보이고 있다.

② 중간의 집

중간의 집은 입원치료 후 사회복귀 이전의 단계에 해당하며 재활을 준비할 수 있도록 개인적 대응 능력의 향상, 직업재활의 서비스를 제공하고 있다. 또한, 중간의 집의 성격과 유사하나 보다 구조화된 환경 속에서 다양한 서비스를 제공하는 치료공동체도 확대되어 가고 있다.

③ 외래 세팅

외래 세팅은 다양한 강도와 기간의 서비스를 제공하는데, 지역에 거주하면서 일정 부분을 치료 서비스로 이용하는 형태이다. 전통적인 외래는 주 1회 4시간 정도의 치료 및 프로그램 참여와 상담 그리고 약물 처방을 제공하며, 낮 병원은 입원 프로그램을 대신하여 개발되어 대략 10~12주간 주 4회 정도 정기적인 프로그램에 참여하는 것을 원칙으로 한다. 서비스 내용은 약물교육, 개별 및 집단의 사례 상담, 가족치료 등이 이에 포함되며, 프로그램의 내용을 실생활에 적용해 볼 수 있다는 장점이 있다. 이와 유사한 프로그램은 '밤 병원'으로 주간에 사회생활을 지속하고 저녁에만 프로그램에 참여하여 사회복귀에 용이하다는 특징을 가지고 있으며 이를 선택적으로 적용할 수 있다.

(2) 캐나다에서의 알코올중독 치료 및 재활

캐나다의 알코올중독에 관한 치료 재활은 크게 해독, 재활, 사후 보호 및 재발 예방의 4단계로 구분된다. 각각의 단계가 독립적으로 제공되는 것이 아니며 필요에 의해 상호 연계하여 일관성 있고 지속적인 치료를 제공하고 있다. 여기에서 해독은 미국에서와 마찬가지로 의학적 치료를 제공하며 재활에 있어서 상담, 교육, 알코올에 대한 항갈망제 등의 약물치료, 그리고 사회기술 훈련 등을 제공한다. 이와 함께 병원의 외래를 통해 지속적으로 개입하는 사후보호가 제공되고 있는데, 이를 위하여 고안된 12단계 프로그램이 활용되고 있다. 또한, 재발 예방을 위해서 인지의 재구조화 및 강화를 통해 자신의 강점과 약점을 인지하고, 재발 고위험 상황에 스스로 대비하는 연습을 수행하도록 하는 인지적 치료적 요소를 활용되고 있다. 이것은 입원과 외래를 구분하여 치료 세팅을 세분화하고 목적에 따라서 재구조화하여 치료의 효과를 높이려는 시도라고 할 수 있다.

(3) 네덜란드에서의 알코올중독 치료 및 재활

네덜란드의 모든 알코올중독자들은 지역중독 센터, 클리닉, 정신병원 또는 지역사회 외래 정신건강보호기관 등에서 치료를 받도록 권유된다. 이에 대한 치료는 무료이며 각 기관의 사례상담 등이 다양하게 운영되고 있다. 이들을 담당하는 케어복지사들은 주로 의사, 사회복지사, 심리사들로 구성되어 있다. 집중적인 접근법은 알코올치료, 재활에 있어서 매우 필수적이므로 1차적 담당부처(The ministry of health, welfare and sport)가 공공정보 제공 등을 포함한 예방에 일차적인 책임을 지고, 전문담당부처(The ministry of justice for law enforcement와 The ministry of transport, public works and water menagement)는 음주운전에 책임을 지도록 정부차원의 협력 체계를 갖추고 있다.

우리나라 역시 알코올 문화에 대한 새로운 인식의 정착을 앞당기고 알코올을 부추기는 문화보다는 건강하게 여가를 즐기는 사회문화가 정착될 필요가 있으며 이에 대한 클라이언트에 대해서는 보다 전문적 대응과 원조가 필요하다 할 것이다.

chapter 8

사례관리의 실제

본 장에서는 사례관리의 실제 과정 중 인권의 중요한 부분과 사례를 연계하여 생각해 보고 아동학대 현황, 가출 청소년 및 가족 사례상담 및 근거이론으로 접근한 20대 대학생들의 가족에 대한 경험을 살펴보아 항의를 도출하고자 한다. 그 밖에도 가정폭력에 대한 연구 동향 및 관련법을 살펴보아 현장에 대한 학습에 도움이 되도록 하였다. 그 외에도 청소년들의 일반적 상황에 대하여 한 번쯤 고민할 수 있는 사례를 가지고 학생들이 수업시간에 조별로 사례접근을 연습해 볼 수 있도록 하였다.

1 아동학대 현황

1) 아동학대 발생 요인

다음 아동학대에 대한 현황과 사례를 중심으로 하여 살펴보기로 한다. 아동학대 발생 요인 중 공통적으로 가장 중요한 요인으로 주목하고 있는 것은 빈곤 또는 빈곤과 관련된 요인(Pelton, 1989; 이봉주·김세원, 2005; Waldfogel, 2000; Becker, 1993)이다. 또한, 현대사회는 1980년대 전후에 들어서면서 아동학대를 사회 문제로 인식하고 사회적 차원의 정책적 개입 필요성에 대한 주장이 일고 있으며, 아동학대 발생요인을 아동개인을 포함한 가족 요인을 비롯하여 지역사회 요인(Coulton & Su, 1999), 사회 경제적 요인(Garbarino & Kostelny, 1992; Kantor & Straus, 1987), 문화적 요인(Korbin, 1980; Beckett, 2005; Ferrari, 2002)으로까지 분류하여 다각적으로 살펴보고자 하는 시도들이 나타나고 있다.

또한, 오늘날과 같이 사회 양극화로 인한사회 구성원들 간의 경제적, 심리적 불평등이 심각한 사회 문제로 대두되고 있는 현실에서 절대적 빈곤뿐 아니라 상대적 빈곤으로 인한 아동학대의 영향은 어떠한가에 대해서도 주목이 필요하다(Young & Gately, 1988; Wilkinson, 2005; WHO, 2010). 이에 대하여 김선숙(2012)에 의하면 아동빈곤은 아동학대에 영향을 미친다고 하였다. 즉, 빈곤부모의 자녀 양육 및 보호를 위한 자원의 부족이나 경제적 결핍으로 인하여 부모의 높은 스트레스는 자녀에게 부적절한 양육태도를 보이거나 자녀를 학대 및 방임할 가능성을 높일 수 있다는 것이다.

그런데 아동빈곤에 대한 사회적 지원과 아동학대의 관계에서 가족의 공공부조 수급 여부(Pelton, 1989; Needel, Cuccaro-Alamin, Brookhard & Lee, 1999)에 따라 아동학대로 인한 아동보호 서비스 대상이 될 확률이 달라진다. 즉, 빈곤으로 인해 공공 부조를 현재 받고 있거나 과거 수급경험이 있는 빈곤가족은 그렇지 않은 가족에 비하여 아동학대로 인한 아동보호 서비스 대상이 될 확률이 높은 것으로 나타났다. 또한, 지역사회의 빈곤 수준도 아동학대 발생률과의 높은 상관관계가 있는 것으로 나타났다(Gargarino & Kostelny, 1992; Brown et al., 1998; Coulton, Korbin & Su, 1999; Doe, 2000; 1995; 이봉주·김세원, 2005)

2) 체벌 금지 정책의 효과

유럽 국가들의 체벌 금지 정책에 대한 몇몇 연구들은 체벌 금지가 아동학대 예방에 효과적임을 지지해주고 있다(Durrant, 1999; Durrant & Janson, 2005). 스웨덴의 사례를 분석한 연구에서는 체벌 금지가 실제 체벌 감소, 위기에 처한 아동 발견 증가, 아동학대로 인한 사망률 감소, 사회 서비스 개입이 예방적으로 변화하는 등의 효과가 있었다고 보고하고 있다(Durrant, 1999). 체벌 금지는 부모의 체벌에 대한 인식을 변화시켜 체벌을 감소시킬 뿐만 아니라, 아동의 체벌의 경험을 줄여 줌으로써 그 아동이 자라서 부모가 되었을 때 체벌을 하는 경향을 줄여 주는 역할도 할 수 있다(Bussmann & Erthat, 2011).

이에 1980년대 전후에 들어가면서 아동학대를 사회 문제로 인식하고 사회적 차원의 경제적 개입 필요성에 대한 주장이 일고 있으며, 아동학대 발생요인을 아동개인을 포함한 가족 요인을 비롯하여 지역사회 요인(Coulton, Korbin & Su, 1999), 사회 경제적 요인(Garbarino & Kostelny, 1992; Kantor & Straus, 1987), 문화적 요인(Korbin, 1980; Beckett, 2005; Ferrari, 2002)으로 분류하여 다각적인 시도들이 나타나고 있다. 다음 아동학대에 대한 사례를 살펴보고 이에 대해 논의해 보자.

3) 우리나라의 아동학대사례의 보고

(1) 아동학대 유형

우리나라는 2015년 1만6650건이 아동학대로 최종 판명되었다. 아동학대는 2015년 말 부모의 감금과 학대로부터 탈출한 인천의 11세 16Kg소녀 사건, 소금

밥 사건, 욕실감금 동사사건, 묶어놓기, 매질, 강요된 폭식 등 다양하다.

2014년 신고된 17,791건 중에서 아동학대로 의심되어 지역아동보호전문기관 직원 또는 경찰이 현장에 출동한 아동학대 의심사례는 15,025건이었으며, 이 중 10,027건(66.7%)이 아동학대로 나타났다. 중복 학대가 4,814건(48.0%)으로 두드러졌으며, 방임 1,870건(18.6%), 정서적 학대 1,582건(15.8%), 신체적 학대 1,453건(14.5%), 성적 학대 308건(3.1%) 순으로 다양했다. 문제의 심각성은 아동학대의 대부분은 부모에 의해서 발생하고 있는데 부모(8,207건, 81.8%)에 의한 아동학대가 80%를 넘었으며, 발생 원인은 부모 등 보호자의 양육태도 및 양육기술 미숙(33.1%), 사회·경제적으로 과다한 스트레스(20.4%), 부부 및 가족구성원의 갈등(10.0%) 순으로 나타났다.

(2) 아동학대 행위에 대한 조치

피해 아동에 대한 보호조치는 원가정보호 6,666건(66.5%), 분리보호 2,610건(26.0%), 분리보호 후 가정복귀 734건(7.3%), 사망 17건(0.2%)으로 나타났고 학대 행위자에게 취해진 조치는 상담과 교육 등 지속관찰이 7,461건(74.4%)로 가장 많았으며 고소·고발 등 형사절차 처리는 1,508건(15.0%), 알코올중독치료병원 입원 등의 아동과의 분리는 508건(5.1%)으로 조사되었다.[1)]

2014년 9월 29일 「아동학대범죄의 처벌 등에 관한 특례법」의 시행은 피해 아동 보호를 위한 각종 사법적 절차의 도입으로 아동학대 사건 발생 시 더욱 강력하게 대처하고자 하고 있다. 지역아동보호전문기관에서는 피해 아동의 학대 후유증 극복, 학대 행위자의 재학대 방지 및 피해 아동 가정의 가족 기능회복을 위하여 다양한 의료·사회 서비스를 제공하고 있다. 우리나라는 피해 아동에게 대략 총 34만 회, 학대 행위자에게 총 7만 회, 부모 또는 가족에게 총 8만 회의 상담·교육·심리치료·가족 기능회복과 지역사회 자원 연계 등의 서비스를 제공하였다.

1) 보건복지부(2014). 2014전국아동학대현황보고서.

(3) 아동학대 관리 기관의 현황

아동학대 발생 과정 중 두드러진 문제는 아동학대 피해 아동의 70%는 학대가 자행된 집으로 돌려보내지게 된다는 것이다. 피해 아동을 맡는 쉼터 수가 절대 부족하기 때문이다. 피해 아동의 현장 조사, 응급조치, 사례관리를 맡는 아동 보호 전문 기관도 예산·인력난이 심각한 실정이다. 56곳의 아동 보호 전문기관 1개소(평균 직원 9명)가 관내 아동 16만명을 담당하는데, 이는 추산해 보면 상담원 1명단 1만8000명이관리 대상인 셈이다. 이에 우리나라의 국내 학대 피해 아동 보호 활동은 그동안 민간 주도로 진행돼 왔고, 경험과 전문성을 인정받는 굿네이버 등의 민간단체가 아동보호 전문기관을 위탁받아 운영되고 있다. 그런데 이런 기관 상담원들은 박봉이나 업무과다, 가해 부모의 협박과 폭행으로 삼중고를 안고 있다.

(4) 아동학대 방지에 대한 노력

최근 아동학대 방지 토론회 및 포럼과 연구 발표가 활발히 이어지고 있으며 보건복지부에서는 '2014 전국 아동학대 현황 보고서'를 발간하고 아동학대 예방 및 피해 아동 보호를 위한 각종 지원을 강화하고 있다.

정부는 아동학대 예방 사업을 시작한 이래「아동학대 유관기관 공동업무수행 지침」을 제정하고 2016년을 '아동학대 근절 원년'을으로 선포하기도 하였다. '부모교육'을 강조하고 있으며 2015년 2월 아동학대 예방 종합대책을 발표하여 아동학대 예방 및 피해 아동 보호를 위한 각종 조치를 지속적으로 추진하여 왔다. 또한, 2013년의 울산 아동학대 사망 사건 등으로 아동학대에 대한 국민적 관심이 높아지는 가운데 2014년 1월 28일「아동학대범죄의 처벌 등에 관한 특례법」을 제정하여 신고 전화를 112로 통합하는 등 아동학대범죄의 처벌 등에 관한 특례법을 도입하였다.

아동학대 예방을 위한 국민 인식 개선을 위해 신고 의무자 표준 교육자료의 네 가지로 제작, 예방 교육, 공익 광고 공중파 송출 등 다양한 매체를 활용한 홍보 등도 지속적으로 펼치고 있으며 2015년부터 지역아동보호전문기관을 국고 보조 사업으로 환원하여 아동학대 관련 예산을 488억원(국고 252억원, 지방비 236억원) 확보하여 이에 대한 인프라를 대폭 보강하였다. 이에 아동학대 신고접수, 현장조사, 사후관리를 담당하는 지역아동보호전문기관은 50개소에서 56개소로 확대하고 가해자로부터 분리조치된 피해 아동을 보호하여 집중 심리치료하는 학대 피해 아동 쉼터를 58개소로 확충할 예정이다. 앞으로도 아동학대 근절 및 피해 아동 보호를 위하여 관련한 법·제도를 지속적으로 보완하고, 재학대 방지를 위한 피해 아동 보호 및 가족 지원을 확대하며, 아동학대 예방 및 조기 발견을 위하여 교육 및 홍보도 더욱 강화하고 있다.

그러나 아동학대는 처벌보다 예방이 더 효과적이기에 방향은 맞으나 빙산의 일각만이 노출 되는 아이스버그 형상이 두드러질 수 있는 영역으로 아동학대는 우리나라의 귀한 자식일수록 매로 다스린다는 잘못된 문화의 특성상 실제 사건의 발생 건수는 보고된 것보다 훨씬 상회할 수 있다. 따라서 정부의 노력에도 불구하고 학대 근절을 위한 갈 길은 멀고 제도적으로 보완해야 할 점도 많다. 또한, 이에 대한 전문 상담사도 턱없이 부족한 것이 현실이다.

2 가출청소년과 가족사례상담

1) 청소년 가출의 문제

청소년의 가출 문제는 부부간의 불화, 별거, 이혼 등의 가족 해체와 함께 사회 문제화되며 또래끼리의 불건전한 문화의 확산과 비행 등으로 가출 청소년의 수는 매년 증가하고 있다. 그러나 가출 청소년의 경우 당초의 가출 의도와 달리 유혹에 노출되어 비행, 약물, 알코올, 매춘, 중독 등 위험상황에 처할 가능성이 높다. 이것은 원가족의 상태가 심리 및 경제적 자원이 불안정하여 가출 전부터 부모와의 갈등으로 인한 경우가 많으며 가출은 부모나 자녀의 알코올, 남용, 폭력, 방임 등으로 인하여 원가족 간의 심화된 갈등 및 스트레스의 회피처가 되기도 하므로 청소년 가출의 문제는 가족과 함께 다루어져야 한다. 이들의 경우 대부분 가족 간의 의사소통 문제에 있어서 심각한 역 기능적인 순환이 있어왔다는 것이 나타나고 있으며 따라서 청소년 가출은 가족의 문제에 대한 행동화라고 볼 수 있다. 이와 관련한 연구에 의하면 청소년들의 우울감과 낮은 자존감, 낮은 통제력이 지적되고 있으나 이는 가족의 영향으로 인한 것일 가능성도 배제할 수 없다.

청소년은 가족 속에서 영아기, 유아기, 아동기를 보낸다. 이러한 시기에 정상적인 사랑과 친밀한 의사소통 관계가 형성된다면 청소년의 일방적인 가출이 일어나기란 쉽지 않다. 따라서 이들에 대한 사례개입은 가족을 중심한 다중 체계적인(multi systemic)인 사례관리가 되어야 하며 청소년을 둘러싼 가족 및 학교 체계, 또래 등의 다차원적인 접근이 있어야 한다. 사실 청소년 가출은 청소년이 절망감을 표현한 하나의 형태이기도 하다. 청소년 쉼터를 찾는 가출청소년을 보면 사회경제적 박탈(socioeconomic deprivation)과 관련한 대처가 어려운 다양한 문제를 지니고 있는 'hard core family' 상태인 경우가 많아 단순 선도를 통한 귀가가 어려운 상황이 많이 있다. 이들 가족은 이미 실업, 방임, 학대, 중독, 알코올 등 많은 문제에 얽혀 있으며 따라서 지지체계가 약하고 장시간의 총체적인 개입을 요하므로 이는 한 사람의 사례관리자가 상담을 통해 담당하기에는 벅찬 경우가 많다. 청소년은 여전히 보호를 받아야 하는 존재임에도 불구하고 가족이나 사회로부터 적절한 돌봄을 받지 못한 상태에서는 가족과 사회에 대한 반항과 스스로의 무가치, 무기력한 상태에 대한 발로로 논리적인 선택보다 무책임성에 오히려 방치되게 된다.

따라서 이들에게 개입할 때는 가출청소년들이 갖고 있는 구체적 결과 문제뿐 아니라 원가족 문제, 경제 문제, 청소년의 꿈과 같은 상위목표에 관한 문제, 영성, 힐링, 관심 분야의 취미 등을 통하여 이들의 상처받은 마음과 정서를 감싸주고 희망을 줄 수 있어야 한다. 이들 청소년의 가장 깊은 내면에는 이해받고 싶은 마음과 잘되고 싶은 과거의 '희망'이 있었으며 그에 대한 나름의 '꿈'이 있음을 이끌어주는 역할을 사례관리자가 담당해야 한다는 것이다. 이와 함께 보다 전문적인 가족에 대한 사정이 이루어져야 하는데 이를 위해서는 매우 전문가적이고 분석적인 작업이 진행되어야 한다. 예를 들어 어떤 부분에서 연쇄적인 역 기능의 고리를 끊어 줄 수 있는지, 어떻게 관계 및 환경적으로 개입할 수 있는지, 정서적인 부분까지의 개입이 필요하다.

2) 가족 문제의 원인

(1) 가족 문제의 발생 원인 점검

가족 문제에는 여러 가지 원인이 있을 수 있으나 이를 몇 가지로 정리해 보면 다음과 같은 부분이 점검되어야 할 것이다. 먼저 가족 외부의 요인으로 부모의 직장이나 학교부적응, 가족 내부의 과잉간섭 등의 문제가 점검되어야 한다. 이를 통하여 가족 내의 경계가 지나치게 유리된(disengaged) 상태로 방임적인가 아니면 지나치게 경직된 경우인가 하는 점과 잘못된 가족 규칙으로 인하여 가족 내에서 희생양의 역할을 담당하는 구성원은 없는가. 의사소통의 방식에 이중 메시지가 과다하게 발견되거나 상호 비난이나 결핍은 없는가, 부부 문제로 인한 전이 문제는 없는가 하는 문제들을 점검해 보아야 한다. 또한, 언어폭력을 비롯하여 가정폭력에 많이 노출되어 있는 경우도 문제의 양상을 나타내며 낮은 자아존중감을 형성하여 내성적, 우울감, 공격적, 난폭함, 무공감 등의 가해자나 피해자가 될 경향이 높다. 그런데 이들은 이미 깊은 심리적인 트라우마(post traumatic stress disorder)를 경험하는 경우가 많으므로 이들에 대한 의료학적 점검(medical check up)이 필요하다. 이들이 어떠한 상실을 경험했는가? 그렇다면 그에 대해서는 어떻게 개입하는 것이 좋은가? 직면인가? 아니면 치료인가? 혹은 간접적인 다른 힐링인가? 이러한 문제는 간접적으로 때로는 직접적으로 상황에 따라 다루어져야 하며 한번은 분명히 짚고 넘어가야 할 문제이다.

(2) 사례관리자의 태도 및 역할

사례관리자는 청소년이 어떤 문제와 지나친 밀착이 되어 있는가의 근원에서 결핍된 자원을 찾아내야 하며, 이에 따른 부차적인 회피, 수치심, 비난, 죄책감의 문제를 어떻게 다루어야 하며 혹은 가족을 통해 증오, 거부, 분노, 무관심 절망 등이 있다면 이러한 문제에 어떻게 접근해 나갈 것인가에 관한 밑그림이 있어야 한다. 때로 자신의 문제를 노출하기를 꺼리는 클라이언트에게는 카드나 유사사례로 이야기에 접근할 수 있다. 학대를 경험한 청소년은 그에 관한 사례에서 분노를 느끼기는 등의 반응을 보인다. 때로는 이들의 좌절이 깊어서 이들에게 극복과 성장을 이야기하기에는 너무나 요원한 경우도 있으나 사례관리자는 그러한 방향으로 나아가야만 하며 그에 대한 에너지가 충전되어 있어야 한다. 결과보다는 관계가, 열 번의 제안보다는 한 번의 경청이 더 필요하며 이들에게 삶의 무게를 지탱할 수 있는 사회 및 내면의 어떠한 완충 자원이 있는지 살펴야 한다. Satir는 가족 속에서 작은 영혼이 있으며 치료자는 이러한 작은 영혼이 성장할 수 있도록 도울 수 있어야 한다고 말한 바 있다. 그러나 사례관리자는 어떠한 상황에서도 청소년이나 가족이 모두 성공을 선택해야 한다는 태도는 버려야 한다. 설령 사례관리자가 진심으로 성공적이며 바람직한 변화를 클라이언트와 가족에게 바란다고 하더라도, 좋은 치료와 양육과 보살핌의 정신으로 클라이언트가 실패를 선택하더라도 이를 존중하고 기다려야 한다. 때로는 클라이언트가 치료자를 테스트하기도 한다. 치료자는 먼저 그들의 테스트를 통과해야 한다. 그럼에도 불구하고 치료자는 그들에게 진심으로 이해하려는 마음이 있다는 것을 보여주어야 한다. 클라이언트가 가지고 있는 문제보다 클라이언트와 가족에게 더 관심이 있다는 것과 클라이언트의 삶이 이해받고 있다는 것에서 치료자는 그들에게 힘을 주어야 한다. 물론 누구나 인생을 쉽게 만들 수는 없으며 인생에 정면으로 마주할 용기가 있기까지 격려하고 희망을 가질 수 있도록 하는 것이 중요하다. 이들의 무력감을 어떻게 임파워먼트할 것인가? 어떻게 긍정심리적인 마인드에 조금이라도 관심을 갖게 할 것인가? 어떻게 함께 원조하고자 하는 사람이 있음을 느끼게 할 것인가? 하는 점이 사례관리자의 몫이다. 이들에게 어떠한 힘을 실어줄 것인가? 강점관점과 임파워먼트의 첫 단계는 재명명이다. 그것은 일명 별명에 대한 다른 명칭을 부여하는 활동일 수도 있고 현재의 상황에 대한 성찰과 재명명일 수 도 있다. 따라서 사례관리자는 가출을 선택한 청소년에게 상황을 탈출하게 된 것에 대한 용기를 인정해 줄 수도 있다. 그러나 그 이후의 상황에 대한 직면과 어떻게 해결할 것인가 하는 부분에 대한 충분한 점검은 함께 해야 할 몫이다. 혼자가 아니며 희망이 있으며 지원을 줄 체계가 있음을 인식한다면 가출청소년은 희망을 택할 수 있다. 만일 가족이 상실을 겪었다면 슬픔에 대한 카운슬링이 필요하며 그럼에도 불구하고 클라이언트가 표현하는 그에 따른 모든 영향을 다루어 주고 재적응을 구상하고 현실감을 증가하고 재구조화해 주어야 한다. 즉, 클라이언트가 충분히 슬퍼할 시간과 그에 대한 분노나 죄책감 등의 마음을 다루어 주며 이에 따른 개인차를 인정해 주고 이를 통해 상실된 자에 대한 건강한 정서적인 감정다루기와 다음 단계로의 건강한 이동이 순차적으로 이루어질 수 있도록 격려해 주어야 한다. 이때 사용되는 것이 바로 Freud의 빈 의자 기법이다. 빈 의자 기법은 상실된 상대방에게 자신이 어떠한 말을 해주어야 하는지 그리고 얼마나 슬프고 절망적인 마음이며 어떻게 마음을 가다듬고 어디로 가야 하는지를 스스로 알게 한다. 또한, 상대방에 대한 분노를 사랑의 결단으로 대체할 수도 있다. 그리고 상대방의 자리에 앉아서 자신의 자리에 앉은 자신에 대해 제3자의 입장에서 이야기하면서 감정의 정리를 할 수 있다. 이러한 심리적 처리의 문제는 상당히 중요하며 반드시 다루어져야 하는 문제로 오늘날 각종 역할극에도 활용되고 있다. 또한, 생존하며 현실안에 있는 원가족에 관한 문제에서 발생한 일이라면 어려운 일이지만 가해자는 잘못에 대한 용서를 구하고 그에 대한 책임과, 피해자의 느낌, 앞으로 어떠했으면 한다는 이야기를 할 기회가 있어야 한다. 모든 구성원은 의견을 이야기할 수 있으며 스스로에게 대응할 힘이 있다는 것과 적절한 가족 내 경계를 인정하고 신뢰하는 것을 통해 과거의 사슬을 끊는 어려운 과정이 필요하다. 가족 속에 사랑이 없다면 청소년은 거리로 나가게 될 것이다. 거리에서 사랑과 거래를 혼돈할 것이며 어떤 것이 가치 있는가를 구분하지 못할 것이다.

가족에게 개입을 하다보면 가족 개개인의 성장 과정에서 겪었던 내면의 극복하지 못한 문제가 있으며 성인 속에 감추어진 어린시절의 트라우마가 있다. 그리고 그때 다루어지지 못한 불안과 분노와 무력감이 현재의 문제로 자신의 가족에게 투사되거나 전가되거나 고착화되는 경우가 종종 있다. 따라서 클라이언트의 문제는 가족 모두의 내면을 함께 사정함을 통하여 이들 내면에 있는 감정을 충분히 인식하는 것이 중요하다. 이 과정에서 클라이언트와 가족이 용기가 필요하겠지만 이것이 잘 이루어진다면 그동안의 결핍을 딛고 다시 이해하고 성장하는 출발점이 된다. 이를 위해서는 한 부모 가족 문제, 이혼 가족 문제, 재혼 가족 문제, 알코올중독 가족 문제, 빈곤 가족 문제 등 다양한 가족이 가지는 특성에 대한 지식과 이해가 전제되어야 하며 경우에 따라서는 임상병리적 차원의 다학제적인 팀협력도 필요하다. 가출청소년은 대부분 트라우마(post traumatic stress disorder)로 고통받는 경우가 많기 때문이며 소아 우울(childhood depression)이나 우울 행동장애(depressive conduct disorder)는 그에 기인하는 것이 많다. 따라서 무조건적 대안보다는 다양한 대안도 고려해 볼 필요가 있다. 우리나라에서는 이에 대하여 대학생 멘토 제도나 혹은 다양한 참만남 자조집단 등을 각종 센터를 통해서 실시하고 있으며 각 지역별로 건강가족지원 센터를 통한 사례관리의 상담도 진행하고 있다. 이러한 지지는 마음의 고민과 관심을 나누며 위로와 지지가 되고 상호 격려를 통하여 스스로의 잠재력을 확인해 보려는 의지를 갖는 것에 도움이 된다.

3 사례연구 예시

1) 20대의 가족경험이 가족조직에 갖는 사례연구

다음의 사례연구를 통하여 20대의 가족경험이 청소년에게 주는 함의를 살펴볼 수 있다.

가정은 개인생활의 기초로 인생과 사회생활이 출발되는 곳이다. 김경아(2002)는 가족이란 공동의 주거, 경제적인 협력 및 생식 등의 특성을 갖는 사회조직이라고 하면서, 초기 사회화의 바탕이 이루어지고 정서적인 안정과 인격의 기초가 형성되는 기초단위라고 하였다(김경아, 2002). 또한, 가족의 건강은 개인의 심리적 안녕감과도 밀접하게 연관이 된다는 연구도 보고된 바 있는데(Adelmann, 1994), 이와 같은 결과는 환경적인 요인 즉, 가정의 요인들이 개인에게도 영향을 미친다는 것을 의미한다. 특히 청소년의 발달과정에서는 다양한 환경요인들이 서로 상호작용하며 동시에 복잡한 맥락을 형성하면서 영향을 미치게 된다(최성학, 2012). 이는 특히 개인의 행복에 가정의 요인이 영향을 미친다는 연구결과(허승연, 2009)도 보고되고 있는 만큼 이에 대한 보다 심층적 사례연구가 계속될 필요가 있을 것이다. 부모간의 관계는 자녀의 안정 및 적응에 영향을 줄 수 있다(최성학, 2012). 그런데 가족을 통하여 인간관계에 관련된 사람들의 의미를 해석하기 위해서는 가족에 대해 말하는 다양한 목소리에 주의를 기울여야 한다(이길자, 2007). 생활세계는 주관성의 경험이나 형식에 대한 하나의 태도이자 지향이기 때문이다(최연실, 2003).

따라서 본 사례연구는 20대의 성인 남녀를 중심으로 인터뷰를 하고 이들에게 있어 가족이 지니는 의미에 대하여 탐색하면서 가족의 의미에 대하여 살펴보고자 하였다. 특히 가족이 성장과정을 비롯하여 많은 시간을 함께 보내게 됨으로써 상호간에 밀접한 영향을 주고받는다는 체계이론의 가정 하에 사례의 연구를 근거이론을 통해 이를 분석하였다. 20대의 남녀는 청소년에서 이제 막 성인으로 발돋움하여 장차 새로운 가족단위를 이루며 사회의 건강한 기본단위를 이루어야 하는 막중한 책임을 가지고 있다. 이에 대하여 Butcher(2000)는 가족의 행동과 태도, 부족한 감독 혹은 일시적 반응이나 불안정 등은 청소년의 비행에 대한 가족의 요인으로 작용할 수 있다고 하였다. 따라서 가족 구성원의 행동은 가족체계적 차원에서 상호 중대한 영향을 미칠 수 있다. 그리고 부모의 이혼이나 가족 폭력 등은 부모간의 관계 그 자체로도 자녀에 대한 안정감이나 적응에 부정적인 영향을 미치게 된다(Sprinthall & Collins, 1995), 따라서 안정된 분위기에서 부모의 적절한 보살핌과 배려와 같은 사회적 지지를 받으며 의사소통한 경우 청소년들은 타인에 대한 동정과 적절한 반응 및 협동과 같은 친사회적 특징을 보일 수 있다(Kazdin, 1987). 그러므로 부모와 자녀사이의 의사소통, 평온한 가정 분위기 등의 양육방식은 청소년들의 건강한 적응과 발달에 영향을 미치게 된다(Sokol-Katz, Dunham & Zimmerman, 1997). 더욱이 20대 남녀는 발달학적 측면에서 있어서도 청소년에서 성인으로 이행하는 과도기에 있으며 인생의 문턱에서 그 어느 때보다 역동적인 시기라 할 수 있다. 그러므로 이러한 시기에 처해 있는 20대 성인남녀들을 통하여 그들에게 가족의 의미란 무엇인가에 관한 부분을 가족경험을 통해 탐색해보는 사례연구는 청소년과 가족을 이해하는 데 있어서 의미가 있다.

1926년 Ernest Burgess는 ASA(American Sociology Association)에서 가족을 개인들이 상호작용하는 단위로 언급했다(Smith, 2009). 이는 일반체계이론의 근본적인 가정이 부분보다는 전체로 이해되어야 한다는 것으로, 가족의 체계는 가족원간의 교류[2]를 통해 이해된다고 하였다. 이 이론의 핵심은 가족의 교류패턴이나 행동의 순환절차에 있어 단선적 인과관계보다는 전체체계적인 산물로 이해되어야 한다는 것이다. 이 가운데 중요한 개념은 인과적 순환이 행동을 이끈다는 것으로, 피드백의 순환이 인간의 행동에 영향을 준다는 것을 기본 전제

2) 가족 내 과정 즉, 기능, 의사소통과 교류패턴, 가족갈등, 가족원과의 분리와 연계, 응집, 통합, 그리고 변화에 대한 적응 등의 예를 들 수 있다.

로 한다. 체계이론은 학자에 따라 1979년 Broderick & Smith가 이 이론의 주요 개념을 설명하였고, 2002년 White와 Klein이 체계이론의 개념을 체계나 경계, 앤트로피, 가족유연성, 상호성, 피드백과 같은 용어로 발전시켰으며 이 후 David Olson(2000)은 이를 더욱 발전시켜서 가족체계의 상호성에 대한 순환모델의 치료법을 활용하였다(Smith, 2009). 이와 같이 가족치료분야에서는 체계이론의 의사소통의 기술 즉, 경청, 반복, 명료성 등을 통해, 가족이 밀착과 유연성사이의 균형을 이루도록 돕고 있다. 체계이론은 가족학에서 인간사회의 다양한 인과관계를 설명하는 중요한 이론으로써 평가받고 있으며 상호작용의 순환성, 의사소통, 가족의 역동성을 설명하는데 유용한 이론으로 쓰이고 있다(Smith, 2009). 따라서 본 사례연구에서는 과연 가족이 우리 주위에 있는 20대 성인 남녀에게는 어떠한 의미로 존재하는가하는 부분에 관하여 사례연구를 접근해보았다.

2) 사례연구방법

근거이론(Grounded theory)에서는 보통 연구참여자의 선정을 이론적 표본추출방법(theoretical sampling)에 의하여 추출할 것을 권장하나, 본 사례연구에서는 연구자에게 자신의 내면에 관한 목소리를 허심탄회하게 이야기 할 수 있는 대상으로 선정하여 S여대 사회복지전공 석사생들에 의한 유의표집을 통하여 20대 남녀 8명을 본 연구 참여자로 선정하여, Strauss와 Corbin(1998)의 근거이론을 적용하여 인터뷰를 분석하였다. 본 연구를 위한 자료 수집은 대략 2012년 4월 20일 경부터 시작되어 5월 12일 까지 진행되었으며 각 인원에 대한 인터뷰는 한 시간 내외로 구조화된 질문의 순서에 따라 반구조화 형식으로 이루어졌다. 다음은 본 연구의 연구 참여자들에 대한 사회 인구학적 특징을 정리한 것으로 각각 20대 여성 4명, 20대 남성 4명으로 구성되었다. 연구 참여자들의 직업은 학생부터 취업준비생, 전문직 등으로 비교적 다양하였고, 동거가족이나 가족 구성원 그리고 종교 및 연령대도 비교적 다양하게 구성되었다.

3) 연구참여자들의 사회인구학적 특성

〈표 1〉 20대 연구참여자들의 사회 · 인구학적 특성

(N=8)

사례	연령	성별	나이	가족구성원	동거가족	직업	종교
참여자1	20대	여	23	부모, 1남 2녀	2명(할머니/삼촌)	그래픽 디자이너	무교
참여자2	20대	여	25	부모, 1녀	2명/(부모님)	학생	천주교
참여자3	20대	여	25	부모, 1남 1녀	없음	학생	무교
참여자4	20대	여	29	모, 3녀	없음	외신기자	없음
참여자5	20대	남	24	부모, 2남	없음	공중 보건의	기독교
참여자6	20대	남	26	부모, 3남 1녀	없음	취업준비생	기독교
참여자7	20대	남	27	부모, 1남 1녀	없음	대학원생	무교
참여자8	20대	남	28	모, 1남	없음	출판사 직원	무교

4) 연구문제

본 연구는 청소년들을 통하여 가족경험을 인터뷰를 통하여 탐색해보고 가족경험이 사회의 기본조직인 가족인식에 어떠한 영향을 미치며 어떤 함의가 있는지 도출하기 위하여 다음과 같은 연구문제를 선정하였으며 이에 대한 설문지를 구조화한 이후 반 구조화된 인터뷰 방식을 통하여 비교적 자유로운 분위기 속에서 본 연구를 진행하였다.

① 가족의 경험을 통하여 청소년들이 가족이라는 기본조직에 긍정적 가족인식을 갖게 하는 것은 어떤 것인가?

② 가족의 경험을 통하여 청소년들이 가족이라는 기본조직에 부정적 가족인식을 갖게 하 는 것은 어떤 것인가?

(1) 개방코딩(open coding)

본 연구는 심층면담을 통하여 얻은 원자료를 개념화하고 이를 범주화 등 지속적인 비교방법을 통하여 개방코딩을 실시하였다. 이에 따라 개방코딩의 단계에서는 연구 참여자의 응답의 범주를 구분하여 제시하면 다음과 같다.

① 가족의 범주

본 연구를 위한 인터뷰를 통하여 가족의 정의는 혈연을 비롯하여 친척, 한 공간에서 오래 생활해온 사람, 오랜 직장동료나 이웃, 애완동물 등으로 연령과 관계없이 비교적 다양하게 지각되고 있는 것으로 나타나, 개인에 따른 가치관에 따라 그 하위 범주가 상이하게 구성될 수 있음을 알 수 있었다. 다음의 표 2는 인터뷰 참여자의 응답에 따른 가족의 범주를 정리하여 제시한 것이다.

〈표 2〉 연구참여자들의 응답범주

연구 질문	사례	응답 내용
가족의 범주	전체	① 혈연, ② 사촌 등(가문), ③ 함께 지내는 사람, ④ 직장 사람들, ⑤ 심리 · 경제적으로 함께하는 사람, ⑥ 애완동물들
가족의 조건	전체	① 책임감, ② 심리적 공유, ③ 공동생활, ④ 경제
가족의 범주 혹은 조건	20여	· 혈연이면서 마음으로 받아들일 수 있는 대상 · 같이 살았거나, 직계가족, 혹은 마음을 나눌 수 있는 친구도 포함가능
	20남	· 혈연, 직계가족, 심리 · 경제 · 애정 · 입양 · 애완동물 · 후견인 등의 다양한 조건이 가능하며 특히 '심리적 요인'이 중요하다.
	소결	· 특별한 세대 간의 차이는 발견되지 않았으며, 혈연을 기본으로 하여 애완동물은 물론 친한 친구나 이웃이 직장동료까지 범주에 넣는 것으로 보아 가족에 대한 정의는 개인의 가치관에 따라 다를 수 있음을 알 수 있었다.

② 가족에 관한 기억

다음은 가족에 관한 기억에 관해 질문한 것으로, 각각의 질문은 가족을 떠올리는 경우, 기억에 남는 일, 좋았던 기억, 좋지 않은 기억 등에 관한 인터뷰로, 이를 통해 가족을 떠올리는 경우는 심리적으로 힘들 때, 문리적으로 아플 때, 경제적으로 어려울 때, 좋은 것을 보았을 때 등의 응답이 조사되었다. 그리고 기억에 남는 일로는 가족구성원의 큰 변화나 체벌 등이 있었고, 좋았던 기억은 가족과의 여행, 식사를 통한 시간의 공유, 특히 부모님의 정다운 모습이나 병고의 회복 등이 있었으며, 좋지 않은 기억으로는 부모님의 불화나 병고, 이탈, 은퇴, 상실 등으로 이것은 경우에 따라 응답자들에게 트라우마로 작용하고 있기도 했다. 이러한 일상이나 인생을 통해 겪을 수 있는 작거나 큰 기억이 연구 참여자의 기억 속에 자리하면서 가족에 대한 마음이나 이미지에 지울 수 없는 기억으로 자리하고 있음을 알 수 있었다.

〈표 3〉 가족을 떠올리는 경우, 기억에 남는 일, 좋았던 기억, 좋지 않은 기억

사례	성별/연령: 전체
가족을 떠올리는 경우	· 심리 : 불안/외로움/힘듦 · 물리: 아플 때 · 경제: 경제 의존 · 기타: 좋은것을볼 때
기억에 남는 일	· 가족의 건강에 문제가 생겼을 때 · 구성원에의 변화 · 체벌을 받았을 때 · 기타〉 이벤트나 감정적인 상처 혹은 그리움 등
좋았던 기억	· 시간의 공유-동물원이나 가족여행 등 · 관심과 배려-아플 때 태워다 주거나 주물러 준 기억 등 · 부모님의 정다운 모습
좋지 않은 기억	· 부모의 불화 · 가족원간의불화 · 구성원의 이탈 · 구성원의 병고 · 부모님의 은퇴 · 구성원을 잃은 기억 · 트라우마가 되기도 함

다음은 가족 구성원 중에서 의지가 되는 사람과 그 이유, 그리고 가족 중 가장 소원한 사람과 이유에 관해 질문한 것이다. 다음의 표 5를 통해 가족에서 의지가 되는 사람은 직계가족이나 사촌 등 다양하게 응답하였는데 그 이유로는 위안과 존경 혹은 가치관이 같거나 의사소통 측면에서 이해와 솔직함 등을 기반으로 한 원활함 등을 꼽았다. 이를 다음과 같이 제시할 수 있다.

〈표 4〉 가족 구성원 중 의지가 되는 사람과 그 이유

사례 (성별 /연령)	가족에서 의지가 되는 사람	이 유
전체	엄마. 아빠. 사촌. 언니 등 다양함	심리적 위안, 정신적 지주, 인생 선배, 지혜가 되며 가치관이 같거나 이해와 믿음이 있어 편하고 솔직할 수 있다는 것 등이다. 따라서 청소년들에게 정신적인 측면이 가족으로서 의지가 되고 있음을 짐작할 수 있었다.

다음은 가족구성원에게서 가장 소원한 사람에 대한 이유에 대해 조사한 결과 일방적인 의사소통과 물리적 거리, 가치관의 상이함, 간섭이나 독단적 성격 등을 그 주된 이유로 호소하고 있었다. 반면 긍정적인 애착의 경우 미래를 함께할 동반자이며 영원히 사랑할 존재로서 나의 내면의 안식처가 된다는 내면의 이야기를 하고 있다. 이를 정리하면 다음의 표5와 같이 제시할 수 있다. 이를 통해 가족에게 중요한 것이 이해와 솔직한 의사소통이 관계성을 결정짓는 중요한 기본 구성요인이 될 수 있음을 인터뷰를 통해 알 수 있었다.

〈표 5〉 가족 구성원 중 소원한 사람과 그 이유

사례 (성/연령)	가족에서 가장 소원한 사람	그 이 유
전체	엄마, 아버지, 누나, 남동생, 사촌 등 다양함	이해보다는 일방적인 의사소통, 자주 만나지 못함, 가치관 등이 다름 등 이를 통하여 정신적인 면이 청소년들에게 정서적인 소원함을 구성하도록 의식의 범주를 구성하고 있음을 알 수 있다.

③ 가족의 의미

기타 인터뷰를 통하여 추가적으로 나타난 것은 가족의 경험을 통하여 시간과 경험을 함께하는 공유의식 및 가족을 통한 공동체의식이나 가족의 일원으로서의 책임감 등이 의미있는 가족의 긍정 및 부정적 인식에 중요한 작용을 하는 것으로 나타났으며 이를 개방코딩을 통해서 다음과 같은 하위범주를 구성하였다. 이를 도대로 '가족에 대한 개념', '하위범주', '범주분류'를 하여, 가족에 대한 긍정성과 부정성을 결정짓는 요인에 관하여 살펴보았다. 김경신(1993)은 개인의 주관적 경험에 의하여 어떠한 의미를 부여하는가 에 따라 행위과정의 차이가 발생한다고 하였다. 따라서 이를 토대로 다음은 '가족에 대한 재정의'에 영향을 미치는 요인을 청소년에 대한 인터뷰를 통하여 다음과 같은 요인으로 분류하였다.

〈표 6〉 가족의 재정의(의미찾기)에서 나타난 개념, 하위범주, 범주분류

범주	하위범주	개념
가족의 조건	혈연	혈연과 직계가족의 개념은 내외적으로 영속적인 결속을 맺어준다.
	공동생활	오랜 시간을 같이 지냄으로써 동거동락 심리적 결속이 가능하다.
	친구나 이웃	상호 솔직히 마음을 터놓고 의논 · 의지하는 대상으로써 가능하다.
	애완동물	현대인에게 애완동물은 생활을 함께함으로써 동거가족으로 인식됨
구성원간 맥락적 관계	의지함	마음의 안식이나 정신적 지주 혹은 솔직한 의논의 대상으로 형성
	친밀함	과거 · 현재공동경험으로 생성되며 의지의 대상으로 발전 가능하다.
	소원함	물리적 거리감, 책임불이행, 의사소통단절, 가치관 상이 등이 작용
관계의 질	좋음	상호간에 이해하고 배려하며 관심을 갖는 관계로 설명할 수 있다.
	무관심	물리적 거리와 가치관의 상이로 가족과 나를 별개의 존재로 인식
	나쁨	가족의 방임이나 이탈로 불신과 적개심을 느끼며 단절감을 경험함
시간적 공유	많 음	긍정적 시간공유를 많이 함으로써 관계성과 관계의 질에 영향미침
	적 음	부정적 경험의 기억은 현재 관계에까지 지속적인 영향을 미치게됨
공동체 자각정도	상	책임감이 극도로 지나칠 때는 부담과 소외와 짐으로 인식되기도 함
	적절함	유연하고 적절하게 심적 경제적 책임을 인식하고 배려하는 정도임
	하	방임이나 무책임, 이탈 등으로 나타남으로써 불안과 분노를 야기
가족의 소중함을 절감함 (긍정성)	긍정적 존재	항상 느끼지는 않지만 기본적으로 자신의 뿌리임은 인식하고 있음
	소중한 존재	자신에게 없어서는 안 될 귀중한 존재로 인식하며 보답하는 마음
가족에게 분노하고 상처입음 (부정성)	무관심 존재	가족개념은 있으나 개인적 사고로 자신이 다소 별개의 존재로 인식
	부정과 대처	가족을 부정하지만 달리보거나 극복하거나 하는 대처방식을 모색
가족인식의 긍정적 재인식 과정	긍정적 인식	가족에게 물리적 도움이 되지는 않더라도 긍정적인 부분으로 인식
	내 삶과 생활	내 삶이나 생활의 일부로써 인식되어 나의 일상이 곧 가족의 일상
	나의 존재 인식	가족의 의지를 넘어 자신이 그들에게 도움이 되는 존재가 되고자함
수동적 피해의식 형성 과정	무관심 경향	일부 가족과 상호 능동적인 교류관계를 형성하지 못하고 무관심함
	분노잠재	가족에게서 피해의식을 느끼며 내면에서 분노를 경험하고 있다.
가족의 의미부여 의식	가족에게 나	대상과 정도 차이는 있으나 소중하고 귀중한 존재라고 할수 있다
	나에게 가족	가족은 삶이며 뿌리이다. 혹은 회복되어야 할 가치가 있는 존재임

다음의 [그림 1]은 가족의 재정의에서 시간의 공유, 관계의 질, 상호배려, 공동체의 자각정도가 가족의 재정의의 범주를 구성하며, 이에 대해 상호 밀접한 영향을 미치게 되는 관계임을 그림으로 이해가 쉽도록 나타낸 것이다.

[그림 1] 가족의 재정의에 관련한 요인의 기억

(2) 축코딩

상기와 같은 개념 등을 토대로 본 연구에서는 다음과 같이 축코딩을 구성하였다. 축코딩은 개방코딩의 과정에서 분해되었던 자료를 재조합하여 하위범주를 속성과 차원의 수준에서 연결하는 과정이라고 볼 수 있다. 이에 따라 패러다임에 의하여 인터뷰를 분석한 결과 인과조건, 중심현상, 맥락적인 조건, 작용 및 상호작용의 전략 등이 구성되었다. 이러한 과정으로 본 인터뷰 조사를 근거로 분석한 결과 가족의 긍정적 재정의를 위한 인과적인 조건이 조직의 특성을 반영하는 구성원간의 관계성으로 나타났으며 그 중심현상은 '가족에 대한 재정의' 즉 '가족에 대한 의미부여'라는 것으로 분석되었다. 그리고 중심현상의 맥락적인 조건은 가족경험이었다고 할 수 있었는데, 크게 긍정적 경험과 부정적 경험으로 가족구성원의 내면적인 심리 정서에 중요한 영향을 주고 있는 것으로 조사되었다. 그리고 전략/상호작용 전략에 대한 중재적인 조건은 시간의 공유, 관계의 질, 공동체의 자각 등으로 분석되었고, 작용/상호작용의 전략은 가족의 소중함을 되새기거나 과거의 분노나 상처입음에 관해 나름대로 달리 바라보고 해석해

보고자 하는 시도와 노력이 있었던 것으로 분석되었다. 또한, 이에 대한 결과로 긍정적으로 가족의미를 새기고 개인이나 구성원적 차원의 다짐이나 혹은 바람을 갖는 계기가 되거나, 반대의 경우에는 수동적인 피해의식으로 내재하여, 노력과 대처에도 불구하고 개인의 내면에서 지울 수 없는 트라우마로 자리하게 되는 경우가 있는 것으로 분석되었다.

① 축코딩에 의한 패러다임 모형

축코딩(axial coding)은 개방코딩과정에서 분류되면서 분해되었던 자료를 재조합하는 과정으로두 범주 즉, 속성(property)과 차원(demension)을 중심으로 범주 및 하위범주를 긴밀하고 구체적으로 연결하는 과정이다. 즉, 속성이란 한 범주에 속하는 특성으로 차원은 연속선상에 놓인 각 속성들이 차지하는 위치라고 볼 수 있다(Strauss & Corbin, 1990). 그러므로 패러다임 모형에 근거한 현상들을 통하여 본 논문에서의 인과적인 조건(구성원의 관계성)과 중심현상(의미의 부여), 중심현상의 맥락적조건(시간의 공유, 관계의 질, 배려, 공동체 자각정도), 작용/상호작용 전략에 대한 중재적 조건, 작용/상호작용의 전략(소중함을 절감, 분노와 상처입음)을 인터뷰 과정을 통해 알아볼 수 있었다. 이를 정리하여 다음과 같이제시하고자 한다.

가. 범주-정의: 가족의 조건

먼저 가족 구성원들에게 가족의 정의나 조건을 질문한 결과, 응답의 범주로 개인의 가치관에 따라 다양하게 나타남을 알 수 있었다. 가족의 범주는 경우에 따라 직계가족이나 친척 이웃, 오랜 직장동료, 애완동물 등 비교적 폭 넓은 범주가 포함됨을 알 수 있었다. 이것은 Irene Levin과 Jan Trost(1992)의 가족개념에 의하여 가족의 범주는 개개인마다 구성원이 다르며 기준도 다양하다는 연구결과와 일치하였다.

"가족이라고 하는 건 기본적으로 혈연관계라고 할 수 있는 것이고 경제적으로 서로 도움을 주고받는 관계도 가족이라고 볼 수 있겠고, 그 외에 심리적으로 어떻게 얽혀있는가도 가족으로 볼 수 있다고, 애정이라든지 이런 것도 가족의 범주로 포함시킬 수 있다고 봅니다." (20대 남)

"한 부부애를 가진 부모님을 보면서 자라서 그런지 가족이란 구성원이 되기 위한 조건이나 기준은 서로 생각해주며 어려움을 공유하는 기본 바탕위에 생기는 거라는 생각이 들어요. 혈연이라는 어쩔 수 없는 연결로 이어지는 필요 불가항력의 관계라 생각이 들구요." (20대 남)

"가족이 되기 위한 조건은 여러 가지가 있다고 얘기했지만, 그래도 제일 가까운 가족은 함께 시간을 보내는 사람이라고 생각합니다." (20대 남)

나. 인과적 조건

인과적 조건이라 함은 어떤 현상이 발생하고 발전하도록 하는 일련의 시간이나 혹은 사건들 이다(Strauss & Corbin, 1998). 즉, 현상을 촉발시키거나 발전시키는 일련의 연속된 사건 혹은 우연하게 발생하게 된 일들이다. 본 연구의 인터뷰를 통한 자료 분석 결과는 구성원의 관계성에 관한 질적인 측면이 인과적 조건이 될 수 있는 것을 나타내 주고 있다.

• 구성원의 관계성

구성원의 관계성은 가족이라는 기본조직의 구성원으로서의 배려와 관심이라든지, 어려운 일의 공유, 가족유대 등을 통해 형성된다. 즉, 인터뷰과정을 통하여 이러한 관계성은 가족구성원으로 하여금 가족을 인식하고 지각하는 중요한 역할을 하고 있음이 조사되었다.

"저는 고등학교 때 부모님 몰래 귀를 뚫었는데요. 아빠가 그걸 언제 봤는지 귀걸이를 갖다가 저 자는데 놓고 갔어요. 그래서 그 일이 요즘 들어 생각이 나는데 아빠 생각만 나고 그래요." (20대 여)

"음 기쁜 일일 때도 뭐……. 먼저 가족한테 알리지만, 힘든 일이 있을 때 엄마 아빠가 가장 많이 생각 나는 것 같아요. 가령 밖에 나와 있을 때 문제가 생기거나 다른 사람들과의 갈등이 있을 때 마음을 터놓고 말할 수 있는 사람 중 가장 가까운 사람이 가족이기 때문에 의식적으로나 무의식적으로나 힘들 때 가족이 가장 먼저 생각나요." (20대 여)

"아프고 힘들 때..기쁠 때는 다 나눌 수 있는데 아픈 거는 나누려고 하는 사람이 별로 없잖아..근데 나눌 수 있는 건 가족이지." (20대 여)

다. 중재적 조건

중재적 조건이란 어떤 현상에 속해있는 보다 광범위한 구조적인 전후관계라 볼 수 있으며, 특정한 사건의 전후의 관계로 상황의 맥락 속에서 취해지게 되는 작용 및 상호작용의 전략을 촉진하고 강요하도록 작용하는 것이다(Strauss and Corbin, 1990).

중재적 조건은 맥락적 조건과 비교하면, 더욱 강하고 직접적으로 작용/상호작용 전략에 영향을 미치고 있다. 이를 기준으로 본 연구에서는 주체성 회복이라는 중심현상에서 작용/상호작용 전략을 중재하는 조건으로 경험의 공유, 그리고 구성원에 대한 공동체의식으로 책임감이 도출되었으며 이러한 특성은 가족을 재인식함에 있어서 중요한 조건으로 조사되었다. 그에 대한 하위범주를 살펴보면 다음과 같다.

• 시간의 공유

가족에 대한 기억은 가족구성원으로서 가족의 의미를 되새기게 하고 그들의 심리와 정서의 한 부분으로 각인될 수 있다. 다음 인터뷰를 통해 그에 대한 긍정적 정서와 부정적 정서에 대한 중재적 조건을 충족해감을 알 수 있다. 반면 이러한 것이 형성되지 않았을 경우 가족에 대한 긍정성이나 유대감 형성이 어려움을 짐작할 수 있었다.

"가장 좋았던 일은 되게 어렸을 때 부모님과 동물원 갔던 거? 지금 딱 들으니까 그게 생각이 나요.. 4살 때인데. 아빠 쓰러지고 나서 다시 회복하고 나서는 항상 일상에 감사하고 좋았던 일인 거 같아요. 그 후에도 나이가 들면서 가족여행도 가고 가족끼리 추억도 있고 많은 일들이 있었지만 늘 항상 이렇게 가족을 볼 수 있다는 것만으로도 항상 감사하고 좋은 일인 거 같아요." (20대 여).

"나 대학가기 전에 19살 겨울방학이었는데 그때 엄마가 연탄불에다가 돼지갈비 구워서 다같이, 동생이랑 엄마랑 다 같이 웃으면서 저녁 먹었던거..가 기억에 많이 남아……." (20대 여)

"저는……말씀드렸다시피 자주 만나지 않아서 그런 거 같아요. 안 만나니깐……. 경험의 공유? 뭐 그런 것도 없고요. 그러다 보니 막상 만나도 크게 할 얘기가 없어요." (20대 남)

• 관계의 질

시간의 공유와 함께 중요한 것은 관계의 질이다. 만일 많은 시간을 공유했더라도 그에 대한 질적인 부분이 충족되지 않는다면, 가족의 의미를 되새기는 긍정적 의미의 지각은 어렵다는 것을 분석결과 알 수 있었다.

다음은 그러한 예를 보여 주고 있는데, 이 경우 내재화된 부정적 경험은 구성원의 심리적 차원과 신체화 증상까지 보일 수 있는 가능성이 있는 것으로 조사되었다. 또한, 관계의 질에는 의사소통의 질도 중요하게 고려될 수 있음을 알 수 있었다.

"뭔가 가족한테 이해를 받는 애들이 많은데 저희 가족들은 이해해 주는 사람이 없는데 남동생까지 저를 무시하는 느낌을 받으니까 그 후로 부터는 아예 이야기를 안 하려고 했어요. 그래서 마음의 문을 그냥 닫은 거 같아요 지금까지." (20대 여)

"엄마, 아빠한테 있어서 제가. 어떤 존재인지……. 음……. 그냥 서로 대화가 없어

서 그런지 제가 어떤 존재로 느껴지는지 모르겠어요." (20대 여)

"가장 안 좋은 거는…… 그거 밖에 없는 것 같아요. 엄마랑 저의 불화? 엄마, 아빠보다 나랑 엄마가 사이 안 좋아지게 된 계기? 그런 거 있어요. 그러니까 엄마가요. 제가 고등학교 때인가? 저희 엄마가 나이가 젊으셔서 그랬는지 밖에 자주 나가셨어요. 예전에 하던 치킨 집을 그만 두고 둘이 따로 일을 했는데요. 그 때부터 엄마랑 엄마가 밖에서 다른 일을 하는게 다른 사람들 만나는 게 저는 싫어서 중학교, 고등학교 때부터 되게 싫다가 엄마가 다른 사람이랑 연락하는 걸 봤나? 그때 심하게 다투고 그게 아직까지 안 풀리고 있어요. 계속……." (20대 여)

"맨날 우리엄마가 술이랑 이런 거 하나도 못하는데, 그때 그런 거, 그때는 그거 아니면 잠을 못자기 때문에 그거 마시고 잠을 자고,, 뭐 그랬지, 그래서 그때, 나는 엄마가 되게 강한줄 알았는데 엄마가 그렇게 무너지는 걸 보고 많이 충격 받았어." (20대 여)

• 배려

가족에게 관심과 배려는 관계의 질 형성과 밀접한 관련이 있다. 배려에 관한 부분이 부족할 때 야기될 수 있는 것으로는, 가족 간의 갈등상황이 전개되는데 여기에서 간과하지 못할 것은 이러한 기억이 성인이 되었을 때 까지 지속적인 영향을 줄 수 있다는 것이다. 따라서 다음에서 20대들이 생각하는 배려의 의미를 생각해보고 그렇지 않은 경우를 맥락을 통해 살펴보았다. 또한, 대화를 통하여 배려의 의미나 그렇지 않을 경우 겪을 수 있는 가족 구성원의 내면의 상처 등을 인터뷰 곳곳에서 살펴볼 수 있었다.

"음…… 서로 한번 더 생각하고 말하고, 가슴에 상처주는 말 같은 거 안하고 걱정 안 시키는거……." (20대 여)

"제가 큰 선택을 하든 작은 선택을 하든 의식적으로 하지 않으려고 해도 부모님이 아쉬워하지 않을까, 작은 것을 예로 들면 아이스크림, 빵을 살 때도 가족들의 취향을 고려하게 되고, 제가 또 외동딸이기 때문에 가족이 많지 않기 때문에 어떤 딱 하나에 영향을 미치는 것이 아니라 작고 크고 부분 부분마다 부모님이 의식적으로나 영향을 미치는 것 같아요." (20대 여)

"장녀라고 늘 잘난 척 하지만 동생이 어려운 상황에서는 따뜻한 말이라도 해주시는 게 아니라 오히려 차갑게 보는 것 같아서 저도 외면하고 제일에 몰두하게 돼요." (20대 남)

"아빠하면 생각나는 건 그거밖에 없어. 나 초등학교 2학년 때 그때 시계 보는 법 배우는 단계였어. 수학시간에, 근데 내가 그때 시계를 볼 줄 몰라서 아빠한테 되게 혼났던거? 혼내기만 하고 잘 설명을 하지 못했어." (20대 여)

"솔직히 그때 울뻔 했어요……. 나름대로 생각해드린답시고 준비했는데 엄청 신경질내고 그러시니깐……. 뭐……. 그렇게 기분 안좋게 있었는데……. 알고보니 그날 하필 제가 오기 직전에 형이랑 엄마랑 막 싸웠던 거였어요. 그때 저희 형이 고3이었거든요. 진학문제로 형이랑 싸웠더라구요. 사실 머리로는 이해가 되는데 아직도 감정적으로는 약간의 상처로 남아 있어요." (20대 남)

"나랑 아버지랑 정은 많이 없었는데 그래도 나를 낳아 주신 분인데. 그래도 좋았던 게 뭐냐면 과 생활이랑 동아리 생활을 많이 해가지고 시험기간인데 다 와서 다 도와주고. 아버지한테는 미안하지만 근데 오히려 나를 다시 확인할 수 있는 계기가 되지 않았나. 왜냐하면 주변에서 가장 힘들 때 나를 도와주는 사람이 …… 많이 확인할 수 있는 계기가 된 것 같고." (20대 남)

상기 내용을 통하여 배려는 사람간의 관계와 가족에 대한 정서에도 많은 영향을 줄 수 있는 맥락이 될 수 있다는 것을 살펴볼 수 있었다. 아울러 그러한 행위의 역동성에 대해 짐작해 볼 수 있었으며 이는 성인이 되어서도 그에 대한 기억은 마음의 내면에 자리하며 가족을 떠올릴 때 역동적으로 작용하고 있음을 인터뷰를 통하여 알 수 있었다.

• 공동체 자각정도(책임감)

그 다음으로 가족 내에서 인터뷰를 통하여 조사된 중재적 요소는 공동체의 지각정도 혹은 책임감으로 나타났다. 공동체의 지각정도와 책임감은 가족이라는 공동체생활에서 중요한 요인이 되는 것으로 조사되었다. 그러나 지나친 염려는 오히려 바람직하지 않을 수도 있는 것으로 나타났다. 즉, 상호 상대방의 입장에서 생각해보는 것, 새로운 가족 구성원간의 관계정립(구축)과 의사소통 등에 대한 부분이 중요하게 나타났다. 그 밖에는 다른 구성원과의 생활에 대한 관심과 그들의 입장에 관하여 생각해볼 수 있었다.

"가족에게 바라는 점 …… 생각해보면 저희 부모님이 일찍 주무시는데 제가 안 들어오면 안 주무시니까 귀가시간을 당기라고 하시는데 친구들이랑 놀거나 학교에 있다 보면 늦게 갈 수도 있는데, 그것에 대해서 불만을 표하시거나 섭섭해하시거든요. 제가 안 들어가도 편하게 생각하시고 주무시면 안 될까? 되게 사소한 것일 수도 있는데 가장 또 많이 부모님이랑 부딪히는 부분인거 같아요." (20대 여)

"유대감 정도는 갖되 그 독립성을 인정해 줘야 되는데 가족이란 틀에 너무 묶어 버리니깐." (20대 여)

"그냥 뭐가 됐든 간에 엄마, 아빠 각자 행복하면서 그 대신에 저 좀 챙겨가 줬으면? 약간 그런 거? 그냥 서로 행복을 찾으면서도 저를 버리지 않아줬으면 그런 거예요. 만약에 지금 상황에서 엄마, 아빠 각자의 인생을 지금이라도 찾겠다 했으면 뭔가 이렇게 가족이 해체될 거 될 거 같은데 그렇더라도 그냥 저는 엄마, 아빠는 이렇게 한 분밖에 없으니까 …… 지금은 조금 커서 엄마, 아빠가 자기 인생 찾겠다고 해도 그냥 그러려니 하겠는데 그래도 아직 저는 엄마, 아빠의 도움이 필요하고 일단은 경제적으로도 그렇고 그냥 바라는 점은 엄마, 아빠 행복하면서 저를 그냥 데리고 같이 가줬으면 좋겠다는 그런 생각이예요." (20대 여)

"예를 들면 저녁시간 멍청히 있다가도 부모님 생각에 책을 더 봐야 한다는 그런 생각이

들때! 이건 내 삶이 내 것만은 아니구나……. 가족과의 공유된 삶이구나 그런 복잡한 생각에 빠져들죠." (20대 남)

"소위 가족의 역할이라는 게 있잖아요, 아빠의 역할, 엄마의 역할, 자녀의 역할, 전체적인 조화가 잘 맞는 가족이 좀 화목하고 이상적인 가족이 아닐까 하는 생각이 들어요. 제가 아직 좀 가부장적인 것이 남아 있는 것인지는 모르겠는데 아빠가 끌고 가면 엄마가 옆에서 보조해 주고 자녀들은 따라가는? 그러면서도 다 같이 의견이 존중되는 제가 그런 가정에서 자랐기 때문에 그런 모습이 가족의 모습이라고 생각이 드는 것 같아요. 혼자고 딸이어서 그런지 모르겠지만 제 의견을 반영해 주고 들어주시려고 많이 노력해 주세요. 약간 평등한 부분이 있거든요. 가족이 무조건 수평적인 관계만 있는 것이라고 생각하지는 않거든요. 이상적인 가족의 모습이. 수직적인 것과 수평적인 것이 잘 어울려져야 된다고 생각해요." (20대 여)

④ 중심현상

중심현상이란 어떠한 사건이나 관계 속에서 그 안에서 '무엇이 진행되고 있는 가'를 보여 주는 것으로, 참여자가 일련의 작용/상호작용 전략에 의해 반복해서 조절되는 자신의 중심생각이나 사건을 의미한다(Strauss & Corbin, 1998). 이를 통하여 사건과 이상적 가족과 자신의 가족, 타인의 시선 등의 반추를 통해서 가족에 대한 의미의 부여(지각)로 가족의 의미를 재 정의해보는 것이 중심현상인 것으로 나타났다.

가. 가족에 대한 의미의 부여(지각)

"아빠가 쓰러지시기 전까지는 그런 생각을 해본 적이 없는데 그 후부터는 그럴 수도 있겠구나 라는 생각이 들기 시작하더라구요. 저한테는 그게 굉장히 큰일이더라구요, 없으면 어떡하지? 막막하고, 상상만으로도 힘들더라구요, 저에게 가족은 없어서는 안 될 존재인 것 같아요. 부모님이 나이가 드시고, 언젠가는 돌아가실 거고, 저도 가정을 꾸리면 제 가정에 중요시하게 되고 지금의 가족이 조금 작아지고 소원해지겠지만 없어진다는 상상은 못하겠고, 항상 함께하고 싶은 존재인 것 같아요."(20대 여).

"가족이란 단어가 참 좋은 것 같아요. 가족은 왠지 떠올리면 편안한 뭐 이런 느낌. 가족이란 뭐 자식으로도 남은 미래를 함께할 행복한 동반자 이런 게 아닐까 하는 생각이 들어요. 영원히 사랑해야 하고 사랑할 의무가 있는 것이 가족이겠죠? 저도 제 가족에게 힘이 될 거라고 생각해요." (20대 남)

"엄마가 없으면 내가 어떻게 살아나갈 수 있을까……. 없으면 정말 안 되지."(20대 남)

⑤ 맥락적 조건

맥락적 조건이란 특정 현상에 대하여 영향을 미치게 되는 상황 혹은 문제들을 만들어내는 특수한 조건들로 구성되며 작용/ 상호작용 전략을 조절 또는 수행하면서 그 과정가운데 어떤 특정한 현상에 대하여 대응하기 위해서 취해지게 되는 구체적인 조건이라고 할 수 있다(Strauss & Corvin, 1998). 이에 따라 본 연구에서는 맥락적 조건으로 가족경험을 통해 긍정이나 부정적 인식이 도출되었다.

가. 경험을 통한 가족 긍정적 인식

가족의 경험은 가족의 인식에 긍정성이나 부정성이라는 흔적을 남기는데 이것은 가족 구성원에게 오랫동안 기억에 남아 좋은 영향 혹은 트라우마로 작용될 가능성으로 자리하고 있음을 알 수 있었다. 다음은 부부체계가 자녀에게 미치는 영향을 20대 자녀의 입장에서 언급한 것으로 부부체계가 솔직하고 공유시간이 많고 친밀할 때 자녀와의 관계도 좋고 이상적일 수 있음이 조사되었다.

"그냥 일단 다들 정말 마음속에 있는 말을 다 할 만큼 솔직하고……. 이상적인 게 잘 모르겠는 데요. 그 가족에 있어서 부부만 사는 게 아니고 자식들까지도 생각하면 부부 사이가 제일 좋아야할 것 같아요. 엄마, 아빠, 아내, 남편 사이가 진짜 둘이 사랑해야 같이 낳은 자식들도 행복한 거 같고..근데 진짜 제 주변에는 많아요. 뭐 각자 다들 스트레스 받고 안 좋은 것도 있겠지만 엄마, 아빠 두 분이서 나이 있으셔도 같이 하는 거 많고 부부동반 이런 모임도 자주 가고, 같이 여행도 잘 가고.. 그러다 보니까 자연스럽게 딸하고 아들하고도 사이가 좋은 거 같고 우리 집이 그래서 그런지 몰라도 엄마, 아빠 사이가 좋은 그런 가족이 행복한 거 같아요. 그게 이상적인거 같아요."(20대 여)

나. 경험을 통한 가족 부정적 인식

다음은 타인이 자신의 가족을 돌아보는 입장에 대하여 20대 자녀로서 언급은 가족의 거리감이 남들에게도 좋지 않게 보일것이라고 느끼는 부정적 인식에 관한 내용이다. 그리고 후자는 가족 간의 의사소통 체계에서의 부정적 경험은 가족인식에 관하여 훗날까지 부정적인 영향을 미칠 수 있음을 보여 주고 있다.

"누가 봐도 우리 집 상황은 가족끼리 전혀 친밀하지가 않으니까 어떤 이야기를 들어도 그러니까.. 제가 막 애교있는 딸은 아니고 어디 가서 남들은 우리 엄마, 아빠가 어제는 어쨌고 저쨌고 이런 말을 많이 하는데 저는 그래 본적이 없으니까 또 대학교 가서는 계속 떨어져 살아서 더 이제 거의 좀 진짜 밖에서 봐도 딸인지 알아볼까 모를까 그렇게 우스게 소리로 그런 소리하기도 하는데 아무래도 좀 거리가 먼 저희 가족 상황을 봐서.. 안타깝게 보는 것 같아요."(20대 여)

"아직은 저도 아예 독립적으로 자리 잡고 그런 상황이 아니라 더 이렇게 생각하는 게 심한데, 뭔가 보면 짐처럼 느껴질 때가 있고요. 왜냐면 정말 스트레스는 누구나 가족한테 받는데 그거를 가족한테서 풀어야 하는데, 저는 스트레스는 있는 대로 받기는 받고 그걸 또 푸는거는 가족한테서 풀 수가 없어서 일단 저희가 그런 교류가 안 일어나기 때문에 풀 수가 없어서 스트레스는 계속 받다 보니까 짐으로만 생각하고 바꿀 수 있으면 바꾸고 싶다 이런 생각이 많이 드는 존재예요."(20대 여)

⑥ 작용/상호작용 전략

작용/상호작용 전략이란 특정하게 인지된 상황들 아래서 중심현상이 전반적인 맥락적 조건 속에 존재하거나 혹은 특정한 조건 내에서 존재하는 것과 같이, 현상을 다루거나 조절, 수행, 반응하는 것에 쓰이는 것이다. 즉, 현상에 대하여 스스로 대처하거나 이를 다루기 위해서 취해지는 의도적이며 고의적으로 행해지는 행위이다(Strauss & Corbin, 1998). 이에 본 연구에서는 작용/상호작용 전략으로, 긍정적인 경험은 가족의 소중함을 절감하여 가족에게 대한 각인을 새기고 다짐하는 부분이 발견되었다. 반면 부정적 경우에는 가족에 대해 상처를 입고 반감을 가지면서 의도적으로는 다른 가능성을 배재하거나 혹은 부정적 상황을 마음에서 배재하려고 하거나 또는 다른 각도로 초점을 옮기는 이중부정의 상황에 직면하고 있음이 가족에 관한 인터뷰에서 조사되어 이에 대한 함의를 찾을 수 있었다.

가. 가족의 소중함을 절감

"아빠 쓰러지셨던 일이죠. 정식 명칭은 뇌출혈이었어요. 그 전에 약간 일도 많으셨고 제가 고3이 되니까 스트레스를 많이 받으신 거 같아요. 쓰러지시기 전에 살도 10키로 정도 빠지시고 근무 중에 쓰러지셨거든요 제가 고3때라서 많이 찾아뵙지는 못했어요. 병원에 자주가지는 못했고 수술 끝나고 아빠를 뵈러 간적이 있는데 되게 헬쓱해 계시더라구요. 지금도 그때 모습이 되게 생생해요. 그때는 진짜 안 좋았었고, 제가 가족과 같이 살면서 가장 힘들고 안 좋았던 순간이었던 거 같아요." (20대 여)

"아직까지는 마음속 영웅은 나의 아버지이세요. 하지만 늙어 가시는 모습에 이젠 내가 아버지가 의지할 수 있는 1인으로 남고 싶어요... 지금은 이제 누군가를 의지하기 보다는 누군가에게 의지될 수 있는 사람이 되고 싶은 것이 저의 간절한 맘이예요." (20대 남)

나. 가족에게 상처입음

"제가 만약 다른 부모를 만났어도 똑같을지도 모르겠지만.. 지금 드는 생각은 뭔가 친구들한테 되게 의지하게 만들고 가족보다 가족을 떠나 다른 사람들을 더 믿고 도움이 필요할 때 힘들 때는 다른 사람들이 더 먼저 생각이 나고 가족보다는 친구들이 더 도움을 준적이 많으니까 현실적으로.. 그러니까 가족이 미친 영향이 부정적인거 같아요. 남들에 비해서 못 가졌다고 자책할 때가 많았는데 그게 다 가족들하고의 별로 좋지 않을 관계가

만든거 같아요."(20대 여)

기타로는 가족에게 상처를 입었지만 조금 다른 각도에서 보고자 한다는 내용이 있었다. 이를 통한 연구 결과로는 구성원 모두 평범하지만 중요성을 인식하고 있다는 자각과 함께 스스로 가족에 대한 재인식을 내면적으로 구성하고 있음을 알 수 있었다.

⑦ 결과

결과란 일련의 과정들을 통해 어떤 현상에 대처하려고 취한 행동 등을 의미한다. 따라서 본 인터뷰 조사를 통해서 가족 구성원들은 결국 자신의 가족에 대하여 긍정적으로 새롭게인식하게 되거나, 내면적으로 자신의 환경에 대한 수동적으로 피해의식을 갖는 현상을 보이고 있는 것으로 조사되었다. 이때 개인주의나 회피 혹은 달리 마음을 먹고자 하는 작용/상호작용전략이 있을 수 있으나, 내면적으로 자리한 환경에 대한 피해의식이 내재하고 있음을 알 수 있었다.

가. 가족에 대한 긍정적 재인식

"가족이란 뭐 자식으로도 남은 미래를 함께할 행복한 동반자 이런 게 아닐까 하는 생각이 들어요. 영원히 사랑해야 하고 사랑할 의무가 있는 것이 가족이겠죠? 저도 제 가족에게 힘이 될 거라고 생각해요."(20대 남)

"사랑이죠. 사랑과 관심이고…… 정다운 말 한마디고 그런 거죠. 모든 걸 주신 분들."(20대 남)

"한마디로 가족은…… 절대적으로 필요한 존재죠. 가족이 없으면 내가 없는 거잖아요."(20대 남)

나. 가족환경의 수동적 피해의식

"어렸을 적에 부모님이 부부 싸움을 많이 하셨어요. 저에게 뭐랄까 트라우마처럼 남아 있는 부분이고……." (20대 남)

"친척들한테 그냥 좀 서운하고…… 그냥 좀 왠지 모르게 남남인 것 같은 느낌. 친한 친구 보다 못한 느낌이 많이 들어." (20대 남)

다음 표7은 상기내용에 따라 주요현상의 속성과 차원을 분류하여 정리한 것이다. 이를 다음과 같이 제시할 수 있다.

〈표 7〉 주요현상의 속성과 차원

	범주	속성	차원
주요 현상	가족–마음속의 인식	인식의 정도	중함–미약함
		(가치관에 영향을 줌)	(깊음)–(얕음)
인과 조건	구성원간의 관계성	친밀의 정도	강함–약함
맥락 조건	경험을 통한 가족 긍정형성	정서적인 영향	큼–적음
		(정도)	강함–약함
	경험을 통한 가족 부정형성	정서적 영향	큼–적음
		(정도)	강함–약함
중재 조건	경험을 통한 시간 공유	정도(질)	깊음(좋음)–얕음(나쁨)
	관계의 질–배려의 정도	정도(질)	깊음(좋음)–얕음(나쁨)
	공동체 자각 및 의무감	정도(질)	깊음(좋음)–얕음(나쁨)
작용 및 상호 작용 전략	가족의 소중함을 절감	정도(이에 대한 다짐)	큼–작음
	가족에게 분노 상처입음	정도(이에 대한 의식적 회피나 다른 각도에서 보고자 함)	큼–작음
결과 (가족의미 내면화)	가족인식의 긍정적 재정의	정도	큼–작음
	수동적 피해의식	정도	큼–작음

(3) 패러다임 모형

다음은 상기의 근거이론으로 분석한 가족의 고찰에 대한 패러다임 모형이다. 패러다임 모형은 범주들이 어떻게 교차되고 연결되는지를 보여 주게 된다(Strauss & Corbin, 1998). 이를 통한 각 범주간의 관련성을 정리하여 다음의 그림 3으로 제시할 수 있다.

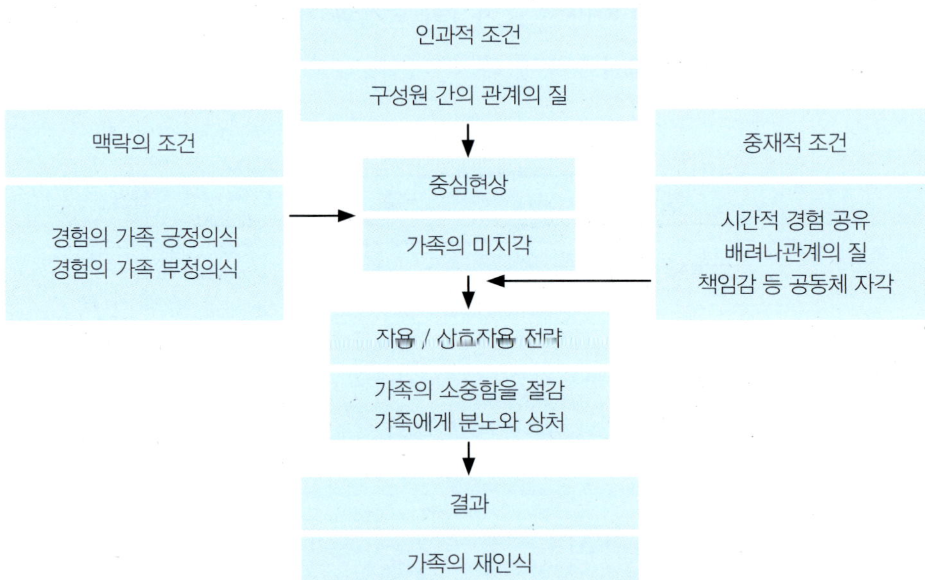

[그림 3] 패러다임 모형

다음은 이를 근거로 핵심범주의 속성과 차원을 제시하여 이를 통하여 몇 가지 가족 유형의 분석이 가능하였으며 이를 다음과 같이 제시하고자 한다.

〈표 8〉 핵심범주의 속성과 차원

	범주	속성	차원
핵심범주	의미찾기	가족과 상호관계의 질	긍정적-부정적

이와 같은 결과를 토대로 하여 가족의 몇 가지의 유형분석이 도출되었는데, 이를 토대로 각각 케이스에 대한 가설적 질문으로 시간의 공유경험이 많고 관계(배려)의 질이 높으며 또한, 가족 공동체의 자각이 큰 경우가 가장 긍정적인 의식을 형성하여 구성원 모두가 가족의 소중함을 절감하고 자신도 그 모델에 따라 살고자 하는 희망을 가질 수 있는 것으로 조사되었다. 그 결과 가족에 대한 긍정적인 인식을 재정의할 가능성이 있는 것으로 추론할 수 있었다. 반면 시간공유의 경험 많더라도 반면에 관계 즉, 상호 배려의 질이 낮다면 가족의 소중함을 절감하고도 긍정적으로 가족을 인식하는 데에 어려움이 있을 수 있고 공동체의식 가령 책임감이나 의무감 등이 낮은 경우는 개인주의적인 생각을 가질 가능성도 나타났다. 한편 시간의 공유경험과 관계로 즉, 배려의 질이 모두 낮으며 반면 공동체 자각으로 책임이나 의무감만이 높은 경우라면, 가족이라는 존재는 스트레스와 부담 즉, 짐이 될 수도 있음을 알 수 있었다. 그리고 시간공유의 경험과 관계(배려)의 질이 낮으며 공동체 자각(책임 및 의무감)마저 없다면 구성원의 이탈을 초래할 수 있으며, 체계적 입장에서 볼 때 이는 여타 가족들에게 분노와 좌절감을 안겨줄 수 있는 상황이 될 수 있는 것으로 조사되었다. 따라서 각각의 경우를 고려하는 가족복지학적인 차원의 개입도 고려해 보아야 함을 알 수 있다. 다음은 이를 토대로 가족이라는 기본조직 중에서도 각 유형의 분류를 제시하고자 한다.

〈표 9〉 가족의 지각에 대한 유형의 분류

패러다임 \ 유형	가족 긍정성향 형성	가족 부정성향 형성	조직보다 개인형
현상	가족의 소중함 인식	가족존재의 부정	개인주의 의식
인과조건	구성원간의 관계–친밀도 높음	구성원간의 관계–친밀성 낮음(구성원 각각에 대해 상이함)	구성원간의 관계– 별개적인 삶의 의식형성
맥락조건	가족을 통한 긍정적 경험	가족을 통한 부정적 경험	가족의 불인정, 개인주의
중제조건	시간의 공유 (많거나 적음) 관계의 질(좋음) 공동체 자각(높음)	시간의 공유 (많거나 적음) 관계의 질(나쁨) 공동체 자각 (비교적 낮음)	시간의 공유(주로 적음) 관계의 질(좋거나 나쁨) 공동체 자각 (비교적 낮은편)
전략	가족의 소중함을 절감함	가족에 대한 상처와 분노	마이웨이 개척형
결과	긍정적인 가족의 인식	부정적인 가족의 인식	개인주의
핵심범주	가족의미찾기(긍정성)	가족의미찾기(부정성)	가족보다는 스스로의 삶에서 의미를 찾음

이와 같이 가족이란 각각의 구성원에게 갖는 의미 그리고 심리적 영향과 관계적 영향 및 경제적 영향들이 총체적으로 개인의 내면에 영향을 미치고 있음을 알 수 있었다. 이러한 모든 부분은 상호 긴밀히 연계되어 가족을 재정의하는데 연속적으로 영향을 미치고 있음을 알 수 있다. 사례본 연구에서는 20대 성인들을 중심으로 이들에게 가족이 지니는 의미에 관하여 근거이론을 통하여 살펴보았다. 가족이라는 기본조직은 그 특성상 구성원 간 상호 미치는 영향이 깊은 만큼, 가족의 역동성을 체계이론을 기본으로 어떠한 속성들이 가족역동성을 형성하는지 살펴보았다.

사례연구의 결과는 다음과 같다.

첫째, 가정 내에서의 구성원 간의 시간공유와 관계의 질, 그리고 적절한 공동체 의식은 가족구성원의 가족에 대한 긍정적인 인식에 도움이 될 수 있는 것으로 분석되었다.

둘째, 가족 구성원간의 불화와 의사소통의 장애 및 단절은 가족 구성원에게 가족에 대한 부정적 인식을 형성할 수 있는 토대가 될 수 있다.

셋째, 가족 내에서 경험하는 일들은 성년의 청소년이 갖는 가치관이나 기본 생각에 지속적으로 영향을 미칠 수 있음을 알 수 있었다. 그리고 이와 같은 가족의 기본 경험들은 개인내면의 정서형성에 내재하여 성장이후에도 지속적인 영향이 있음을 알 수 있었다.

넷째, 가정에서 구성원간의 긍정적인 유대감과 의사소통은 성인에게 가족의 깊은 의미를 형성하는 기초가 될 수 있으며, 청소년들에게 이상적인 가족 이미지를 형성하며 긍정적인 가족인식의 근간이 됨을 알 수 있었다.

이와 같은 결과는 청소년들의 환경적 요인 즉, 가정의 요인들이 청소년의 행복에 영향을 미친다는 연구결과(허승연, 2009)와 의견을 같이하는 것이라 볼 수 있다. 부모와 자녀사이의 의사소통, 가정분위기, 양육방식등의 형태는 청소년들의 건강한 적응과 발달에 영향을 미치며, 부모 자녀간의 역기능적 의사소통 방식은 정서적 발달을 저해하게 된다(최성학, 2012). 따라서 이러한 결과는 가족복지학이나 가족상담 차원에서 성인이나 청소년 복지프로그램 개발 및 개입의 부정적인 요인들을 개선하고 긍정요인을 훈련할 수 있도록 고려될 수 있어야 할 것이다.

그러나 본 연구의 설문조사 표본추출에 있어 갖는 제한점은 다음과 같다.

즉, 본 연구가 유의표집 방법으로 소규모의 인원만을 대상으로 분석되었다는 것은 연구의 제한점을 가질 수 있다. 따라서 향후 보다 다양한 가족의 양상에 관하여 분석하는 것이 필요할 것이다. 또한, 분석 대상이 세대를 대변하기에는 인구사회학적인 특성변수를 보다 다양하게 반영하지 못하는 제한점이 있을 수 있으며 세대간의 차이를 살펴보는 것도 흥미있을 것이다. 그러나 가족복지학 차원에서 본 연구는 체계이론의 모호성이 가지는 불명확한 요소에 관하여, 이를 논리성을 보완한 근거이론을 통해 접근하고 증명하는 과정을 통하여 가족이라는 기본조직의 의미를 조명하여 살펴보았다는 것에 본 연구의 의의가 있다. 가족복지의 실천은 가족 구성원에 대한 개입과 지원은 물론, 이들을 둘러싼 체계인 환경이 제대로 기능하고 역할을 다 할 수 있는지에 관한 경험적인 개입이 절대적으로 필요하다(홍봉선, 남미애, 2010).

본 사례연구의 인터뷰를 통해 알 수 있었던 것을 보다 상세하게 기술하면 다음과 같다. 즉, 20대의 청소년들은 성장과정에서 '가족이 경험한 것'들이 지속적으로 개인의 내면에서 가족에 대한 이미지로 남을 수 있다는 것이다. 특히 어릴 때의 부모의 불화나 가족구성원의 부정적 변화(죽음이나 병고, 이탈 등)는 개인의 일생에 트라우마가 될 수 있음을 알 수 있다. 또한, 가족 구성원과의 소원함은 시간공유 차원에서 잘 놀아주지 않거나 의사소통의 부재와 물리적인 거리 등도 가족관에도 영향을 주고 있는 것으로 분석되었다. 이는 가족복지학적 측면에서 볼 때 탄력성(레질리언스)이나 회복에 관해 논의할 필요성이 있음을 생각해 볼 수 있다. 또한, 가족에 대한 개념은 생활을 통해서 형성되는 경우가 많으므로 이에 대한 가족차원에서 가족복지나 심리적 차원에서 볼 때 가치관의 정립이나 일상생활패턴의 변화를 통한 개입에 관해서도 고려가 필요하다는 연구의 함의가 있다. 가족의 경험은 개인에게 가정에 대한 깊은 이미지를 개인의 심상에 깊이 남긴다. 또한, 가족과의 생활적 경험이 가족의 긍정이나 부정적 인식을 형성하는 요인이 될 수 있으며 지속적으로 내재되어 영향을 주고 있음을 간과할 수 없다. 특히 가족 간의 시간공유 경험은 관계의 질을 형성할 수 있고, 공동체의 자각정도 역시 의미부여에 영향을 미칠 수 있다. 따라서 이것은 개인의 가치관과 심리 및 정서적 영역에서 개인에게 무형의 힘으로 작용하여, 부정적인 경우 개인의 의식 속에서 트라우마나 부정적인 영향을 훗날 지속적으로 줄 수 있기 때문에, 이에 관한 점검이 매우 중요한 부분으로 접근되어야 할 필요가 있음을 알 수 있다. 즉, 가족의 의미에 관하여 일부 연구 참여자는 가족을 '가족이 삶의 전부이다, 가족이 있어 고맙다, 생명과 같은 존재이다' 등으로 표현하는 것을 통하여 개인에게 있어 가정이 얼마나 중요한 영역인가 하는 것을 여실히 보여 주고 있었다. 이처럼 가족은 서로의 상호 관계형성에 있어 매우 중요한 존재이기도 하며 동시에 가족의 체계와 나아가 사회의 체계에 밀접한 영향을 줄 수 있는 중요한 단위로 평가되어야 할 것이다.

이러한 차원에서 보다 건강한 체계와 관계를 유지하기 위해서는 결국 가족 구성원간의 건강한 관계형성을 위한 가족의식의 형성과 이를 위한 관심의 노력이 필요하다는 것을 알 수 있었다. 한 사회의 기본구성요소가 가정이라는 조직이니 만큼 개인이 속한 가족의 건강은 결국 사회의 가치관과 체계에 영향을 줄 수 있는 귀중한 기본단위이다. 따라서 이러한 시각에서 가족복지학을 개인의 심리적 차원에서만 접근할 것이 아니라, 사회의 미시적 구성단위의 체계로 바라보고 이를 보다 사회의 조직학적 시각에서도 바라보고 접근해 볼 필요가 있을 것이다. 개인이 건강한 혹은 그렇지 않은 경우 타 가족 구성원에게도 영향을 미치며, 이는 가족 구조 전체 및 사회의 기본조직에도 영향을 미칠 수 있으며 나아가 가족의 해체나 역할 상실은 사회적 문제로도 귀결될 수도 있기 때문이다. 따라서 이러한 차원에서 사회는, 사회의 기본 구성요인인 가족을 위해서 지역사회를 통한 가족단위의 정책 프로그램이나 해체의 위험에 직면한 가족을 대상으로 하는, 심리차원의 상담 혹은 예방 프로그램과 가족결속을 도모하는 활동에 지식과 정보를 제공해야 할 의무가 있다고 보여 진다. 또한, 교육적 과정을 통해 가족이라는 기본조직에 대한 가치관 정립을 새로이 정립하고 가족문제가 더 이상 가족 내부의 문제에 국한되지 않는 문제로 인식되어 근본적 출발이 어디로부터 시작되어 내재되게 되었는 가 하는 점을 되돌아보아 사회적으로 다양한 지지체계들이 개발될 수 있도록 하는 방안이 모색될 필요가 있을 것으로 사료된다. 본 사례연구는 미래 사회의 중요한 역할을 하게 될 20대 청년들을 통하여 가족의 의미와 중요성을 되새기고 청소년들이 가족이라는 체계론적 환경을 통해서 보다 건강하게 생활하며 성장해 나가는 것에 참고가 될 수 있다.

5) 가정폭력과 인권[3)]

다음은 가정폭력과 인권에 관하여 류은주(2010)의 〈Article Review〉을 통하여 살펴보고자 한다. 논문의 제목은 '가정폭력피해여성들의 생애사 연구로 자립과 자립 이후의 사회적응을 중심으로(류은주, 2010)'이다. 본 논문의 배경은 우리나라에서 1997년 가정폭력 방지법을 제정하고 2006년 가정폭력 예방 및 피해자 보호와 지원을 목표로 개정법을 마련하는 등 국가적인 차원에서의 개입이 시작된 이래 이에 관련한 질적연구를 진행하여 그에 따른 함의를 얻은 케이스이다. 가정폭력 피해여성들이 자립하기 위해서는 기존의 보호시설 지원 서비스만으로는 한계가 있다. 즉, 2007년 여성가족부의 '전국 가정폭력 실태조사' 결과에 따르면 결혼한 부부 2.5쌍 중 1쌍이 최근 1년간 배우자로부터 폭력을 경험하는 등 가정폭력방지법 시행 10년 후에도 여전히 발생횟수나 정도가 줄어들지 않고 있으며 심각한 사회 문제로 남아 있기 때문에 진행되었다(류은주, 2010). 가정폭력이 끼치는 부정적인 영향은 개인적 측면과 사회적 측면으로 구분하여 다음과 같이 살펴볼 수 있다.

〈표 8-1〉 **가정폭력의 부정적 영향**

개인적 측면	· 신체적인 고통 · 심리 및 정서적인 문제
사회적 측면	· 대인관계의 어려움, 일상 활동 등에 흥미를 느끼지 못함, 사회로부터의 고립, 자녀, 부모 및 형제들에게 피해가 이어져 국가적인 개입이 요구되는 사회 문제로 발전하게 됨

(1) 가정폭력피해여성들의 자립 과정

가정폭력피해여성들의 자립 과정을 심층적으로 연구하고자 생애사와 관련한 연구 방법론을 통한 접근으로 피해여성들의 자립요인을 밝히고 사회적응을 도울 수 있는 실천적인 개입 방안에 관하여 논의하는 방식이다. 이에 대한 자립관

3) 류은주(2010). 가정폭력피해여성들의 생애사 연구: 자립과 자립 이후의 사회적응을 중심으로.

련 연구 동향의 연구는 다음과 같이 정리할 수 있다.

① 자립 및 자립의지(박용순, 1997; 박영란 · 강철희, 1999; 변규란, 2007; 김명숙, 2008; 박영란, 2008)에 관한 연구에서 양호한 건강상태, 높은 자아존중감, 공식적 사회적 · 지지 및 지원이 가정폭력피해여성의 자립의지를 강화하는데 영향을 미치며, 반면 가정폭력피해여성의 자립의지를 저해하는 요인은 적절한 자립 기능의 부족, 자영업의 자본 부족, 자립의욕 결여, 사회적 지원망 및 관심의 부족, 대인관계의 능력 결여 등으로 제시되고 있었으며, 자활효과가 큰 순서로는 교육보호, 생업자금 융자, 그리고 직업훈련 순이었다.

② 자립요인에 관한 연구(이은정, 2004; 장정자, 2007)는 초혼이며 남편이 무직이고 자녀에게까지 폭력이 있을 경우, 쉼터에 머문 기간이 길수록 자립을 결정할 확률이 높으며 반면 종교가 없고 학력과 이혼의지가 높을수록 동반자녀가 있을 경우에는 가정폭력피해여성의 자립에 영향을 미쳤다고 보고하였다.

③ 자립욕구에 관한 연구(황정임, 2006; 박영란, 2007)에서는 경제적인 자립욕구가 가장 높으며, 건강 등의 복합적인 욕구를 지니고 있다고 하였다.

(2) 가정폭력피해여성들의 적응에 관한 연구 동향

쉼터 퇴소자의 사회적응과 생활만족도에 영향을 미치는 요인은 자아존중감, 가족 및 사회적인 지지, 성역할의 태도로, 이 중에서 자아존중감이 가장 큰 요인으로 나타났고(김선숙, 2005), 가정폭력피해여성의 적응 유연성에는 내적인 통제감, 문제 해결 능력, 자녀와의 애착, 가족의 지지, 사회적인 지지가 영향을 미치는 것으로 보고되었다.

본 연구는 생애사 연구 방법으로 지나온 자기의 삶을 다른 사람에게 이야기하는 형식으로 진행되었으며 생애사는 하나의 이야기로 과거와 현재와 미래라는 시간성을 지니면서 주관적인 관점을 보여 주는 특성이 있다(Yoo, 1993). 본 분석의 대상은 K단기 보호시설과 E 단기보호시설로부터 19명을 소개 받아 퇴소 후의 독립생활의 유지, 경제 활동, 자립 유경험 3년 이상인 8명의 참여자를 최종 선정하였다. 본 연구의 자료 수집은 2년에(2007, 2008년) 걸쳐 참여자에 대한 심층면접을 진행하는 것을 중점적으로 하여 가정폭력 관련 문헌고찰, 그리고 보호시설 기록열람, 일기 및 편지, 메모와 인터넷 자료 등의 문서기록들을 살펴보았으며 분석 방법은 Mandelbaum(1973)이 제안한 삶의 영역, 전환점, 적응의 세 가지의 개념 틀을 사용하였다.

본 연구의 결과로는 일반적 인구사회학적 특징은 가정폭력을 경험하고 자립한 경험이 있는 연구 참여자들의 평균연령은 46.1세였으며, 학력은 초대졸 이상 및 중졸이 각 3명, 그리고 고졸과 초졸이 각 1명 순이었다. 결혼유형은 이혼 소송중인 1사례를 제외하고는 모두 이혼 및 별거 중이었다. 자녀수는 평균 1.8명으로 자녀와의 동거 여부를 보면 1사례만 비동거였으며 나머지 7사례는 자녀와 함께 동반 거주하여 살고 있었다. 직업으로는 미싱사 3명, 보험설계사, 공인중개사, 임상병리사, 자영업, 식당주방보조 각 1명이었다. 월수입은 평균 145만원으로 주거형태는 전세가 2명이고 나머지는 모두 월세였다. 결혼기간은 평균 18.3년인데 비해 이혼 및 별거 기간은 평균 3.7년으로 조사되었다.

6) 가정폭력범죄의 처벌 등에 관한 특례법[4]

(1) 가정폭력범죄의 처벌 등에 관한 특례법 일부 개정 이유

우리나라에서 가정폭력은 다양한 형태로 나타나며 사회범죄 및 문제의 주 원인이 되고 있었으나 상습적인 가정폭력범죄에 대해서 구체적인 처벌규정이 없어 재발방지에 미흡한 점이 있었으므로 이에 대한 보호처분의 상습 위반자와 피해자 보호명령·임시 보호명령의 상습 미이행자에 대한 처벌을 신설하는 것이

4) 일부개정 2012.1.17.

필요하다는 취지에서 개정되었다. 아울러 가정폭력범죄는 생활 속에서 발생하는 일상범죄로 조기에 조치하지 않으면 그 피해가 반복적으로 지속될 수 있으나 그 예방에 대하여 사회적인 개입에는 미흡한 점이 있었다. 따라서 직무 수행 중 알게 된 가정폭력범죄에 대해서 바로 신고하도록 한 신고의무를 추가하고 신고의무 위반시에 대한 처벌 규정을 마련하였다. 또한, 가족구성원에 의하여 그동안 성범죄가 가정폭력범죄로 규정되어 있지 않았기 때문에 이에 가정폭력피해자가 본법 및 「가정폭력방지 및 피해자보호 등에 관한 법률」에 의하여 보호와 지원을 받는 것에서 배제되는 일 혹은 어려움을 방지하기 위하여 가족구성원에 의한 성범죄를 가정폭력범죄로 규정하면서 다음과 같은 내용을 신설하였다. 신설 주요 내용은 다음과 같다.

① 가족구성원에 의한 성범죄를 가정폭력범죄로 규정함(제2조 제3호 마목 신설)
② 직무 수행 중 알게 된 가정폭력범죄에 관해 신고하도록 한 신고의무 부여자를 추가함(제4조 제2항 제4호부터 제7호까지 신설함)
③ 상습으로 보호처분 등을 위반한 행위자를 3년 이하의 징역 혹은 3천 만원 이하의 벌금으로 무겁게 처벌하도록 함(제63조 제2항 신설)
④ 상기사항은 신고의무 위반에 관한 처벌 규정을 마련하여 가정폭력범죄의 조기발견 및 예방하고자 함(제66조 신설)

(3) 생애사 연구

① 생애사 연구의 방법으로 살펴본 삶의 영역에 대한 연구

연구참여자들의 자립 이후에 개인의 삶을 구성하고 삶에 가장 중요한 영향을 미치고 있는 삶의 영역은 보금자리, 자녀, 생업활동 그리고 자조모임이었다. 보통사람들의 경우에는 너무나 평범하여 일상에 묻혀 소중함을 모르고 지나가는 것이지만 연구 참여자들에게 있어서는 남다른 의미를 지니고 있었다.

구분		분석
보금자리	자립 전	폭력이 난무한 지옥이자 비인간적인 삶이 지속되는 곳이었으며 삶의 희망이 전혀 없는 곳이다.
	자립 후	남편의 폭력과 영향력으로부터 벗어나 지친 몸을 쉴 수 있고, 심리적인 안정이 있는 안식처로 삶의 전쟁터이자 책임감과 스트레스가 높은 곳으로서의 삶의 전선이라고 할 수 있다.
자녀		심리·정서적인 안정으로 인해 자녀들에 대한 태도가 긍정적으로 변화하였고 자녀에 대한 강한 애착을 지니고 있었다. 부모로서 보호와 책임을 다하지 못했다는 점에서 자녀들에게 죄책감을 지니고 있었고, 그런 만큼 자녀에 대한 연민이 강했고 부모로서 못해준 것들을 채워 주고 싶어 하는 마음이었다.
생업활동		일차적으로는 생계유지의 수단이었지만 궁극적으로는 폭력과는 거리가 먼 새로운 삶을 설계하는 '삶의 재구성 수단'이었다.
자조모임		새로운 가족형태를 깨닫고 이를 열린 자세로 수용, 집단에서의 지지 및 모델링을 통해 잠재된 자신의 능력을 스스로 발견하며 타자와 상호교류를 통하여 사회성을 습득하며 '타자와의 공생을 통한 잠재력과 사회성 발현의 씨앗'으로 느낀다.

② 삶의 전환점

'자신의 삶의 재구성을 통한 자기성의 회복'이라는 공통된 하나의 주제를 발견하였다. 연구 참여자들은 쉼터입소를 통해 비로소 안정감을 찾으면서 폭력으로 뒤덮인 삶에 묻혀버렸던 자신의 존재를 찾고 내가 주체가 되는 삶, 나를 성찰하는 삶, 자신을 조절하고 통제하는 삶, 그리고 나를 개발하는 삶으로 자신을 새롭게 만들어가기 위한 시도들을 끊임없이 하고 있었다.

구분	분석
탈출시도	폭력경험을 통한 자각은 '참고 살아도 변화가 없다'는 것이었다.
	자녀의 세대전이를 우려하고 있다.
	주변의 지지체계의 도움을 청하고 있었다.
쉼터입소	쉼터에서의 교육으로는 나의 실존 회복, 남편과 자녀들에 대한 올바른 이해 및 관계 정립, 새로운 직업을 개발하고 있다.
	교사들의 지지 및 자조모임에서의 지지를 받는다.
	그를 통해 모델링을 얻는다.

③ 사회의 적응 과정

자립 후 폭력과 단절된 생활을 하게 되었지만 새롭게 시작한 삶 속에서 부딪히는 또 다른 난관으로 인하여 폭력생활 때와 별반 다를 바 없는 지속적인 고통을 경험하게 된다. 많은 어려움을 지닌 연구 참여자들의 적응 과정에서 일관되게 나타나는 주제들을 발견하여 범주화하고 살펴본 결과 적응 양상은 다음과 같다.

구분	분석
학습된 무력감을 무릅쓰고 살아가기	자신의 정체성을 발견하고 자신의 삶의 가치와 의미를 이해하면서 자신의 능력과 한계를 바로 직시하게 된 경우에는 학습된 무력감에서 벗어나고자 노력하고 있다. 이를 통한 삶의 재발견을 위해 노력하고 있다.
자녀를 끌어안기 위해 안간힘 쓰기	인내심을 갖고 자녀들을 수용하고 그들의 문제를 해결하기 위한 방법들을 적극 찾아 나서고 있다.
암담한 현실에서 타협점 찾기	빈곤상태를 벗어날 수는 없는 현실의 장벽 앞에 놓여 있지만 그러나 자신이 갖고 있는 능력과 범위 내에서 조절해서 살아가려고 시도하고 있다.

이러한 연구를 통하여 류은주(2009)는 다음과 같은 필요성을 제시하고 있다.

① 현실적인 교육프로그램, 욕구가 있는 다양한 프로그램 개발, 자조모임의 활성화를 위한 적극적인 지원이 필요하다.

② 거주할 집을 무료로 임대해 주는 주거 지원 서비스와 쉼터 퇴소 후에도 자립을 준비할 수 있는 중간의 집을 제도적으로 지원해야 하며 공동작업장이 제공되고 확대되어야 한다.

③ 불안감이나 우울증도 높을뿐더러 사회생활에서의 대인관계에서도 두려움이 크게 나타나 자립의 완성도를 높이고 자립 후의 사회적응을 위한 심리적, 사회적 자립 지원 서비스가 병행되어야 한다.

④ 지속적인 사례관리를 통한 사후관리 서비스가 의무적으로 제공되어야 한다. 이에 대하여 어떠한 기타 사례와 개입 방안이 있는지 조사해보고 함께 토론해 보자.

4 각종 상담사례의 예시

본 장에서는 각종 상담의 사례를 다룬다. 이 지면을 통해서는 모두 가명으로 처리되며 일부 가상의 상황일 수 있음을 밝혀 둔다. 전체적인 조망을 위해 내용을 요약하였다. 다음 사례에 대하여 조별 개입방안을 토론하고 발표해 보자.

사례 1〉 저도 관심받고 싶어요

▩ 내담자의 기본 정보 ▩

1) 내담자 인적사항
 -중1학년 여학생

2) 내방경위
- 우울증 호소로 신경정신과에 다니고 있으며 학교에서 표정의 변화가 없고 선생님이나 교우의 질문에 단답형으로 대답하며 의사표현이 없고 의욕이 없어서 사례관리를 받게 되었다.

3) 주 호소 문제
- 접수면접 내용: 학교 담임의 권유로 내담자와 어머니가 함께 상담을 요청하심.
- 어머니의 의견: 내담자가 학교적응에 어려움이 있다.

4) 첫인상 및 행동관찰(접수면접 관찰 내용)
- 내담자: 자발적으로 이야기하지 않으며 조금 가냘픈 인상에 기운이 없는 모습으로 수줍어함.
- 어머니: 수수한 외모에 가정적이며 아이의 문제를 많이 염려하는 모습임.

5) 가족관계
- 아버지(55세): 자영업자이며 사업이 어려운 때가 많아 가정에 많이 신

경쓰지 못하시나 딸을 귀여워하는 마음을 가지고 있음. 자녀상황은 1남 1녀 중 막내.

- 어머니(48세): 내담자의 세밀한 감정을 읽지 못하고 있다. 내담자와의 관계는 양호함.
- 오빠(19세): 고 3으로 학교적응을 잘하고 있고 둘째와 비교가 될 때가 많으며 부모의 기대대로 잘 성장하고 있다. 동생을 염려하고 있다.
- 오빠(17세): 고 1년. 꼼꼼한 성격. 고등학교 진학 이후 학교에 다니는 것이 재미있다.
- 내담자: 집안에서 오빠에게 모든 관심이 쏠리는 것 같아 속상해한다. 따라서 한편으로 의욕이 없으며 아무리 노력해도 오빠가 관심의 대상이라는 것에 풀이 죽어 있다.

■ 내담자 이해 ■

1) 내담자의 강점 및 자원

- 학업을 해 보려는 의지는 없으나 가족에 대한 미움보다는 섭섭함이 있음.
- 학교에서보다는 집에서 자신의 의견을 표현하려고 하는 편임.
- 주변 사람들의 관심: 학교 담임선생님, 친한 반 친구 1명, 그러나 도우려는 입장과 달리 수동적 태도를 보임.

2) 상담자가 파악한 내담자 문제

- 내담자는 성장 과정의 어린 시절부터 어머니와 오빠가 정서적으로 밀착되어 있음을 알고 위축되어 있으며 아버지는 바쁘시고 건강한 관계의 경험이 거의 없었다.
- 부모에게는 다루기 힘들고 학교에서는 다가가기 힘든 아이의 이미지로 부모관계에서부터 애착관계의 이상을 보이며 자존감이 낮아져 있는 상태이다.

■ 상담 목표 및 전략 ■

1) 합의된 상담 목표

- 자신감 있고 적극적인 아이가 되었으면 좋겠다.

2) 상담자의 추가적 상담 목표 및 전략

- 안정된 가정의 지지를 통해 어린 시절 부모에게 경험하지 못한 안정된 관계를 상담과 그를 통한 과제수행 등으로 경험하도록 한다.
- 내담자의 가족에 대한 심리적인 위축 상태를 인정하고 이에 대한 주위 자원의 보다 적극적인 지지와 격려를 경험하도록 하였다.
- 부모님과 함께 오빠에 대한 불만도 다루는 시간을 갖도록 하고 내담자의 부모가 내담자를 구체적으로 지지하도록 하였다.

■ 논의점 ■

- 바쁘신 아버지의 역할 부재로 인한 오빠와 엄마의 밀착관계로 부모와 내담자와의 독립적인 애착관계가 형성될 필요가 보인다.

■ 논평 ■

1) 내담자에 대한 이해

- 체계론적 관점에서 보면 가족은 모빌과 같이 서로 영향을 주고받는 관계이다. 따라서 이러한 역동성이 건강하지 않으면 체계는 서로 영향을 받을 수밖에 없다. 본 내담자는 이러한 맥락에서 볼 때 건강한 체계와의 상호작용을 경험하지 못한 것이 주 문제의 발단으로 보인다. 가족의 문제를 역추적해 보면 가족의 문제가 나타난다.

2) 상담 목표 및 상담 방법

- 본 상담의 목적은 내담자로 하여금 건강한 성장을 위한 가족의 지지를 통하여 자기 자존감을 찾고 스스로 목표를 설정하고 자기 주도적인 삶을 살 수 있도록 하는 것이다. 이를 위하여 모든 커뮤니케이션

에 이러한 부분이 나타나야 하며 기다려 주어야 하고 내담자의 어려운 점에 대한 호소에 귀기울여 주면서 든든한 후원자가 되어야 한다. 또한, 어린시절의 미해결된 문제를 다루어 주면서 공감하는 자세가 필요하다.

사례 2〉 진로가 걱정돼요

▩ 내담자의 기본 정보 ▩

1) 내담자 인적사항
- 고 3 여학생

2) 내방경위
- 진로에 대해 궁금해하며 불안해하여 진로탐색검사를 신청하게 되어 사례관리를 신청함.

3) 주 호소 문제
- 친구들이 진로를 찾아가는 모습을 보며 자신의 진로를 불안해함.

4) 첫인상 및 행동관찰
- 깔끔하며 다소 차가우면서도 단호한 의사표현을 함.
- 자신에 대한 표현에서는 모호하며 확신이 없고 자신감이 없음.
- 키도 크고, 날씬하며, 단정하고 깔끔한 외모. 말없이 있을 때 첫인상이 차갑다.

5) 가족관계
- 아버지(대졸, 학교 공직자, 46세): 내담자의 진로가 어떤 쪽이든 사회적으로 밀어 줄 의향이 있음.
- 어머니(대졸, 무직, 44세): 교육열이 매우 높으나 내담자가 이에 따라 주지 못한다고 생각하고 있음.

▩ 내담자 이해 ▩

1) 내담자의 발달사

- 성장 과정에서 부모님의 기대에 맞게 성장하고자 하는데 잘 되지 않아서 자아존중감이 낮아진 상태이다.

2) 심리검사 결과

① MBTI 검사

- ESFJ (12,42,6, 16): 사람들에게 관심이 많고 친구들과의 인화를 중시한다. 대화를 좋아하고 정리정돈을 잘하나 낯가림이 심하다.

② 진로탐색검사(Holland)

- R(현실형, 28), I(탐구형, 50), A(예술형, 45), S(사회형, 42), E(진취형, 40), C(관습형, 70)

: 관습형이 높고 기타 탐구, 진취, 사회, 예술이 비슷하다. 정확성과 계획성 및 책임감이 높고 원칙과 체계를 좋아하며 비교적 고른 적성을 보이는 경향이 있다. 체계적이고 조직적인 사고를 요하는 직업으로 회계, 전산, 문헌정보, 세무의 추천을 받음.

③ 학습 방법진단검사

- 학습 방법 진단 척도(T점수): 집중력(50), 학습전략(50), 학습습관(52), 학습능력(59), 학습자아개념(39), 학습환경지수(56)
- 감성지수 척도: 계획성(58), 개방성(58), 외향성(55)
- 학습습관은 높으나 학습자아개념이 낮은 편이며 가족의 기대가 가장 큰 스트레스로 작용하고 있음.

3) 내담자의 자원

- 부모의 성실함과 책임감이 다소 과다하나 관심을 갖고 지원해 줌, 그에 대하여 부응하고자 하는 것이 지나쳐 걸림돌이 되고 있다.

4) 상담자가 파악한 내담자의 문제

- 어릴 때 부모의 기대와의 괴리를 느끼고 이에 대하여 마음의 상처가 큰 상태로 성적과 미래에 대한 불안감이 진학의 문제에서 극대화됨. 부모의 기대보다 독립적으로 진로체험과 적성에 대한 취미활동 및 직 간접적 체험 등이 중요할 것으로 사료된다.

■ 상담 목표 및 전략 ■

1) 상담 목표

- 진로에 대한 스스로의 탐색
- 성적보다는 다른 곳에서 많은 보람과 성취를 느낄 수 있도록 믿어 주는 마음과 탐색을 지원해 주는 마음

2) 상담전략

- 주위의 지지 자원의 개발 멘토 멘티 등
- 진로에 대한 다양한 탐색 및 활동
- 의사표현과 자기 주장 훈련

3) 내담자와 합의한 사항

- 로드맵 그리기
- 자신만의 포트폴리오 작성

■ 논의 사항 ■

- 다른 어떤 자원의 방법이 활용가능한가?
- 심리적 자신감 함양을 위한 활동범위
- 진로와 학습의 연계
- 장래희망에 포커스

사례 3〉 나만 싫어해요

▩ 내담자의 기본정보 ▩

1) 인적사항

- 11살 남아

2) 내방경위

- 자기 주장이 너무 강하여 친구들이 싫어하고 학교수업에 방해를 준다는 지적을 많이 받음

3) 주 호소 문제

- 아이들과 친하게 지내고 싶은데 아이들이 안 놀아 주고 자주 지적을 받으며 선생님과 친구들이 본인을 싫어한다.

4) 첫 인상 및 행동관찰

- 체구가 크고 힘이 있어 보임, 눈빛이 도전적이고 탐구심이 많으며 이치를 따짐

5) 가족관계

- 아버지(대기업 사원, 40세): 아이들에게 문제가 있는 것으로 판단함
- 어머니(대기업 중견사원, 40세): 선생님이 불합리하다고 생각함. 본인이라도 아이의 편이 되고자 함

▩ 내담자 이해 ▩

1) 내담자 발달사

- 내담자는 매우 총명하고 호기심이 많으나 일에 바쁜 부모의 영향으로 주로 가사도우미를 통하여 양육이 이루어짐. 그러나 가사도우미가 자주 바뀌고 그에 대한 불안감과 주변탐색 그리고 엄마와 함께하지 못하는 불만을 자주 토로함

2) 심리검사 결과

① SCT(아동용)

- 친구가 많았으면 좋겠다.
- 가장 좋아하는 사람은 엄마
- 가장 싫어하는 사람은 선생님
- 제일 두려워하는 것은 무서운 선생님
- 가장 무서워하는 것은 운동장에 혼자 남을 때
- 가장 슬프게 하는 것은 친구들이 안 놀아 줄때
- 가장 화나게 하는 것은 집에 부모님이 없을 때
- 가장 행복한 때는 친구를 만났을 때
- 가지고 있는 것 중에서 제일 아끼는 것은 엄마
- 가장 가지고 싶은 것은 친구
- 나쁜 점은 잘 때린다.
- 내가 만일 동물로 변할 수 있다면 하얀 고양이가 되고 싶다. 왜냐하면 사람들한테 사랑받고 싶다.
- 내 소원이 마음대로 이루어진다면 좋겠다.

② 지능검사

- 전체지능 98로 평균 수준임, 언어지능은 110으로 평균 수준 동작성 지능은 75로 현저히 낮음 주의집중도 낮은편

3) 내담자의 강점과 자원

- 호기심이 많음
- 친한 친구와 오래있고 싶어함
- 적대감 안에는 친하고 싶은 마음이 있음
- 엄마와의 관계가 좋음

4) 상담자가 파악한 내담자 문제

- 양육환경에서 부모가 아이를 담당하지 못하고 양육자가 자주 바뀌며 정서가 불안해짐

■ 상담 목표 및 전략, 성과 ■

1) 상담 목표

- 부모님과의 안정되고 신뢰로운 관계를 형성한다.
- 부모님과의 주말함께 보내기
- 사랑을 주고받는 법 배우기
- 부모님이 바빠도 항상 믿고 있음을 알기

2) 주요개입 및 전략

- 부모님과 함께하는 시간 늘리기
- 자신의 장점 발견하기
- 친구들과 잘 지낸 것 칭찬하기
- 친구들과의 일을 이야기하고 모니터링 통해 지지하기
- 친구 이해와 대처 방법 이야기하기

3) 상담성과

- 내담자는 수용받는 상황과 친구들이 상처받는 상황을 조금씩 이해하기 시작함
- 가족과의 시간을 통하여 관계를 재정립함

■ 논의점 ■

1) 내담자에 대한 이해

- 내담자의 기타 선천적 기능적 어려움은 없는지 탐색
- 내담자는 내담자가 어떠한 행동을 통해 친구들에게 받아들여지지 않았는지에 대하여 전혀 공감하지 못하고 있다. 따라서 적절한 상호작

용에 대하여 배우는 과정이 필요하다.

- 자신의 존중과 함께 타인의 존중을 배울 기회가 많지 않았다.
- 양육자가 오히려 피고용자로 바뀌어 위계정립이 되지 않았기 때문에 상하관계의 개념 등이 혼란된 상태이므로 위계적 개념에 대한 개입이 필요하다
- 무엇보다 부모님과의 애정어린 상호작용이 필요하다.

사례 4〉 **자꾸 화가 나요**

▩ 내담자의 기본 정보 ▩

1) 내담자 인적사항

- 고 3 여학생

2) 내방경위

- 부모에게 매우 예민하게 대들기 시작함

3) 주 호소 문제

- 아이가 스트레스가 많고 지나치게 예민하여 전에 없는 행동을 한다.

4) 첫인상 및 행동관찰

- 불안정한 상태로 눈의 초점을 어디에 두어야 할지 모르는 태도를 보인다.

5) 가족관계

- 부모님이 모두 맞벌이이며 집에 혼자 있는 경우가 많다.
- 언니와 오빠가 터울이 많아 출가한 상태이다.

▩ 내담자 이해 ▩

1) 내담자의 발달사

- 입시 때 전학으로 인한 부적응

2) 심리검사결과

- 병원에서 부적응 문제로 상담을 권유받음

3) 상담자가 파악한 내담자의 문제

- 강박증세

4) 내담자의 강점 및 자원

- 스스로를 걱정하는 마음, 적응하고자 하는 마음

▩ 상담 목표 및 전략 ▩

1) 상담 목표

- 불안탐색
- 긍정심리적용
- 자기표현하는 방법 배우기
- 진로탐색과 자신감 회복하기

2) 상담전략

- 내담자의 공감과 의사표현 훈련
- 촉진적 관계
- 신뢰유지
- 편안하게 이야기하기
- 자기탐색
- 괜찮다는 마음 주기
- 여유를 찾고 하고 싶은 일을 찾기

▩ 상담 과정 내용 요약 ▩

1) 주 내담자상담

- 전학가기 전에는 나를 인정해 주는 친구들이 많았다. 그러나 지금은 모두 친구관계가 이미 형성되어 있으며 선생님도 이방인 같다. 몇 번

숙제를 안 해 가거나 지각한 이래 지적을 받는 경우가 많아 의욕이 떨어진다. 다시 있던 학교로 가고 싶다.

▩ 상담성과 ▩

- 아이의 상태를 부모님이 공감하게 됨
- 무모님과 이웃으로 학부모와의 관계를 형성함
- 자연스러운 이해의 관계를 형성함

▩ 논의점 ▩

- 부모님이 내담자의 결과적인 현상만으로 놀라고 있어서 원인에 대하여 공감하도록 하는 것이 중요함

사례 5〉 자신감이 너무 없어요

▩ 내담자의 기본 정보 ▩

1) 내담자 인적사항
- 남자 대학생(20, 대학교 1학년)

2) 내방경위
- 감정조절이 안 되고 때로 과격해짐

3) 주 호소 문제
- 의사소통의 어려움
- 왜 학교를 다니는지 모르겠다는 것을 호소함

4) 첫인상 및 행동관찰
- 깔끔한 용모이나 감정이 얼굴에 나타나지 않고 일부분에 있어서는 매우 박식하나 친구들과의 공감대가 낮으며 기분이 안 좋을 때가 많다.
- 부모님 권유로 입학은 하였으나 학교의 규율에 맞추는 것이 화가 난다.

5) 가족관계

- 아버지(회사원, 49): 어릴 때 지나치게 엄격함 학생이 걱정되어 그랬다는 표현을 함.
- 어머니(주부, 47) : 아버지의 훈육방식대로 잔소리를 많이 함.
- 형(27): 터울의 차이로 형제이기보다 어른의 역할을 함.

▩ 내담자 이해 ▩

1) 내담자의 발달사

- 어릴 때부터 지나치게 엄격한 분위기에서 자신에 대한 탐색이 거의 일어나지 않아 수동적인 가치관이 주입되어 있다.

2) 심리검사 결과

① 내담자의 다면적인성검사(MMPI-A) 및 심리상담

- 내담자는 우울과 무력감을 느끼며 에너지 수준이 낮고 내향적이며 위축된 상태
- 정서적으로는 미숙하고 의존적인 문제가 있고 열등감이 크고 자신감을 형성할 기회가 없었던 것으로 나타남.

3) 상담자가 파악한 내담자 문제

- 어릴 때 주로 할머니와 지냈으며 연령차이가 커서 정서적으로 미숙하게 발육되었을 것으로 추측.
- 부모님의 엄격성으로 인하여 주체적인 경험을 할 기회가 없었음.
- 형제와의 나이차이로 의사표현이 어려움.

4) 내담자의 강점 및 자원

- 성실하고 특정 분야의 자기가 하고 싶은 일에 대한 열망이 있음.

▩ 상담 목표 및 전략 ▩

1) 내담자와 합의된 상담 목표

- 의사를 분명히 할 수 있도록 지지한다.
- 진로를 부모님과 함께 공감하고 지지받는다.
- 부모님의 엄격함보다 대화와 공감이 필요하다.

▩ 논의점 ▩

- 억압된 환경에 대한 이해가 필요하고 분노조절에 대한 조절 방법의 훈련이 필요하다.
- 부모중심이 아니라 독립적인 성장과 주체를 인정하고 지지해 줄 자원이 필요하다. 부족하게 보이더라도 믿어 주는 것이 필요하다. 역할 바꾸기 등을 통해 오랜기간 일방적 의사소통에 대한 문제를 재정립하고 서로 이해하는 과정이 필요하다. 가족을 이해하고 용서하는 것만이 앞으로 나갈 수 있는 변화를 일으킨다. 성장 과정부터 성인기까지 인간은 애정을 받고 싶어한다. 서로 이해하고 수용하는 분위기에서는 많은 이상 행동이 교정될 수 있다. 또한, 양가감정에 대하여 상호 의사표현의 전달방식에서의 오류에 대하여 전문가적인 모니터가 필요하다.

chapter 9

비행청소년 사례관리

1 비행청소년의 정의

청소년 문제란 청소년들이 해결해야 하는 어려움 혹은 청소년들이 직면하는 어려운 상태, 바람직하지 못한 상태 및 부족의 상태를 의미한다(Hoghughi, 1992; 한국청소년상담복지개발원, 2000). 과거 비행청소년은 일반학생과 구분되는 집단으로 규정되어 개인적으로나 사회적으로 문제를 안고 있는 존재로 정의되었다(Gottfredson & Hirsch, 1990). 또한, 청소년 비행은 형벌에 저촉되는 행위와 그 사회의 규범에 벗어난 일탈 행동으로 정의되기도 한다(김준호 외, 2009). 광의로는 음주, 흡연, 싸움 등의 불량 행위를 한 소년 및 보호자 또는 아동복리법 등에 의하여 보호를 요하는 요보호 청소년을 모두 포함하며, 협의로는 비행 행위를 한 청소년을 의미한다. 또한, 사회학 분야에서는 사회 문제 측면에서 일탈행위를 한 청소년을 비행청소년으로 보며, 심리학 분야에서는 왜곡된 인성발달의 측면에서 청소년의 문제 행동이나 행동장애 혹은 부적응 행동을 하는 부류로 비행청소년을 정의하고 있다(김준환, 2008). 그러나 비행에 관한 정의는 관습이나 문화 혹은 시대에 따라 다르며 한 시대의 사회에서도 법률적, 사회적, 도덕적, 교육적 기준에 의해 다양하게 규정될 수 있기 때문에 어떤 행동을 비행에 포함시킬 것인가를 결정하는 것은 어렵다(정원식 · 박성수 · 김창대, 2002).

본 장에서는 비행청소년에 대한 조작적 정의를 '지위비행을 범하고 학교나 사회로부터 징계를 받는 청소년'으로 정의내리고자 한다.

2 청소년 문제행동에 대한 이해

1) 지위비행

청소년기라 함은 청소년 기본법을 근거로 할 때, 9세에서 24세의 연령에 해당하는 시기를 지칭한다. 이 중 비행청소년이란 통상적으로 무단결석, 지각, 폭언, 도벽, 폭행 등으로 학교 내에서 징계를 받는 청소년을 지칭한다. 비행청소년을 어떻게 정의할 것인가에 관해서는 국가나 제도에 따라 다르나 공통적인 입장은 청소년 비행이 인격형성 과정에서 일어나며 정신적으로 성숙되지 못하였으므로 순화 가능성을 감안하여 형벌보다는 교육에 중점을 두고 있다는 것이다(여성가족부, 2008; 2011). 따라서 청소년 비행은 성인이 되었을 때는 문제가 되지 않는 즉, 청소년이 했을 때 지위에 걸맞지 않은 행위의 차원에서 문제가 되는 지위비행(status offense)을 포함하고 있다(김준호, 노성호, 1991). 여기에서 지위비행이란 법률상으로 위법 행동은 아니지만 청소년이라는 신분에 맞지 않는 행동을 하는 것으로 흡연, 음주, 가출, 무단결석 등이 이에 속하며 이러한 지위비행은 비행에 비하여 심각한 피해를 초래하지 않기 때문에 대수롭지 않게 생각할 수 있으나, 청소년 범죄비행의 대부분이 지위비행에서 출발하고 있기 때문에 이에 대한 이해가 필요하다(이미라, 박미정, 2012).

2) 청소년 문제행동 유형

그 밖에도 청소년기에는 많은 심리 및 신체의 변화를 경험하므로 이 시기에 청소년들은 다양한 문제들에 직면할 수 있다. 이러한 현상은 청소년 시기의 발달과 무관하지 않은데 실제로 아동기에서 청소년기로 넘어가는 시기에 청소년들은 다른 연령의 집단에 비해 더욱 반항적인 양상을 보이기도 한다(Borum, 2000). 이에 대하여 다양하게 표출되는 청소년들의 문제 행동에 관하여 한국 청소년 상담복지개발원(2000)에서는 청소년들이 호소하는 문제를 가족, 비행, 학업·학교부적응, 진로, 성, 대인관계, 성격, 정신건강, 생활습관의 태도(인터넷 중독과 식습관 포함)의 10개 영역으로 청소년 문제의 유형을 분류하였다(한국청소년상담복지개발원, 2000).

3 비행청소년에 대한 심층적 접근의 필요성

1) 우리나라 청소년 범죄 현황

우리나라의 청소년폭력예방재단(2007)의 자료에 의하면 전국 청소년 4,569명 중, 학교폭력 및 괴롭힘 등의 가해경험 비율이 전체 청소년의 15.1%로 나타나고 있었으며, 반면 피해경험 비율은 16.2%로 나타나고 있다. 지난 5년간 전체 청소년범죄를 살펴보면, 19세 소년범죄 비율이 가장 높았으나 2007년에는 16세 소년의 범죄율(21.1%)이 19세 소년의 범죄율(15.6%)을 앞지르고 있으며 그 연령도 점차 낮아지고 있는 추세이다(보건복지가족부, 2008).

청소년의 주요 행동의 문제로는 청소년 음주와 흡연이 있을 수 있고, 이와 같은 행동의 양상은 증가추세에 있다(질병관리본부, 2009). 문제 증후군의 예를 들면 학교 청소년들에게 관련되는 문제에는 흡연이나 도박 혹은 도벽과 같은 행동이 포함되며 청소년의 신분에서 문제가 될 수 있는 지위비행이 이에 포함된다. 청소년기에 나타나는 문제 행동들은 실제로 학교생활을 통해 빈번하게 발생되며 두 가지 이상의 행동들이 동시에 혹은 연속적인 행동 증후군(problem behavior syndrome)으로 나타나게 되는 경우가 많다(한상철, 2006).

2) 청소년 문제의 발생 원인

청소년들은 경우에 따라 다양한 상황에 노출될 경우 충동적인 문제 행동을 보일 수 있다(Adams & Overholster & Spirito, 1994). 그런데, 중요한 것은 또래집단의 가치가 반사회적으로 설정되는 경우 부정적 결과를 가져올 수 있다는 것이다(강영배, 2009). 청소년들에게 일어나는 문제나 비행은 부적절한 지지환경이나 부족한 충동제어 등으로부터 기인할 수 있으며, 그 밖에 청소년비행의 사회구조적인 요인으로 가정환경, 부모, 형제, 교우관계 또는 사회 경제적 구조나 규범적 문화체계 등으로부터 문제 행동이 유발될 수 있다(표갑수, 1986). 즉, 청소년의 문제 행동의 발생원인은 개인의 심리적 요인 이외의 환경적인 요인을 들 수 있으며, 이러한 환경에는 가정 및 학교의 또래 관계 등도 작용하고 있다(정경옥, 2010).

3) 비행청소년 낙인 문제

기존의 연구들은 비행청소년의 행동이나 비행의 과정에 대한 인과론적인 관찰에 초점을 두어 이들이 지니고 있는 개인적인 특성이나 이들을 둘러싸고 있는 위협환경에 보다 중점을 둠으로써 이들이 지니고 있는 심층적인 내면에 있는 마음의 욕구에 관해서는 간과하는 경향이 있다. 또한, 비행청소년들의 행위를 낙인화하여 접근하거나 비행청소년들의 사회와의 상호작용에 있어서 선도, 처벌, 낙인이 당연시 되어온 경향이 있다. 즉, 많은 연구에서 비행청소년을 개인적으로나 사회적으로 많은 문제를 안고 있는 존재로 정의해왔다(정혜숙, 김수경, 2010). 그러나 낙인은 하나의 사회적 지위 같은 역할을 하게 되고, 이것은 이차적 범죄의 가장 중요한 원인(김준호, 노성호, 1991)이 된다. 이에 대하여 스케프(Scheff, 1996)는 비행청소년으로 낙인 되면 타인들은 낙인에 해당되는 반응을 기대하게 되고, 비행청소년은 낙인에 일치되는 행동을 하여 점차 그 역할이 내재화되고 중심적 정체성으로 통합된다고 주장하였다. 주위 사람들로부터 비공식적인 낙인을 경험하면 이러한 부적응 행동을 다시 저지르고, 학교, 교우 및 부모와의 관계에 영향을 미치기 쉽다(Matsueda, 1992; Triplett & Jarjoura, 1994). 학교에서 지속적으로 낙인을 경험한 청소년들은 커다란 좌절감과 수치심을 경험하며 이후의 삶에도 영향을 받을 수 있다(강세현, 1995). 따라서 최근 연구에서는 비행청소년을 병리적인 시각에서 바라보는 것에서 벗어나 청소년이 경험하는 사회적인 경험의 영향이 크다고 보고 있다(김지혜, 2003).

그런데 비행청소년에 대한 선도나 교정의 시도 이전에 이들을 보다 잘 이해하기 위해서는, 개인이나 사회적 인식의 판단을 중지한 상태에서 먼저 이들을 있는 그대로 바라보는 것이 필요하다. 여기에서 간과하지 않아야 할 것은 청소년이 비행 행위 이후 학교나 교사로부터 비행 행위를 인지 받고 교정을 요청받는 과정에서 이들의 내면에 자리하고 있는 섬세한 역동적인 심리 상태를 살피는 것이다. 비행 문제가 있는 청소년들도 세계 내 존재(world in the world)로서의 자기(self)를 실현하고자 하는 기본적인 성장욕구가 있다(이희연, 2005).

4 청소년 비행에 대한 개입에 관한 연구

1) 부정적 개입

청소년 비행에 대한 개입에 관한 연구로 최경일(2009)은 사회복지사와 교사 간의 대인관계가 중요하며, 이들에 대한 학교 및 사회의 개방적이고 수용적인 태도가 중요하다고 하였다. 또한, Caplan(1974)은 사회적 지지가 개인의 기능에 영향을 미치는 유의미한 대인관계의 범위로, 이것은 개인의 심리 및 신체적 통합을 유지하는 데 중요한 역할을 한다고 하였다. 그리고 청소년들의 사회적 배제 문제에 대한 접근에 있어서는 사회통합 및 정책적 차원의 접근이 필요하다(강영배, 2009). 그 밖에도 학교 부적응 청소년을 위한 개입에는 다양한 형태의 교육 과정과 학생들이 중심이 되는 교과가 필요하며 사후에도 지속적인 연계 프로그램이 필요하다(윤계순, 2000). 그러나 청소년들 대부분은 가정과 학교로부터의 부정적인 경험을 호소하고 있다. 이를 뒷받침하는 자료로 한국청소년상담원에 의하면 부모와 청소년 및 자녀는 상호간의 잦은 충돌을 가장 심각한 문제로 지각하고 있는 것으로 조사되었다(한국청소년상담복지개발원, 2000). 즉, 가족의 기능적 요인도 청소년 비행에 영향을 미치는 중요한 변수로 인식될 필요가 있다(조윤경·김경신, 2000; 김준호·노성호, 2002). 따라서 비행청소년들의 문제에 올바르게 대처하기 위해서는 가정과 학교를 비롯한 지역사회의 통합적인 역할이 중요하게 인식되어야 할 것이다.

2) 긍정적 개입

(1) 지지

청소년에게 있어 '지지'는 청소년들의 위험 행동에 어느 정도의 완충 및 보호의 효과를 갖는다(곽한영, 2006). 지지와 보호요인의 제공은 위험적인 요인을 완충하고 부정적 산물의 발생을 막는 데 도움이 된다(박현선·이상균, 2008). 이에 대하여 놀튼(Nolten, 1994)은 사회적 지지가, 다양한 자원으로부터 개인의 기능을 강화하게 하고 대인관계를 향상시키는 데 도움이 된다고 하였다. 청소년기에서 두드러진 사회지지 체계의 기능으로는 '사회화의 기능과 보호의 기능'을 들 수 있다(Nestman & Hurrelmann, 1994). 이때 사회적 지지는 완충효과로 작용하며 이것은 경험으로 인한 부정적 결과의 예방과 치료에 중요한 역할을 수행 한다(강민주·전경숙, 1995). 또한, 사회적 지지는 본질적으로 상호작용하는 사람들과의 관계로부터 얻을 수 있는 사회적인 대처 자원을 포함하며, 의사소통과 관련된 사회적 관계망의 일부이다(정혜정, 2000). 따라서 사회적 지지가 높은 경우, 위기 요인의 부정적인 영향은 억제될 수 있고, 오히려 위기 요인을 통하여 청소년들은 목표에 도달하도록 동기화되기도 한다(Rosenthal, 1995).

즉, 청소년의 개인적 문제에 초점을 두고 제3자의 입장에서 문제를 진단하는 병리적 접근의 경우에는 청소년 입장에서 그들의 구체적인 삶의 경험을 이해하려는 시도가 배제될 가능성이 크고 청소년 욕구의 복잡성과 고유성이 드러나지 못할 수 있다(정혜경·김수경, 2010). 이때 사회적 처벌과 낙인을 반복적으로 경험한 청소년은 이후 부정적인 자기인식을 내면화하게 되고 대인관계는 물론 기회구조에서도 제약을 받게 되어 일탈 행동을 반복하게 된다(강세현, 1997).

(2) 현상학적 접근의 연구를 위한 판단중지

현상학적 접근의 연구 특성에서 중요한 것은 '판단중지(epoché)'로, 비행청소년들을 현실적인 편견이나 고정관념 없이 있는 그대로 바라보는 기법이다. 이 중에서 Creswell(2007)의 현상학은 연구 참여자의 경험이나 지각하는 바의 본질적인 면을 보다 섬세히 묘사하는 적절한 질적 연구 방법이다. 현상학은 인간의 의식에 나타나는 그대로의 경험을 중시하고 사람들이 경험하고 있는 특정한 경험적인 의미가 일상적인 세계와 연관되어 어떠한 방식으로 설명되는지 해석하고 이해하는 주요한 전략이다(홍기형, 1986).

3) 인테이크(intake) 과정

다음은 사회복지사와의 면접을 통하여 살펴본 사회복지관의 인테이크과정을 개략적으로 정리한 것이다. 비행청소년의 문제는 1차적으로 소속 학교의 차원에서 징계나 처벌이 이루어지는 편이고, 특정 학생들은 차후에 부가적으로 생활습관을 교정받기 위해 학교로부터 사회복지관에 의뢰된다. 이때 사회복지관에서 이들 학생에 대한 문제점에 관하여 초기 인테이크 과정을 거치면서 좀 더 심각한 문제를 지닌 학생들은 다시 전문적 상담기관 등으로 의뢰되고 있었다. 그러나 대부분의 경우는 사회복지관의 차원에서 지역봉사활동 등에 참가하게 함으로써 이들 스스로 자신의 행동을 돌아보는 기회를 갖게 하고 있었다. 이를 정리하면 다음의 그림1과 같다.

〈표 9-1〉 사회복지관의 비행청소년에 대한 개입 과정

4) 비행청소년의 지역사회복지관의 개입에 대한 효과

본 분석에서는 비행청소년을 대하는 전문가인 사회복지사의 비행청소년과의 경험을 통하여 의미를 분석하여 연구의 결과를 아래와 같이 주요 의미를 다루는 메시지들을 통하여 의미 있는 개념들로서 공통적이고 대표적인 개념들을 사회복지사와의 대화를 통해 다음과 같이 도출하여 제시하고자 한다.

〈표 9-2〉 인터뷰를 통한 주제현상

대주제(Theme)	주제현상(Cluster)	소주제(Sub-Theme)
- 조금 다른 상황에서 접근 1. 선입견을 갖지 않고 대화하는 것이 중요. 다른 차원으로 접근 2. 타인의 삶을 봄으로써 좀 더 자신의 삶이 어떤가 스스로 느끼게 함	**(비행청소년의 초기 반응)** 비슷한 낙인을 경험할 것으로 예상하고 자신을 보호하려고 함	**(비행청소년의 초기 반응)** "처음에는 아이들은 벌을 받기 위해 왔다는 생각에서 의기소침해 있기도 해요."
	⇩	⇩
	(사회복지사의 태도) 처음엔 말을 하지 않으려 하지만 같이 지내는 시간이 많을수록, 사회복지사가 대화 속에서 공감을 이끌어내는 정도가 높을수록 변화의 정도가 크며 긴장감과 자기방어의 태도를 철회함	**(사회복지사의 태도)** "선입견을 가지고 대하기보다는 아이들과 많이 이야기를 나누고 제 얘기도 많이 하려고 해요." "이전에 말씀 드렸다시피 같이 차량을 이용해서 나가기도 하는데 그때 시간을 활용해서 얘기를 많이 나누려고 해요." "잘못한 부분에 대해서 이야기를 하면 아이들이 대화를 단절해 버려요. 학교에서 이미 많이 불려 다녀서 스트레스의 수준이 최고조에 달해 있거든요. 그래서 저희는 잘못한 부분에 대해서는 말하기보다 공감하고 경청과 동감을 해주는 편이죠."
	⇩ **(비행청소년의 변화)** 아이들은 처음에 갖았던 선입견이나 반항심을 풀게 되고 '지역사회를 통한 건전한 경험'을 가지고 다시 학교에 복귀	⇩ **(비행청소년의 변화)** "이렇게 낙후된 동네가 있는 줄 몰랐다면서 봉사를 하러 자주 와야겠다." "할머니 할아버지한테 미안해하면서 본인의 처지들을 돌아보고 잘해야겠다."
의사소통의 어려움	1. 지역 전문가로서의 개입의 필요성: 부모의 무관심	**(부모의 무관심)** "부모님들은 거의 맞벌이어서 이들에게 관심이 없어요. 학교에서 퇴학만 당하지 않도록 원하는 정도인 경우가 많거든요"
	2. 통합 지원 체계의 필요성: 위기 청소년에게 적절한 서비스 및 예방적 서비스를 제공의 필요성	"학교나 특히 부모님들도 여쭤보면 모르시는 부모들도 많이 있어요. 학생들의 문제에 대해서 심각하게 생각을 안 하시는 것 같아요. 아이의 어떤 문제든 심각하게 생각 하지 않으세요." "학교도 부모님들도 그저 가라고 하니까, 아니면 자퇴든 퇴학이든 하지 않으려고 하는 차선의 방법으로 생각하는 정도일 때가 있어요. 학교에는 학교사회복지사 다 상주해 있는데 문제에 대해 서로 의견을 나눌 기회가 좀 더 주어진다면 그 다음 단계의 개입의 진행이 훨씬 잘 될 것이라는 생각이 들어요"

5 비행청소년에 대한 지역사회복지관의 역할

비행청소년의 비행에 따라 학교는 학교의 규율에 따라 지위비행에 해당하는 행위 즉, 흡연, 음주, 가출, 무단결석 등에 대하여 교우들 간의 모방 행동을 방지하기 위하여 비행 행동의 시점에서 즉각적인 소지를 취하고, 비행청소년들에게 교육의 일환으로 지역사회복지관을 통하여 지역사회에 봉사하도록 하는 기회를 부여 한다. 다음의 인터뷰 내용은 비행청소년을 대하는 사회복지관의 입장이 학교와는 다른 특징을 지니고 있음을 발견할 수 있다.

> *"비행청소년에게 복지관에서는 조금 다른 차원으로 접근해요. 중한 법을 위반해서 가게 되는 곳으로는 교화 목적의 청소년 시설을 들 수 있고요. 그에 비하면 이곳은 그 보다는 조금 경미한 문제 행동들, 가령 학교에서 이루어지는 일반적인 잘못, 예를 들어 무단결석이나 잦은 지각 혹은 교사한테 폭언을 한다거나, 친구물건이 맘에 들어서 가져간 것 같은 수준에서 징계를 받는 학생들을 대상으로 합니다"*

비행청소년들은 1차적으로는 학교로부터 주의나 징계를 받으며, 그 일환으로써 지역사회복지관에 의뢰되는 경우가 많고, 이에 대한 1차적 판단은 담임 선생님이나 학교를 통하여 이루어지고 있다. 그 이후에 2차 징계가 이루어지는 경우는, 교육과 벌의 차원에서 지역사회의 봉사활동이 이루어지며, 이를 위하여 지역사회복지관에 의뢰되고 있다. 이것은 또래집단의 가치가 반사회적으로 설정되기 이전에 이에 대한 숙고의 기회를 부여하는 차원이다. 그런데 징계를 받았던 학교에서 비행청소년의 입장은 처벌을 받거나 선도를 받았던 입장이어서, 특히 비행청소년으로 간주되어 처벌이나 선도를 받았던 경험이 있는 비행청소년들은 사회복지관에 의뢰되어 온 후에도 사회복지관에서도 비슷한 낙인을 경험할 것으로 예상하고 자신을 보호하려는 반응을 보이게 된다.

> "1차가 학교 내 봉사고, 그 다음 징계부터 외부에 의뢰가 되는 겁니다. 보통은 학교 내에서 해결을 하게 되고 정히 안 되면 사회복지기관에 의뢰가 됩니다. 절차는 공문을 통해서 사회봉사와 관련해서 학교로부터 의뢰가 되고 있어요."

지역사회복지관에 온 학생들은 사회복지사와 함께 있는 시간, 가령 이동하는 시간 등을 통해 마음의 여유를 가지고 대화할 시간을 갖게 된다. 이런 시간을 통하여 비행청소년들은 처음 가졌던 마음의 '긴장감과 자기방어의 태도'를 철회하는데, 처음엔 말을 하지 않으려 하지만 같이 지내는 시간이 많을수록 또 사회복지사가 '대화 속에서 공감을 이끌어내는 정도가 높을수록' 변화의 정도가 달라진다고 한다.

이러한 과정 속에서 지역사회복지관의 사회복지사들이 가장 유의하는 것은, 이들을 '낙인화'하지 않도록 주의를 기울이는 것이다. 따라서 비행청소년이 사회복지관에 의뢰되어 오는 경우 지역사회복지관은 이들의 낙인효과에 주의를 기울이며, 학교차원의 징계와는 다른 입장에서 정상적인 복귀를 돕고 있었다. 구체적인 예로, 사회복지관은 비행청소년들에게 지역사회의 봉사활동참여 등의 기회를 제공함으로써 이들이 스스로 느끼고 새로운 인식으로 다시 건강한 자원을 회복하여 학교에 복귀하도록 돕는 역할을 담당하고 있다.

문제 청소년들은 이렇게 봉사하는 환경 속에서 함께 생활 하면서 지역사회복지관에서의 프로그램을 통해 스스로 느끼고 변화되게 된다. 즉, 노인들의 목욕봉사, 낙후된 지역의 반찬배달을 함께하면서, 다시금 지역 사회 속에서의 자신을 돌아보고 자신을 반성하게 되는 계기가 된다고 한다. 다음의 사례는 학교에서 흡연으로 1차 징계를 받고, 두 번째 징계로써 사회복지관에 의뢰된 학생인데, 복지관 봉사활동을 계기로 지신의 행동을 다시 돌아보게 된 경우이다.

> "마지막 날에 많이 물어봐요. 일지를 쓰기 때문에…. 이야기를 하다 보면 느끼는 게 많은가 봐요. 특히 이동목욕을 하면서 노인들 목욕을 시켜드리면서 많이 느끼는

것 같았어요. 할머니 할아버지한테 미안해하면서 본인의 처지들을 돌아보고 잘해야겠다고 생각 하는 것 같았어요."

사회복지사들은 징계를 받았던 학생들이 마지막 날 복지관을 떠날 때 즈음에는 표정부터가 밝아지고 먼저 사회복지사에게 다가와 말을 걸기도 하면서 친숙함을 표현하는데 이러한 때에 사회복지사들은 긍지와 보람을 느끼게 된다고 말한다. 비행청소년들에게는 사회복지관 생활을 통한 경험이 비행청소년 당사자들에게는 적지 않은 하나의 사회적 지지가 된다고 생각할 수 있다. 이것은 비행청소년들이 사회봉사의 경험을 통해 사람들과 상호작용하는 과정 속에서 소속감과 자신의 가치를 발견해 나가는 것으로 해석해 볼 수 있다.

"처음에는 숫기도 없고 그랬는데.. 전에 있던 한 학생은 밖에서도 만나면 선생님! 하면서 아는 척을 하곤 해요. 그동안 쌓인 정 때문인지 선생님! 또 봉사하러 올께요. 그러면서 휴대폰으로 그동안 고마웠다는 문자를 하기도 해요. 저는 그런 문자를 받는 것만으로도 변화가 있다고 생각해요. 학생들에게 이런 지역사회참여활동이 자기 자신과 타인에 대한 이해를 높이고, 나와 다른 타인의 삶 속에서 자신의 참된 의미와 지아에 대하여 재정립하고, 생각 할 수 있는 기회를 제공하는 역할을 하는 것 같아요. 저는 이런 시간이 사회복지사로서 보람을 느끼게 되는 시간입니다."

이와 같은 사례는 지역사회복지관이 청소년들에게 필요한 사회적 지지의 역할을 제공하고 있음을 간접적으로 알 수 있게 한다. 이것은 비행청소년들 바라보는 '의미 있는 타자(significant others)'로서 비행청소년이라 낙인된 학생들에게 자신을 진심으로 대해 주는 사회복지사의 마음이 전달되어 오히려 마음의 변화가 일어나고, 이러한 무언의 지지는 비행청소년들에게 새로운 힘으로 작용할 수 있는 가능성을 보여 준다.

6 비행청소년에 대한 유기적 연계의 절실함

학교와 지역사회복지관과의 연계 과정 중에서 고등학생들의 경우 시험과 대입을 얼마 남겨두지 않고 복지관에 의뢰되는 경우가 있어, 정서적으로 불안하고 시간이 없어서 고민을 하는 경우가 있다. 그런 경우에 사회복지사는 그들 부모님과 이런 문제를 상의하고자 하는데, 가정에서 학생의 문제에 관해 관심을 보이지 않거나 형식적으로 응답하는 경우가 많아 사회복지사들에게도 적지 않은 고민이 되는 경우가 있다고 하였다.

"특히 고3학생이나 또는 시험기간에 의뢰가 되는 학생들의 경우 매우 불안해해요. 그래서 저희들이 가급적 빨리 마치고 공부를 할 시간을 제공하기도 해요. 그런데 부모님들은 거의 맞벌이어서 이들에게 관심이 없어요. 학교에서 퇴학만 당하지 않도록 원하는 정도인 경우가 많았거든요."

사회복지사들 역시 입시를 압두고 있는 학생들이 처벌에 대해 상당한 스트레스를 받고 있기 때문에, 잘못한 부분에 대한 이야기 보다는 학생들의 말을 경청하고 공감하는 것이 자기반성과 변화하는데 무엇보다 중요하다는 것을 경험하고 있었다.

"잘못한 부분에 대해서 이야기를 하면 아이들이 대화를 단절해 버려요. 그래서 먼저 공감이 상당히 중요해요. 학교에서 이미 많이 불려 다녀서 스트레스의 수준이 최고조에 달해 있거든요. 그래서 저희들은 잘못한 부분에 대해서는 말하기보다 공감하고 경청과 동감을 해주는 편이죠. 그러면서 우리가 이런 일로 만나지는 말자는 이야기를 해요…"

그러나 보다 심각한 문제는 지역사회복지관이 문제 학생들의 문제에 대응하여 이들을 위한 여러 프로그램을 진행하는 반면 가정에서는 학생들을 문제아로 낙인할 뿐 사전적 예방에 관심을 기울이지 않는 경우도 많다는 것이다. 또한, 지역사회복지관과 연계된 가정이나 학교 사회복지사 등과의 네트워크가 원활하게 이루어지지 않아 의사소통의 안타까움을 호소하고 있었다.

> "학교나 특히 부모님들도 여쭤보면 모르시는 부모들도 많이 있어요. 학생들의 문제에 대해서 심각하게 생각을 안 하시는 것 같아요. 아이이 어떤 문제든 심각하게 생각 하지 않으세요. 학교도 부모님들도 그저 가라고 하니까, 아니면 자퇴든 퇴학이든 하지 않으려고 하는 차선의 방법으로 생각하는 정도일 때가 있어요. 그리고 학교에는 학교 사회복지사 다 상주해 있는데 문제에 대해 서로 의견을 나눌 기회가 좀 더 주어진다면 그 다음 단계의 개입의 진행이 훨씬 잘 될 것이라는 생각이 들어요."

사회복지사는 이와 같이 가정과 학교 및 지역사회의 통합적 접근해야 할 필요성을 현장을 중심으로 지적될 수 있는 문제점으로 토로하고 있었다. 이러한 취지로 개인 및 가족 그리고 학교 등의 차원에서 개입하는 통합적 접근방안으로, 여성가족부에서는 지여사회를 중심으로 위기 청소년 및 지역사회 청소년들을 위해 통합적인 지원체계로 CYS-NET를 출범시키고 지역사회복지관과의 지역연계 과정(net-work)을 추진하고 있다. 이것은 향후 위기 청소년들에게 적절한 서비스 및 예방적 서비스를 제공하고, 가정과 학교 그리고 지역사회와의 유기적 협력을 강화하고자 하는 의지의 표명이라 해석할 수 있다.

> "최근 여성가족부에서는 지역사회를 중심으로 하는 위기 청소년이나 지역사회 청소년들을 위한 통합 지원체계(CYS-NET)를 실시하고 있습니다. 저희가 볼 때에는 다소 늦은 감은 있으나, 현재 청소년들의 문제의 심각성과 적극적인 대처를 위한 정부의 의지로 해석할 수 있어요. 이것은 지역사회 청소년 통합 지원체계를 지향하며 운영기관인 상담 지원 센터를 중심으로 청소년 보호를 위한 학교와 교육청, 경찰관서, 노동관서, 국공립 의료기관, 보건소, 청소년 쉼터, 청소년 지원시설 등을

필수연계기관으로 보고 협력을 강화하는 것입니다. 이를 기점으로 2011년에는 위기청소년의 학습 지원을 강화하고, 자립 지원 프로그램인 두드림 존을 확대해 나가는 식의 위기 유형별 맞춤형 서비스를 제공하고 있어요."

본 분석을 통해 현장의 비행청소년의 담당자들인 사회복지사들을 통하여 CYS의 역할과 기여에 대하여 많은 임상적 경험이 반영될 필요가 있으며, 지역사회에서의 기관 간 협동체계가 강화될 필요가 현장으로부터 절실하다는 것을 알 수 있었다. 그러나 이는 더욱 많은 사람들의 공감 및 관심이 필요하며 동참과 격려가 필요할 것이라는 것을 짐작할 수 있었다. 이를 토대로 다음과 같은 결론과 제언을 하고자 한다.

1) 사례 분석결과의 함의

본 분석의 목적은 지역사회복지관에 의뢰된 문제 청소년에 대한 개입 및 변화 과정을 사회복지사와의 인터뷰를 통해 살펴보아 이에 대한 현장의 실태를 파악하고 문제점에 대한 대안을 살펴보고자 하는 취지아래 연구되었다. 본 연구의 의의로는 문제 청소년에 대한 사회복지관의 개입에 대한 '체제 및 활동사례'를 살펴봄으로써 지역사회에서의 청소년 문제를 점검해 보는 것에 그 의의가 있다고 할 수 있다. 본 연구를 진행하면서 다음과 같은 연구 문제에 대한 연구함의를 얻을 수 있었다.

① 사회복지관의 사회복지사가 담당하는 비행청소년에 대한 지역사회복지관의 개입 과정의 경험은 어떠한가?

사회복지사는 비행청소년의 인성과 생활이 조화를 이룰 수 있도록 개개인의 개별적인 인격을 존중하는 지역사회의 전문가이다. 따라서 지역의 비행청소년을 담당하는 자로서의 역할이 중요하다. 우리나라 청소년들의 입시위주의 풍토가 개선되지 않는 한 현실적인 예방차원의 교육이 그 의미를 충분히 평가받지 못할 우려도 있다. 그러나 사회복지사는 이러한 사회적인 인식이 변화하기까지 '씨앗을 뿌리는 자의 마음자세를 견지하는 것'을 잃지 말아야 함을 강조하였다. 즉, 비행청소년들의 존재가 문제 청소년이라는 낙인으로서가 아니라 도움이 필요한 대상으로 인지되어 따뜻이 손을 건넬 필요가 있다는 것이다. 지역 사회복지관은 이러한 시각의 변화를 매개하는 기관으로써 사회복지사가 상주하여 비행청소년들에게 학교와는 조금 다른 입장에서 비행청소년을 대하고 있음을 알 수 있었다. 사회복지사들은 비행청소년들에게 필요한 것을 수용하는 존중과 배려로 보고 있었으며, 학교와는 조금 다른 차원에서 접근함으로서, 비행청소년에게 필요하고 시기 적절한 자원을 제공하도록 비행청소년에게 개입하고 있었다. 뿐만 아니라 가정과 사회가 지역기관의 자원을 충분히 활용할 수 있도록 이들을 연계하고 도움을 줄 수 있는 효과적인 지역체계가 필요하다고 토로하고 있었다.

② 비행청소년들에게 사회적으로 유기적인 지지를 보내기 위한 사회복지사의 역할은?

현재의 청소년을 중심으로 한 사회복지 서비스의 제공은 기관-기관의 네트워크(net-work)의 정보교류 뿐 아니라, 서비스의 제공의 교류에도 상호간 밀접하고 조직적이며 개방적인 연계가 필요하다. 이것은 체계적이고 안정적인 서비스 체계를 구축해 나가려는 CYS나 지역사회복지관의 협력적인 사업 등을 통해 다각적으로 시도되어야 한다. 이러한 유관기관을 통한 교류의 의미는 청소년을 둘러싼 개인 및 가족 그리고 학교에 대한 통합적 개입을 의미하며, 그 중요성에 대하여 실무자를 포함하여 관련기관으로부터의 협력적인 체계의 절실함이 인식되어야 할 것이다. 이를 위해서는 지역사회의 자원 활용의 차원에서 어느 기관이 어느 부분을 담당할 것인가에 관하여서도 더욱 심도 있는 논의가 필요할 것이다. 이와 같은 과정은 비단 비행청소년 뿐 아니라 보편적인 청소년들에게도 통합적으로 적용되어야 할 것이다. 그 이유는 지역사회의 모든 청소년들이 효과적으로 지역사회의 자원을 활용하여 더욱 건강한 청소년으로 자라날 수 있도록 하는 기관의 연대적인 도움이 필요하기 때문이다. 이것은 건강한 청소년과 비행청소년들을 아우르는 사회적인 연대 책임의식을 나타내는 것이기도 하다. 또한, 이를 위해서는 다양한 지역사회 및 기관을 중심으로 한 네트워크의 형성에 대한 중요성이 인식될 필요가 있으며 이를 통한 유기적인 협력체계가 구축되어야 할 것이다.

그동안 사회복지관의 사회복지사는 비행청소년에 대해 문제의식을 가지고, 예방적 차원에 관심을 기울여왔다. 비록 현실적이며 단기적인 입장에서 학교와 부모의 관심 및 협조가 부족하더라도, 지역사회복지라는 전문가적이고 선도적인 입장에서 이를 어떻게 개선하고 참여를 유도할 것인지에 관해 끊임없이 숙고해야 한다는 입장이었다. 즉, 청소년들의 욕구인 개별적인 수요를 포괄적인 차원에서 감당해 갈 수 있는 기획이나 프로그램 진행 등에 관하여서도 숙고할 필요가 있다. 그런데 지역사회의 자원 활용의 여부는 결국 사회적인 인식의 문제와도 연관이 있을 것이므로 이를 위한 홍보나 접근체계 등의 개선도 필요하다고 볼 수 있을 것이다. 또한, 향후 비행청소년이라는 특수한 입장의 청소년을 포함하여 궁극적으로 지역사회에서의 일반 청소년까지 아우르며 흡수하여 청소년들이 보다 건강하게 성장하도록 하기 위해서는, 궁극적으로 학교-가정-지역사회의 기관이 공통된 책임의식을 가지고 협력하여 각각의 역할을 수행해 나가는 것이 필요하다고 하였다. 이에 대하여 사회복지관의 사회복지사는 설득력을 가지고 지역사회에 개입할 필요가 있을 것이다. 이를 위해서 개별적 개입과 함께 연계적인 부분도 고려하여 이에 대한 책임을 활동적으로 수행하는 것이 사회복지사의 향후 임무이며 과제라고 할 수 있을 것이다. 또한, 청소년의 비행 행동이 재발되거나 사례가 다양해지는 만큼 대상 청소년의 인테이크 과정에 있어서 다양한 정보수집이 필요하며 유관기관과의 연계 하에 전문적으로 상담, 치료 및 봉사활동 등을 제공하도록 하는 것이 무엇보다 중요하다고 보아진다. 이러한 제반 사항은 장기적인 안목과 수요자의 효과적인 사례관리와 욕구수용의 차원에서도 향후 꾸준하게 반영되어야 할 사항이다. 이를 통하여 다음과 같은 연구의 결론을 제시하고자 한다.

2) 사례 함의

지역사회복지관의 사회복지사는 학교에서 의뢰된 비행청소년에 대하여 학교와는 다른 입장으로 서비스를 제공할 수 있기 때문에 비행청소년에게 있어 조금 다른 각도에서의 접근이 가능하다는 장점을 가지고 있다. 이것은 수요자의 선택적인 측면에서 볼 때에도 서비스 접근의 폭을 넓히는 기회가 될 수 있다. 그러나 비행청소년에 대한 사후관리를 고려하지 않은 프로그램개발 사업은 오히려 전문적이고 지속적인 사후관리의 연결성을 떨어지게 하고, 궁극적으로 비행청소년 개인에게 지역사회의 지속적인 보호와 지지를 받지 못하여, 결과적으로는 지역사회를 통한 개입의 효과성이 떨어질 우려가 있다. 따라서 내담자들에게 양질의 서비스를 제공하기 위해서는 전담 사무자의 다양한 실무경험을 위한 인사이동보다는, 이들을 지속적이고 전문적으로관리해 나갈 수 있는 '개별성과 고유성'을 유지하는 '정보관리시스템'이 필요할 것이다. 따라서 본 인터뷰 과정을 통하여 도출된 연구 함의를 토대로 본 연구의 결론을 다음과 같이 내릴 수 있다.

첫째, 비행청소년들에게 실질적으로 필요한 지지로는 관심과 수용이 무엇보다 중요함과 이를 가정과 지역사회로부터 인식하는 것이 필요하다. 즉, 비행청소년을 바라보는 시각의 변화로부터 비행청소년 자신의 인식이 스스로 변화하게 되고 이들이 마음을 열게되는 '터닝 포인트'가 될 수도 있다. 따라서 진정으로 비행청소년들이 변화될 수 있도록 하기 위하여 지역사회복지관을 통한 사회복지사의 역할은 중요하며, 이들의 자원을 활용하는 지역의 유관 기관과의 긴밀한 협조가 필요할 것이다. 결국 이러한 변화는 가족-학교-지역사회의 유관기관과 연계적인 책임 의식하에 가능할 것으로 보인다.

둘째, 지역사회복지관의 사회복지사가 담당하고 있는 비행청소년의 문제에 대한 대처는 비단 학교의 한 기관이 담당하기 보다는 가족, 사회의 기관이 유기적으로 함께 협력하여 개입하고자 하는 관점에서 출발해야 할 필요가 있다. 즉, 가족 및 지역사회와 같이 청소년을 둘러싼 다양한 자원을 중심으로 체계적이고 다각적인 관점에서 비행청소년들에게 개입함으로써 비행의 재발을 감소시키는 것이 필요하다. 이를 위하여 비행청소년들이 스스로 자신의 내면적인 차원에서 문제의 상활을 극복하는 자원을 발견할 수 있도록 보다 선입견을 내려놓고 보다 수용적인 자세로 이들을 대하는 자세가 필요함을 알 수 있었다. 또한, 사회적인 차원에서 각종 기관의 다양한 서비스를 유관기관의 협력적인 체계하에 제공받는다면 비행청소년들을 위한 지역사회복지 차원에서의 서비스 제공에 고무적인 일이 아닐 수 없다.

3) 사례를 통한 실천 및 정책적 수렴

비행청소년들에 대한 지역사회차원에서의 정책적인 숙고와 점검 그리고 실천 현장으로 부터의 지속적인 자기 점검이 이루어질 필요가 있을 것이다. 따라서 청소년들에게 지역사회적인 차원에서의 지속적인 지지를 위해서는 지역사회에서 요구되는 대안으로 지역사회조직간의 유기적인 연결과 문제 청소년에 대한 책임있는 지속적 사례관리가 요구된다는 것을 알 수 있었다. 즉, 이들에게 유용한 프로그램에 대해 정보를 발굴하고 이들의 욕구를 수용할 수 있는 유연한 시스템으로서 지역사회복지관의 마인드 및 위상이 필요할 것이다. 이를 위하여 지역의 기관이 지역사회체계의 구심점으로서 실천적 차원에서의 전문적 역할을 할 수 있도록 다각적 논의가 필요할 것이다.

이러한 연구 결과는 정경옥(2010)에서 나타난 연구의 결과에서와 같이 비행청소년들의 문제 행동의 해결을 위한 대응방안으로 비행청소년들에 대한 지속적인 관심과 대화, 상담, 지원 및 부모교육이 필요하다는 연구결과와도 일치하는 부분이다. 개인의 기본적인 사회적 요구로 트로이츠(Troits 1986)는 사회적 지지를 언급하면서 정신적 지지로서 애정, 이해, 수용, 자존심 고양의 예를 들었다. 또한, 안희연(2005)은 청소년기의 탈 비행의 개입방향이 현재의 비행억제나 제제에 중점을 두기 보다는, 청소년의 개별적, 심리사회적 욕구와 주관적 경험을 존중하고 청소년들의 자기(self)를 실현하고자 하는 기본적인 성장욕구에 초점을 두어, 청소년들의 성장 과정을 도와주는 것이 필요하다고 하였다. 즉, 이들에 대한 개입으로 비행에 초점을 두어 처벌이나 교정에 중점을 두기 보다는 이들의 내면의 이야기에 귀를 기울이는 자세가 먼저 요구된다고 할 수 있다.

그리고 비행청소년에 대한 구체적 개입전략으로 조급한 개입의 효과를 기대하기 보다는 다양한 사회적 참여와 학습의 기회를 제공하고 사회적 지지망을 형성하는 등 청소년 복지 서비스 프로그램 개발 및 시스템을 구축하고, 청소년들이 마음의 문을 열 수 있도록, 이해와 존중을 바탕으로 친밀한 관계를 형성하며 지속적인 관심과 수용적 태도로 청소년이 적응적 일상으로 회귀할 수 있도록 도와주고 지켜봐 주는 것이 필요하다(안희연, 2005). 이를 위해서 비행청소년에 대한 개입은 학부모와 학교 교사 그리고 지역사회의 전문적인 기관과의 유기적인 협조가 필요하다 할 것이다. 또한, 향후 비행청소년들에 대한 다각적이며 다양한 예방 프로그램과 함께 지속적인 사후관리와 끊임없는 관심도 요구된다.

이를 위하여 사회복지관의 사회복지사는 지역사회와 함께 호흡하며 지역사회 내에서 문제 제기자의 역할 및 변화 주도자로서의 역할을 감당해야 하는 중대한 임무를 담당하고 있다. 따라서 이러한 차원에서 사회복지사는 비행청소년들에게 담당하는 역할 및 교육 그리고 보호 기능을 감당할 수 있는 유용한 자원으로 유관기관과 협력적인 체계로 자리 잡을 수 있도록 하여야 할 것이다. 또한, 비행청소년에 대한 개입 과정 속에서 사회복지사 입장에서의 제안 및 고충을 살펴봄으로써, 비행청소년을 둘러싼 지역사회 현장의 현실적인 모습과 어려움도 살펴볼 수 있었다는 것에서 의의를 찾을 수 있다. 즉, 지역의 사회복지사를 통하여 청소년개입에 있어서 보다 전문성을 발휘하고 현장으로부터 실천적 역할을 다하기 위해서는 무엇보다 학교 및 제반체제와 유기적으로 연계되어 통합적이며 전문적인 역할을 견지해 나가야 한다는 것을 알 수 있었다. 이것은 지역사회가 비행청소년들에 대한 개입과 교육 및 성장에 대하여 어떻게 기여할 수 있는가에 관하여 제한적이나마 그 방향을 제시하고 있다고 할 수 있다. 그러므로 이러한 연구조사가 지역사회에서 비행청소년들이 처해있는 그들만의 위기에 적절하고 유연하게 대처할 수 있는 실천적인 방안모색에 도움이 되었으면 한다. 아울러 비행청소년을 둘러싼 가족의 역할을 부모 스스로 인식하고 이를 지역사회와 함께 연계하여 지지하면서 그 책임을 나누겠다는 적극적인 문제 해결의식의 필요성을 통하여 향후 이러한 문제에 대하여 지역사회적 차원에서의 연계가 필요함을 알 수 있었다. 이를 통해 지역사회에서 현장실무를 담당하는 사회복지사와의 인터뷰를 통하여 비행청소년을 대하는 전문가적인 개입과 문제제기 및 호소를 도출해냄으로써 비행청소년에 대하여 보다 효과적인 방안을 제시하고 나아갈 길을 모색해 볼 수 있었다. 따라서 향후 지역사회를 통하여 비행청소년에 대한 통합적인 연계와 지지 및 전문가의 개입에 의한 활발한 사례관리의 연구가 축적되어야 할 것이다.

chapter 10

사례관리 적용의 긍정의 심리학

본 장에서는 모든 인간에게 보편적으로 적용되어 유용하게 활용될 수 있는 긍정심리학에 관하여 탐색해 볼 것이다. 인간의 많은 문제는 심리적으로 어떻게 인지하고 수용하느냐에 따라 행동과 믿음이 달라지고 그로 인한 많은 효과들이 일상생활 중에 나타나게 된다. 따라서 많은 심리상담가와 청소년들은 2000년 이후 마틴 셀리그만(Martin E. P. Seligman)에 의하여 발표된 과학적 접근방식의 긍정심리학을 많은 사례 및 일상생활에 적용해 볼 수 있을 것이다.

1 긍정심리란 무엇인가?

긍정심리의 용어를 처음 언급했던 심리학자는 마틴 셀리그만이다. 1998년 마틴 셀리그만은 미국의 심리학회 연설에서 심리학이 과거의 진단주의, 질병이론

등, 인간의 부정적인 측면에 관심을 가져왔음을 지적하였다. 향후에는 심리학이 인간의 보다 좋은 점을 향상시키는 방향으로 관심이 전환되어야 함을 언급함으로써 긍정심리에 대한 관심이 시작되었다. 즉, 2000년대의 새로운 전환이라고 볼 수 있다. 이것은 Carl Rogers가 제시하고 있는 전인적 인간상 즉, 인간의 본성이 기본적으로 타고난 긍정적인 잠재력을 가지고 있으며 이러한 인간의 잠재력의 실현이 바로 삶의 진정한 원동력이 된다고 한 것과 비교하면서 우리는 우리의 정신과 삶에 대하여 보다 긍정적인 측면을 중심으로 생활할 필요가 있음을 과학적으로 알려 주고 있다. 이에 관련한 연구에서 술과 담배를 하지 않는, 즉 수명에 영향을 미치는 다른 요인이 동일하게 통제된 상태에서 180명의 수녀를 대상으로 수명을 연구한 결과 놀랍게도 긍정적 정서와 수명은 정비례관계로 두 집단의 평균 수평의 차이는 무려 10.7세로 조사되었다. 이것은 긍정심리는 우리의 삶과 밀접한 연관이 있는 심리를 다루는 학문이라는 뜻이기도 하다. 긍정심리는 삶을 즐겁게 하고, 몰입하게 하며, 의미 있고 풍요하게 하는 역할을 한다. 또한, 일상생활 중에 일반인도 실천할 수 있는 다양한 실천 방법을 가지고 있다.

예를 들어 일상생활을 통하여 긍정정서와 부정정서를 이분화해 본 후 그런 정서로 인한 경험적 결과를 그림이나 도표로 기록해 본다면 긍정성과 부정성이 갖는 결과에 대하여 '무엇이 하루를 더 풍요롭게 하는가'에 관한 답을 어느 정도 얻을 수 있을 것이다. 긍정심리의 감사 헤아리기, 몰입의 시간 측정해 보기, 몰입이 가져다주는 효과 헤아리기, 영성에 관하여 이야기해 보기, 자기와 가족 혹은 친구에게 매일 감사편지를 써 보기, 거울을 보며 칭찬해 보기 등 다양한 방법이 있다. 이를 사례관리자로서 한 달 동안 실천해 보고 자신의 삶에 어떠한 변화가 일어났는지 이야기해 보면 이러한 상호작용이 관계를 보다 풍요롭게 하고 있음을 알 수 있을 것이라 생각된다. 한마디로 긍정심리는 삶을 보다 행복하게 하고 다양한 좋은 정서를 경험하게 할 것이다. 독일의 철학자 칸트는 권태를 방지하기 위해 매일의 산책일과를 바꿔가며 즐겼다고 한다. 긍정적인 습관과 부정적인 습관은 결국 감정의 선택을 의미하기도 한다. 선택은 우리의 몫이다.

2 부정성향 vs 긍정성향

일상생활에서 자기에 대한 점검은 매우 중요하다. 부정적인 감정과 경험들은 감정에서 보다 더 급박하기 때문에 긍정적인 것들을 덮어 버리고 있을 가능성도 있다. 부정적인 감정은 당장 급한 문제들 혹은 객관적으로 존재하는 위험을 반영하기 때문에 본능적으로 잠시 경계를 강화하고 자신의 행동을 바꾸게 할 만큼 강력하고 어떤 측면에서는 심리학이 부정적인 측면에 초점을 맞추는 것은, 부정적인 감정 대 긍정적인 감정의 생존 가치상의 차이를 심리학적으로 반영하는 것일 수도 있다. 하지만 긍정적인 감정들이 너무나 중요하기 때문에 그 생존가치조차 우리는 잘 잊어 버리는지도 모른다. 그것은 마치 물고기가 자신이 헤엄치고 있는 물에 대해 의식하지 않는 것처럼, 우리도 어느 정도의 희망, 사랑, 기쁨, 그리고 믿음 등을 당연한 것으로 받아들인다고 할 수 있다(Seligman, 2002; 이희경 번역) Seligman(2002)은 이렇게 과거에 심리학이 주로 사람들의 손상된 부분과 부정적인 부분들을 교정하고 치료하는 데에 치중하였다는 것을 지적하고 있다. 이것은 정신장애의 진단 및 통계편람(DSM)에 문제 행동을 중심으로 기술되고 있는 것에서도 확인이 가능할 것이다. 그러나 대조적으로 그동안 심리학에서는 인간의 긍정적인 측면, 강점, 자원, 미덕, 긍정적 가치 등은 생활을 통해 거의 주목을 받지 못해 심리학은 대다수의 보통사람들에게 현재 잘되고 있는 것, 긍정적인 부분에 대해 배울 수 있는 기회를 갖지 못했고 이것은 인간이해의 측면에서 심각한 불균형을 가져오고 있다고 긍정심리학에서는 지적하고 있다. 따라서 긍정 심리학에서 강조하고 있는 긍정심리(positive psychology)는 이러한 삶의 불균형을 해소하고 인간 내부의 잠재력을 계발하여 행복을 추구하는 하나의 과학적인 패러다임이라 할 수 있다.

이와 유사하게 과학적 측정도구로 심리적 안녕감은 '긍정적 정신건강(positive mental health)'이라는 용어를 처음으로 사용하면서 Jahoda(1959)로부터 시작되었다. 그 이후 Ryff와 그의 동료들은, Jahoda를 비롯한 여러 학자들(Maslow, Rogers, Jung, Allport & Erikson)의 주장을 통합하여, 심리적 안녕감을 개념적으로 정의하였다(Ryff, 1989; Ryff & Keyes, 1995; Ryff & Singer, 1996). Ryff와 Keyes(1995)는 심리적 안녕감에 대하여 다음과 같이 정의내리고 있다. 심리적 안녕감이란, 일상생활에 사람들이 적응하면서 느끼는 정서로 환경에 대한 개인의 반응 혹은 환경의 자극 및 개인반응 간의 상호작용의 결과이며 개인이 지각한 행복감 혹은 총체적 감정을 의미다. 이에 Ruff(1989)는 심리적 안녕감이 다음과 같은 요인들로 구성된다고 하였다. 그것은 첫째, 자아수용(self-acceptrance), 둘째, 긍정적인 대인관계(positive relations with others), 셋째, 자율성(autonomy), 넷째, 환경에 대한 통제(environmental mastery), 다섯째, 삶에 대한 목적(purpose in life), 여섯째, 개인적인 성장(personal growth)를 심리적 안녕감의 요인으로 제시하고 있다. 이에 따르면 심리적 안녕감이 높은 사람이란, 자기를 있는 그대로 수용하고, 긍정적 대인관계를 유지하며, 자신의 행동에 대한 조절능력과 환경에 대한 통제력 및 삶의 목적을 통하여 스스로 잠재력을 실현시키고자 하는 동기를 지닌 사람을 의미한다(김명소, 김혜원, 차경호, 2001). 이러한 심리적 안녕감의 개념은 기존의 주관적 안녕감이 심리학 이론의 배경을 충분히 반영하고 있지 못하며 심리적인 기능의 측면을 간과하고 있다는 비판을 반영한 것이다(류정희, 이명자, 2007). 다시 말하면 주관적 안녕감은 개인의 주관적 요소가 많이 반영되어 측정되는 안녕감의 도구인 반면, 심리적 안녕감은 보다 복합적으로 안녕감을 측정하는 측정도구라 할 수 있으며 긍정심리는 인간의 긍정성이 가지는 위대한 힘에 대하여 이야기하고 있다. 우리가 상담학에서 배우는 것도 이러한 것이며 어려운 환경에서도 어떻게 지내올 수 있었는가에 대하여 클라이언트에게 질문하는 것은 클라이언트에게 매우 큰 지지와 자부심을 불러일으킴을 알 수 있을 것이다.

3 긍정심리의 측정에서 동서양의 차이

인간행위의 목표가 행복을 추구한다는 것에는 서양이나 동양사회 모두 에서 이견이 없으나 어떤 삶이 행복한가, 또 어떻게 행복을 추구하는가에 대해서는 서양사회와 동양사회 간에 차이가 있다. 이에 대하여 조긍호(2006)는 그의 저서 『이상적인 인간형론의 동·서 비교』에서 이 문제와 관한 중요한 구분을 제시하고 있다. 그에 의하면, 서양문화는 자기고양(self-enhancing)의 문화이며, 이에 반해 동양문화는 자기개선(self improvement)의 문화라고 하였다. 먼저, 개인주의 사회로 대변되는 서양문화는 얼마나 행복한가를 평가하는 과정에서 자기 자신의 고유성, 자율성, 전문성, 주도성 등이 중요한 참조 준거(a frame of reference)가 되며, 인간 행동의 원인을 추측할 때, 그 사람의 성격, 능력, 감정과 같은 개인의 내적 속성에서 찾는 경향이 많다고 하였다. 특정한 문화에서는 개인이 자신의 부정적인 성격 측면이나 부정적인 감정은 축소하고, 대신 자신의 긍정적인 측면을 더 발전시키며 자신의 자존감을 고양하는 데 매진하게 된다는 것이다. Jung(1963)이 말한 개성화(individuation), 이부영(2002)이 말한 자기 실현 등은 이러한 자기고양의 문화를 잘 반영하고 있다. 그러나 자기고양을 강조하는 서양문화와는 달리, 동양문화는 조긍호(2006)가 말한 자기개선의 문화라고 할 수 있다. 즉, 집단주의 문화에서 얼마나 행복한가 하는 것을 결정하는 중요한 참조 준거는 개인이 사회 속에서 얼마나 조화롭게 자신의 역할을 잘 수행하면서 사는가 하는 것이라는 것이다. 따라서 이러한 문화에서는 바람직하게도 겸양의 미덕, 신뢰성, 협동성, 다른 사람의 욕구에 대한 민감성 등이 중요한 가치를 지니게 된다. 또한, 성취동기 역시 개인의 욕구 추구를 반영하기보다는 집단의 목표 추구 쪽에 더 무게를 두게 된다. 그리고 이러한 문화에서는 자신이 부족한 부분에 주의를 기울이고 이를 보완, 개선하려는 것이 중요한 과제가 될 수밖에 없다(이희경·이동귀, 2007). 실제로, 서구인들은 자부심, 행복감, 기쁨, 유쾌함, 즐거움 같은 긍정적 정서에 민감하고, 이에 대한 경험 빈도가 높은 것으로 밝혀지고 있다(차경호, 1995; Diener & Diener, 1995; Suh & Diener, 1995). 이에 반해 한국문화는 일반적으로 한 개인의 자율성이나 고유성보다는 집단 속에서 이루는 조화와 사회적 맥락과 규범 속에서 자신이 어떤 역할을 해야 하는가에 대해 민감하게 되며 따라서 남에게 피해를 끼치거나 부담을 주지 않으려고 노력하는 것이 중요한 가치이다(조긍호, 2006). 경험적 연구 결과에 의하면, 집단주의 문화가 만연한 동양사회에서는 타인에게 얼마나 수용되는가와 대인 관계에서 얼마나 잘 조화를 이루는가가 그 개인이 느끼는 주관적 행복감과 관련이 있다고 한다(Diener & Diener, 1995; Heine & Lehman, 1995). 따라서 동양과 서양의 긍정심리의 측정은 조금 양상이 다를 수 있다.

4 긍정심리를 가진 사람들의 특징

1) 긍정심리의 강점

긍정심리학의 연구들은 대체로 긍정적 상태 및 긍정적 믿음을 지니는 것과 삶의 다양한 영역에 걸친 연구를 한다. 즉, 성취, 발달, 친밀한 관계, 집단 과정, 대처, 일, 행복, 건강과의 관련성을 연구하는 것인데 예를 들면, 긍정심리학적 개인 특성변인 중의 하나인 '희망'은 '목표 달성과 관련되는 긍정적인 기대 혹은 동기 부여 상태'(Snyder, 1994)로 정의되며, 희망 수준이 높은 사람은 그렇지 않은 사람에 비해 더 높은 학업 성취를 보이고(Curry, Snyder, Cook, Ruby & Rehm, 1997), 스트레스를관리하는 데 더 적극적이며(Snyder & Pulvers, 2001), 다른 사람으로부터 더 많은 지지를 경험하고(Barnum, Snyder, Rapoff, Mani & Thompson, 1998), 외로움을 덜 느낀다(Crothers & Schraw, 1999). 또한, '낙관성'은 '인생에서 긍정적인 측면을 보고 긍정적인 기대를 하는 심리적 특성(Peterson

& Bossio, 1991)'으로 정의되는데, 낙관성이 높은 사람들은 비관적인 사람들에 비해 높은 행복감을 느끼고(Matlin & Gawron, 1979), 신체적으로 더 건강한 것으로 나타났다(Scheier & Carver, 1992; 이동귀·김희경). 그리고 인간의 강점 중의 하나인 '유머'는 '어떤 상황에서 기대하지는 않았지만 웃음을 자아내는 요인'(Lefcourt, 2001)으로 정의되며, 높은 유머 수준은 부정적인 사건에서 생기는 불쾌감을 완화시키는 효과가 있고(Lefcourt & Martin, 1986), 높은 자아존중감 및 삶의 만족도와 깊은 관련이 있다(Frecknall, 1994; 이동귀, 김희경).

2) 몰입

긍정심리학에서는 대표 강점을 깨닫고 이를 생활에 활용하여 행복한 인생을 살수 있다고 하고 있다(리즈 호가드; 이경아, 2011 역). 그 중 가장 훌륭한 방법으로 현재 하고 있는 일에 완전히 몰입하는 상태의 flow를 설명하고 있다. 긍정심리학자들은 이것을 몰입이라는 'flow(플로우)'라고 이야기한다.

긍정심리학을 동조하는 심리학자 Csikszentmihalyi 교수는 사람들마다 완전히 몰입하게 하는 그 무엇이 있으며 이후에도 그 순간을 만족스럽게 회상하는 시간과 활동이 있다고 언급하였다. 플로우 상태는 창의적인 활동에 시간 가는 줄도 모르고 몰두하는 것이며 따라서 어떤 것에 몰입하는 즐거움을 이야기하고 있다. 그렇다면 자신만의 플로우를 찾아내는 것도 중요할 것이다. 플로우란 내면의 기쁨과 활기 그리고 행복을 많은 일에서 심리 내적으로 느낄 수 있다. 물론 사람마다 이러한 플로우를 경험하는 방법은 매우 다르다. 앞으로 어떠한 생활에서 플로우를 찾을 것인지 생각해 보는 것과 나는 무엇을 할 때 즐거운지 생각해 보는 것이 도움이 될 수 있다. Csikszentmihalyi 교수는 연구서인「플로우: 행복에 도달하는 방법」에서, 면담을 통해 사람들에게 만족스러웠을 때의 느낌에 대하여 설명해 보라고 했을 때 사람들이 "마치 어떤 흐름(flow)에 몸을 맡긴 것과 같다"고 했다고 이야기한다. 이러한 몰입의 경험은 사람들로 하여금 강점을 개발하고 큰 자신감을 얻게 하는 데 있어서 중요하다. 그것은 정신적 에너지의 성공적 사용이라고 할 수 있다. Csikszentmihalyi 교수가 주장하고 있는 몰입에 대한 비결이외에도 리차드 스티븐스는 슬라우 프로젝트의 지원자들에게 상상력을 발휘해 지루한 업무를 더욱 즐겁게 바꾸는 방법을 찾아보라고 조언했다고 한다(리즈 호가드; 이경아, 2011 역). 즉, "일을 즐길 것인지 말 갓인지는 모두 전적으로 당신의 태도에 달려 있다. 일을 좀 더 즐겁게 하기 위한 방법을 생각해보라"고 조언한 것이다. 따라서 어떤 일에 열중한다면 일을 마치 게임처럼 즐기고 관심을 쏟으라고 한다. 그러면 그 일이 거꾸로 여러분에게 즐거움을 선사할 것이라는 것이다. 긍정심리학에서 주장하는 바와 같이 인생을 보다 풍요하게 하는 연습을 해보는 것은 어떨까?

5 행복과 금전과의 관계는?

우리는 흔히 돈이 많다면 더 행복할 것이라고 생각한다. 또한, 여론조사에서 많은 사람들이 행복과 삶의 만족간의 관계에서 돈이 행복과 삶을 증진하는 역할을 한다고 대답했다. 사람들은 충분한 돈을 갖고 있지 않은 것이 좋은 삶을 살지 못하는 것에 대한 걸림돌이라고 대답했다. 예를 들어 직장과 친구, 교육, 가정 중 가장 불만스러운 것이 '돈'이며 사람이 살아가는 데 필요한 돈이 더 많았으면 하고 바랐고, '돈'이 사람을 행복하게 해 줄 것이라고 대답했다. 하지만 평균 이상의 수입을 갖는 사람들의 경우 기본적 욕구충족을 통한 돈과 행복의 논리성은 낮은 의미를 갖는다고 한다. 그렇지만 돈과 행복에 관한 이러한 믿음은 분명 보편성을 갖고 있는 것으로 보인다. 반면 아이러닉하게도 이렇게 실제 행동은 돈으로 행복을 살 수 있는 듯이 보이지만, 국가의 행복지수를 살펴보면 꼭 그렇지도 않다는 사실을 알 수 있다. 오히려 방글라데시에 사는 사람들이 우리나라 사람들보다 더 행복지수가 높다는 것은 이러한 사실을 극단적으로 보여 주기도 한다. 그럼에도 불구하고 긍정심리학의 연구에 따르면 긍정적인 마인드를 가진 사람의 연봉은 그렇지 않은 집단에 비하여 분명 평균적으로 더 높은 연봉을 받고 있다는 연구결과가 나왔다. 그렇다면 정말 행복한 사람들이 돈을 더 많이 벌까? 대답은 '그렇다'이다. 미국의 Mellon 재단의 연구결과, 긍정적인 학생들이 졸업 후 그렇지 않은 학생들에 비하여 돈을 더 많이 벌고 더 높은 직업만족도를 보였고 더 적은 실직율을 보였다고 한다. 긍정적 생활이 가져다주는 삶의 변화에 대하여, 행복에 대하여 다시 한번 생각해보았으면 한다.

6 긍정심리의 유용성

긍정심리학은 기존의 심리학을 일상생활로 끌어올려서, 측정 및 적용범위의 폭을 훨씬 구체적으로 제시하고 있기 때문에 각종 집단이나 영역에 다양하게 활용될 수 있다. 또한, 긍정심리학에서는 긍정적 감정과 부정적 감정을 대비하여 다룸으로써, 일상생활을 통하여 과학적으로 사람들이 그 특성을 잘 이해하고 실생활에서 실천해 보도록 하는 것에 유익하다. 그리고 이와 같은 특징들은 특히 청소년들과 같이 감정적으로 통제하기 어려운 시기에 여러 가지 감성들을 예비적으로 탐색하는 것이 도움이 되며, 일상생활의 시야를 좀 더 넓게 함으로써 다양한 상황에 맞추어 활용할 수 있는 가능성이 있다. 마지막으로, 긍정심리학은 다양한 탐색활동을 통하여 기존의 인지 행동치료의 활동에 도움을 줄 수 있다. 그렇기 때문에 긍정심리학의 이러한 다양한 활동들은 상담이나, 프로그램 혹은 각종 개인 및 그룹 활동에 유용하게 적용될 수 있는 가능성이 있는 것이다.

그러나 긍정심리학의 제한점도 생각해 볼 수 있다. 즉, 긍정심리학에서 감성적 인식을 긍정의 측면과 부정적 측면으로 이분화하여 살펴보는 것은, 긍정을 좋은 측면, 부정을 좋지 않은 측면으로 인식하게 할 수 있다는 것이 바로 그것이다. 긍정과 부정을 반으로 나누어서 생각한다는 것에 대한 이분방식의 사고가 문제가 될 수도 있다는 것을 알 필요도 있을 것이다. 또한, 긍정심리학이 사회의 부정적인 사건들에 대한 구체적인 비판의식을 제시하고 있지는 않다. 그럼에도 불구하고 긍정심리학의 다양한 탐색적 특성은 이 분야가 각종 영역에서의 토론활동이나 각종 훈련프로그램으로 구조화될 수 있는 가능성을 지니며 일상생활 속에서 자신만의 커다란 장점을 이끌어 내어 강점관점의 가치관을 지향하고 행복한 삶을 이끌어 가는 데는 분명 도움이 된다고 할 수 있다(곽미정, 2012).

그러나 긍정심리도 연습이 필요하다. 즉, 행복도 연습이 필요하다고 소냐 류보머스키(Sonja Lyubomirsky)는 말한다. 그녀는『행복도 연습이 필요하다』에서 "행복에 이르는 길, 즉 연습으로써 감사와 낙관주의를 위해 감사의 표현, 과도한 생각의 지양, 사회적 비교를 피하라"고 조언한다. 그리고 "사회적 관계를 위한 친절 실천, 인간관계에 대해 이야기하고 있고 스트레스를관리하기 위한 대응전략, 행복연습, 용서에 대한 연습이 필요하다."고 말하고 있다. 또한, '몸과 영혼의 건강을 돌보기 위한 종교생활과 영성훈련', '명상과 신체활동 및 행복한 사람처럼 행동하기'라는 다소 이색적인 방법을 소개하고 있었다. 마지막으로는 행복을 지속시키는 다섯 가지 비결은 긍정적 감정, 적절한 타이밍과 변화, 사회적 지원, 동기, 노력, 헌신, 그리고 습관이라고 말하고 있다.

존 밀턴(John Milton)은『실낙원』에서 마음은 그 자신만의 장소로써 천국도 될 수 있고 지옥도 될 수 있다고 하였다.

로버트 에몬스(Robert Emmons)는 감사는 삶을 향해 일어나는 경이, 고마움, 이해의 느낌의 폭넓은 행위라고 하였다. 감사의 경험에 대한 음미, 표현은 가치와 자존감과 정신적 외상에 대처하며 도덕적 행동을 촉진하며, 사회적 유대를 쌓고 다른 사람과의 비교를 억제하는 효과와 부정적 감정과의 공존이 어렵다고 했다. 즉, 낙관주의는 자기기만의 방법을 제공하려는 것이 아니다. 세상은 끔찍하고 잔인한 곳인 동시에 멋지고 풍요로운 곳일 수도 있기 때문이라고 제시하고 있다. 이 모두가 진실이며, 따라서 당신의 개인적 전경에 어떤 진실을 배치할 것인지 선택하는 것이라고 할 수 있다. 이에 6주간 일정시간을 정해 감사를 헤아리는 연습만으로 행복지수가 높아진 실험이 있었다고 오혜경은 말한다. 그러나 때때로 과도한 생각은 아주 강력한 힘을 발휘할 수 있다. 우리가 어떤 생각에 매여 있을 때는 그 생각이 당신을 쥐고 흔든다. 그러나 혼란하거나 스트레스를 받고 불안정할 때에는 과도한 생각으로부터 아무것도 얻을 수 없다. 이때 당신은 사로잡혀있는 생각으로부터 벗어날 필요가 있는데, 이를 위해 '멈춰', '워워' 테크닉이 필요하다. 그러므로 소냐 류보머스키는 스트레스에 대한 대응으로 직면하는 역경, 나쁜 사건, 또는 문제의 성격을 글로 적는 것은 그로 인해 생긴 부정적 믿음을 파악하는 데 효과가 있다고 한다. 또한, 문제의 결과로 어떻게 행동하는지 문제의 결과들을 기록한다. 이것은 부정적 믿음에 도전하고 논쟁하며 문제의 다른 원인이 될 수 있는 새로운 가능성을 생각하게 한다. 그리고 문제를 좀 더 낙관적으로 설명하려고 생각하면 활력이 나고 기분이 상승되어 덜 불안해지고 희망을 가질 수 있게 한다. 그 밖에 소냐 류보머스키는 몇 가지를 더 소개하고 있으며 그것은 다음과 같다.

(1) 용서를 배워라

용서를 표현하고 너그럽게 생각하라. 과도한 생각에서 벗어나라. 사과는 사람을 움직이는 힘이 있다. 너그러움은 지각과 상황을 변화시킬 수 있다. 접촉하고 다음을 상기하라: 빌 클린턴 전 미국대통령이 넬슨 만델라에게 어떻게 간수들을 용서할 수 있었는지 물었을 때, 만델라는 이렇게 답했다. "감옥 문을 나서는 순간 내가 그 사람들을 계속 미워한다면 여전히 감옥에 갇혀있게 된다는 사실을 깨달았습니다."

(2) 영성생활을 해라

기도는 종교와 영성을 실천하는 보편적인 방법이다. 실제로 미국인 10명중 7명이 거의 매일 기도한다고 응답했고, 6퍼센트는 절대 기도하지 않는다고 응답했다. 그러나 일상생활에서 성스러움을 발견하는 것은 그야말로 축복이며 영성과 그에 따르는 보상의 핵심이 될 수 있을 것이다(명상도 가능).

(3) 신체활동을 하라

각자의 경험으로 이야기 할 수 있다.

(4) 행복을 지키는 여섯 가지 비결을 생각해보라

① 긍정적인 감정과 삶의 의미: 행복의 근원은 어디에 있는가?

② 적절한 타이밍의 변화: 독일의 철학자 칸트는 권태를 방지하기 위해 매일의 산책일과를 바꿔가며 즐겼다고 한다.

③ 사회적 지원: 자신의 문제와 유사 문제를 지닌 사람들도 도움이 될 수 있다(AA치료모임).

④ 동기, 노력, 헌신 - 동기가 분명한 헌신적인 노력의 기적: 행복활동을 계속 실천하며 자신의 것으로 하는 사람들은 이를 중단하는 사람보다 장기적인 혜택을 누릴 가능성이 있다. 노력하지 않고 시도하지 않고 애쓰지 않고 목적을 일관되게 유지하지 않으면 나약한 마음과 미진한 노력만이 남을 뿐이다.

⑤ 긍정적인 습관과 부정적인 습관을 점검하라: 이것은 감정의 선택을 의미하기도 한다.

⑥ 우울이나 심리적 취약성은 없는가? 생각해보라: 이에 대한 자신이 선택한 치료 방법은 어떤 것인가?

자, 그럼 우리도 잠시 책을 덮고 이 부분에 대하여 생각해보거나 이야기를 나누어 보는 것도 좋겠다.

7 긍정심리학의 적용(행복의 사유思惟)

앞서 설명한 것처럼 궁극적으로 긍정적 정서는 인간의 삶에 유용한 도움이 될 수 있다. 예를 들면 먼저 긍정심리학에서는 일상적 생활을 점검해보는 내용을 구체적으로 다루고 있다. 또한, 몰입(flow)의 특성(Csikszentmihalyi, 1997)을 제시하고, 이를 자신의 생활에 적용하여 생각해 볼 수 있도록 하고 있다. 이를 위하여 다양한 척도의 소개와 함께 구체적인 방법과 방향제시(Seligman, 2002)함으로써 자신의 일상을 통한 과학적 분석이 가능하도록 하고 있다. 이것은 청소년들 스스로 자신의 일상을 컨트롤할 동기와 계기를 부여하고 자신을 객관적으로 바라보는데 도움이 되는 역할을 할 수 있게 한다. 이에 대하여 Csikszentmihalyi(1997)은 감정과 목표만큼 중요한 것이 바로 사고의 인지적인 과정이라고 언급 하면서, 자신의 일상적인 생활의 패턴을 ESM(Experience Sampling Method)으로 분류하여 생각해보도록 권하고 있다. 이것은 바로 자신의 생활가운데 시간의 쓰임들을 되짚어 보도록 하여, 불필요하게 할애되는 시간을 점검해보는 기회를 갖도록 하는 것이다. 또한, 몰입이란 아무런 감정(의식적인 사고)없이 현재에 대해 갖는 긍정적 정서라고 정의된다고 하면서 몰입의 상태에서 경험하는 성과나 감정의 종류 및 질에는 차이가 있기 때문에, 삶의 질을 끌어올리기 위해 알고 있는 것, 활동, 시간, 장소, 사랑의 느낌의 포착과, 자신이 잘 할 수 있는 것을 하는 것과 자신과의 대화가 중요하다고 한다(Csikszentmihalyi, 1997). 이러한 특성은 우리들이 무심코 흘려버리는 시간의 양과 질을 체크하는 것과 자신의 적성과 삶의 탐색에 유용한 활동이 될 수 있을 것으로 보인다. 또한, 조화적 관점으로써 볼 때, 긍정적 심리학에서는 내면적 자아를 탐색하는 것에 다양한 시간을 할애한다. 즉, 내면적 자아와 가정, 사회, 영성 등의 측면을 다양하게 살펴보는 것은, 사람들이 치우치지 않는 균형 잡힌 시야를 형성하는데 도움이 될 수 있다고 한다.

긍정심리학이 제공하는 또 다른 큰 차별점은 부정적 감정과 긍정적 감정의 성과나 사례 및 효과를 과학적인 방법으로 서로 비교하여 제시하고 있다는 것이다. 즉, 부정적 감정들에 탄력적으로 제공할 수 있는 방법을 제시하면서 일상생활의 다양한 감정들을 분류하고 이들을 탐색하는 시간들을 가질 수 있도록 제안하고 있다. 특히 감정의 대비 과정을 통하여 사람들로 하여금 다양한 감정들에 대한 객관적 지식을 얻을 수 있으며, 다양한 문제를 좀 더 낙관적인 각도에서 바라볼 수 있는 훈련을 할 수 있게 될 것으로 전망된다. 또한, 대처 방법으로써 스트레스의 사건을 위협보다는 도전으로 지각하도록 하여 문제에 대해 이성적이고 효과적으로 접근하도록 권하고 있다(Lopez & Snyder, 2003). 그 밖에도 Lyubomirsky(2007)는 긍정적인 습관이나 부정적인 습관이 결국 감정에 대한 자신의 선택을 의미한다고 하면서, 자신의 심리적인 취약함은 없는가 하는 문제에 대하여 스스로 생각해보도록 하는 시간을 갖도록 하여야 한다고 하였다. 또한, 자신이 선택한 극복의 치료 방법에는 어떠한 것들이 있는가? 하는 문제들을 스스로가 점검해보도록 해야 한다.

이에 대하여 Lyubomirsky(2007)는 스스로 직면하게 되는 역경이나 좋지 못한 사건 등의 문제의 특성을 글로 적어보도록 하여 이를 좀 더 구체적으로 파악하도록 권하고 있다. 그는 앞서 잠깐 설명드린 바와 같이 부정적인 믿음에는 어떤 것들이 있는가 하는 것들을 탐색해보고 그에 따른 결과적 행동 및 결과에 관해 기록하게 함으로써, 부정적 믿음에 대해 도전하는 과정에서 문제의 다른 각도의 해석과 가능성에 대해 탐색하도록 하고 있다. 따라서 이러한 활동들은 청소년들로 하여금 부정적으로 인식되는 상황에 머무르지 않고, 스스로가 그 문제를 탐색하여 분석하고 그에 따른 대안을 세우며 실천하는 과정에서 중요한 훈련 과정이 될 수 있을 것이다. 따라서 긍정심리학에서는 행복, 의미 있는 삶 등의 가치 있는 정의에 관하여 점검해보고 생각해보도록 함으로써 일률적 사고로부터 탐색적사고가 가능하도록 하는 견지를 지향하고 있다.

이러한 과정을 통하여 청소년들은 자신의 감성을 실생활을 통해 살펴보는 기회를 가지게 되고 이에 대한 주관적인 가치에 대해서 각자의 경험을 비추어 스스로의 힘으로 구체적으로 생각해볼 수 있게 된다. 또한, 이러한 활동은 삶속에서 사회적 관계를 위한 친절함의 실천, 인간관계 및 스트레스관리에 대한 대응전략, 행복의 연습, 용서하기 등을 통하여 구체적으로 훈련될 수 있다.

그 중 가장 중요한 것은, 긍정심리학은 동양의 사상이나 철학에서 거의 논의되지 않는 인간의 '행복'이라는 수제를 탐구하도록 하는 시간을 갖도록 한다는 것입니다. 행복은 철학에서는 논의된 바 있으나 심리학에서는 아주 뒤늦게 다시 언급이 되고 있다. 즉, 긍정적인 감정과 삶에 대한 의미를 다룰 뿐 아니라 행복의 근원에 대한 탐색을 하도록 한다(Lyubomirsky, 2007). 또한, 이를 위하여 그는 적절한 타이밍의 변화에 대한 중요성을 사례로 들고 있다. 이를 위한 사회적 예로는 유사한 문제를 지닌 사람들의 모임이나, 동기, 노력, 헌신의 중요성을 이야기하며, 동기가 분명한 헌신적으로 노력하는 것은 행복의 활동을 계속 실천하도록 하여 그렇지 않은 사람들보다 더욱 장기적인 혜택을 누릴 가능성이 있다고 언급하고 있다(Lyubomirsky, 2007).

Lyubomirsky(2007)는 이러한 활동들이 행복을 헤아리는 행위를 통하여 삶을 향한 고마움과 이해의 폭을 넓히는 행위가 된다고 하면서 다음과 같이 말하였다. "주간 일정시간을 정하여 감사를 헤아리는 연습만으로 행복지수가 높아진 실험이 있으며, 감사의 경험에 대한 음미, 표현은 가치와 자존감과 정신적 외상에 대처하며 도덕적 행동을 촉진한다. 또한, 사회적 유대를 쌓을 뿐 아니라 다른 사람과의 비교를 억제하는 효과와 부정적 감정과의 공존이 어려운데, 행복을 지속시키는 다섯 가지 비결은 긍정적 감정, 적절한 타이밍과 변화, 사회적 지원, 동기, 노력, 헌신, 그리고 습관이다"(Lyubomirsky, 2007; 오혜경 역, 2008). 이와 같이 Seligman(2009)은 긍정심리학에서 과거와 현재 미래의 긍정적 정서 키우기에 대하여 언급하고 있다. 뿐만 아니라 미래의 직업이나 행복한 결혼생활에 대한 사례 등을 언급함으로써 사람들의 미래탐색활동에 도움을 줄 수 있을 가능성이 있다고 말한다. 즉, 사회적 관계로써 우정관계, 사랑과 결혼, 직업과 직무만족, 여가생활, 가족 및 관계성의 일반적 효과에 대하여 탐색해보도록 돕는다(이훈구, 1997). 이처럼 긍정심리학은 일상생활의 자원과 피드백을 통한 생활과 학문의 접목이며, 따라서 이론에서 출발하였으나 다양한 실천적 차원을 깊이 함의하고 있는 인간의 행복한 삶을 위한 중요한 분야가 될 가능성이 있다고 할 수 있다.

8 웰빙과 긍정심리학의 치료

현대의 상담 이론 들은 현대에 와서는 창조적이며 전인적 인간상을 지향하는 인본주의의 영향을 받아 더욱 사람중심의 인간존중이론으로 발전하고 있다. 그럼, 긍정심리를 적용한 개입과 치료가 어떻게 이루어지는지에 대하여 Seligman(2002)은 성공적인 심리 치료의 공통 요인으로 치료자의 관심, 권위 있는 상담자, 신뢰 관계, 마음의 개방, 솔직한 의사소통, 이야기하기 등을 언급했다. 즉 신뢰에 바탕을 둔 상담 관계에서 내담자가 자신의 인생에 대해 이야기할 수 있도록 하는 것이 매우 중요하며, 이를 통해 내담자는 이전에는 혼란스러웠던 경험을 이해하는 가운데, 자신이 원하는 삶의 방향을 가다듬고 발견하게 된다는 것으로 특히 자신이 인생에서 항상 '피해자'라고 생각하던 입장을 벗어나 능동적으로 자신의 인생을 선택할 수 있게 된다고 Seligman은 이야기하고 있다. Seligman은 치료의 공통적인 요인은 신비하고 비밀스런 기술들이 아니며, 오히려 일상적인 방법임을 이야기한다. 이것은 다만 기존의 심리학적관점에서는 구체적으로 명명되지 않고 연구가 되지 않았을 뿐이다. 효과적인 심리 치료를 위해서는 오히려 우리가 알고 있었던 기술들이 활용된다. 그것은 용기, 대인관계기술, 합리성, 통찰, 낙관적인 사고, 솔직함, 인내심, 현실성, 즐거워할 수 있는 능력, 문제 등이 긍정심리학의 훈련에서 제공되고 있다. 또한, 긍정심리학적 관점에서 논의되는 상담 접근으로는 인간중심 상담, Alfred Adler의 심리 치료,

그리고 게슈탈트(gestalt) 접근의 치료가 포함될 수 있는 것으로 알려져 있다. Rogers(1961)는 인간은 긍정적으로 성장하고자 하는 자기실현 경향성을 지니고 있다고 믿었다. 아울러 Maslow는 긍정적 자존감, 절정 경험, 자아실현 등의 개념을 소개하였고, Rogers와 Maslow의 입장 모두, 자기실현을 하려는 사람은 그 과정에서 자신의 잠재력과 강점을 깨닫게 된다고 제안하였다. 이러한 관점에서는 내담자의 결함이나 문제를 교정하는 것보다는 내담자의 적응적 능력, 강점, 자원을 계발하는 것이 무엇보다 중요하다는 견해였다.

권석만(2008)에 의하면 또한, 웰빙의 차원에서 심리학을 다룰 때, 행복이 개인이 주관적으로 경험하는 유쾌한 상태라는 '쾌락주의적 입장'과, 행복이 개인의 잠재적 가능성을 충분히 발현하는 것이라는 '자기실현적 입장'에 기반하고 있다는 점을 들어 생활만족도 연구를 진행하였다. 그리고 이 두 입장은 심리학에서 '긍정심리학'이 태동하게 된 철학적 기반이 되었다고 제시하고 있다. 이때 전자의 입장에서 행복을 탐구하는 학자들은 긍정적인 주관적 경험(주관적 복지감, 행복감, 생활만족도, 몰입 경험, 긍정 정서 등)에 초점을 맞추고 있으며, 후자의 입장을 중시하는 학자들은 인간의 긍정적 특질, 즉 성격적 강점과 덕목(지혜, 용기, 창의성, 관용, 절제, 영성 등)에 초점을 맞추고 있다(권석만, 2008). 이와 같이 심리학자들의 노력에 의하여 행복은 추상적 개념정의보다는 실증적인 연구가 가능하도록 구체적인 방식이 적용되고 있다. 그렇다면 긍정심리학의 일상생활에 대하여 좀 더 알아보기 위해서 먼저 생활습관의 변화를 위한 제안과 음식물을 통한 치료 등에 관하여 알아보도록 하자. 먼저 일생생활에서 우리가 훈련해야 하는 것은 무엇이 있는지 함께 알아보도록 하자. 다음은 예담(2011)의 영국 BBC 다큐멘터리를 서적화한 『행복』 가운데 복을 얻기 위한 방법 열두 가지 방법을 정리하여 소개하고자 한다. 첫째, 좋아하는 일을 하라. 둘째, 즐겁게 행동하라. 셋째, 가장 좋은 친구는 바로 자신이다. 넷째, 자신에게 작은 보상이나 선물을 함으로써 매일 현재를 살아라. 다섯째, 친구와 가족을 위해 시간과 노력을 투자하라. 여섯째, 현재를 즐기라. 문제가 발생하면 낙천적으로 생각하라. 문제를 과장하지 말고 행복의 바탕이 되는 '중심'을 찾아라. 일곱째, 인생의 즐거움을 만끽하라. 여덟 번째, 시간을 잘관리하라. 상위목표를 세우라. 아홉 번째, 스트레스와 역경을 헤쳐나갈 수 있는 나름의 방법을 준비하라. 신앙이든 긍정적 사고든 다 좋다. 열 번째, 음악을 들으라. 휴식과 자극을 동시에 느낄 수 있으며 머리회전도 빨라진다. 열한번째, 활동적인 취미를 가지라. 열두번째, 자투리 시간을 생산적으로 활용하라. 친구가 약속시간에 나타나지 않는다면 기다리는 시간을 생산적으로 활용해보라. "요즘 사회에서는 자신을 되돌아볼 시간이 전혀 없다"고 BBC 행복위원회의 제시카 프라이스 존스는 말한다. "우리는 뭔가를 하느라 바쁘지만 생각을 정리할 시간을 가진다면 훨씬 유익할 것이다"라고 말이다.

또한, Jonathan Haidt(2002)와 Tayyab Rashid 와 Afroze Anjum(2005)는 긍정심리를 위한 24개의 항목을 다음과 같이 소개하고 있다(문용린·김인자·백수현 역). 첫째, 심미안으로 친숙하지 않은 미술관이나 박물관에 방문하고 내가 보았던 아름다운 것에 대한 일기를 쓴다. 그리고 적어도 하루에 한번 멈추어 일출이나 자연의 아름다움을 느낀다. 둘째, 진정성으로 내가 가치있게 생각하는 것이 무엇인지 생각하고 그것과 관련된 일을 한다. 또한, 내가 어떤 일을 하고자 하는 동기를 다른 사람에게 말할 때 진실하고 정직하게 설명한다. 셋째, 용기로 집단에서 대중적으로 호응받지 못하는 아이디어도 당당히 말하며 평소 두려움 때문에 잘하지 못했던 일을 한다. 넷째, 창의성으로 도예, 사진, 조각, 그리기, 채색하기 등의 수업에 참여하거나 내가 쓴 시를 담은 카드를 친구에게 보낸다. 다섯째, 호기심으로 내가 모르는 주제에 대한 강의를 듣는다. 익숙하지 않은 음식을 하는 식당을 방문한다. 우리 동네에 새로운 곳을 발견하고 그 곳의 역사에 대하여 배운다. 여섯째, 공정함으로 적어도 하루에 한 번 정도는 내가 썩 좋아하지 않는 사람에게도 신임을 보내며 사람들의 이야기를 방해하지 않고 듣는다. 일곱째, 용서로 용서의 편지를 쓰되 그것을 보내지 말고 1주일 동안 매일 그것을 반드시 읽는다. 여덟째, 감사로 하루 동안 내가 얼마나 고맙다고 말하는지 세어보고 그 횟수를 늘려간다. 또 매일 하루를 마감하며 현재 잘 되고 있는 세 가지 일을 쓴다. 아홉째, 희망으로 다음 주, 다음달, 내년의 목표를 쓰고 이 목표를 성취할 수 있는 구체적인 계획을 세운다. 열째, 유머로 하루에 적어도 한명씩은 미소짓거나 웃게 만들고 또 자신을 웃게 만든다. 열한 번째, 친절로 병원에 있는 사람의 병문안을 가며 운전 중 보행자에게 양보하고 보행할 때는 운전자에게 양보하며, 친구나 가족에게 익명으로 도움을 준다. 열두 번째, 지도력으로 친구들을 위해 사교모임을 만들고 처음만난 사람이 편안하게 느끼도록 행동한다. 열세 번째, 사랑으로 사랑하는 사람에게 짧은 편지를 쓰고 그날 그 사람이 쉽게 발견할 수 있는 곳에 둔다. 그리고 가장 친한 친구가 정말로 좋아하는 무언가를 함께 해준다. 열네 번째, 학구열로 학생이라면 필독서가 아니라 권장도서까지도 읽는다. 그리고 새로운 어휘를 매일 배우고 비소설류의 책을 읽는다. 열다섯 번째, 겸손으로 하루 종일 나 자신에 대한 이야기를 하지 않고 나보다 친구들이 더 뛰어난 점이 무엇인지 생각하고 그 점을 칭찬한다. 열여섯 번째, 개방성으로 대화중에 선의의 비판자가 되고 나와 의견이 반대되는 입장에서 생각하며 나와 다른 정치노선의 입장에 대한 신문을 읽어본다. 열일곱 번째, 인내로 해야 할 일의 목록을 만들고 매일 목록의 한가지씩의 일을 한다. 또한, 일정에서 중요한 일을 마친다. 열여덟 번째, 통찰로 내가 아는 가장 현명한 사람에 대해 생각하고, 할 수 있는 한 심사숙고하여 행동한다. 열아홉 번째, '절제로 간식을 먹기 전에 이것은 살이 찌더라도 꼭 먹어야 하는가'라고 자문한다. 스무 번째, 종교성으로 나의 삶의 목표에 대해 매일 생각하며 매일 하루일과를 시작할 때 기도하거나 명상한다. 스물한 번째, 자기조절로 운동 프로그램을 시작하여 일주일 동안 꾸준히 실천한다. 또한, 이성을 잃으려고 할 때 열을 세고 그것이 정말 필요한지 반추한다. 스물두 번째, 사회성으로 친구나 가족이 어려운 일을 한다는 것을 알아주고 격려의 말을 한다. 또한, 누군가 나를 귀찮게 하더라도 그들의 동기를 이해한다. 스물세 번째, 협동심으로 내가 할 수 있는 가장 멋진 팀 구성원이 되어주며 자선단체에서 봉사한다. 스물 네번째 활기로 적어도 일주일 동안 매일 알람을 맞출 필요가 없을 만큼 일찍 잠을 자고 일어나서 영양이 풍부한 식사를 한다. 그리고

"왜 해야 하는가"라고 말하기보다 "해보는 게 어때?"라고 말하는 것을 세 배만큼 늘린다라고 제안을 하고 있다(Jonathan Haidt(2002), Tayyab Rashid & Afroze Anjum(2005),문용린·김인자·백수현 역). 여러분도 한번 이를 생활 가운데 실천하여 어떤 변화가 있는지 느껴보기 바란다.

9 웰빙과 영성 그리고 삶의 반추

'영성'은현재의 객관적인 상황을 초월해서 새로운 차원으로 볼 수 있는 능력' Zohar & Marshall, 2000)으로 정의되는데, 스트레스를 감소시키며(Sheehan, 1979), 성공적인 대처 및 적응과 관련된다(Emmons, 1999). 또한, 긍정적 성격 특성들이 보다 나은 삶의 질과 관련된다는 연구 결과들이 보고됨에 따라, 오늘날 긍정심리학 분야에서는 인간의 강점 및 미덕에 대한 체계를 수립하게 되었다. 그 대표적인 예가 Peterson과 Seligman(2004)에 의해 개발된 강점과 미덕에 관한 강점 분류 체계(Values in Action)는 크게 여섯 가지의 미덕일 지혜와 지식, 용기, 인간성, 정의, 절제 및 초월성과 24개의 강점인 창의성, 호기심, 열린 마음, 학습에 대한 애정, 타인에게 현명한 조망의 제공, 진실성, 용감함, 인내심, 열의, 친절, 사랑, 사회적 지능, 공정함, 리더십, 협동심, 용서, 겸손, 신중함, 자기조절, 아름다움과 뛰어남에 대한 이해, 감사, 희망, 유머, 종교적인 신념이 있다. 이를 바탕으로 긍정심리학에서는 이론에 바탕을 둔 훈련 및 개입 기법들이 개발되었다. 몇 가지 영성을 활용한 긍정적 기법의 예를 들면 은총 헤아리기, 희망상자 만들기 등이 있다. 그리고 Seligman과 동료들(Seligman, Park & Peterson, 2005)은 영성훈련이 실제적으로 인간의 삶의 질을 향상시키는지에 대한 효과성을 검증하여 긍정적인 결과를 얻었다. 즉, 몸과 영혼의 건강을 돌보기 위한 종교생활과 영성훈련, 명상 등을 활용할 수 있다고 제시하고 있다(Lyubomirsky,

2007). 이러한 활동 중 영성에 대한 함의로는 영성이 사람마다 각기 다른 형태를 취하는 개인화된 현상이고 위대한 잠재력 확증의 과정(Snyder & Lopez 2002)이므로 사람들에게 유익한 활동으로 활용될 수 있다는 것을 들 수 있다.

우리는 과연 행복을 목적으로 해야 하는가? 때때로 행복을 느끼지만 그것을 가치로 하고 있지는 않을 수 있다. 그리고 그것이 생소할 수 있다. 성취욕이 크다고 해서 그것이 행복과 직결되지는 않는 것을 경험한 적 있을 것이다. 하지만 일상의 소소한 행복은 양적으로 비중은 크지 않으나 질적으로 많은 환기와 원동력이 된다는 것을 깨닫기 바란다. 인간이란, 생애주기의 에릭슨의 틀에서 아주 크게는 벗어나 있지 않으나 이제 우리도 자신만의 행복을 추구하고 돌아볼 때인 것 같다. 물론 비중은 다를 수 도 있지만 인간이라면 느끼는 범주는 크게 다르지는 않으며 그래서 사람들은 공감하며 살고 있기도 한 것 같다. 그래서 불행한 시대에 행복의 의미는 더 큰 것이다. 이러한 경험만으로도 우리는 짧은 이야기, 음악, 시 한 귀절에서도 삶의 정화와 릴렉스를 경험하며, 앞으로의 시간이나 삶의 원동력으로 삼을 수 있다. 마치 짧은 단편소설을 읽은 느낌이기도 하고. 모든 정형화와 규정함 가운데 자기만의 자기가 되었을 때 느꼈던 행복을 느낄 수 도 있을 것 같다. 행복은 먼 곳에 있는 추상적인 것이 아니다. 물론 외형적인 생애사가 자신에게 영향을 미치기도 했을 것이다. 하지만 가장 자신을 움직이게 하는 메커니즘은 때로 한 구절의 문구일 수 도 있고 그것이 자신의 삶에 있어서 좌표와 원동력이 되고 있다는 것을 느낄 수 있을 것이다. 사실 그것은 긍정심리와 행복을 느낄 때 더 커다랗게 자신을 움직이는 힘을 발휘할 수 있다. 여러분은 어린 시절 읽은 많은 위인전에서 그와 같은 공통점을 떠올릴 수 있다. 긍정심리란 그리고 행복이란 현재 주어진 삶을 내가 느끼는 만큼으로 환경까지 변화시키는 놀라운 힘을 가지고 있다. 그것은 아무리 복잡한 상황이어도 긍정적으로 오히려 삶의 여러 사건들을 필터링하고 늘 새로운 여정이 되게 하며 행복을 느끼게 한다. 긍정의 심리학은 말한다. 가장 좋아하는 것을 가장 잘 할 수 있고, 가장 잘하는 것에 가장 잘 몰입할 수 있으며, 몰입은 행복 중에서도 질적으로 높은 위상의 것이라는 것을 말이다. 여러분들도 이 시간 마음의 정원을 잠시 거닐어 보는 것이 좋을 것 같다. 거기엔 예전의 한 스승님이 말씀하신 이야기 속에 또 함께했던 소중한 사람들과의 시간을 통해 우리가 공유했던 바람도 있고 꿈 밭도 있고 우리의 행복도 있을 것이다. 우리의 삶은 결국 이러한 것들을 발견해 나가는 것이 아닐까? 우리의 삶 곳곳에 묻어 있는 행복을 말이다. 이러한 행복은 긍정심리라는 필터를 통해 더욱 극대화 될 것이. 만일 그렇다면 행복을 추구하지 않는 것이, 단순한 습관인지, 잘못된 인지인지 하는 결론에 도달할 것이다. 그리고 여러분들은 이미 많은 사람들과 행복한 대화를 나누었으며 행복한 시간을 함께했다는 것을 발견할 수 있을 것다. 좋은 사유(思惟)는 삶을 행복하게 한다. 시간의 나 자체에도 행복은 가능하다. 행복하기로 결정한 그 순간 행복이 찾아올 수 도 있지 않을까? 그러니 행복은 결코 환경에 있는 것이 아니다. 긍정심리학은 바로 그러한 관문을 열어준다. 우리는 과연 행복한가에 대한 이야기를 나누어보자. 그리고 그것을 우리는 사례관리자로서 경험적으로 성취하며 실천하고 클라이언트들에게 적용할 수 있을 것이다.

10 청소년상담에 대한 긍정심리학의 적용

1) 청소년과 긍정심리

청소년기는 발달학적 측면에서 볼 때 과도기적인 입장에 있으며 이러한 시기에서 자아감 형성에 도움이 되는 전문적인 개입과 프로그램이 절실히 필요하다. 그동안 일반적인 심리학의 발전 과정을 살펴보면, 초기 진단적 차원에서 포스트모더니즘에 이르기까지 다각적인 입장의 이론을 수용하며 발전하고 있다. 이러한 시기에서 긍정심리학은 기존의 고정적이고 진단적인 견해를 지양하는 입장을 보이고 있다. 즉, 인간은 개인에게 자신만의 고유한 능력과 이에 대한 몰입(flow)의 역할이 있음을 강조하고, 다양한 미덕으로 부터의 긍정정서들이 하는 기능을 다양하게 제시하며, 일상의 삶을 좀 더 풍요하게 하는 다양한 감성들을 탐색하는 과정에 관해 설명하고 있다(Seligman, 2002). 이에 대하여 Peterson(2006)은 이러한 긍정심리학이 좋은 삶과 그렇지 못한 삶 모두를 실제생활에서 일어날 수 있는 것으로 보며, 과학적 방식으로 연구되는 것을 중요시 하고 있다는 것에서 인본주의와 차이가 있음을 주장하는Seligman과 Csikszentmihalyi의 글을 제시하고 있다. Seligman은 과거의 부정적인 부분의 교정에 대한 불균형을 지적하면서, 이에 대한 대안으로써 개인의 특성 즉, 강점과 자원을 포함한 긍정심리학에 근거한 특성계발이 중요하다고 하였다(Seligman, 2002). 이에 따라 최근 긍정적 심리에서는 이를 수용하여 청소년상담이나 프로그램 개입에 이를 활용하고 있다(김은경, 2010: 이성훈, 2010). 그러나 아직은 이러한 분야가 긍정심리학 적용의 초기 단계라고 볼 수 있으며 향후 이에 대한 더욱 활발한 경험적 연구 및 분석이 필요할 것으로 보인다. 그러므로 본 상담에서는 이러한 긍정심리학의 청소년 분야의 적용에 관하여 그에 대한 긍정심리학적 자원에 대하여 좀 더 구체적으로 탐색해보는 시간을 갖았다.

최근 사회복지적인 개입은 비단 병리적인 차원(국영희, 2009; 주애란, 2006 등)에 그치지 않고, 일반적 차원의 더욱 건강한 삶을 추구하고자 하는 많은 계층의 분야에서 활발히 적용되고 있다. 또한, 청소년들의 개입적 차원에서 볼 때에도 역량강화나 강점관점 그리고 레질리언스에 대한 논의를 통하여(Saleebey, D.2006) 활발히 이루어지고 있다. 긍정심리학은 이들을 포용하고 응용적 차원에서 보다 풍부한 자원을 제시하고 있으나, 그 적용 단계는 아직 초기적 단계이다. 따라서 본 상담의 과정을 통하여, 청소년 스스로가 자신의 역량을 극대화하고, 가정과 사회의 유기체로써 긍정적 역할수행과 몰입의 성취를 높이는 것에 도움이 되었으면 하는 마음이다. 청소년들은 긍정심리학의 탐색적 활동을 통하여 현재의 상황이나 미래에 대한 준비에, 보다 자율적 측면에서 스스로의 자아에 개입할 수 있는 여지와 자신들의 몰입영역을 점검해보는 경험을 가질 수 있다. 특히 긍정심리학에서는 이를 일상생활영역의 다양한 감성과 활동들을 중심으로 하고 있어 그 긍정적 역할과 기능 들을 탐색하는 것에 적절하다고 생각한다. 그래서 이러한 마인드를 가지고 성수학생의 상담에 임하기로 하였다.

2) 청소년기의 긍정심리학 적용을 적용한 사례관리의 가능성

청소년기는 신체적 · 심리적인 변화가 극심한 시기이며 그 과정에서의 혼란을 극복하고 자아정체성을 형성해가야 하는 중요한 시기이다(양계민, 조혜영, 2010). 이 시기의 중요한 발달과업을 완수하기 위해서는 정서적지지, 지적인 자극 등의 기회가 충분히 제공되어야 한다(이인재, 2006). 따라서 본 상담을 통하여 긍정심리학의 어떠한 측면이 청소년들에게 영향을 미칠 가능성을 지니는지 살펴보며, 기존의 강점관점의 측면에서 좀 더 나아가 청소년으로 하여금 스스로 자신을 둘러싼 생활 속에서 자신의 내면을 탐색함으로써 생활 속의 시야를 넓히고 균형적으로 이를 바라보는 것에 도움이 될 것이다. 이에 따라 긍정심리학의 청소년적용의 차원에 대하여 몇 가지 카테고리를 제안하고자 정리하였다.

(1) 긍정심리학에서 다루는 일상생활에 대한 재점검 및 몰입에 관하여

긍정심리학에서는 일상적 생활을 점검해보는 내용을 구체적으로 다루고 있다. 또한, 몰입(flow)의 특성을 제시하고(Csikszentmihalyi, 1997), 이를 자신의 생활에 적용하여 생각해 볼 수 있도록 하고 있다. 이를 위하여 다양한 척도의 소개와 함께 구체적인 방법과 방향제시(Seligman, 2002)로써 자신의 일상을 통한 과학적 분석이 가능하도록 하고 있다. 이것은 청소년들 스스로 자신의 일상을 컨트롤할 동기와 계기를 부여하고 자신을 객관적으로 바라보는데 도움이 되는 역할을 할 수 있을 것이다. 이에 대하여 Csikszentmihalyi(1997)는 감정과 목표만큼 중요한 것이 바로 사고의 인지적인 과정이라고 언급하면서, 자신의 일상적인 생활을 통한 패턴을 ESM(Experience Sampling Method)으로 분류하여 생각해보도록 권하고 있다. 이것은 바로 자신의 생활가운데 시간의 쓰임들을 되짚어보도록 하여, 불필요하게 할애되는 시간을 점검해보는 기회를 갖도록 하는 것이다. 또한, 몰입이란 아무런 감정(의식적인 사고)없이 현재에 대해 갖는 긍정적 정서라고 정의된다고 하면서 몰입의 상태에서 경험하는 성과나 감정의 종류 및 질에 차이가 있기 때문에, 삶의 질을 끌어올리기 위해 알고 있는 것, 활동, 시간, 장소, 사랑의 느낌의 포착과, 자신이 잘 할 수 있는 것을 하는 것과 자신과의 대화가 중요하다는 것을 언급하고 있다(Csikszentmihalyi, 1997 이희재 역). 이러한 특성은 청소년들이 무심코 흘려버리는 시간의 양과 질을 체크하는 것과 자신의 적성과 진로의 탐색에 유용한 활동이 될 수 있을 것으로 보인다.

(2) 조화적 관점에 관하여

조화적 관점으로써 볼 때, 긍정적 심리학에서는 내면적 자아를 탐색하는 것에 다양한 시간을 할애한다. 즉, 내면적 자아와 가정, 사회, 영성 등의 측면을 다양하게 살펴보는 것은, 청소년들이 불안정한 상태를 경험하며 자신의 정체감을 형성하는 중요한 시기라는 측면에서 볼 때(홍봉선, 남미애, 2010), 이들로 하여금 치우치지 않는 균형 잡힌 시야를 형성하는데 도움이 될 수 있다. 더욱이 다양하고 간략하게 구분된 체크리스트들(Seligman, 2002)은 청소년들이 긍정심리학을 스스로 자신을 탐색하고 균형적 차원에서 평가해보도록 하는 것에 용이하게 활용될 수 있다. 이에 대하여 Seligman은 또 다른 다양한 생활 속의 체크목록을 통하여 일반 행복도, 긍정 및 부정적 감정상태, 낙관주의도, 대표감정 등을 다룰 수 있도록 하고 있다. 이를 위해 긍정적 심리의 핵심요소로써 긍정적 정서(positive emotions), 몰입, 흥미 그리고 의미 및 목적의 예를 들면서 추가적으로 자존감(self-esteem), 낙관주의(optimism), 회복탄력성(resilence), 활력(vitality), 자기결정능력(self-determinati on), 긍정적 관계(positive relationship)가 조화를 이루어야 한다고 말하고 있다(Seligman, 2009). 이것은 인간의 강점중심의 역할

이해 등에 초점을 맞추어 자기실현의 균형을 이룰 필요가 있음을 역설하는 것이라고 할 수 있다(Lopez, S. J., & Snyder, C. R. 2003 이희경 외 역). 또한, Lopez와 Snyder(2003)는 이를 위하여 균형잡힌 차원으로써 개인에 대한 면밀한 시각과 성격영역을 넘어서도록 격려하는 것과 환경적 요인의 기여를 함께 다루기를 권하고 있다. 따라서 이와 같은 다양한 강점의 조화의 측면은 청소년들에게 유익한 덕목으로써 고려될 필요가 있을 것이다.

(3) 부정적 감정들을 다루는 방법의 제시에 관하여

청소년들은 흔히 감정의 부조화를 겪기 쉽다. 이러한 시기에 긍정심리학이 제공하는 것은 부정적 감정과 긍정적 감정의 성과나 사례 및 효과를 과학적인 방법으로 비교하여 제시하고 있다(Seligman, 2004). 또한, 부정적 감정들에 탄력적으로 제공할 수 있는 방법을 제시하면서(Seligman, 2009) 다양한 감정들을 분류하고, 이들을 탐색하는 시간들을 가질 수 있도록 하고 있다. 특히 청소년들은 감정의 대비 과정을 통하여 다양한 감정들에 대한 객관적 지식을 얻을 수 있으며, 문제를 좀 더 낙관적인 각도에서 바라볼 수 있는 훈련을 할 수 있게 될 가능성이 있다. 더욱이 다양한 대처 방법으로써 스트레스의 사건을 위협보다는 도전으로 지각하도록 하여 문제에 대해 이성적이고 효과적으로 접근하도록 권하는 것(Lopez & Snyder, 2003)등은 청소년들에게 유익한 경험으로 작용할 수 있을 것으로 보았다.

(4) 인지 행동적 차원에서의 행동교정에 대한 사고 훈련에 관하여

Lyubomirsky(2007)은 긍정적인 습관이나 부정적인 습관은 결국 감정에 대한 자신의 선택을 의미한다고 하면서, 자신의 심리적인 취약함은 없는가 하는 문제에 대하여 스스로 생각해보도록 하는 시간을 갖도록 한다. 또한, 자신이 선택한 극복의 치료 방법에는 어떠한 것들이 있는가? 하는 문제들을 스스로 점검해 보도록 한다. 이와 같은 영역의 활동은 청소년들이 문제 상황이나 혹은 스트레스의 상황에서 좀 더 적극적인 자세로 이를 대하는 태도에 도움이 될 수 있다. Lyubomirsky(2007, 오혜경 역)는 이에 대하여 스스로 직면하게 되는 역경이나 좋지 못한 사건 등의 문제의 특성을 글로 적어보도록 하여 이를 좀 더 구체적으로 파악하도록 권하고 있다. 그는 그 이후 부정적인 믿음에는 어떤 것들이 있는가 하는 것들을 탐색해보고 그에 따른 결과적 행동 및 결과에 관해 기록하게 함으로써, 부정적 믿음에 대해 도전하고 문제의 다른 각도의 해석과 가능성에 대해 탐색하도록 하고 있다. 따라서 이러한 활동들은 청소년들로 하여금 부정적으로 인식되는 상황에 머무르지 않고, 스스로 문제를 탐색하여 분석하고 대안을 세우며 실천하는 과정의 중요한 훈련이 될 수 있다. 또한, 이러한 각각의 과정은 희망이나 자기 효능감 및 문제 해결에 관한 평가 등으로 구성된 인지적 모델 측정, 긍정적 정서나 자존감 및 정서적 지능 등으로 구성된 정서적 모델 측정, 그리고 공감과 용서, 감사 등을 측정하는 인간관계 모델 측정 및 긍정적인 대처방식이나 삶의 질 등으로 이루어진 긍정 과정, 결과 및 환경 모델의 측정 등을 통해 점검될 수 있다(Lopez & Snyder, 2003 오혜경 역).

(5) 긍정감정의 실생활 적용연습에 관하여

긍정심리학에서는 인간의 정서가 긍정정서와 부정정서가 서로 독립적으로 존재한다는 사실을 중시하며, 부정정서 감소와 긍정정서 증진 또한, 매우 독립적인 과정으로써 인간이 경험하는 각각의 긍정정서가 다양함을 인정하고 있다(권석만, 2008).

긍정심리학에서는 행복, 의미 있는 삶 등의 가치있는 다양한 정의에 관해 생각해보도록 함으로써, 일률적 사고로부터 탐색적사고가 가능하도록 하는 견지를 지향하고 있다. 예를 들어 의미부여는 인간의 삶에 긍정적인 영향을 미칠 수 있는데, 이러한 가치를 발견하는 과정을(Baumeister & Wilson(1996)은 거시적 차원의 의미부여(gloval meaning-making)와 상황적 차원의 의미부여(situational meaning-making)로 구분하고 이와 같은 의미부여의 과정이 인생의 경험 속에서 긍정적인 측면의 발견이 가능하다고 하였다(권석만, 2008 재인용).

이러한 과정의 이해를 통하여 청소년들은 자신의 감성을 실생활을 통해 살펴보는 기회를 가지게 되고, 이에 대한 주관적인 가치에 대해서 각자의 경험을 비추어 구체적으로 생각해보게 된다. 또한, 그 밖의 사회적 관계를 위한 친절함의 실천, 인간관계 및 스트레스관리에 대한 대응전략, 행복의 연습, 용서하기 등의 훈련이 가능하며, 몸과 영혼의 건강을 돌보기 위한 종교생활과 영성훈련, 명상 등도 이에 활용될 수 있다고 제시하고 있다(Lyubomirsky, 2007: 오혜경 역 재인용). 이와 같은 활동 중 영성에 대한 함의로는, 영성이란 사람마다 각기 다른 형태를 취하는 개인화된 현상이고 위대한 잠재력 확증의 과정(Snyder & Lopez 2002)이라는 점에서, 이들을 탐색하는 과정을 통하여 청소년들은 각각의 유익함을 내면화하는 학습의 과정을 경험 할 것으로 보인다.

(6) 행복에 대한 사유와 탐색에 관하여

긍정심리학에서는 동양의 사상이나 철학에서 거의 논의되지 않는 행복이라는 주제를 탐구[1]하도록 하는 시간을 갖는다. 즉, 긍정적인 감정과 삶에 대한 의미를 다룰 뿐 아니라 행복의 근원에 대한 탐색을 하도록 한다(Lyubomirsky, 2007 오혜경 역). 또한, 이를 위하여 그는 적절한 타이밍의 변화에 대한 중요성을 사례로 들고 있으며[2], 이를 위한 사회적 지원으로써 유사한 문제를 지닌 사람들의 모임이나, 동기, 노력, 헌신의 중요성을 이야기하고 있다. 즉, 동기가 분명한 헌신적으로 노력하는 것은 행복의 활동을 계속 실천하도록 하여 그렇지 않은 사람들보다 더욱 장기적인 혜택을 누릴 가능성이 있다고 언급하고 있다(Lyubomirsky, 2007 오혜경 역).

---

1) 아리스토텔레스(Aristotle:384-322 B.C)의 자기실현 차원의 행복관을 소수의 예로써 들 수 있다(권석만, 2008).

2) 독일의 철학자 칸트의 권태를 방지하기 위해 매일의 산책일과를 바꿔가며 즐겼다고 하는 예 등을 제시한다Csikszentmihalyi, M. 저 이희재 역(1997).

Lyubomirsky(2007)는 이러한 활동들이 행복을 헤아리는 행위를 통하여 삶을 향한 고마움과 이해의 폭을 넓히는 행위가 된다고 하면서 다음과 같이 말하였다. 6주간 일정시간을 정하여 감사를 헤아리는 연습만으로 행복지수가 높아진 실험이 있으며, 감사의 경험에 대한 음미, 표현은 가치와 자존감과 정신적 외상에 대처하며 도덕적 행동을 촉진한다. 또한, 사회적 유대를 쌓을 뿐 아니라 다른 사람과의 비교를 억제하는 효과와 부정적 감정과의 공존이 어려운데, 행복을 지속시키는 다섯 가지 비결은 긍정적 감정, 적절한 타이밍과 변화, 사회적 지원, 동기, 노력, 헌신, 그리고 습관이다"(Lyubomirsky, 2007; 오혜경 역, 2008). 더욱이 이와 같은 활동은 삶의 만족도, 행복척도, 긍정 및 부정 척도, 몰입경험 표집 기록 등으로 체크할 수 있다(권석만, 2008). 이러한 객관화를 위한 활동은 강점과 미덕 등을 지녔을 때, 행복에 미치는 영향을 설명하는 것에도 도움이 되는 것으로써, 청소년들로 하여금 비관적 사고로부터 탈피하고 자신의 생활만족을 토대로 스스로의 비전을 실천하도록 한다는 점에서 청소년 개입에 대한 함의를 찾을 수 있을 것이다.

(7) 긍정심리학의 과거 · 현재 · 미래의 반성 및 탐구적인 영역에 대한 탐색활동에 관하여

Seligman(2009)은 긍정심리학에서 과거와 현재 및 미래의 긍정적 정서 키우기에 대하여 언급하고 있다. 뿐만 아니라, 미래의 직업이나 행복한 결혼생활에 대한 사례 등에 관하여 다룸으로써 청소년들의 미래탐색활동에 도움을 줄 수 있을 가능성이 있다. 즉, 사회적 관계로써 우정관계, 사랑과 결혼, 직업과 직무만족, 여가생활, 가족 및 관계성의 일반적 효과에 대하여 탐색해보도록 돕는다(이훈구, 1997). 또한, 긍정심리학에서는 위대한 업적을 남긴 사람들의 전기를 분석하는 등의 사례연구를 시행하며, 이들에 대한 양적 연구(Murray, 2003)를 통한 개인 및 환경의 특성 등을 분석하여 제시하고 있다(권석만, 2008 재인용). 더욱이 자원봉사와 행복간의 상관 관계 등을 제시하고 있는데(권석만, 2008), 이러한 다양한 사례 제시는 청소년의 사회적 능력을 함양하는 데에 도움이 될 수 있으며, 이러한 과정을 통한 미래에 대한 예비적인 학습으로 유용하게 활용될 수 있다.

(8) 긍정심리학의 가족 학교와 지역 사회적 차원의 개입에 관하여

권석만(2008)은 긍정 심리학에서는 학생의 행복과 성장을 지원하는 긍정학교(positive school)를 지향하고 있다고 하면서, 서구사회의 경우 학교와 사회는 긍정적인 청소년 발달(PYD: positive youth development)을 촉진하도록 노력을 기울인다는 점을 언급하였다. 또한, 그는 역량강화(empowerment), 집단적 효능감(collective effecacy) 등이 지역사회를 통하여 실현될 수 있다는 점을 인용을 통하여 지적하면서, 지역사회의 쾌적한 환경조성과 구성원의 친밀한 관계형성 등을 통하여 긍정 지역사회의 개념이 설명하고자 하였다. 이와 같은 지역사회를 통한 개인과 사회의 긍정적 변화의 지향은 청소년들에게 또 하나의 생활 문화로써 내면화 될 수 있으므로, 그 자체로써 유의한 인지 및 실천적 활동으로 연결될 가능성이 있다고 할 수 있을 것이다. 이와 같은 개념은 또한, Fredricson(2002)에 의해서도 설명되고 있는데, 이것은 긍정정서의 경험은 일상적인사고의 행동 목록의 확장을 가져오고, 지속적인 개인적 차원의 축적에 영향을 주어 궁극적으로 개인의 변화 및 상향적 발전을 가져오게 된다는 것이다(권석만, 2008 재인용). 아울러 이와 같은 긍정심리학을 통한 상호 교류성은 청소년들의 조화로운 삶의 지향에 도움이 될 것으로 보인다. 특히 긍정심리학의 장점은, 일반인이라면 누구나 이러한 긍정심리학의 목적과 가능성 및 자아 실현적인 동기에 근접할 수 있다고 하였다(Sheldon & King. 2001).

책을 마치며 생각해보기

▩ 사례관리에 유용한 긍정심리의 정리 ▩

긍정심리와 행복

인간에 대한 과학적 연구를 지향하는 심리학 등 사회과학 분야에서 종전에는 인간의 문제나 병리적인 측면에 초점을 둔 연구들이 많이 진행되었던 것에 반해 최근에는 강점과 자원에 초점을 둔 긍정적인 면, 행복, 삶의 질 등과 관련된 연구가 많이 이루어지고 있습니다(권석만, 2008). 흔히 컵에 물이 반쯤 담겨있을 때, 물이 반이나 담겼다는 사람과 반밖에 없다는 사람을 접하게 됩니다. 우리는 어느 쪽 일까요? 긍정심리는 컵에 물이 반이나 담겨있다는 긍정적 생각으로 인간이 가지고 있는 자원을 긍정적으로 바라보고 활용함으로써 생활에 활력을 불어넣게 됩니다. 긍정심리는 시간의 몰입과 영성 등 많은 심리적인 영역에 있어서 객관적인 측정도구를 가지고 보다 과학적으로 인간의 삶을 되돌아보게 합니다. 성격적 강점(character strengths) 또는 덕성(virtues)이란 일관성을 가지고 한 사람이 자신 및 사회에게 혜택을 주기 위해 생각이나 행동을 하도록 할 수 있게 하는 어떠한 심리적 과정이라 정의되어 왔습니다(McCullough & Snyder, 2000). 이에 대해 Peterson과 Seligman(2004)은 사람마다 각자의 다양한 성격적 강점과 재능을 가지고 있다고 하면서, 이러한 강점들 중에서 개인의 독특성을 잘 보여 줄 수 있는 두드러진 성격적 강점들을 대표강점(signature strengths)이라 하였습니다. 이에 Seligman(2002)은 그의 행복이론에서, 개인의 두드러진 대표 강점을 재발견하여 개발하고 이것을 일, 사랑, 자녀양육, 여가활동과 같은 일상생활에서 정기적으로 활용함으로써 몰입이나 적극적 삶이 달성될 수 있다고 하였습니다. 즉, 진정한 행복은 개인의 이러한 두드러진 대표 강점을 발견하여 이것들을 일상생활의 다양한 영역에서 적극적으로 활용함을 통하여 달성될 수 있다는 입장을 보이고 있습니다(윤성민, 2011). 이것은 그동안 인간의 심리학이 왜 그동안 부정적인 면에 초점을 두고 인간을 평가해 왔는가 하는 점에 관하여 스트레스가 많은 현대사회에서 이를 새롭게 조망하여, 더 중요한 것은 기쁨, 관심, 만족, 사랑, 자부심, 영성과 같은 다양한 긍정적 심리적인 영역을 개발하며, 이에 보다 주목해야 함을 지각하게 하는 건강심리학이라는 것입니다. 따라서 긍정심리학에서는 이란 다양한 영역을 부정적 측면과 비교하여 그에 따른 건강의 결과를 비교해보기도 하고, 이를 체크리스트를 통해 점검해보게도 합니다. 그에 대한 간단한 연습으로 매일 거울을 보며 웃는 연습을 한다거나, 감사에 대해 헤아리기, 감사편지쓰기 등 긍정심리는 일상생활에서 쉽게 실천할 수 있는 많은 실천 방법을 가지고 있습니다. 여러분도 이번 사례관리를 학습하며 그에 대한 사례관리자로서 한번 긍정심리를 배우고 실천해보시면 어떨까요?

부 록

상담일지의 활용

부록: 상담일지의 활용

개인 상담 일지 (내방용)

일자	년 월 일 요일
상담인	

내담자	성명		학교		성 별	
	생년월일			전화번호		
	내용	ㅁ 학업 ㅁ 진로 ㅁ 친구 ㅁ 가정 ㅁ 성, 신체 ㅁ 학교생활 ㅁ 기타 ( )				
	동거 여부	ㅁ 부 ㅁ 모 ㅁ 형 ㅁ 제 ㅁ 기타 ( )				
상담 방법		ㅁ 전화 ㅁ 면담 ㅁ 가정 방문 ㅁ 기타(일기, 이메일, 기타)				
상담 내용						
상담 결과						
기타 사항						

집단 상담

집단 상담명					
지도자		상담기간		참가자	명
수퍼바이지		총 회차	회기	클라이언트	

1. 집단 상담의 목표	

2. 상담 과정상의 특이사항	

3.성과평가	

4. 기타	

대상자선정 기준표

점수 선정 기준		기준 점수	점 수	비 고
경제사항 (1인가구기준)	수급권자, 차상위	10		
	70만원 이하	8		
	70만원 이상	5		
주거사항	무료임대, 월세	10		
	전 세	8		
	자 가	5		
건 강 (장애 및 질환)	2가지 이상	10		
	1가지	8		
	없음	5		
일상생활유지 (가사활동 및 여가활동 등)	불 량	10		
	보 통	8		
	양 호	5		
가족관계 (갈등정도)	불 량	10		
	보 통	8		
	양 호	5		
사회적관계 (친인척 및 이웃관계)	불 량	10		
	보 통	8		
	양 호	5		
안 전 (폭력, 방임, 학대 등)	불안전	10		
	보 통	8		
	안 전	5		
지역 자원 연계상황	없음	10		
	1가지	8		
	2가지 이상	5		
담당자 평가		20		
총계		100		

1. 정보수집 및 사정

초기면접지

<table>
<tr><td colspan="2">접수번호</td><td colspan="4">–</td><td colspan="2">일시</td><td colspan="2">20 년 월 일</td></tr>
<tr><td colspan="2">대 상 자</td><td colspan="4"></td><td colspan="2" rowspan="2">장소</td><td colspan="2" rowspan="2">□ 가정 □ 내방 □ 전화
□ 지역사회 기관( )</td></tr>
<tr><td colspan="2">상 담 자</td><td colspan="4"></td></tr>
<tr><td colspan="2">면접경로</td><td colspan="4">□ 본인 요청( )
□ 기관내부 의뢰( )
□ 주민 의뢰( )</td><td colspan="4">□ 사례관리자의 발굴
□ 타기관 의뢰( )
□ 기타( )</td></tr>
<tr><td rowspan="6">인
적
사
항</td><td rowspan="2">주소</td><td colspan="4" rowspan="2"></td><td colspan="2">주민번호</td><td colspan="2"></td></tr>
<tr><td colspan="2">전화번호</td><td colspan="2"></td></tr>
<tr><td>장애 유형
/급수</td><td colspan="4"></td><td colspan="2">건강상태</td><td colspan="2">□ 양호 □ 질환</td></tr>
<tr><td>보호구분</td><td colspan="8">□ 수급 □ 조건부수급 □ 차상위 □ 저소득 □ 기타( )</td></tr>
<tr><td>주거상태</td><td colspan="8">□ 자택 □ 전세 □ 월세 □ 영구임대 □ 기타</td></tr>
<tr><td colspan="9"></td></tr>
<tr><td colspan="2" rowspan="3">가족사항</td><td>관계</td><td>성명</td><td>나이</td><td>직업</td><td>결혼상태</td><td>동거 여부</td><td>연락처</td><td>기타</td></tr>
<tr><td></td><td></td><td></td><td></td><td></td><td></td><td></td><td></td></tr>
<tr><td></td><td></td><td></td><td></td><td></td><td></td><td></td><td></td></tr>
<tr><td rowspan="2">대
상
자
의
진
술</td><td>도움
요청
내용</td><td colspan="8"></td></tr>
<tr><td>내/외적
장애물</td><td colspan="8"></td></tr>
<tr><td colspan="2" rowspan="2">면접자 평가</td><td colspan="8"></td></tr>
<tr><td colspan="2">대상판정</td><td colspan="6">□ 대상 □ 비대상(정보 제공 / 연계( )</td></tr>
</table>

[작성 방법]

(1) 접수번호 : 인테이크 진행 일시 순차에 맞춰 번호 부여

(2) 대상자 : 사례관리 이용자 성명 기재

(3) 상담자 : 인테이크 진행 사례관리자 이름 기입

(4) 일시 : 사례관리 의뢰 후 초기면접일 기입

(5) 주소 : 도로명 및 구주소 기입

(6) 인적사항 : 대상자가 구두상으로 사례관리자에게 이야기한 사항에 대해 기록

(7) 가족사항 : 대상자의 가구정보 작성

(8) 대상자의 진술 : 도움요청내용과 내/외적 장애물로 구분

- 도움요청 내용 : 이용자가 경험하고 있는 어려움 및 사례관리 서비스 제공을 통한 개선사항
- 내/외적 장애물 : c't 환경 혹은 두 가지 요소(내/외적 장애물) 모두가 c't나 가족의 욕구 또는 문제 해결을 방해하고 있는 사람이라 내용을 지칭

사례현황기록지

<table>
<tr><td>사례번호</td><td>-</td><td>접수일시</td><td colspan="3">20 년 월 일</td></tr>
<tr><td>접수경로</td><td colspan="5">□ 본인 요청 □ 기관내부 의뢰 □ 주민 의뢰 □ 사례관리자의 발굴
□ 타기관 의뢰 □ 기타( )</td></tr>
<tr><td>면 접 자</td><td></td><td>면접
참여자</td><td></td><td>면접
일자</td><td>20 년 월 일</td></tr>
<tr><td>면접 장소</td><td colspan="5">□ 가정 □ 내방 □ 전화 □ 지역사회 기관 □ 기타( )</td></tr>
<tr><td>기타 기록사항</td><td colspan="5"></td></tr>
</table>

<table>
<tr><th colspan="6">1) 일반사항</th></tr>
<tr><td>대상자 성명
(남/여)</td><td colspan="2"></td><td>연 령</td><td>세</td><td>주민등록
번호</td><td></td></tr>
<tr><td rowspan="2">주 소</td><td colspan="4" rowspan="2"></td><td>집전화</td><td></td></tr>
<tr><td>핸드폰</td><td></td></tr>
<tr><td>학 력</td><td colspan="4">□ 무학 □ 초재 □ 초졸 □ 중재 □ 중졸
□ 고재 □ 고졸 □ 대재 □ 대졸
□ 대학원 이상 □ 기타(학교명:)</td><td>학교명
(아동/청소년
경우 기입)</td><td></td></tr>
<tr><td>종 교</td><td colspan="6">□ 기독교 □ 천주교 □ 불교 □ 무교 □ 기타:</td></tr>
<tr><td>직 업</td><td colspan="6">□ 무직 □ 학생□ 주부 □ 자영(가게) □ 자영(가판) □ 자활근로
□ 일용직 □ 계약직 □ 정규직 □ 기타: □ 확인불가</td></tr>
<tr><td>세대유형
(중복표시가능)</td><td colspan="6">□ 독거 □ 부부 □ 한 부모(모자) □ 한 부모(부자) □ 부모자녀가정
□ 조손가정 □ 소년소녀가정 □ 삼세대가정 □ 기타:</td></tr>
<tr><td rowspan="9">가구보장
구분
(중복표시가능)</td><td>보호구분</td><td colspan="5">□ 일반수급 □ 조건부수급 □ 차상위계층 □ 저소득
□ 국가유공자 □ 기타: □ 해당없음</td></tr>
<tr><td>의료보장</td><td colspan="5">□ 1종 의료급여 □ 2종 의료급여 □ 국민건강보험(지역/직장)</td></tr>
<tr><td>기초생활
보장</td><td colspan="5">□ 생계급여 □ 교육급여(학비) □ 의료급여
□ 주거급여 □ 자활급여 □ 기타:</td></tr>
<tr><td>영유아</td><td colspan="5">□ 보육료 감면 □ 기타:</td></tr>
<tr><td>아 동</td><td colspan="5">□ 소년소녀가장보호비 □ 그룹홈, 가정위탁보호비
□ 기타:</td></tr>
<tr><td>모자가정</td><td colspan="5">□ 아동양육비 □ 학비 □ 기타:</td></tr>
<tr><td>부자가정</td><td colspan="5">□ 아동양육비 □ 학비 □ 기타:</td></tr>
<tr><td>장애인</td><td colspan="5">□ 장애수당 □ 학비 □ 기타:</td></tr>
<tr><td>노인</td><td colspan="5">□ 노령연금 □ 장기요양(등급) □ 기타:</td></tr>
</table>

<table>
<tr><th colspan="6">2) 대상자의 욕구(want) 및 문제유형</th></tr>
<tr><td>대상자의 진술</td><td colspan="5"></td></tr>
<tr><td colspan="2">욕구 및 문제유형</td><td>욕구 수준</td><td colspan="2">욕구 및 문제유형</td><td>욕구 수준</td></tr>
<tr><td rowspan="3">안전</td><td>□ 가족 내 안전유지</td><td></td><td rowspan="3">경제</td><td>□ 기초생활해결</td><td></td></tr>
<tr><td>□ 가족 외부로부터 보호</td><td></td><td>□ 자산관리</td><td></td></tr>
<tr><td>□ 기타 고려사항</td><td></td><td>□ 기타 고려사항</td><td></td></tr>
<tr><td rowspan="3">건강</td><td>□ 신체적 건강유지</td><td></td><td rowspan="3">교육</td><td>□ 기초지식 습득 및 향상</td><td></td></tr>
<tr><td>□ 정신적 건강유지</td><td></td><td>□ 교육개선</td><td></td></tr>
<tr><td>□ 기타 고려사항</td><td></td><td>□ 기타 고려사항</td><td></td></tr>
<tr><td rowspan="3">일상생활유지</td><td>□ 의·식·주관련 일상생활유지</td><td></td><td rowspan="2">직업</td><td>□ 취(창)업</td><td></td></tr>
<tr><td>□ 여가생활활용</td><td></td><td>□ 기타 고려사항</td><td></td></tr>
<tr><td>□ 기타 고려사항</td><td></td><td rowspan="4">생활환경 / 권익보장</td><td>□ 주거내부환경 개선</td><td></td></tr>
<tr><td rowspan="3">가족관계</td><td>□ 관계형성</td><td></td><td>□ 주거외부환경 개선</td><td></td></tr>
<tr><td>□ 가족돌봄 (부양)</td><td></td><td>□ 권익보장</td><td></td></tr>
<tr><td>□ 기타 고려사항</td><td></td><td>□ 기타 고려사항</td><td></td></tr>
<tr><td rowspan="3">사회적관계</td><td>□ 친인척,이웃간 관계형성</td><td></td><td rowspan="3">기타</td><td>□</td><td></td></tr>
<tr><td>□ 소속된 집단 및 사회생활</td><td></td><td>□</td><td></td></tr>
<tr><td>□ 기타 고려사항</td><td></td><td>□</td><td></td></tr>
</table>

3)면접자 평가	
대상 판정	□ 대상(긴급 / 일반) □ 비대상(정보 제공 / 연계 및 의뢰:)

4) 경제상황

수입	월가구총수입			원(사정월 기준)
	내 역			금액
	근로소득			원
	정부 지원금	생계비		원
		연금		원
		수당		원
		기타		원
	후원금			원
	기타			원
지출	월가구 총지출			원(사정월 기준)
	내 역			금액
	공과금 (상하수도, 전기, 전화, 가스)			원
	핸드폰			원
	인터넷			원
	의료비			원
	교육비			원
	식비			원
	임대료			원
	기타(부채상환, 보험료 등)			원
자산	자산(저축포함) (해당사항 있을 경우 기입)		ㅁ 주택(만원) ㅁ 상가(만원) ㅁ 토지(만원) ㅁ 저축(만원) ㅁ 유가증권(만원) ㅁ 기타:	원
	부채 (해당사항 있을 경우 기입)		ㅁ 대출(만원) ㅁ 할부(만원) ㅁ 연체(만원) ㅁ 기타:	원
경제적 특이사항				

주거 상황	소유	ㅁ 자가 ㅁ 전세(만원) ㅁ 월세(보증금 만원/월세 만원) ㅁ 임대주택(보증금 만원/월세 만원) ㅁ 무료임대 ㅁ 기타:					
	구조	ㅁ 단독주택 ㅁ 다세대/빌라/연립 ㅁ 아파트 ㅁ 임대(주택/아파트) ㅁ 단칸방 ㅁ 기타:				ㅁ 방 수 : 개	
	내외부상태	전기	ㅁ양호 ㅁ불량	수도	ㅁ양호 ㅁ불량	화장실/욕실	ㅁ양호 ㅁ불량
		도배장판	ㅁ양호 ㅁ불량	부엌	ㅁ양호 ㅁ불량	통풍/채광	ㅁ양호 ㅁ불량
		거주지 주변환경					
	난방	ㅁ 없음 ㅁ 연탄 ㅁ 가스보일러 ㅁ 기름보일러 ㅁ 기타:					
	특이사항						

<table>
<tr><th colspan="8">5) 건강상황</th></tr>
<tr><td rowspan="10">신체</td><td rowspan="4">장애명 및 등급</td><td colspan="3">□ 없음
□ 언어장애 (   )급
□ 자폐성장애 (   )급
□ 간질장애 (   )급</td><td colspan="3">□ 지체장애 (   )급
□ 뇌병변 (   )급
□ 정신장애 (   )급
□ 호흡기장애 (   )급</td></tr>
<tr><td colspan="3">□ 시각장애 (   )급
□ 신장장애 (   )급
□ 간장애 (   )급
□ 장루, 요루장애 (   )급</td><td colspan="3">□ 청각장애 (   )급
□ 지적장애 (   )급
□ 심장장애 (   )급
□ 안면장애 (   )급</td></tr>
<tr><td>원인</td><td colspan="5"></td></tr>
<tr><td>시기</td><td></td><td>등록</td><td>년도</td><td>발급지</td><td></td></tr>
<tr><td>질병유무
(1년내)</td><td colspan="6">□ 없음 □ 내과질환 □ 치과질환 □ 이비인후과질환
□ 피부과질환 □ 안과질환 □ 외과질환 □ 희귀질환 □ 기타</td></tr>
<tr><td>진단명
(발병일,
치료 방법 및 주기)</td><td colspan="6"></td></tr>
<tr><td>과거병력
(수술경험 포함)</td><td colspan="6"></td></tr>
<tr><td>사용보장구</td><td colspan="6">□ 없음 □ 지팡이 □ 보청기 □ 휠체어 □ 목발
□ 의족/의수 □ 기타(   )</td></tr>
<tr><td>필요보장구</td><td colspan="6">□ 없음 □ 지팡이 □ 보청기 □ 휠체어 □ 목발
□ 의족/의수 □ 기타(   )</td></tr>
<tr><td>일상생활
수행능력
(ADL, IADL)</td><td colspan="6">□ 전혀불편없음: 개
□ 약간불편: 개
□ 매우 불편: 개</td></tr>
</table>

정서	정서상태	□ 명랑한 편 □ 우울한 편 □ 항상 우울 □ 기타( )
	기억력	□ 좋음 □ 보통(정상) □ 감퇴(악화) □ 기타( )
	일상 불안	□ 불안 없음 □ 가끔 불안 □ 항상 불안 □ 기타( )
	일상 만족도	□ 좋음 □ 보통(정상) □ 좋지 않음 □ 기타( )
	수 면	□ 잘잠 □ 가끔 못잠 □ 거의 못잠 □ 기타( )
	환각증세	□ 없음 □ 환청 □ 환상 □ 촉각 □ 기타( )
	자살충동	□ 느낀 적 없음 □ 가끔 느낌 □ 자주 느낌 □ 기타( )
	기타 증상 (고려할 점, 관찰사항 등)	
특이 사항	알코올 남용/중독	□ 예 □ 아니오
	음주량 측정	□ 매일 마심(종류 : , 병/일) □ 가끔 마심(종류 : , 병/일) □ 해당없음
	흡연량 측정	□ 매일 피움(갑/일) □ 가끔 피움(갑/일) □ 해당없음
	배회한 경험	□ 있다 □ 없다
	횡설수설	□ 예 □ 아니오
	학대당한 흔적	□ 있다 □ 없다
	구체적 기술	
	기타 특이사항	

6) 가구사항				
성명	직업	주민번호	동거 여부	건강상태(장애, 질병)
대상자와의 관계	근무처(학교, 학년반)	비상연락처	수급 여부	비고
성명	직업	주민번호	동거 여부	건강상태(장애, 질병)
대상자와의 관계	근무처(학교, 학년반)	비상연락처	수급 여부	비고
성명	직업	주민번호	동거 여부	건강상태(장애, 질병)
대상자와의 관계	근무처(학교, 학년반)	비상연락처	수급 여부	비고
성명	직업	주민번호	동거 여부	건강상태(장애, 질병)
대상자와의 관계	근무처(학교, 학년반)	비상연락처	수급 여부	비고
성명	직업	주민번호	동거 여부	건강상태(장애, 질병)
대상자와의 관계	근무처(학교, 학년반)	비상연락처	수급 여부	비고

7) 가계도 (Genogram)	생태도 (eco-map)
평가	

8) 개인력 및 가족력

<table>
<tr><th colspan="8">9) 자원 및 장애물</th></tr>
<tr><td rowspan="4">자원</td><td>자원구분</td><td>자원명</td><td>이용내용</td><td>이용기간</td><td>담당자명/
연락처</td><td>비고
(종결 사유
등)</td></tr>
<tr><td>공식적 자원
(공공기관,
복지기관 등)</td><td></td><td></td><td></td><td></td><td></td></tr>
<tr><td>비공식적 자원
(비동거가족, 이웃,
종교단체 등)</td><td></td><td></td><td></td><td></td><td></td></tr>
<tr><td>강점</td><td colspan="5"></td></tr>
<tr><td rowspan="2">자원접근의 어려움</td><td>내적 장애물
(개인 심리적인 요인,
가족적 문제)</td><td colspan="5"></td></tr>
<tr><td>외적 장애물
(지역적,
제도적 문제)</td><td colspan="5"></td></tr>
</table>

[작성 방법]

(1) 세대주를 중심으로 작성(단, 주 클라이언트를 중심으로 작성 가능)

(2) 서술형 기록은 6하 원칙에 입각하여 작성(누가, 언제, 어디서, 무엇을, 어떻게, 왜)

(3) 접수번호, 접수일시, 접수경로 : 복지관에서 인테이크 실시 기점으로 수차적으로 접수번호 배부, 일시와 경리 기입

(4) 면접자, 면접참여자, 면접일자, 면접장소
- 면접자 : 초기면접을 진행한 사례관리자 작성
- 면접참여자 : 초기면접 시 정보 제공한 대상자 기입(다수기입가능)
- 면접일자와 면접장소 : 초기면접이 이루어진 날짜와 장소 기입

1) 일반사항

[작성 방법]

(1) 일반사항 : 해당항목에 맞게 정보기입
- 세대유형 : 현재 거주하고 있는 상황에 맞게 기입(중복기입 가능)
- 가구 보장 구분

(2) 각 항목에서 해당하는 부분 체그

(3) 모든 항목은 공적 급여 수혜 여부만 체크

(4) 자세한 공적급여 수혜내용은 대상자의 통장내역을 확인하거나 주민 센터에 문의하여 정보수집

2) 대상자의 욕구(want) 및 문제유형

[작성 방법]

(1) 대상자의 진술 : 대상자와 그 가족들의 진술 그대로 서술형으로 작성

(2) 욕구 및 문제유형

[작성 방법]

(1) 대상자가 별제에 직접 작성. 단, 대상자가 글을 모르는 경우 사회복지사가 질문을 하여 대상자가 대답하는 사항을 대리 작성 가능

(2) 욕구가 여러 가지 일 경우 중복 기록 가능

3) 면접자 평가

[작성 방법]

(1) 면접자 평가 : 면접자는 대상자의 진술과 조사된 객관적 정보를 중심으로 사례관리 서비스 제공 여부 및 위험도에 대한 사정과 자원사정 결과를 종합하여 평가란에 서술형으로 기록

(2) 대상 판정

- 사례관리 서비스 대상 : 대상자의 도움 요청내용에 따라 긴급개입 및 일반개입 여부를 판정하여 기록
- 사례관리 비대상 : 대상자의 의사에 따라 타기관 및 서비스에 대한 정보를 제공하거나 의뢰하는 것으로 기록

4) 경제상황

[작성 방법]

(1) 수입

- 해당 항목에 따라 해당사항에 기입
- 내역에 세부내역과 금액을 기입하고 총액을 금액란에 작성
- 기타항목 : 용돈, 빌린 돈 등 항목에 없는 내역 작성

(2) 지출

- 기본적인 작성 방법은 수입과 동일
- 기타항목 : 보험료, 부채상환 등 항목에 없는 내역 작성

(3) 자산

- 해당사항이 있을 경우 작성
- 자산 : 부동산(주택, 상가, 토지 등)과 동산(저출, 유가증권, 차량 등)이 포험
- 부채 : 대출, 연체, 이웃에게 빌린 돈 등 작성(언제, 어디서, 누구에게 돈을 빌린 것이며 매월 얼마씩 갚고 있는지 등의 내역도 함께 작성)

(4) 주거상황

- 소유, 구조 : 현재 거주지에 맞춰 체크
- 내, 외부상태 : 해당사항 체크 및 청결상태에 대하여 기록하도록 함.
- 거주지 주변 환경 : 서술형으로 작성(주변 유해환경 등도 기입)

5) 건강상황

[작성 방법]

(1) 신체

- 장애명 및 등급 : 정확하게 확인 된 사실만 기록
- 질병유무 : 최근 1년 내 병원에서 진단받은 질병 기록
- 진단명 : 질명원인, 발병일, 진단받은 병원명, 치료 방법과 주기 기록
- 과거병력 : 수술경험과 진단받았던 내용을 기입하며 질병원인, 발병일, 진단받은 병원명, 치료 방법과 주기 등 기록, 미진단 병력은 '미진단'이라고 함께 기록
- 일상생활 수행능력 : ADL, IADL 척도 검사 결과 기록

(2) 정서, 특이사항

- 해당사항에 맞춰 체크
- 기타 : 관찰해야 할 내용 등 특이사항을 서술형으로 육하원칙에 입각하여 작성

6) 가구사항

[작성 방법]

(1) 동거하고 있는 가구원과 비동거 가족이어도 왕래가 잦으면 함께 기록

(2) 가구사항은 명사형으로 간단하게 기록하되, 자세한 설명이 필요한 경우 가족력에 기록

7) 가계도 및 생태도

[작성 방법]

(1) 가계도

- 중요사항을 3세대까지 확대하여 작성
- 기록내용 : 가족구성원, 이름, 연령, 형제자매 위치, 결혼상태, 종교, 직업, 지리적인 위치, 건강, 사회경제적 상태, 중요한 생화 사건 등

(2) 생태도

- 공식 자원, 비공식 자원, 강점이나 취미 등을 기록
- 자원연계 시기 및 연계 내용 기입

8) 개인력 및 가족력

[작성 방법]

- 세대주의 개인력을 서술형으로 작성(주 클라이언트 작성 가능)

- 생활주기에 따른 인간관계, 생활사건, 클라이언트의 감정, 성격, 건강상태, 학력이나 취업 상태 등 기록
- 가족구성원 모두의 개인력 작성 가능
- 가족력 : 원가족의 가족사황과 가족관계, 현재의 가족구성과 애착형성 과정, 가족 규칙, 생활 사건, 가족유형, 가족발달 단계에 따른 가족상황 등을 서술형으로 작성
- 클라이언트 욕구(문제)와 관련된 가족 상황 및 환경 : 과거에는 'family history'라고 해서 클라이언트의 출생부터 원가족, 결혼과 그 후 생활 등 모든 것에 대해 듣고 기록하였으나 요즘은 굳이 클라이언트 욕구(문제)와 관계없는 이야기들을 들을 필요가 있는지에 대한 의문이 제기되고 있다. 따라서 현재 클라이언트의 욕구나 문제와 관련있는 것들만을 들어도 충분하다는 판단 하에 클라이언트로부터 욕구나 문제를 중심으로 관계성이 있는 이야기들을 듣고 기록하도록 한다.

9) 자원 및 장애물

[작성 방법]

(1) 자원

- 공식적 자원과 비공식적 자원으로 나누어 작성
- 자원명, 이용개시일, 이용종결일, 이용내용, 종결사유, 담당자명을 세부적으로 작성하며 비고란에는 자원의 종결 여부 및 종결사유 등에 대해서 기록
- 공식적 자원 : 공공기관, 복지기관 등으로 자원명, 이용개시일, 이용주기, 담당자명, 비고 등을 세부적으로 기록
- 비공식적 자원 : 비동거가족, 이웃, 종교단체, 병원 등으로 자원명, 이용개시일, 이용주기, 이용내용 등 기록
- 강점 : 공식적/ 비공식적 자원 외에 문제 해결을 위해 대상자가 가지고 있는 긍정적인 부분을 자세히 기록
- 현재까지의 이용한 경험이 있는 자원은 물론 욕구에 대응하여 활용 가능성이 있는 자원을 사정하여 기록

(2) 장애물

- 내적 장애물 : 문제 해결을 위한 자원이나 방법에 접근하기 어렵게 하는 개인 심리적 요인을 서술
- 외적 장애물 : 문제 해결을 위한 자원이나 방법에 접근하기 어렵게 하는 지역적, 제도적인 요인 서술
- 신체적, 정신적 요인을 제시할 경우 객관적 근거를 동시에 명시

사정 기록지

사례번호		클라이언트		사례관리자	
사정일자		유형	□ 신규 □ 재사정	정보 제공자	

영역	제시된 욕구	강점	이용가능한 자원	척도질문
				1점~10점
교육 · 발달				
경제				
건강				
강점				

척도 이용사정	척도종류	결과
사례관리 여부		

강점 활용방안	

2. 계획

사례관리계획서

<table>
<tr><td>사례 번호</td><td></td><td>성명</td><td></td><td>사례 관리자</td><td></td><td>작성일</td><td colspan="2">20 . . .( )차</td></tr>
<tr><td rowspan="3">성과 목표</td><td colspan="8">1.</td></tr>
<tr><td colspan="8">2.</td></tr>
<tr><td colspan="8">3.</td></tr>
<tr><td>우선 순위</td><td colspan="2">제시된 욕구</td><td colspan="4">합의된 목표</td><td colspan="2">현재 수준</td></tr>
<tr><td rowspan="8">1</td><td colspan="2">1.</td><td colspan="4" rowspan="2"></td><td colspan="2" rowspan="2"></td></tr>
<tr><td colspan="2">2.</td></tr>
<tr><td colspan="2">실천계획</td><td rowspan="2">참여 기관</td><td rowspan="2">담당자</td><td rowspan="2">빈도/ 횟수</td><td rowspan="2">실천 기간</td><td colspan="2">점검계획</td></tr>
<tr><td>내 용</td><td>실천자</td><td>횟수</td><td>방법</td></tr>
<tr><td></td><td></td><td></td><td></td><td></td><td></td><td></td><td></td></tr>
<tr><td></td><td></td><td></td><td></td><td></td><td></td><td></td><td></td></tr>
<tr><td></td><td></td><td></td><td></td><td></td><td></td><td></td><td></td></tr>
<tr><td>우선 순위</td><td colspan="2">제시된 욕구</td><td colspan="4">합의된 목표</td><td colspan="2">현재 수준</td></tr>
<tr><td rowspan="7">2</td><td colspan="2">1.</td><td colspan="4" rowspan="2"></td><td colspan="2" rowspan="2"></td></tr>
<tr><td colspan="2">2.</td></tr>
<tr><td colspan="2">실천계획</td><td rowspan="2">참여 기관</td><td rowspan="2">담당자</td><td rowspan="2">빈도/ 횟수</td><td rowspan="2">실천 기간</td><td colspan="2">점검계획</td></tr>
<tr><td>내 용</td><td>실천자</td><td>횟수</td><td>방법</td></tr>
<tr><td></td><td></td><td></td><td></td><td></td><td></td><td></td><td></td></tr>
<tr><td></td><td></td><td></td><td></td><td></td><td></td><td></td><td></td></tr>
<tr><td></td><td></td><td></td><td></td><td></td><td></td><td></td><td></td></tr>
</table>

· __________은(는) 상기와 같은 서비스 계획에 동의하며, ㅇㅇ종합사회복지관과 함께 적극적으로 변화의 노력에 동참할 것을 약속합니다. 또한, 더 나은 생활 지원을 위해 협력하는 기관들과 본인 및 가족의 기초정보 및 서비스 진행 과정에 대한 정보를 공유하는 것에 대해 동의합니다.

· ________은(는) 상기 목표를 당성하기 위해 최선을 다하겠습니다.

· 본 종합사회복지관은 ________의 사회복지 욕구를 해결하기 위해 최선의 사례관리 서비스를 제공하도록 노력하겠습니다.

20 년 월 일

· 성명 : ________(인) · 대상자와의 관계 : ________ · 사례관리자 : ________(인)

[작성 방법]

(1) 성과목표 : 다양한 서비스 제공을 통해 궁극적으로 대상자의 변화를 가져오기 위한 기대치를 기록함으로서 대상자와 사례관리자가 사례관리에 참여목적을 명확히 한다.

(2) 합의된 목표

- 사례관리 시작 이후 3개월 이내에 달성 가능한 단기형, 또는 단기목표의 달성을 통해 단기목표와 무관하게 3~6개월의 이상의 노력으로 변화를 가져올 수 있는 장기목표를 모두 포함한다.
- 제시된 욕구의 해결을 위해 사례관리자와 대상자의 욕구해결의 목표를 설정한다.
- 목표는 가능한 행동적이고, 가시적이며, 수치화할 수 있도록 기술하며 단문으로 기술한다.
- 욕구에 대한 이루고자 한 것, 활동내용과 실천계획을 통해 기대되거나 변화되고자 하는 것이 나타날 수 있도록 작성한다.

(3) 욕구 : 합의된 욕구를 기술. 가족구성원 중 누구에 의해 제시된 욕구인지 함께 기록한다.

(4) 우선순위 : 사정표에서 우선순위화한 욕구를 순서대로 재정렬하여 기록하며 아래와 같은 기준하에 클라이언트와 합의하여 순위를 기록한다.

- 클라이언트가 가장 중요하다고 인식하는 것
- 클라이언트의 삶에 당장 위험을 끼칠 가능성이 있는 긴급한 것
- 클라이언트의 근로 저해 요소로 판단되는 주요 문제 중에서 단기간 내 제거 가능한 것
- 서비스가 미뤄질 경우 다른 욕구 영역에까지 새로운 문제 유발 혹은 욕구발생 가능성이 높은 것

(5) 현재 수준 : 현재 클라이언트가 느끼는 욕구의 수준을 1~10점 사이에서 욕구가 모두 해결 되었을 때는 10점 만점으로 볼 때 현재 상태를 점수화하며 기록한다.

(6) 실천계획 : 합의된 목표를 달성하기 위한 실천 방법으로서 계획의 실행자, 장소, 관련 자원 등을 포함해 구체적으로 기술한다.

(7) 실천기간 : 해당 실천 계획의 실제적인 실행기간을 기록한다.

(8) 참여기관, 담당자 : 기관 내부에서 담당할 경우 부서와 담당자의 이름, 외부기관에 의해 제공될 경우 기관명과 담당자의 이름을 기록한다. 내부와 외부의 기관이 공동으로 담당할 경우 모두 기로하며 주담당자를 표시한다.

(9) 빈도 : 실천계획에 의한 서비스의 주당 제공횟수를 기록한다.

(10) 점검계획 : 달성정도를 확인하여 점검하고 평가할 수 있도록 점검횟수와 점거 방법을 클라이언트와 합의하여 계획표에 기입한다.

(11) 계약 서명 : 클라이언트, 사례관리자가 클라이언트의 변화목표를 달성하기 위해 구체적으로 하여야 할 역할 수행과 책임에 대한 약속이다.

- 상기목표달성을 위해 클라이언트, 사례관리자, 참여기관이 최선의 노력을 다할 것을 약속함.
- 개인저보보호 및 정보공유, 활용에 대한 동의를 얻음.
- 계약서를 2부 출력하여 서명을 주고받은 후 주사례관리 기관과 클라이언트가 각각 1부씩 보관함.

내부사례회의

<table>
<tr><td rowspan="3">전체사례수</td><td rowspan="2">기존사례수</td><td rowspan="2">신규사례수</td><td colspan="5">사례 개입 유형</td></tr>
<tr><td>집중사례수</td><td>일반사례수</td><td>단순사례수</td><td>종결사례수</td><td>기타사례수</td></tr>
<tr><td></td><td></td><td></td><td></td><td></td><td></td><td></td></tr>
<tr><td rowspan="2">No.1</td><td>intake</td><td>대상자명</td><td colspan="2">연령/기타사항</td><td>가족유형/수</td><td>보호유형</td><td>재사정계획</td></tr>
<tr><td></td><td></td><td colspan="2"></td><td></td><td></td><td></td></tr>
<tr><td>사례요약</td><td colspan="7"></td></tr>
<tr><td>개입 과정 및
현재상태</td><td colspan="7"></td></tr>
<tr><td>자원연계</td><td>기존</td><td colspan="2"></td><td>현재</td><td colspan="3"></td></tr>
</table>

[작성 방법]

(1) 사례요약 : 종합정보기록지 전반 사항 등을 서술형으로 간략히 작성

(2) 개입 과정 및 현재상태 : 사례관리 진행에 있어 개입 방향성 및 계획 실천 정도 기록

(3) 자원연계 : 내, 외부 적으로 연계된 자원 목록 작성

내부사례회의록
(운영일지)

<table>
<tr><td>회 의 명</td><td colspan="2"></td><td rowspan="2">사례회의
참 석 자</td><td rowspan="2"></td></tr>
<tr><td>일 시</td><td colspan="2"></td></tr>
<tr><td>실 적
구 분</td><td>참여인원</td><td>금월 누계</td><td colspan="2">총 누계</td></tr>
<tr><td>회의참석자</td><td></td><td></td><td colspan="2"></td></tr>
<tr><td>대상자</td><td></td><td></td><td colspan="2"></td></tr>
<tr><td>주요회의
진행내용</td><td colspan="4"></td></tr>
<tr><td>문제점 · 협의
조정사항</td><td colspan="4"></td></tr>
<tr><td>비 고</td><td colspan="4"></td></tr>
</table>

[작성 방법]

(1) 주요회의 진행 내용 : 내부사례회의 '개입 과정 및 현재상태'공유를 통해 사례에 대해 설명하도록 하고, 사례에 대한 정보를 공유한 후 문제와 욕구에 대한 사정결과, 개입 계획 및 자원 활용 방안에 대한 논의와 함께 수퍼비전 받은 내용을 기록한다.

(2) 문제점, 협의 조정사항 : 사례관리 전문적인 개입 방안 작성 및 사례관리자들 간의 이견이나 관점의 차이 조정사항에 대해 기록한다.

3. 실행

사례관리 과정기록지

사례번호		클라이언트		사례관리자	

일 시	구분	접촉대상	소요시간 (분)
20 . . .			
내용			

[작성 방법]

(1) 일시 : 대상자관리(안부전화, 대상자 상담, 주변인 상담) 진행 시 일자 기록

(2) 구분 : 대상자관리사항(안부전화, 대상자 상담, 주변인 상담)에 대해 기록

(3) 접촉대상 : 사례관리자와 접촉된 대상에 대해 기록

(4) 내용 : 접촉 사항에 대한 클라이언트의 일상생활 및 점검 사항에 대해 기록하며, 정보를 접할 수 있는 기회가 부족한 클라이언트에게 욕구 및 목표에 적합한 정보를 지속적으로 제공하며, 연계 사항에 대해 작성한다.

사례관리 상담기록지

상담일자		서비스			
상담유형		상담 방법		상담시간	
제 목					
상담내용					
상담자의견					
상담결과					
비고					
담당자					

[작성 방법]

(1) 사례관리 과정 가운데 진행되는 모든 상담 내용을 기록하며, 사례관리자에 의해 제공되는 직접 서비스 중 각족 상담 및관리에 대한 내용을 중심으로 기록한다.

(2) 사례관리 상담기록지는 사회복지시설정보시스템 내에서 전산으로 기록하는 것을 기본원칙으로 한다.

서비스 의뢰서

결재	담 당	과 장	부 장	관 장

의뢰기관		의뢰날짜	
담 당 자		연 락 처	

서비스 대상자 성명		전화번호	(집) (H. P.)
주 소	자택)		
	직장)		
세대유형 (중복표시가능)	ㅁ 독거 ㅁ 부부 ㅁ 한 부모(모자) ㅁ 부모자녀가정 ㅁ 조손가정 ㅁ 소년소녀가정 ㅁ 삼세대가정 ㅁ 기타 ( )		
의료보장현황	ㅁ 1종 의료급여ㅁ 2종 의료급여ㅁ 국민건강보험(지역 / 직장)		
보호구분	ㅁ 일반수급 ㅁ 조건부수급 ㅁ 차상위계층 ㅁ 저소득 ㅁ 국가유공자 ㅁ 기타 ㅁ 해당없음		
사례요약			
의뢰 내용 (사회복지사 의견)			
요청 사항			
첨부자료			

본 기관의 대상자에게 전문적 서비스 제공을 통해 효과적인 문제 해결을 지원하고자
위와 같이 의뢰하오니 협조하여 주시기 바랍니다.

20 년 월 일

기 관 명:
사례관리자:
연락처:

[작성 방법]

(1) 사례요약 : 대상자의 욕구 및 목표, 서비스 실행 내용 및 과정 등에 대해 기록한다.

(2) 의뢰내용 : 서비스 의뢰와 관련한 욕구, 목표를 기술하며, 구체적으로 의뢰하는 서비스에 내용과 빈도에 대해서 기록할 수 있다. 사례관리자가 지속적으로 서비스 제공 과정을 모니터링할 계획이라면 그 빈도와 방법에 대한 내용도 기록한다.

(3) 요청사항 : 의뢰 기관에 요청하는 서비스를 기입한다.

(4) 첨부자료 : 공유의 필요성에 따라 '초기면접지', '사례관리 계획 및 점검표'등을 첨부할 수 있다.

사례관리 점검표

<table>
<tr><td>사례번호</td><td></td><td>성명</td><td></td><td>사례
관리자</td><td></td><td>점검일</td><td>20 . . .( )차</td></tr>
<tr><td rowspan="2">성과
목표</td><td colspan="7">1.</td></tr>
<tr><td colspan="7">2.</td></tr>
<tr><td rowspan="2">우선
순위</td><td rowspan="2">합의된 목표</td><td rowspan="2">목표
달성
정도</td><td colspan="2">실천계획</td><td rowspan="2">추진내용</td><td colspan="2">점검사항</td></tr>
<tr><td>내용</td><td>실천자</td><td>변경
내용</td><td>사유</td></tr>
<tr><td></td><td></td><td></td><td></td><td></td><td></td><td></td><td></td></tr>
<tr><td></td><td></td><td></td><td></td><td></td><td></td><td></td><td></td></tr>
<tr><td></td><td></td><td></td><td></td><td></td><td></td><td></td><td></td></tr>
<tr><td></td><td></td><td></td><td></td><td></td><td></td><td></td><td></td></tr>
<tr><td></td><td></td><td></td><td></td><td></td><td></td><td></td><td></td></tr>
<tr><td></td><td></td><td></td><td></td><td></td><td></td><td></td><td></td></tr>
<tr><td colspan="8">종합의견</td></tr>
<tr><td colspan="8"></td></tr>
</table>

[작성 방법]

(1) 점검일 : 사례관리점검표 작성일과 작성하는 회차 수를 기록한다.

(2) 성과목표, 우선순위, 합위된 목표, 실천계획 내용 및 실천자는 점검할 사례관리 계획과 과련하여 동일하게 작성한다.

(3) 목표달성정도 : 현재 클라이언트가 느끼는 욕구 만족 수준을 1~10점 사이로 표기하여 현재 상태의 수준을 기록한다.

(4) 추진내용 : 실천계획에 따라 실천이 이루어졌는지, 이행내용과 방법에 대해 기입한다.

(5) 점검사항 : 실천계획에 대비 점검사항에 대해 변경된 내용을 기입하고, 변경사유에 대해 기입한다.

사례보고서

<table>
<tr><td>사례번호</td><td></td><td>성명</td><td></td><td>성별/나이</td><td></td></tr>
<tr><td>사례보고일</td><td>20 . . .</td><td>사례회의
유형</td><td>□ 사례회의
□ 통합사례회의
□ 솔루션위원회</td><td>사례
관리자</td><td></td></tr>
<tr><td colspan="6">사례유약</td></tr>
<tr><td rowspan="2">기본정보</td><td colspan="2">가족력</td><td colspan="3">가계도</td></tr>
<tr><td colspan="2"></td><td colspan="3"></td></tr>
<tr><td>의뢰 과정 및 내용의 요약</td><td colspan="5"></td></tr>
<tr><td rowspan="2">욕구</td><td colspan="2">제시된 욕구</td><td colspan="3">합의된 욕구</td></tr>
<tr><td colspan="2"></td><td colspan="3"></td></tr>
<tr><td rowspan="2">자원 및 장애물사정</td><td colspan="2">자원사정</td><td colspan="3">장애물 사정</td></tr>
<tr><td colspan="2"></td><td colspan="3"></td></tr>
<tr><td colspan="6">개입내용</td></tr>
<tr><td colspan="6"></td></tr>
<tr><td colspan="6">사례계획</td></tr>
<tr><td colspan="6"></td></tr>
<tr><td colspan="6">논의요청내용</td></tr>
<tr><td colspan="6"></td></tr>
<tr><td colspan="6">회의의 권고(수퍼비전)내용</td></tr>
<tr><td colspan="6"></td></tr>
</table>

사례관리 수퍼비전일지

<table>
<tr><td colspan="2">일시</td><td></td></tr>
<tr><td colspan="2">장소</td><td></td></tr>
<tr><td rowspan="2">참석자</td><td>수퍼바이저</td><td></td></tr>
<tr><td>실무자</td><td></td></tr>
<tr><td rowspan="3">수퍼비전내용</td><td>임상사례</td><td></td></tr>
<tr><td>운영체계</td><td></td></tr>
<tr><td>기타</td><td></td></tr>
<tr><td colspan="2">다음모임</td><td></td></tr>
</table>

4. 종결

사례관리 종결보고서

결재	담 당	과 장	부 장	관 장

사례번호		대상자	(남, 여)	생년월일	(세)
주 소				연락처	
보호유형				사례관리자	
등 록 일	년 월 일			종결일	년 월 일

종결유형 및 사유	유 형	사 유	
	□ 대상자에 의한 종결	□ 사 망 □ 시설 입소 □ 이 주 □ 목표 달성 □ 상황 호전	□ 타 기관 이용 □ 거절이나 포기 □ 약속 불이행 □ 클라이언트의 소극적 참여 □ 기 타 ____________
	□ 기타 이유에 의한 종결	□ 기관의 사례기한 제한	□ 기 타 ____________

서비스 제공내용	추진내용	실천기간	횟수	방법

대상자 변화사항	초기상황	
	종결상황	
사후관리 계획		

[작성 방법]

(1) 등록일 : 초기면접지의 접수일시를 기입한다.

(2) 종결일 : 종결보고서 작성한 날짜를 기입한다.

(3) 종결 유형 및 사유 : 사례관리 서비스를 종결하게 된 궁극적인 사유를 표시한다. 기타 사유의 경우 좀 더 구체적으로 기입힌다.

(4) 서비스 제공 내용

- 추진내용 : 사례관리 점검표에서 추진한 내용을 작성한다.
- 실천기간 : 실천 계획을 실행한 기간을 기입한다.
- 횟 수 : 실천 계획을 실행한 총 횟수를 기입한다.
- 방 법 : 실천 계획을 실행한 방법을 기입한다.

(5) 대상자 변화 사항 : 사례관리 개입 전과 후의 상황을 욕구를 중심으로 비교 평가하여 기술한다. 이대 생태도 및 기타 척도나 평가 도구를 활용하여 객관적으로 평가할 수 있다.

(6) 사후관리계획 : 사후관리 기간 및 방법을 기입한다.

참고문헌

강민주 · 전경숙(1995). "아동의 사회적 지지와 자기능력 지각에 관현 연구". 아동학회지 16(1): 197-210

강병노(2016). 사회복지 윤리경영. 경기: 정민사.

강영배(2009). "사회적 배제의 관점에서 본 청소년문제 및 정책에 관한 고찰." 청소년복지연구, 11(4): 101-127.

강영심 외(2005). 통합교육: 교사를 위한 특수교육입문. 서울: 학지사.

강영심 · 김경숙 · 김동일 · 김성애 · 김용욱 · 김윤옥 · 김종현 · 박재국 · 신종호 · 신현기 · 이대식 · 이신동 · 전병운 · 정대영 · 정정진 · 조용태(2005). 통합교육.서울: 학지사.

고명석(2008). 사회복지생활시설종사자의인권의식에관한연구. 서울기독교대학교 대학원 박사학위논문.

곽미정(2011). 생태학적 요인이 청소년의 임파워먼트에 미치는 영향 연구- 가정생활만족도, 학교생활만족도, 여가생활만족도를 중심으로-. 청소년학연구, 18(3), 216-246.

곽한영(2006). 법교육이 청소년의 법의식에 미치는 영향에 관한 연구: 여자비행청소년을 중심으로. 서울대학교 박사학위논문.

김경미(2013). 정신보건시설 사회복지사의 인권태도에 관한 연구. 가톨릭대학교 사회복지대학원 석사학위논문.

김경신(1993). "가족학의 이론적 관점과 적용", 대한가정학회지, 31(1): 137-151.

김경아(2002). "청소년의 예절수행 세대전이 및 가정생활 건강성", 숙명여자대학교 대학원 박사 학위논문.

김경우(2016). 사회복지실천론. 서울: MJ 미디어.

김기덕 역(1978). 정신분석치료의 이론과 실제. 서울: 고려대학교 출판부.

김동일 · 김계천 · 김병석 · 김봉환 · 김창대 · 김혜숙 · 신종호 (2002). 특수아동 상담. 서울: 학지사.

김명숙(2008). 성균관대학교 석사학위논문.

김상곤(2013). 민관 협력을 위한 통합사례관리 운영체계 구축방안, 안산대학교사회복지학과.

김상봉(1999). 호모 에타쿠스. 경기: 한길사.

김선아 · 김소야자 · 남경아 · 박정화 · 이현화(2003). 가정폭력으로 쉼터에 입소한 여성의 피해실태와 정신건강, 33(7): 981-989.

김윤태(2012). 1990년대 식량난 이후 북한주민의 생애경험이 인권의식 형성에 미치는 영향 연구 : 북한이탈주민을 대상으로. 연세대학교 대학원 박사학위논문.

김융일 · 조홍식 · 김연옥(2005). 격려기술. 서울: 학지사.

김은경(2010). "다문화가정 모-자녀의 긍정심리성향 증진을 위한 긍정심리프로그램개발". 명지대학교 박사학위 논문.

김자영(2012). 청소년 인권의식의 유형 및 영향요인에 관한 연구. 서울대학교 대학원 박사학위논문.

김재엽 · 이서원(2005). 가정폭력 피해여성의 피해 및 영향, 28: 127-150.

김정란(2003). 청소년기 자녀의 가정폭력 노출과 심리사회적 부적응: 중학생 자녀의 아내학대 목격과 자녀학대 피해를 중심으로, 21(5): 171-180.

김주덕(2007). 사회적 소수자에 대한 대학 및 대학원생의 다양성 수용에 관한 연구: 사회복지전공과 타전공의 비교연구, 연세대학교 행정대학원 석사학위.

김주현(2008). 가정폭력피해여성이 폭력에서 벗어나는 과정에 관한 연구, 13(1): 271-297.

김준호 외 6인(2009). 청소년 비행론. 서울: 청목출판사.

김준호 외(2002). 가족구조, 기능과 청소년 비행. 한국청소년연구 13권.

김준호 · 노성호(1991). "청소년비행의 발전단계에 대한 고찰". 형사정책연구, 2(3).

김진호 · 박재국 · 방명애 · 안성우 · 유은정 · 윤치연 · 이효신 역(2002). 특수교육학 개론. 서울: 시그마프레스.

김창대(2007). 왜 행복인가?: 불행의 심리학에서 행복의 심리학으로. 한국상담심리학회대외심포지엄 논문집, 16-31. 한국상담심리학회.

김태형(2012). 로미오는 정말로 쥴리엣을 사랑했을까?. 교보문고.

김한솔(2012) 인권의식과 국민정체성 인식유형이 문화 간 감수성에 미치는 영향. 서울대학교 대학원 석사학위논문.

______(2012). 사회복지생활시설 종사자의 인권의식에 관한 연구. 서울대학교 대학원 석사학위논문.

김혜원 · 임동훈(2004). "남녀 고등학생들의 하위유형별 비행발생의 관련성 파악: 폭력비행과의 관계를 중심으로". 한국청소년연구, 15.

김혜정(2002). 고등학생의 인권태도에 영향을 미치는 심리사회적 요인에 관한 연구. 이화여자대학교 대학원 석사학위논문.

김홍수(2014). 사회복지시설 종사자의 인권의식이 학대 행위에 미치는 영향. 대구한의대학교 대학원 박사학위논문.

김희진(2013). 장애아동부모의 양육경험과 사회복지서비스 관계에 대한 연구: 뇌병변장애 · 지적장애를 중심으로, 성신여자대학교 석사학위논문.

나동석 · 서혜석 · 채인석(2014). 사회복지실천론. 경기: 정민사.
남혜진(2013). 다양성 이해교육 프로그램이 초등 통합학급 학생들의 공감능력. 문화적 민감성 및 장애수용 태도에 미치는 영향, 이화여자대학교 교육대학원 석사학위.
류은주(2009). 가정폭력피해여성들의 생애사 연구: 자립과 자립 이후의 사회적응을 중심으로, 26: 5-33.
무한돌봄사업 및 사례관리사 기능 재정립방안연구(2016). 경기복지재단.
문용린, 김인자, 백수련(2010). 크리스토퍼 피터슨의 긍정심리학 프라이머(역). 경기: 물푸레/한국 심리상담연구소.
문형표(1994). 사회통합의 의의 및 정책적 과제. 사회복지 겨울호, 59-64.
______(1994). 사회통합의 의의 및 정책적 과제, 사회복지, 123: 57-77.
박병석(2010). 한 · 중 교환관계에서 문화적 민감성이 관계 특성 및 성과에 미치는 영향: 환경 동태성과 관시 능력의 조절효과를 중심으로. 경성대학교 대학원 학위논문.
박상준(2010). 인권판단력의 발달에 관한 연구. 韓國社會科敎育硏究學會, 49(1): 27-45.
박성길 · 리성종 · 양종국 · 김경모(1999). 특수인성검사. 법무부, (1): 167-190.
박찬구(1997). 우리들의 개념과 주제로 본 윤리학. 경기: 서광사.
박현선 · 이상균(2008). "청소년기 비행친구의 영향에 대한 보호요인의 조절효과". 사회복지연구, 제 37권.
배인숙(2007). 쉼터 퇴소 여성의 실태보고. 서울여성의 전화.
백지연(2011). 크리티컬메스. 서울: 알마.
변소현(1998). 장애인 사회통합에 영향을 미치는 요인 연구: 지체장애인을 중심으로. 이화여자대학교 대학원 석사학위논문.
서동욱(2004). 차이와 타자-현대 철학과 비표상적 사유의 모험. 서울:(주)문학과지성사.
성낙돈 · 김창엽(2008). "대학 평생교육원 프로그램 발전 방안: 우수 사례의 시사점을 중심으로". 열린교육실행연구, 1(11).
성민선 · 조홍식 외(2006). 학교사회복지의 이론과 실제. 서울: 학지사.
손정남 · 차보경(2006). 가정폭력 경험 여성의 불안 및 외상 후 스트레스 장애 예측요인에 대한 연구. 18(4): 564-572.
손지현(2015). 지역사회복지네트워크 허브기관으로서 희망복지지원단의 네트워크형성에 관한 연구, 비판사회정책.
신나민(2004). "효과적인 성인지도를 위한 실천적 전략: 대학부설 평생교육원 성인학습자의 관점에서". 평생교육학연구, 10(2).
신선인(2008). 가정폭력 노출경험이 아동, 청소년 비행에 미치는 영향에 대한 메타분석, 23: 153-182.

안신호 · 이진환 · 신현정 · 홍창희 · 정영숙 · 이재식 · 서수균 · 김비아(2010). 긍정심리학(역). 서울: 시그마프레스.

안호상(1992). 한국인의 윤리사상. 서울: 율곡사상연구원.

양계민 · 조혜영(2010). "청소년방과후 아카데미 프로그램에 대한 효과성 인식이 참여청소년의 심리사회적응 및 학업성취요인에 미치는 영향". 청소년복지연구, 12(1): 61-92.

양계민 · 정현희(1999). "학교폭력이 청소년의 심리적 적응에 미치는 영향: 가해자, 피해자, 일반학생의 비교를 중심으로". 한국심리학회지, 사회문제, 5(2): 91-104.

양문봉(2000). 자폐스펙트럼장애. 자폐연구.

양옥경(2005). 가족과 사회복지. 서울: 이화여자대학교 출판부.

양옥경 외(2005). 사회복지실천론. 경기: 나남출판.

양옥경 · 김정진 · 서미경 · 김미옥 · 김소희(2016). 사회복지실천론. 경기: 나남출판.

양옥경 · 이기연 · 최소연(2007). 사회복지 현장실습 수퍼비전. 한국사회복지협의회.

양옥경 · 최명민(2010). 사회복지기관 윤리경영 자가점검지표 개발에 관한 연구. 한국사회복지행정학 12(2): 53-92.

여성부(2010a). 2009년도 가정폭력 보호시설 및 상담소 등 운영실적 보고.

오경석(2007). "다문화와 민족국가: 상대화인가, 재동원인가". 한국공간환경학회, 28: 98-121.

오민수(2014). 사각지대발굴체계의 현황 진단: 읍면동 지역사회보장협의체를 중심으로 , 경기복지재단.

우채영 · 박아청 · 정현희(2010). "성별 및 학교 급별에 따른 청소년의 인간관계, 스트레스, 우울과 자살생각 간의 구조적 관계". 한국교육심리학회, 24(1): 19-38.

유성경(2007). 행복의 재발견: 역경 속에서 피어나는 행복의 꽃. 한국상담심리학회 대외심포지엄 논문집, 한국상담심리학회. p. 51-58.

유해숙, 이현숙(2014). 드림스타트사업의 효과성과 활성화방안. 한국벤처창업학회.

윤계순(2000). "해결중심 단기모델을 적용한 학교부적응 청소년 집단 프로그램 연구". 가톨릭대학교 석사학위논문.

윤현숙, 곽금주(2005). "비디오피드백과 반응대가 훈련의 병행을 통한 사회성 기술 훈련이 학령전 아스퍼거 장애아동의 사회성 발달에 미치는 효과". 인간발달연구, 12(2): 23-41.

이경아(2011). 리즈 호가드의 영국 BBC 다큐멘터리 행복(역). 경기: 예담출판사.

이근홍(2006). 개별관리(사회복지실천). 경기: 공동체.

이기규(2004). 인권교육의 현실과 방향성, 학교운영위원회, 54: 104-112.

이길자(2007). "청소년들의 가족개념에 대한 질적 연구-중학생을 중심으로-". 중앙대학교

대학원 석사학위논문.

이동귀(2007). "변화와 강점 중심 상담". 한국상담심리학회 대외심포지엄 논문집, p147~148. 한국상담심리학회.

이명옥 · 하정희 · 박정민(2008). 가정폭력행위자의 특성과 폭력중지 과정변인에 대한 질적 연구, 13(2): 391-410.

이미숙(1996). "사회적 지원의 심리적 효과: 주 효과와 완충효과의 검증을 위하 이론적 모델과 방법론". 한국 사회학, 제30집.

이부영(2002). 자기와 자기실현: 하나의 경지, 하나가 되는 길(분석심리학의탐구 3). 경기: 한길사.

이성훈(2010). "긍정심리치료에 근거한 집단상담이 청소년의 자아 탄력성, 학교생활적응력 및 심리적 안녕감에 미치는 효과" 경성대학교 석사학위 논문.

이소현, 박은혜, 김영태(2006). 특수아동교육. 서울: 학지사.

이소현 · 박은혜(2006). 특수아동교육 : 통합학급 교사들을 위한 특수교육 지침서. 서울: 학지사.

이애련(2010). "결혼이주여성의 가정생활 문화 이해 및 적응에 관한 사례연구". 한국가족자원경영학회, 14(4): 299-321.

이원숙(2015). 사회복지실천론. 서울: 학지사.

이은주(2004). 가정폭력 행위자의 폭력행동 중단을 위한 한국적 집단개입 프로그램 개발 및 효과에 관한 연구, 14: 295-327.

이익섭(1999). 장애인 사회통합의 지수 개발과 측정에 관한 연구. 한국사회복지학, 38: 206-233.

이인재(2006). 저소득층 가정 청소년 탈빈곤 정책에 관한 연구: 한국사회의 신빈곤. 한국도시연구소 엮음. 서울: 한울 아카데미.

이인정 · 최해경(1998). 인간행동과 사회환경. 경기: 나남출판.

이장호 · 금명자(2006). 상담연습 교본(2판). 경기도: 법문사.

이종복(1989). 사회복지시설과 지역사회. 서울: 범론사.

이태진 · 노언정(2002). 저소득 모자가구의 주거실태 및 주거복지욕구, 22(2): 72-103.

이현주(2000). 사회복지전문직 종사자의 윤리적 갈등에 관한 연구. 중앙대학교 석사학위 논문.

이혜정 · 최경애 · 김세리 · 홍영일(2009). "대학부설 평생교육 프로그램의 질 확보를 위한 운영체제 전략 대학부설 평생교육 프로그램의 질 확보를 위한 운영체제 전략". 생교육학연구, 15(4).

이효선(2003). 사회복지윤리와 철학의 이해. 서울: 학지사.

______(2016). 사회복지윤리와 철학. 서울: 학지사.

이효선 · 정푸름(2012). 사회복지실천론. 서울: 정민사.

이훈구(1997). 행복의 심리학: 주관적 안녕. 서울: 법문사.

이희경(2007). "긍정심리학적 상담: 치료요인과 개입 기법". 한국상담심리학회 대외심포지엄. 한국상담심리학회, p145~146.

이희경 · 이동귀(2007). "긍정심리학적 인간이해와 변화". 인간연구 제 13호. p16-43.

이희성(2012). "대학평생교육원 성인학습자의 평생교육참여가 학습성과에 미치는 영향". 한남대학교 박사학위논문.

장미혜(2008). "다문화사회의 미래와 정책적 대응방안". 젠더리뷰, 10: 44-49.

장은선 · 김광웅 · 조유진(2007). 청소년의 스트레스와 비합리적 신념 및 자살생각의 관계. 청소년학연구, 14(5): 27-47.

장인협(1999). 사회복지실천론(中): 제너럴리스트 접근(통합편). 서울대학교 출판부.

정경옥(2010). "청소년의 학교관련 문제행동과 부모의 경험에 대한 질적 연구." 명지대학교 석사학위논문.

정미애(2000). 일본의 민간비영리 사회복지공급조직의 다원화에 관한 고찰. 한국정치학회 학술회의 발표논문. 지역연구위원회.

정원식 · 박성수 · 김창대(2002). 카운슬링의 원리. 서울: 교육과학사.

정혜정2000. "청소년비행 예방 대책에 관한 연구", 경희대학교 석사학위논문.

조긍호(2006). 이상적 인간형론의 동 · 서 비교. 서울: 지식산업사.

조윤정 · 김경신2000. "남자청소년의 문제행동과 개인 및 가족관련 변인". 한국가족관계학회지, 제5권.

조춘범(2006). 청소년의 가정폭력 경험이 인터넷 중독에 미치는 영향: 스트레스 대처의 조절효과를 중심으로, 13(5-2): 1-29.

조휘일(2002). 사회복지실천과 수퍼비전. 서울: 학지사.

주애란(2006). "중학생의 인터넷게임중독 예방을 위한 임파워먼트 교육프로그램의 효과". 전남대학교대학원 박사학위논문.

질병관리본부(2009). 청소년건강행태 온라인조사 통계.

차경호(1995). 한국, 일본 및 미국 대학생들의 삶의 질의 비교. 한국심리학회편, 삶의질의 심리학, 한국심리학회, p 113~144.

천세영 · 한숭희(2006). "평생학습사회에서의 고등교육의 의미와 대학의 위상전환 평생학습사회에서의 고등교육의 의미와 대학의 위상전환". 평생교육학연구, 12(1).

청소년폭력예방재단(2007). 2007 학교폭력 실태조사 보고서, 청소년폭력예방재단.

최경일(2009). "학교사회복지사와 교사의 협력에 영향을 미치는 요인에 관한 현상학적 연구". 청소년복지연구, 11(2): 103-126.

최선화(2003). "임파워먼트를 통한 노인상담", 노인복지연구 20, 29-47.

최성학(2012). "일반청소년과 비행청소년이 지각한 가족의 의사소통비교연구", 백석대학교 상담대학원 석사학위논문.

최연실(2003). 가족학이론: 관점과 쟁점. 서울: 하우출판사.

최은희 · 황미영 · 황명구(2016). 사례관리. 정민사.

취약 · 위기 및 다문화가족의 예방맞춤형 복지체계구축 및 통합사례관리 연구 2차년(2011). 한국보건사회연구원.

취약 · 위기 및 다문화가족의 예방맞춤형 복지체계구축 및 통합사례관리 연구 3차년(2012). 한국보건사회연구원.

平田清明. 장하진 역(1982). 사회사상사. 서울: 한울.

표갑수(1986). 청소년비행원인 이론. 한국복지연구소.

한국사회복지협의회(1993). 사회복지사전.

한국청소년상담원(2000). 청소년문제 유형분류체계 개발연구 VII. 한국청소년상담원.

함수진(1998). "임파워먼트 연구에 대한 비판적 고찰". 고려대학교 대학원 경영학과 석사학위논문.

임철호 · 이기선(2011). "공공영역 사례관리사들의 경험에 관한 연구". 한국지역사회복지학 제38호.

허승연(2009). "청소년의 행복에 영향을 미치는 생태체계 변인", 숙명여자대학교 대학원 박사학위논문.

현진희(2007). 가정폭력 부부 집단프로그램의 효과성에 관한 연구 -추후조사 결과를 중심으로-, 2: 11-30.

홍봉선 · 남미애(2010). 청소년복지론, 19-42. 경기: 공동체

황정임(2006). 가정폭력피해여성의 자립자활 지원정책 현황과 과제. 한국여성의전화연합.

법제처. www.moleg.go.kr

보건복지부. www. mw.go.kr

Adams, D. M, Overholster J. C., & Spirito, A.(1994). Stressful life events associated with adolescent suicide attempts. *Canadian Journal of Psychology, 39*, 43-48.

Adelmann, P. K.(1994). Multiple Role and Psychological Well-being in a National Sample of Older Adults. *Journal of Gerontology: Social Sciences. 49*(6), 227-285.

Aneshensel, C. S.(1992). Social stress: Theory and research. *Annual review of sociology*, 15-38.

Atchley. R. C.(1994). *Social Forces and Aging: An Introduction to Social Gerontology. Belmont*. CA: Wadsworth Publishing.

Baker, R. L.(1995). *The Social Work Dictionary*. Washington, D.C. :NASA Press.

Baldock, C. V.(1990). *Volunteer in Welfare*. Sydney: Allen and Unwin Australia.

Bandura, A.(1982). Self-efficacy mechanism in Human Agency. *American Psychologist, 37*, 122-147.

Bartlett, H. M.(1970). *The common base jo social work practice*. New York: National Association of Social Workers.

Bartlett, H. M., & Saunders, B. N. (1970). *The common base of social work practice*. National Assn of Social Workers Press.

Batles, M. M., & Carstensen, I. L.(1996). The Process of Successful Aging. *Aging and Society, 19*, 397-422.

Batles, P.(1993). The Aging Mind: Potential and Limits. *The Gerontologist, 33*, 580-594.

Bertalanffy, Ludwig von(1981). *A System View of Man*. edited by Paul A. LaViolette. Boulder : Westview Press.

Biestek, F. P.(1957). *The Casework Relationship*. Illinois : Loyola Univ, Press.

Blau, G. J.(1986). Job Involvement and Organizational Commitment as Interactive Predictors of Tardiness and Absenteeism, *Journal of Management, 35*.

Bogdan, R., & Taylor, S. J. (1989). Relationships with severely disabled people: The social construction of humanness. *Social problems, 36*(2), 135-148.

Bourm, R.(2000). Assessing Violence Risk among Youth. *Journal of Clinical Psychology, 56*(10): 1268-1288.

Caplan, G.(1974). *Support Systems and Community Mental Health: Lectures on Concept Development*. New York: Behavioral Publications.

Castles, S., & Miller, M. J.(1998). The migratory process and the formation of ethnic minorities. *In The Age of Migration*, pp. 19-47. Macmillan Education UK.

Chambre S. M., (1984). Is Volunteering A Substitute for Role Loss in Old Age? An Empirical Test of Activity Theory. The Gerontologist.

Charles Wenar. Developmental Psychopathology: from infancy throuth adolescence. 이춘재 · 성현란 · 송길연 · 윤혜경 · 김혜리 · 박혜원 · 곽금주 · 장유경 · 박선미 · 황상민 · 이은희 · 이도헌 · 조정호 · 김선아 역(1998). 발달정신병리학 -영아기부터 청소년기까지-.

Cohen, W. M., Levinthal, D. A.(1990). Absorptive Capacity: A New Perspective on

Learning and Innovation. *Administrative Science Quarterly, vol. 35*.

Conger, J. A. & Kanungo. R. N.(1988). The Empowerment Process: Integrating Theory and Practice. *Academy of Management Review, 13*. 471-482.

Cowan, D.(1998). Reforming the homelessness legislation. *Critical Social Policy, 18*(4), 435-64.

Cox, Enid Opal and Parsons, Ruth J.(1994). *Empowerment-oriented social work practice with the elderly*. Pacific Grove. California: Books/Cole Pub Co.

Creswell, J. W.(2007). *Qualitative Inquiry and Research Design: Choosing Among Five Approaches*. Sage Publications, Inc.

Csikszentmihalyi, M.(1997). 이희재 역(1999). 몰입의 즐거움. 서울: 해냄.

Curry, L.A., Snyder, C.R., Cook, D. L., Ruby, B. C. & Rehm, M.(1997). Role of hope in academic and sport achievement. *Journal of Personality*.

Davill, G. & Munday, B.(1984). *Volunteers in the Personal Social Service*. London & New York : Travistock Publications.

Dolgoff, R., Loewenberg, F. M., & Harrington, D.(2009). *Ethical issues for social work practice*.

Ellis. S. J. & Noyes, K. H.. (1990). *By the People: A History of Ame -ricans as Volunteers*. San Francisco: Jossy-Bass Publishers.

Eliss, S. J., & Noyes, K. H.(1998). *By the People*. San Francisco: Jossey-Bass.

Ericsson, K. A., & Lehmann, A. C.(1996). *Expertise. Encyckpedia of Creativity*. Academic Press.

Farrell, J.M., Johnston, M.E, & Twynam, G.D.(1998). Volunteer Motivation, Satisfaction, and Management at an Elite Sporting Competition. *Journal of Sports Management*. 12: 288-300.

Farrington, D. P.(2003). Developmental and Life-course Criminology Key Theoretical and Empirical Issues The 2002 Sutherland Award Address. *Criminology, 41*(2): 221-255.

Fischer, L. R. & Schaffer, K. B.(1993). *Older Volunteer*. California :Sage Publication Inc.

Flanzer, J. P.(1973). "Conintegration : The Concurrent Integration of Treatment Modelities in Social Work Practice". Doctoral Dissertation. Univ of Southern California.

Fredricson, B. L.(2001). The role of positive emotions in positive psychology: The broaden-and-build theory of positive emotions. *American Psychology, 56*, 218-226.

Gable, S. L., & Haidt, J. (2005). What(and Why) is positive psychology?. *Review of General Psychology, 9*, 103-110.

Gambrill, E. (2006). Evidence-based practice and policy: Choices ahead. *Research on Social Work Practice, 16*(3), 338-357.

Goldenberg, I. & H. Goldenberg, (1985). *Family Therapy: An Overview*. CA : Brooks/Cole.

Gottfredson, M. R. and T. Hirschi (1990). *A general Theory of Crime, Stanford*. California: Stanford University Press.

Gutierrez, L.(1990). Working with Women of Color: An Empowerment Perspective. *Social work. 35*(2), 149-154.

Gutierrez, L., Parsons, R. J., & Cox, E. O.(1998). *A model for Empowerment Practice: Empowerment In Social Work Practice*, 3-24. Brooks/Cole Pub Company.

Hague. G., & Molos, E.(1993). Domestic violence and housing: Local authority responses to women and children escaping from violence in the home. *Bristol: Women's Studies International Forum, 20*(3), 397-410.

Havighurst, R. & Albrecht, R.(1953). *Older People*. New York: Longmans.

Havighurst, R. J.(1972). *Developmental Tasks and Education*(3rd eds). New York: Mckay.

Hirschi, T. (1969). *Causes of Delinquency*. Berkeley: Univ. of California Press.

Hoghughi, M. (1992). Assessing Child and Adolescent Disorders, -A Practice Manual. London: Sage Publications.

Homans, G. C.(1974). *Social Behavior: Its Elementary Forms*. Harcourt Brace Javanovich.

Houle, C. O.(1980). *Continuing Learning in the Professions*. San Francisco: Jossey-Bass.

Howard, V. F., Williams, B. F., Port, P. D., & Lepper, C.(1997). *Very young children with special need, A formative approach for the 21st century*. Columbus, OH: Merrill.

Immanuel Kant(1793). On the Common Saying: This May Be True in Theory, but It Does Not Apply in Practice. translated by H. B(1970). Nisbet and Published in Hans Reissed. Kant's Political Writings 73~74. Cambridge University Press 1970.

Irene Levin & Jan Trost(1992). Understanding the Concept of Family. *Family Relation, 41*(3), 348-351.

Johnson, Jean., John B, Cullen, Tomoaki Sakano, & Hideyuki Takenouchi(1996). " Setting the Stage for Trust and Strategic Integration in Japanese-U.S. Cooperative Alliances" *Journal of International Business Studies, 27*(5), 981-1004.

Johnson, L. C.(1986). *Social Work Practice: A Generaliist Approach*(9th eds). Boston: Pearson Education, Inc.

Johnson, L. C.(1995). *Sccial Work Practice: A Generalist Approach*(5th eds). Boston: Allyn and Bacon.

Johnson, L, C., & Yanca, S, J.(2007). *Social Work Practice: A Generalist Approach*(9th eds). Boston: Pearson Education, Inc.

Johnston, C.(2002). *Housing policy and social mix: An exploratory paper*. Shelter NSW Inc.

Jonson, P.. & Rubin, A.(1983). "A Case Management in Mental Health: A Social Work Domain?". *Social Work, Jan,~Feb*, pp. 49-54.

Kaplan, M.(1974). *The Uses of Leisure, Handook of Social Gerontology*. Chicago: The University of Chicago Press.

Karsten Hank, & Marcel Erlinghagen.(2009). Dynamics of Volunteering in Older Europeans. *The Gerontologist, 50*(2), 170-178, Published by Oxford University Press.

Kazdin, A. E.(1987). Parent management training evidence, outcomes and issues. *Journal of American Academy of Child and Adolescent Psychiatry, 36*, 1349-1356.

Kelly, J. R.(1992). *Activity and Aging*. Newbury Park, CA:SAGE.

Kerschner, H., & Pegues, J.(1998). Productive Aging: A Quality of Life Agenda. *Journal of the American Dietetic Association, 98*(12), 1445-1448.

Klein, K., Forehand, R., Armastead, L., & Long, P.(1997). Delinquency during the transition to early adulthood: Family and parenting predictors from early adolescence. *Adolescence, 32*(125), 61-80.

Knapp, M. R. J.(1976). Predicting the Dimensions of Life Satisfaction. *Journal of Gerontology, 31*(5), pp. 595-604.

Korea Youth Counselling & welfare Institute(2000). Youth Problem Type Divided System Development Studies VII. Korea Youth Counselling Institute.

Kraus, N. (1986). Social Support, Stress, and Well-being among Older Adults. *Journal of Gerontology. 4*(4).

Lawson, D.M.(1998). *Volunteering: 101 Ways You Can Improve the Word & Your Life*. San Diago, CA: ALTI Publishing.

Lee, Judith.(2001). *The Empowerment Approach to Social Work Practice -Building beloved Community*. Columbia University Press, 2nd edition. 1-48.

Lemon. B. W., V.L. Lum, T., & Light, E.(2005). The Effects of Volunteering on the Physical and Mental Health of Older People. *Research on Aging, 27*(1).

Levy, C. S.(1973). The value base of social work. Journal of education for social work, 9(1), 34-Gambrill, E.(2006). *Critical thinking in clinical practice: Improving the quality of judgments and decisions*. John Wiley & Sons.42.

Lickona, T.(2009). *Educating for character: How our schools can teach respect and responsibility*. Bantam.

Lopez, S. J., & Snyder, C. R.(2003). 이희경 · 이영호 · 조성호 · 남종호 공역(2008). 긍정

심리평가:모델과 측정.

Lum, T. Y., & Lightfoot, E.(2005) The Effects of Volunteering on the Physical and Mental Health of Older People. *Research on Aging, 27*(1): 31-55.

Lyubomirsky, S.(2007). 오혜경 역(2008). 행복도 연습이 필요하다. 서울: 지식노마드.

Manis, J. G., & Meltzer, B. N.(1978). *Symbolic Interaction: A Reader in Social Psychology*. Boston, MA: Allyn and Bacon.

Manster G & Cass, R. H.(1971). *Voluntarism at the Crossroad*. New York : Family Service Association of America.

Matsueda, R. L. (1992). Reflected appraisals, parental labeling, and delinquency: specifying a symbolic interaction theory. *American Journal of Sociology, 97*. 1577-1611.

McAdams, D. P., & Powers, J.(1981). Themes of intimacy in behavior and thought. *Journal of Personality and Social Psychology, 40*(3), 573.

McMahon, M. O'Neli.(1996). *The General Method of Social Work Practice: A Generalist Perspective*(3rd eds.). Needham Heights: Allyn and Bacon.

Miley, K, Krogsud, O'Melia, M., & DuBois, B. L.(1995). *Generalist socail work Practice: An empowering approach*. Massachusetts: Ally and Bacon.

Mistry of Health & Welfare (2010). Ministry of Health and Welfare Year Book.

Mone, P., Dempster-McClain, D. & Williams, R. M. Jr.(1989). Social Intergration and longevity: An Event History Analysis of Women's Roles and Resilience. *American Sociological Review, 54*(4): 635-47.

Moore, S. (1992). Case management and the integration of services: How service delivery systems shape case management. *Social Work, 37*(5), 418-423.

Moore, S. T. (1990). A social work practice model of case management: The case management grid. *Social Work, 35*(5), 444-448.

Moore, S. T. (1992). "Case Management & the Integration of Services : How Service Delivery Systems Shape Case Management". *Socail Work, 31*, pp. 290-299.

Morrow-Howell, N., Hong, S. & Tang, F. Y.(2009). Why Benefits from Volunteering? Variations in Perceived Benefits. *The Gerontologist, 49*(1), 91-102.

Morrow-Howell, N., Kinnevy, S., & Mann, M.(1999). The Perceived Benefits of Participating in Volunteer and Educational activities. *Journal of Gerontological Social Work 32*(2). 65-80.

Moxley, D. P.(1989). *The Practice of Case Management*. Sage Publications: The International Professional Publishers.

Moxley, D. P., & Buzas, L.(1989). Perceptions of case management services for elderly people. *Health & social work, 14*(3), 196-203.

Nestmann and Hurrelmann(1994). Child and Adolescent Research as a Challenge and Opportunity for Social Support Theory, Measurement, and Intervention: And Vice Versa. In Nestmann & Hurrelmann(eds.). *Social Networks and Social Support in Childhood and Adolescent*. New York: de Gruyter.

Netting, F. E.(1992). "Case Management : Service or Symptom: Social Work, Mar, pp. 160-164.

Neugarten, B. L.(1979). Time, Age and the Life Cycle. *American Journal of Psychiatry*. 136, 887-894.

Neulinger, J.(1974). The Psychology of Leisure: Research Approaches to the Study of Leisure. Springfield, I: Charles C. *Thomas Pub, 10*(2): 111-131.

Nolten, Patrick, W. (1994). Conceptualization and Measurement of Social Support: The Development of the Student Social Support Scale. Doctoral Dissertation, University of Wisconsin-Madison.

O'Connor, G. C.(1988). "Case Management : System & Practice". *Social Casework, 69*, pp. 97-106.

Padgett, D. K.(1998). *Qualitative methods in social work research: Challenges and rewards*. Sage Publications.

Papell, C. P., & Skolnik, L. (1992). The reflective practitioner: A contemporary paradigm's relevance for social work education. *Journal of Social Work Education, 28*(1), 18-26.

Parsons R., & Enid O.(1993). Empowerment-oriented Social Work Practice with the Elderly, Pacific Grove, Califonia: Brooks /Cole.

Parsons R. J. (1991). Empowerment for our clients and for ourselves. *Social Caseworks, 64*, 331-338.

Parsons R. J. (1999). Assess Helping Process and Client Outcomes in Empowerment Practice. *Empowerment Practice in Social Work*. edited by Shera W. & Well L. M. Canadian Scholars'Press Inc. 400-402.

Perlman, H. H. (1978). Relationship : *The Heart of Helping People*. Chicago: Univ. of Chicago Press.

Peterson, C. & Bossio, L. M. (1991). *Health and optimism*. New York: Free Press.

Peterson, C. & Seligman, M. E.(2004). *Character strengths and virtues: A handbook and classification*. Washington, DC: American Psychological Association.

Peterson, C.(2006). 문용린 · 김인자 공역(2010). 긍정심리학 프라이머. 경기: 물푸레.

Peterson, N. L.(1987). *Early intervention for handicapped and at-risk children: An introduction to early childhood-special education*. Denver: Love publishing company.

Pidgeon Jr., W. P.(1998). *The Universal Benefits of Volunteering*. New York: John Wiley & Sons.

Pincus, A., & A. Minahan.(1973). *Social Work Practice : Model and Method*. Ithaca: F. E. Peacock.

Pistrang, N., & Barker, C.(1995). The partner relationship in psychological response to breast cancer. *Social Science & Medicine, 40*(6), 789-797.

Power, A., Janet E. Loard, & Allison S. de Franco(2013). *Active Citizenship and Disability: Implementing the Personal ixation of Support*. Cambridge.

Rappaport, J. (1985). The Power of Empowerment Language. *Soical Policy, 17*.

Rein, M. & Salzman H.(1995). Social Integration, Participation & Exchange in Five Industrial Countries, In S. C. Bass(ed). *Older & Active: How Americans over 55 are Contributing to Society*. New Haven, CT: Yale University Press.

Rest, J. R.(Ed.).(1994). *Moral development in the professions: Psychology and applied ethics*. Psychology Press.

Rest, J. R., Bebeau, M. J., & Thoma, S. J.(1999). *Postconventional moral thinking: A neo-Kohlbergian approach*. Psychology Press.

Richmond, M. E.(2017). *Social diagnosis*. Russell Sage Foundation.

Rietjens, S. J., Verlaan, K., Zaalberg, T. W., & De Boer, S. J.(2009). Inter-organisational communication in civil-military cooperation during complex emergencies: a case study in Afghanistan1. *Disasters, 33*(3), 412-435.

Roberts, B.(1995). *The making of citizens*. Arnlod. CA: Sage.

Rosenthal, B. S.(1995). The Influence of Social Support on School Completion among Hiaitians. *Social Work in Education, 17*(1): 30-39.

Rothman, J. (1991). "A Model of Case Management: Toward Empirically Based Practice". *Social Work, 36*, pp. 520-525.

Rowe, J. W. & Kahn, R. L.(1998). *Successful Aging*. New York: Pantheon/Random House.

Rubin, A. (1987). "Case Management: Encyclopedia of Social Work, 1, Silver Spring, MD : National Association of Social Work-ers, pp.212-222.

Sainer, J. & Zander, M.(1971). Guidelines for Older Person Volunteers, *The Gerontolosgist, 11*.

Saleebey, D.(2006). Introcution:Power in the people. In D. Saleeby(Ed.). *The strengths perspective in social work practice*, 1-24. Boston: Allyn & Bacon.

Salovey, P., Rothman, A.J., Detweiler, J.B., & Steward, W.T.(2000). Emotional states and health, Aet al., (2000). *American Psychologist, 55*, 110-121.

Schachter-Shalomi, Z. & Miller, R. (1995). *From Age-ing to Sage-ing: A Profound New Vision of Growing Older*. New York: Warner.

Scheier, M.F., & Carver, C. S.(1992). Effects of optimism on psychological and physical well-being: Theoretical overview and empirical update. *Cognitive Therapy and Research, 16*, pp.201-228.

Segal, S. P. & Aviram, V.(1978). *The Mentally Ill in Community-Based Sheltered Care: A Study of Community Care and Social Integration.* New York: Springer Publishing Co.

Seligman, M.(2004). 김인자 역(2006). 긍정심리학: 진정한 행복 만들기. 경기: 물푸레.

Seligman, M.(2009). 우문식 · 윤상운 역(2011). 플로리쉬. 경기: 물푸레.

Seligman, M.E. & Csikszentmihalyi, M.(2000). positive psychology: An introduction. *American Psychologist, 55*, pp.5-14.

Seligman, M.E.(2002). positive psychology, positive prevention, and positive therapy, In C. R. Snyder & S. J. Lopez(eds.), *Handbook of positive psychology*, pp. 3-9. New York: Oxford University Press.

Seligman, M.E., Park, N. & Peterson, C.(2005). positive psychology progress: Empirical validation of interventions, *American Psychologist, 60*: 410-421.

Sheehan, G.(1979). *In Stress, Mental Health, and Religion, The Physician and Sports Medicine, 7*: 149.

Sheldon, K. M & L. King.(2001). Why positive psychology is necessary?. *American Psychologist, 3*, 216-217.

Simon, B. L. (1994). *The Empowerment Tradition American Social Work: A History*. New York: Columbia University Press.

Smith(2009). *Exploring family theory*. Oxford.

Snyder, C. R., & Lopez, S. J.(2002). 이희경 역(2008). 긍정심리학 핸드북. 서울: 학지사.

Sokol-Katz, J., Dunham, R., & Zimmerman, R.(1997). Family structure versus parental attachment in controlling adolescent deviant behavior: A social control model. *Adolescence, 32*(125): 199-215.

Solomon, B. B.(1976). *Black Empowerment: Social Work in Oppressed Communities*, New York: Columbia University Press.

Spreitzer, Gretchen, M.(1995). Psychological Empowerment in the Workplace: Dimensions,

Measurement, and Validation. *Academy of Management Journal, 38*(5), 1442-1465.

Sprinthall, N. A., & Collins, W.A.(1995). *Adolescent Psychology: A developmental view*(3rd ed.). New York: Mc Graw-Hill, Inc.

Steve, R. B., & Marie K. C.(2009). *Positive Psychology*. 안신호 · 이진환 · 신현정 · 홍창희 · 정영숙 · 이재식 · 서수균 · 김비아(역). 서울: 시그마프레스.

Strauss, A., & Corbin, J.(1998). *Basics of qualitative research: technique and procedures for developing grounded theory*. New York: SAGE Publications, Inc.

Strigas, A. D. and Jackson Jr. E. N. 2003. Motivating Volunteers to Serve and Succeed: Design and Results of a Pilot Study that Explores Demographics and Motivational Factors in Sport Volunteerism. *International Sports Journal. Winter*: 111-123.

Susan Chmbre(1984). Is Volunteer a Substitute for Role Loss in Old Age? An Impirical Test of Activity Theory, *The Gerontologist, 24*(3)

Taylor, S. J. & R. Bogdan(1990). Quality of Life and the Individual's Perspective, in R. L. Schalock(ed.), *Quality of Life :Perspectives and Issue*. AAMR.

Taylor, S. J.(1982). From segregation to integration: Strategies for integrating severely handicapped students in normal school and community settings. *Research and Practice for Persons with Severe Disabilities, 7*(3), 42-49.

Thoits, P. & L. Hewitt,. (2001). Volunteer Work and Well-being. *Journal of Health and Social Behavior, 42*(2). 115-131.

Thoits, P. A.(1986). Social Support as Coping Assistance. *Journal of Consulting and Clinical Psychology, 54*.

Thomas, K. W., & Velthouse, B. A.(1990). Cognitive Element of Empowerment: An Interpretive Model of Intrinsic Task Motivation. *Academy of Management Review, 15*, (4), 661-681.

Timms, N.(1983). *Social Work Values: An Inquiry*. London: Routhedge & Kegan Paul.

Toprak, Cetin, Can, & Demircan(2010). Suicidal Ideation and Suicide Attemps among College Students. *Psychiatry Research*.

Traub, Stuart H., & Craig B. Little(1975). *Theories of Deviance*. Illinois: F. E. Peacock Publisher, Inc.

Triplett, R. A., & G. R. Jarjoura.(1994). Theoretical and Empirical Specification of a Model of Informal Labeling. *Journal of Quantitative Criminology, 10*(3): 241-276.

Troth, M. A.(1999). The Psychology Contract of Volunteer Workers and Its Consequences. University of Arizona. Doctoral Dissertaion.

Van Soest, D.(1996). Inpact of Social Edcation on Student Attitudes and Behavior Concerning Oppression. *Journal of Social Work Education, 32*(2), pp. 191-202.

Villapando, O. (2000). The impact of diversity and multiculturalism on all students: Findings froms a national study. *NASPA Joural, 40*(1): pp.124-144.

Vogot, J. F., Murrel, K. L.(1990). Empowerment in Organization, Sandiego, C. A., Pfeffer & Company.

Vourlekis, B. S., & Green, R. R.(1992). Social Case Management, Walter de Gruyter. (Goldenberg & Goldenberg, 1985: 25-27).

Wasserman, H.(1970). Early careers of professional social workers in a public child welfare agency. *Social Work, 15*(3), 93-101.

Webster, M.(1968). *Economy and Society: An Outline of Interpretive Sociology*. New York : Bedminster Press.

Webster, M.(1968). *Primitive Secret Societies*(2nd ed). New York: Octagon Books.

Weiss-Gal, I., & Welbourne, P.(2008). The professionalisation of social work: a cross-national exploration. *International journal of social welfare, 17*(4), 281-290.

Wilson, J., & Musick, M.(1997). Who cares? Toward an Integrated Theory of Volunteer Work. *American Sociological Review, 62*: 94-713.

www.mogef.go.kr, Ministry of Gender Equality & Family 2011. Chung So Nyun Baek Su. Publish Register Number 11-1383000-000102-10.

Zastrow, C., & Kirst-Ashman, K. (2006). *Understanding human behavior and the social environment*. Cengage Learning.

Zastrow, C.(1981). Self-talk: A rational approach to understanding and treating child abuse, Socail Casework, 62, 182-185.

Zimmerman & Rappaport(1988). Citizen Participation, Perceived Control, and Psychological Empowerment. *American Journal of Community Psychology, 16*(5), 725-750.

Zimmerman et al.(1992). Self-motivating for Academic Attainment: the Role of Self-efficacy Beliefs and Personal Goal Setting. *American Educational Research Journal, 29*, 663-706.of Intrinsic Task Motivation. *Academy of Management Review, 15*(4), 666-681.

Zimmerman M. A.(1990). Toward Theory of Learned Hopefulness. *Journal of Research in Personality. 24*, 71-86.

Zohar, D. & Marshall, I.(2000). *SQ-Spiritual Intelligence: The Ultimate Intelligence*. London: Bloomsbury.

저자 약력

곽미정(郭彌整)

상명대학교에서 2013년 행정학 박사학위를 취득하고, 경기대학교에서 2015년 사회복지학 박사학위를 취득하였다. 그 밖에 단국대학교 행정학 학사, 한양대학교 사회학 석사, 성신여자대학교에서 사회복지학 석사학위를 취득하였다. 사회복지개발원의 수석연구원으로 활동하였으며 현재 김포대학교 교수로 재직 중이다. 주요 관심 분야는 사회복지 실천, 행정 및 정책 분야이다. 주요 저서로는 『노인복지론』(2016)과 주요논문으로는 "청소년 임파워먼트 프로그램의 효과성 분석"(2014) 외 다수가 있다.

jina777077@naver.com

홍희석(洪希碩)

숭실대학교에서 2007년 사회복지학 석사학위를 취득하고 현재 김포대학교 교수로 재직 중이며 사회복지공동모금회 평가 지원단으로 활동하고 있다. 관심 분야는 사회복지행정이며 주요 활동으로는 사회복무요원교재(2008)와 지역아동 센터 교육매뉴얼을 개발(2010)하였다. 1998년부터 사회복지 실천 현장에서노인복지, 지역복지 분야에서 활동하였고 2010년 사회복지 유공자로 장관상을 수상하였다. 주요 논문으로는 "노인의 여가만족이 성공적 노후에 미치는 영향에 따른 지방자치행정의 개선방안"등이 있다.

ap4060@naver.com

사례관리론

초판 1쇄 인쇄 2016년 8월 27일
초판 1쇄 발행 2016년 9월 1일

지 은 이 | 곽미정 · 홍희석
펴 낸 이 | 김기섭
편 집 인 | 이초롱
펴 낸 곳 | 창지사 www.changjisa.com
08589 서울시 금천구 가산디지털 1로 83 파트너스타워1차 9층
전화 (02) 719-2211~3
팩스 (02) 701-9386
등 록 | 1977년 4월 28일 · 제1-421호

ISBN 978-89-426-2338-9(93330)

값 20,000원

이 도서의 국립중앙도서관 출판예정도서목록(CIP)은 서지정보유통지원시스템 홈페이지(http://seoji.nl.go.kr)와 국가자료공동목록시스템(http://www.nl.go.kr/kolisnet)에서 이용하실 수 있습니다.(CIP제어번호: CIP2016021353)